의원내각제의 비교 헌법적 연구

강 주 훈 저

홍 익 출 판 사

서 문

어릴 적부터 산이 좋아 물 흐르는 계곡을 따라 물의 흐름이 시작되는 그 원류를 찾아 즐겨 다녔던 기억이 새롭습니다. 아마도 법학을 공부하게 되는 계기가 된 것 같습니다.

낮은 데로 물이 흐르는 자연의 이치에 따라 살다보니 법의 존재가치를 깨달은데 도움이 된 것 같습니다. 올해로 삼각산자락에 은거한지 어언 30여년, 눈을 감으면 삼라만상의 군상들이 같이 잠들고 눈을 뜨면 새아침이 열리고 있음을 알 수 있듯, 생각의 창이 열리는 것 같습니다. 수없이 많은 인연들이 가고 오는 길목에서 상실과 허탈을 맛보기도 했지만 오직 하나의 열정으로 현재를 가꾸어 왔습니다. 저의 혼이 담겨 있는 정원 위에는 많은 분들의 사랑이 함께 했습니다.

본 저서는 2010년 8월 20일, 창원대학교 대학원에서 "의원내각제의 비교 헌법적 연구"라는 제목의 법학박사학위논문을 책 형식으로 출판한 것입니다. 주지하는 바와 같이 대한민국 헌법은 미국식 대통령제로써 그 원형이 많이 변질된 형태입니다. 본서 내용에서 현행 대통령제의 문제점을 나름대로 기술하고 있습니다. 시대의 변천에 따라 새로운 패러다임이 요구되고 있고 권력구조의 다양성을 확보한다는 의미에서 의원내각제로 성공하고 있는 대표적인 국가들 영국, 프랑스, 독일, 일본의 의원내각제를 비교 헌법적으로 분석 고찰하려 했습니다. 그 외에도 세계적으로 보면 민주주의 정치제도가 잘 실현되고 있는 여러 국가들을 보면 소수 국가를 제외하고는 대부분 의원내각제로써 정치적 성공을 거두고 있음을 알 수 있습니다. 대통령제의 모국인 미국은 연방국가로 최초의 13개주의 연합에서 시작하여 50개주가 모여서 형성된 연방국의 헌법을 채택하고 있습니다. 영국 식민지에서 독립전쟁으로 쟁취한 신생국가를 묶어서 통치할 강력한 행정리더십이 필요했고 그 결과의 산물인 것입니다. 1796년 9월 17일 초대 대통령 워싱턴의 연방에 대한 애정과 4년 임기를 마치고 귀향하고 싶다는 본인의 고사를 온 국민이 막아 연임하고 다시 계속 대통령으로 남아주기를 바라는 국민들에게 더 이상 출마하지 않겠다는 본인의 의지를 담은 고별사를 남겼습니다. "나의 벗 국민 여러분, 미국행정부를 관리할 한 사람을 새로이 선출할 시기가 임박하였기 때문에 여러분은 이제 누구에게 그 막중한 임무를 부여해야 할 것인가를 판단해야 한다. 이 시점에서 내가 그러한 선출대상이 될 몇몇 사람 중에 포함되는 것을 원하지 않는다는 점을 여러분에게 명확히 알려드리는 것이 나 자신에게 적절한 것임은 물론, 특히 국민여론을 보다 분명하게 표출되도록 하는데 기여 하는 것이라고 생각한다. 여러분을 하나로 묶어주는 연방정부는 여러분에게 매우 소중한 것이다. 그 이유는 연방정부가 여러분의 진정한 독립과 국내에서의 평온, 국외로부터의 평화, 여러분의 안전, 번영, 그리고 여러분이 그토록 소중히 여기는 바로 그 자유를 지켜주는 중요한 지주이기 때문이다."

대통령제가 성공적으로 운영되고 있는 미국과 우리의 정치 환경은 사사오입개헌, 군사정부, 유신개헌 등 많은 부분이 다릅니다.

본서는 저의 평소의 소신을 박사과정을 다니면서 정리하고 완성한 것에 지나지 않는 것입니다. 어떻게 보면 헌법을 공부하면서 학문적으로 귀결된 것인지도 모릅니다. 강호제현의 아낌없는 질책을 기다릴 뿐입니다.

인생을 살아가면서 주위에 훌륭한 스승이 한 분 있다는 것은 참으로 복된 삶을 추구할 수 있다는 것을 알 수 있습니다. 제가 중학교 소년시절 기장군 좌천 보덕사에서 고시준비를 하시던 박남규 총장님을 처음 만나 지금껏 가족같이 40년을 큰 형님으로 모셔 오면서 저의 인생 안내자였으며 또 지도교수로써 논문지도를 해주셨습니다. 늘 고맙게 생각하고 있습니다. 그리고 논문심사를 맡아주시고 많은 지도를 베풀어주신 창원대학교 법학과의 김현태 총장님, 강기정 학장님, 김명용 교수님, 선생님들의 은혜에 머리 숙여 감사드립니다. 또 심사를 맡아주시고 귀중한 자료를 주시며 격려해주신 동아대학교 정만희 부총장님께도 감사를 드립니다.

그리고 원고정리와 교정 작업에 많은 도움을 준 창원지방검찰청의 박해영 박사에게도 마음에서 우러나는 고마움을 전합니다. 지역사회의 각종 행사들에 지치고 사람을 좋아해서 자주하던 술자리도 피하면서 밤늦게 책상에 앉아 있는 모습이 세상에서 가장 아름답다며 흐뭇해하던 사랑하는 아내, 언제나 아들생각에 한평생을 사신 어머니, 언제나 든든한 누님들, 저의 노력의 소산이지만 아직은 작은 이 논문집을 당신들께 받칩니다.

2010년 8월

청아한 물소리 들리는 옥류산방에서

장산 강 주 훈 씀.

목 차

제1장 서 론 / 13

제2장 의원내각제의 기본이론 / 19

제1장 서　론

Ⅰ. 연구의 목적

헌법상 정부형태에 관해서는 대통령제, 의원내각제, 이원정부제, 회의제로 나누는 것이 일반적이다. 이 중에서 대통령제와 의원내각제가 대표적이다. 해방이후 헌법제정 당시 정부형태에 관해 많은 논란이 있었다. 우리가 알고 있는 유진오 안에서는 의원내각제를 채택하고 있었으나 우여곡절 끝에 미국식의 대통령제를 채택하였다. 그 이후 제2공화국 때를 제외하고는 지금까지 대통령제 정부형태를 취하고 있다. 여러 차례 헌법을 개정하면서 탈 대통령제에 대한 시도가 있어 왔으나 남북대치라는 우리나라의 특수한 지정학적 상황, 정치상황 등을 이유로 의원내각제는 우리의 정치현실과는 맞지 않는 제도로 평가 해왔다.

최근 정치권을 중심으로 헌법 개정, 정부형태의 변경에 관한 논의가 활발하게 진행되고 있다. 그 중심에 의원내각제로의 개헌문제가 자리 잡고 있다. 제2공화국 1년의 경험만으로 의원내각제를 실패한 정부형태로 평가하는 것은 성급한 결론일 것이다. 그리고 한번 실패하였다고 이것이 고려의 대상에서 제외되어야 할 이유도 없다. 그 실패도 운영상의 문제에서 기인한 것이지 의원내각제 정부형태 자체의 문제로 보긴 어렵다. 국민적 합의에 의한 정부형태 변경이 아니기 때문이다. 여기에 정부형태에 관한 논의에서 대통령제와 의원내각제를 대등한 위치에서 비교 검토할 이유가 있다.

정부형태에 관한 논의는 지금까지 주로 정치권을 중심으로 전개되어 왔다. 최근에는 국회의장 자문기구인 헌법연구자문위원회의 헌법개정에 관한 최종보고서에서 대통령제와 의원내각제가 가미된 이원정부제적 정부형태로의 개헌을 제안하였다.[1] 개헌안이 입법기관인 국회에서 만들어졌다는 점에서 개헌의 가능성과 보고서의 내용은 비중 있게 다뤄지고 있다. 정치권뿐만 아니라 학계에서도 개헌이 임박한 것이 아닌가하는 기대감을 갖게 하고 있다.

헌법상 정부형태의 결정은 국민적 합의를 바탕으로 해야 한다. 구체적으로 정부형태를 결정할 경우 정당과 정치집단은 정치적 이해관계에 따라 입장이 다르고, 국민들도 지지하는 정당에 따라 선호하는 정부형태가 갈리고 있다.[2] 정치 및 사회의 이슈에 의해 수시로 달라지는 여론조사 결과만을 놓고 국민의 의사라 보기도 어렵다. 이해관계나 성향, 지지 세력, 경험에 따라 좌우되는 관계로 국민의 다수가 지지하는 정부형태가 무엇인지 객관적이고 냉철한 결론을 도출하는 것이 쉽지 않다.

여기에 규범적 논의, 즉 법학적 논의가 필요하다.[3] 이 논의의 궁극

1) 헌법연구자문위원회, 헌법연구자문위원회 결과보고서, 2009, 204-212면.
2) 김재한, "한국의 권력구조 선호", 한국의 권력구조 논쟁, 국제평화전략연구원, 1997, 201-203면.
3) 권력구조 개편논의는 정치적·전략적인 차원이 아니라 규범적인 차원에서 접근해

적 목표는 권력구조의 틀을 바꾸느냐 여부를 결정하는 것이다. 그러므로 의원내각제가 어떠한 장점을 가지는지 사례를 통한 연구가 필요하다. 영국에서 역사적으로 형성된 의원내각제가 프랑스, 독일, 일본에서 어떻게 계수 발전되었는지 각 나라별 특징을 분석하여 검증해보고자 한다. 각 나라의 정치현실을 감안하여 구체적 타당성을 가져야 함은 물론이다. 그래야만 의원내각제에 대한 원론 차원의 논의를 넘어 우리나라의 현실에 맞는 정부형태를 도출할 수 있다.

본 연구를 의원내각제에 한정하여 비교 헌법적으로 접근하고자 하는 이유는 동 제도를 성공적으로 운영하고 있는 외국의 사례가 많다는 점, 대통령제는 우리가 직접 경험하여 장・단점에 대한 충분한 이해를 하고 있다는 점이다. 따라서 대통령제에 대한 연구보다는 권력구조개편을 위한 정부형태의 방향에 관한 논의에서 의원내각에 관한 연혁적・비교법적 연구를 행함으로써 의원내각제의 도입 필요성과 한국적 현실에 맞는 정부형태를 도출함이 본 연구의 목적이다.

Ⅱ. 연구의 범위 및 방법

1. 연구의 범위

본 연구가 의원내각제의 비교 헌법적으로 접근함을 목표로 하고

야 한다. 제도적 효과에 따라 국민을 위한 권력구조 개편논의가 되어야지, 특정 개인이나 특정 집단을 위해 대통령직 또는 수상직을 만드는 제도개편이어서는 안된다. 김재한, 위의 논문, 212면.

있으므로 의원내각제의 생성 발전 등 의원내각제와 관련된 문제에 한정됨은 물론이다. 우선 제2장에서는 의원내각제의 연혁과 일반론에 관한 연구를 하고자 한다. 이 부분에 대해서는 이미 많은 선행연구가 있으며, 대부분 연구가 완성되었다고 할 수 있다. 그러나 의원내각제는 대통령제와는 달리 시대를 거치면서 형성·발전되어온 역사의 산물이다. 의원내각제의 연혁적 접근을 통해 이에 대한 이해를 한 차원 높일 수 있을 것으로 기대한다.

제3장에서는 의원내각제를 비교 헌법적으로 고찰하고자 한다. 먼저 의원내각제가 기원한 영국을 중심으로, 프랑스, 독일, 일본을 다루고자 한다. 영국에서 의원내각제가 어떻게 형성하여 발전되었는지 영국의 역사와 정치적 사건을 중심으로 논의하고자 한다. 프랑스의 경우 영국의 의원내각제가 프랑스의 정부형태에 어떻게 영향을 미쳤는지 프랑스 제3공화국, 제4공화국을 중심으로 살펴보았다. 프랑스 제3·4 공화국에서의 경험이 프랑스 제5공화국 헌법에 어떠한 영향을 미쳤는지도 검토해 보았다. 독일의 경우 기본법 제정이전의 바이마르 공화국의 의원내각제 실패의 경험과 그 이후 기본법에서는 이를 어떻게 보완 발전시켜 왔는지, 유럽의 다른 나라와 비교한 독일의 특별한 건설적 불신임제도도 살펴보고자 한다. 일본의 경우 일본 의원내각제의 기원이 되는 메이지헌법을 시작으로 전후 일본 의원내각제의 발전과정을 살펴보고자 한다. 현재 일본 의원내각제의 원리와 특징을 내각과 내각총리대신을 중심으로 다루고자 한다.

제4장에서는 현행 정부형태의 문제점과 의원내각제의 도입이라는 소주제 아래 현행 정부형태에서 문제적으로 지적되고 있는 민주적 정당성과 임기, 내각구성의 비효율성, 대통령 1인에 권력의 과도한

집중현상 등을 살펴보고, 의원내각제와 대통령제의 장·단점을 비교한 다음, 의원내각제를 우리 헌법에 도입할 경우 어떠한 형태이어야 하는지 큰 골격을 중심으로 다루고자 한다.

제5장 결론에서는 앞의 연구를 요약·정리하고 현행 대통령제 정부형태의 단점을 보완하면서 대안이 될 수 있고 우리현실에 맞는 바람직한 의원내각제 형태를 제시하고자 한다.

2. 연구의 방법

사회과학 연구방법 내지 접근방법은 여러 가지가 있다. 의원내각제의 비교 헌법적 연구에도 일반적인 사회과학 연구 방법론이 적용된다. 이러한 방법론은 학자에 따라 다양하게 분류되기도 하나, 여기서는 크게 역사적 연구방법, 이론적 연구방법 그리고 실증적 연구방법의 셋으로 나누고자 한다.

첫째, 역사적인 연구방법이다. 이 방법은 특정제도나 정치형태의 변화와 발전과정을 역사적인 관점에서 비교·분석함에 유용할 것이다. 이 연구 방법은 특정 국가에 있어서 특정 제도의 발전과정이라는 독특한 현상을 분석하는 데에 장점이 있으나, 그 결과를 일반화하기 어렵다는 단점이 있다. 개별국가의 독특한 현상에 관한 연구만으로는 의미가 없으므로 자연히 외국과의 비교법적인 연구가 가미된다. 법학연구에서 일정한 제도의 승계과정이 될 수 있으며, 개별국가에서의 특정제도의 발전사 내지 변천과정의 흐름이 될 수 있다. 영국의 의원내각제의 기원과 발전과정과 이러한 의원내각제가 유럽의 다른 나라와 일본에서 어떠한 모습으로 발전해 가는가에 대한 연구가 여기에 해당된다.

둘째, 이론적인 연구방법이다. 전통적 접근방법으로서 제도와 기구 및 학설을 분석하고 검토한다. 의원내각제에 있어서 의회와 내각의 상호관계에 관한 연구나, 총리의 내각 해산시 해산의 실질적 결정권에 관한 학설의 주장과 근거에 관한 연구가 여기에 해당한다. 이 방법도 역사적인 연구와 비교법적인 연구와 관련이 많다. 연구의 대상은 제도 이외에 학설·판례가 주류를 이룬다. 이론적 연구방법은 연구방법의 특성상 실익 없는 이론적 형식논쟁에 빠질 위험이 있다.

셋째, 사회학적 연구방법이다. 이것은 경험과학적 접근방법 또는 행태학적 접근방법이라 한다. 인간의 사회관계를 중시하는 사회학의 특성에 중점을 두어 인간과 사회구조, 그리고 이 둘 사이의 관계를 과학적으로 관찰하고, 이를 이론적으로 설명하고 경험적으로 이해하며, 주로 조사라는 연구방법을 사용한다. 본 연구와 관련해서는 의원내각제에 대한 일반국민의 인식, 도입에 대한 찬·반 여부, 그 구체적인 이유를 분석·연구하는데 유용한 연구방법이 될 수 있다.

본 연구는 위의 연구방법을 바탕으로 의원내각제의 일반론에 관해서는 역사적 및 이론적 연구방법을, 의원내각제에 관한 외국의 제도 고찰은 비교법적인 연구방법을, 현행 정부형태의 문제점과 의원내각제의 도입에 관해서는 이론적 연구방법, 비교법적 연구방법, 사회학적 연구방법을 가미한 종합적 연구방법을 사용하고자 한다.

제2장 의원내각제의 기본이론

Ⅰ. 의원내각제의 유래

1. 의원내각제의 사상적 배경

(1) 항의적 이데올로기

영국에서의 의원내각제는 절대군주에 대한 항의적 이데올로기의 성격으로 생성·발전된 제도로서 현재와 같은 정치적 의미의 대의기관이라기보다는 의회의 권한과 이익을 수호하기 위한 심의기관의 성격이 강했다.[4)]

12, 13세기경부터 유럽의 다수국가에서는 귀족·승려·시민의 세 계급의 대표자들에 의해서 이루어진 신분계급의 의회가 생성 발전하게 되었는데, 이들은 국민전체의 이익을 대표하는 것이 아니라 자신들의 계급이익을 대표하였다. 처음에는 군주로부터 반대급부를 누리

4) 김도협 "독일의원 내각제에 관한 연구", 단국대학교 박사학위논문, 1999, 13면.

는 대신 초기 군주의 권력 강화에 중요한 기여를 하였으나 점차적으로 군주의 권력이 전제화 내지 절대화함에 따라 그들의 특권은 쇠퇴 소멸하게 되었다. 그러나 영국에서는 등족회의가 존속되었으며 이것이 추후 의회제도로 발전하게 된 계기가 되었다. 영국의 등족회의는 군주가 절대 권력을 가지는 것에 반대하였으나 군주제 그 자체에는 반대하지 않았다는 점과 그동안의 오랜 세월 속에서 형성되어 온 이들 각 등족의 특권이익을 군주로부터 지키고 옹호하는 과정에서 절대군주에 대한 항의적 이데올로기가 의원내각제의 사상적 배경을 이루게 되었다.

(2) 명예혁명

영국의 찰스2세 때 의회 내에서는 왕을 옹호하는 국교주의파 토리당(Tory Party)과 의회를 존중하려는 반국교주의파인 휘그당(Whig Party)이 등장하는데 찰스2세의 뒤를 이은 그의 동생 제임스 2세가 더욱 전체정치를 강화하고 나아가 카톨릭의 부활을 노골적으로 표면화하였다. 이에 의회는 동맹하여 제임스2세를 몰아내고 그의 딸 메리와 그녀의 남편인 당시 네덜란드 총독 윌리엄을 공동 왕으로 추대하여 권리장전을 승인케 하였는데 이를 가리켜 명예혁명이라 한다. 이를 계기로 하여 왕권신수설을 바탕으로 한 절대왕정이 붕괴하였으며, 정교분리의 원칙이 싹트게 된 것이다.[5] 이와 같은 정치발전을 배경으로 영국의회가 명실상부한 정치의 장이 되었으며 의회 내에서의

---

5) 권리장전은 의회의 입법권과 과세권을 확인하고 또한 의회선거의 자유와 의원의 면책특권들을 규정함으로서 이른바 절대왕정의 막을 내리고 새로운 입헌정치의 토대를 마련한 것으로 의원내각제 확립의 중요한 계기가 되었다.

정책비판과 토론의 폭 넓은 자유가 인정되게 된 것이다.

(3) 자연법사상

자연법은 시공을 초월하여 실정법을 구속하는 모든 실정법의 영원한 원형이자 실정법의 불비와 결함이 있을 때에는 그것을 대신하고 보충하는 질서체로서 영국의 보충법에 의해서 수용된 이 자연법사상은 결과적으로 영국의원내각제의 지위향상과 견제기능의 강화에 또 하나의 커다란 역할을 하였다고 할 수 있다. 즉 "누구도 자기 자신에 대한 판단자가 될 수 없다"고 하는 영국 보통법의 원리는 당대의 집권당이 아닌 야당은 항상 여당에 대한 판단자로서의 자격을 정당하게 가질 수 있게 하는 근거가 되었던 것이다.[6)]

(4) 대립주의와 이원주의

대립주의는 17세기 후반부터 18세기 걸쳐 영국에서 활발히 전개된 정치이론으로서 지배와 피지배, 법치와 자의, 힘과 법, 질서와 자유의 대립관계를 정치의 본질로 이해하는 것으로써 당시 정치 사상가들의 일반적인 견해였다. 그들은 의회의 운영도 이와 마찬가지로 이해관계의 대립을 전제로 한 자유로운 토론 속에서만이 상호교정과 견제가 이루어지며 이는 건실한 정치실현의 필수적인 요건이라고 보았던 것이다.[7)]

---

6) Frederick Pollock, History of the Science of Politics, Macmillan: London, 1930, p. 71.

7) 허영, 한국헌법론, 박영사, 2010, 735면.

이원주의란 인간의 마음속에 내재하여 작용하는 감성과 이성의 대립과 갈등이 국가정치의 현실에도 동일하게 작용한다고 보아 정쟁속에서 파생하는 많은 대립과 갈등을 조화로 이끌 수 있게 하는 영국의회민주주의 사상적 배경을 이루었다. 여기에서 의회가 여당과 야당의 이원적 구조를 가져야 하며 또한 야당의 자유로운 정치적 활동의 보장이 중요한 의미를 가지게 되는 것이다.

따라서 영국의 정치사상적 측면에서 대립주의와 인간심리에 기초한 도덕철학적인 이원주의는 영국의회정치에서의 야당의 지위를 크게 향상시켰으며, 정권교체에 대한 정당성의 근거를 제공한 것으로 영국의원내각제의 수준을 한 차원 높이는 원동력이 되었다.[8)]

2. 의원내각제의 법이론

의원내각제는 의회에서 선출되고 의회에 대해서 정치적 책임을 지는 내각중심으로 국정이 운영되는 정부형태이다. 입법부와 집행부의 상호관계가 "의존성의 원리"에 의해서 규율되는 정부형태로서 "독립성의 원리"에 충실한 대통령제와 대조적이다. 집행부의 장인 수상이 의회에서 선출되고 수상에 의해서 인선되는 각료들이 수상과 함께 언제나 의회에 대해서 그 정치적 책임을 지는 것이 의원내각제의 기본원리이다. 따라서 의회의 내각불신임권과 내각의 의회해산권, 의원직과 각료직의 겸직허용, 내각의 법률안 제출권과 각료의 자유로운 의회출석·발언권, 내각 내에서의 수상의 우월적 지위, 잠재적인 여당으로서의 소수의 보호제도 등은 의원내각제의 본질적 요소에 속한다.[9)]

8) 김도협, 앞의 논문, 16면.

대통령제가 "분리 및 견제"의 정부형태라면 의원내각제는 "통합 및 견제"의 정부형태이다. 의원내각제는 통합과 갈등의 적절한 조화에서 그 진가를 나타낼 수 있는 정부형태이기 때문에 통합을 지속시키고 갈등을 건설적인 방향으로 유도하기위한 상징적인 국가원수가 필요하게 되는데, 대통령이 그러한 상징적인 국가원수로서 기능을 하게 된다. 따라서 상징적이면서 정치적으로는 중립적인 국가원수의 존재가 의원내각제에서는 불가결한 제도의 내용으로 간주된다. 또 의원내각제는 내각의 조직과 활동이 의회의 세력 분포에 따라 직접적인 영향을 받기 때문에 의회 내에 안정 세력이 확보되어 내각을 정치적으로 뒷받침해 주는 것이 제도의 성공적 운영을 위해 반드시 필요하므로 군소정당의 난립보다 소수의 대정당제도가 정착할 수 있는 합리적인 선거제도 등의 마련이 의원내각제의 전제조건으로 강조된다.

그리고 의원내각제는 의회의 내각불신임과 내각의 의회해산권 때문에 정국의 불안정을 가져올 소지가 크므로 정치적으로 중립적인 위치에서 집행 업무를 담당해 나가는 직업공무원제도가 필수적인 것으로 간주된다.

이러한 의원내각제는 17세기부터 18세기에 걸쳐 영국의 의회정치의 발전과정에서 불문의 헌법관행으로써 형성·발전하여 19세기 말경에 제도적으로 확립되었다. 의원내각제는 18세기 후반부터 19세기 전반에 걸쳐서 영국에서 헌법관행으로써 생성된 것을 고전적 유형이라고 하고 그것은 입헌군주와 민선의회가 이원적으로 대치하여 합의제 집행기관인 내각이 쌍방의 연결기관으로서 국정을 운용하는 것을

9) 허영, 앞의 책, 728-730면.

기본적인 구조로 하고 있었다. 프랑스에 있어서 1830년 7월 혁명이후 의회제도도 기본적으로는 같은 구조를 가지고 있었다. 따라서 영국·프랑스에서 고전적인 형태로 실행된 의원내각제에 있어서는 입법·행정 양 기관의 분립이라 하여도 협동관계의 균형성을 배척하는 것은 아니었다. 내각은 원수인 군주에게도 국민대표기관인 의회에 대해서도 이원적으로 정치적 책임을 지고 의회(하원)의 신임을 조직의 성립·존속을 요건으로 하였다. 이러한 의미에서 고전적 의원내각제는 정치적 책임의 이원성을 기초로 하는 이원적 의원내각제였다.

그러나 19세기를 통해서 사회·경제 기구의 변화와 함께 보통선거제가 확립되어 정당제가 발달함에 이르러 국가원수의 지위·권능은 명목화 되고 국왕에 대한 책임을 헌법상 의제하는 반면 의회만이 권력의 정통성을 독점함으로써 이원적 의원내각제는 하원에게만 정치적 책임을 지는 일원적 의원내각제로 변하게 되었다. 이 경우 많은 의회제국가에 있어서는 내각의 의회에 대한 연대책임제를 확보하기 위해 하원다수파의 영수가 정권을 장악하고 각료는 원칙적으로 국회의원 중에서 선임된다고 하는 내각과 의회와의 인적 결합이 제도운용상 중요한 관행으로 확립되었다.

보통선거의 실현과 유권자의 지위가 향상됨에 따라 국민대표제는 국민중심의 실질화의 방향으로 향하고 내각은 오로지 국민대표인 의회의 민주적 통치아래에 두어 여기에 의원내각제는 국민-의회-내각이라고 하는 민주제의 직선적 연결의 구조로 파악되었다. 오늘날 의원내각제는 일원적 의원내각제의 테두리에서 의회우위 또는 내각우위 여러 가지 형태로 실현되고 있으며 각국 헌법상 제도적 표현은 다양하고 제각기 정치적 실천에 의해서 다양한 구조적 특질을 발휘하고 있다.

Ⅱ. 의원내각제의 성립

1. 의원내각제의 태동

(1) 내각제도의 발생

영국의 절대군주가 입헌적 통치자(행정부의 명목적 수장)로 이행된 것은 내각제도를 통해서라고 할 수 있다.10) 내각이 그 기원을 예전부터 존재해 온 추밀원(Privy Council)에 두고 있으며, 연원을 살펴보면 앵글로색슨시대의 '현인회'까지 소급하게 된다.

노르만의 정복 후 입법에 관한 사항을 취급하는 '대회의'와 함께 주로 행정에 관한 사항을 취급하는 추밀원이 존재하였다. '대회의'가 의회의 모태가 된 것처럼 추밀원은 내각의 전신이 되었다. 15세기 초에는 의회에 예속되었던 추밀원이 16세기부터 17세기에 걸쳐 튜더(Tudor)왕조의 유력한 통치기관이 됨으로써 전제적인 주권을 배경으로 추밀원정치의 시대가 열리게 되었다.11)

그러나 스튜어트(Stuart) 왕조시대에 들어서 고문관의 수가 점차적으로 증가하여 추밀원정치가 불가능해지자 전(全) 추밀원을 대신하여 그 직무와 권한을 대행하기 위하여 추밀원 내부에 하나의 위원회

---

10) 국왕의 절대권력은 그의 대신의 통제를 받게 되었고, 마침내 의회에 대해 그리고 의회를 통하여 국민에 대해 책임을 지는 내각의 완전한 통제하에 놓이게 되었다. Lawrence Lowell, The government of England, the Macmillan Company: New York, 1924, p. 26.

11) Charles Frederick Strong, Modern political constitutions, Sidgwick and Jackson: London, 1952, p. 217.

가 생겨나게 되었다. 국왕의 전면적인 신뢰를 독점한 소수자에 의한 추밀원의 회합이 바로 그것이다.

왕정복고시대 찰스2세 치하에서 생긴 외무위원회(cabel)는 후의 내각(cabinet)의 선구가 되었다.[12] 이것은 추밀원에서 추밀원에 대신하여 비공식적으로 국왕에게 조언을 하는 것으로서 국왕이 선임하였다.[13] 그러나 그 선임은 의회의 의사와는 무관하게 국왕의 임의에 따라 행하여졌고 그래서 선임된 자는 의회에 대해서가 아니라 국왕에 대해서 책임을 졌다.

내각은 국왕의 권한을 제약하는 것으로서가 아니라 국왕의 이익을 옹호하는 수단으로 생각되었다. 그래서 내각이라는 용어는 비난의 의미로 사용되었으며 당시에 있어서도 결코 호의적으로 보이지는 않았다.[14] 추밀원에서의 위원회는 이미 16세기부터 여러 가지 목적을 위해 생겨났지만, 그것이 고급관료나 대신으로 구성된 내각으로 변모되는 것은 찰스2세의 말기 즉 명예혁명 직전에 이르러서였다.

(2) 내각제도의 확립

초기에는 내각을 구성하는 제 대신은 국왕의 단순한 고문관이고 국왕의 하복(king's servant)이며 혹은 국왕의 대신에 불과했다. 그러던 것이 마침내 입장이 바뀌어 내각의 의견이 형성될 때까지 국왕은 정책에 관한 사항에 대하여 상담조차 받지 못하게 되었다.

---

12) 내각이라는 용어는 추밀원 고문관들 중의 수명이 궁정내의 밀실에 회합하여 국정을 논의한데서 나온 것이다.

13) 찰스Ⅱ세는 50명의 추밀원 고문관 중에서 5명을 뽑아 국정을 자문하였다.

14) Frederic Austin Ogg, English Government and Politics, Macmillan Company: New York, 9th(ed), 1957, p. 45.

내각이 예전의 국왕의 내각이던 지위를 탈피하고 국왕에 대신하는 실질적인 행정부로 성장하는 과정에서 행정권이 국왕으로부터 내각에로의 이전을 볼 수 있고 이리하여 내각의 성장과 권력의 획득이 구체적으로 가능하게 되었다. 이는 첫째, 대신책임제(대신 조언제) 및 부제제의 확립, 둘째, 내각의 일체성, 동질성, 연대책임성의 확립 등을 통해서였다.

1) 대신 책임제

대신 책임제는 1701년의 왕위계승법(Settlement Act)에서 법적으로 보장되고 조지1세의 치하에서는 관행으로 확립되었다. 왕위계승법은 국왕의 무책임성 및 국왕의 시정에 관한 대신의 책임을 정하였다. 그러나 이러한 책임을 지는 대신은 국왕의 신임만 얻으면 되고 아직은 의회의 신임을 필요로 하지 않았다. 그리고 동법은 국왕아래 유급의 관직이나 지위를 가지는 자 또는 국왕으로부터 연금을 수령하는 자에 관하여 하원의 의원이 되는 것을 금지하고 있다. 왕위계승법의 참된 의도는 급속하게 대두된 내각에 대한 견제였지만 국왕에 대한 대신의 부서제도를 명문화한다는 진보적인 것이었다.

2) 내각의 일체성

내각의 일체성·동질성·연대책임성의 확립에 대해서는 두 가지 측면에서의 고찰이 필요하다. 그 하나는 내각의 초석인 내각총리대신(수상)의 출현이고 다른 하나는 정당정치의 발달에 따른 정당내각의 출현이다.

가. 수상의 출현

수상의 출현으로 내각은 국왕의 손을 떠나 국왕을 대신하여 이를 통솔하는 대신(수상)의 지도하에 독립한 행정부를 형성하였다. 카톨릭 국가의 카톨릭화를 노려 카톨릭교도를 공직에서 배제한 제 법률을 폐지하는 칙령을 발하려 하였다. 이는 왕정복고의 기초인 국왕과 의회사이의 기본적인 타협에 반하는 것이었다. 그리하여 의회의 지도자들의 요청에 의해 1688년 10월 제임스2세는 프랑스로 망명하였다. 귀족들은 제헌의회를 구성하고 1689년 1월 22일 제임스2의 폐위를 확인하고 윌리엄과 그의 비 메리를 군주로 옹립하였다. 의회는 새로운 군주와 계약을 맺어 권리선언을 발하고 이를 법으로 채택했다. 이것이 곧 권리장전(Bill of Rights)이다.

권리장전은 25년에 걸친 스튜어트 복고왕정의 악폐를 지적하고 위법한 관행을 열거하여 그것이 되풀이되어서는 안 됨을 규정하였다. 그리하여 의회는 전능의 의회가 되었다. 이러한 상황에서 하노버(Hanover)왕조의 성립으로 영국의 의원내각제는 성립사상 가장 중요한 획을 긋게 된다. 하노버왕조의 첫 번째 왕인 조지1세(1714~1727)는 독일에서 왔으므로 영어를 할 수 없었고, 영국법이나 관습·영국적 사고 및 생활양식에 전혀 익숙하지 않아 내각의 각의에 출석하지 않았다.

그래서 국왕의 결석에 따라 종종 공석이 된 권력구조의 정점에 일인의 대신이 아주 자연스럽게 위치하여 각의를 주재하고 국정의 전반을 총괄하게 되었으며 그 인물이 사상최초의 수상이라 불리는 로버트 월폴(Robert Walpole)이었다. 그가 수상지위의 창시자였긴 하였지만 오늘날과 같은 의미의 의원내각제의 관행은 행하여지지 않았다. 따라서 근대적 의미의 수상은 로버트 필(Robert peel)이다.[15]

나. 정당내각의 출현

내각의 일체성은 수상의 존재뿐만 아니라 그것을 구성하는 각료의 동질성으로 확고하게 되는 것이지만 그것을 가능하게 하는 것이 곧 정당내각의 출현이다. 명예혁명 이전인 1679년의 선거에서 토리당(Tories)과 휘그당(Whigs)에 의한 선거운동이 있었고 이 선거에서 대승한 휘그당이 내각을 조직한 시점을 정당내각의 기원으로 볼 수 있다. 그러나 당시의 정당이나 정당내각은 지금의 개념과는 매우 달랐다. 그러나 여기서 중요한 것은 월폴을 수상으로 하는 휘그당의 지배와 함께 영국의 의원내각제에 있어서 불가결의 요소인 내각제도가 확립되어 정치의 실권이 급속하게 내각과 의회로 옮겨졌다는 사실이다.

2. 의원내각제의 성립

17세기 중엽을 거치면서 실질적인 행정부로 성장한 내각은 국왕의 내각(King's Cabinet)에서 의회의 내각(Parliamentary Government)으로 변화되어 갔고 의회는 내각을 통제하였다. 그것은 ㉠ 내각의 의회에 대한 연대책임제(특히 불신임제)의 확립과, ㉡ 의회의 내각각료선임제(의원과 각료의 겸임제)의 확립을 통해 구체적으로 보장될 수 있었다.

---

15) Ivor Jennings, Cabinet Government, Cambridge University Press: Cambridge, 1959, p. 82.

(1) 불신임제도

성공적인 불신임제도가 고안되기까지 대신에 대한 탄핵제도의 실패가 되풀이 되었다. 처음 탄핵제도는 국왕과 의회의 권력적 대립과 분쟁시 국왕의 신임을 받고 있는 대신을 의회가 탄핵(하원에 의한 소추와 상원에 의한 재결)한다는 것을 의미하였지만, 사형이나 투옥이라는 제재적이고 폭력적 수단인 처벌을 수반하는 경우가 많아서 차츰 역사에서 그 모습을 감추게 되었다. 그 근본적인 원인은 탄핵이 사법재판적이고 사후 징벌적이기 때문에 내각을 의회의 통제의 범위에 두려는 본래의 정치목적에 적합하지 않았기 때문이다. 이에 대해 불신임제도는 보다 정치적이고 평화적일 뿐 아니라 합리적이고 사전 예방적이기 때문에 점차 정착되어 갈 수 있었다.

1742년 월폴은 국왕 조지2세의 신임을 받았음에도 불구하고 의회(하원)의 신임을 잃음을 이유로 앞의 선례에도 불구하고 수상직을 사임하였다. 이는 자발적인 사임으로 그때는 내각의 연대책임 내지 불신임의 관념은 아직 발달되지 않았다. 그로부터 반세기 이상이 지난 1782년 노드(North)내각이 반대당의 불신임으로 총사퇴한 때에 이르러서는 근대적 의미의 불신임제도가 거의 확립되었다. 그 후 핏트내각에 이르러서는 양대 정당제를 최종적으로 정착시키고, 자유재량으로 내각을 결정하는 국왕의 대권을 최종적으로 소멸시킴과 동시에 하원의 다수파에 기초를 둔 내각에 정통성을 부여하는 것이 확립되었다.[16)]

16) 정만희, 헌법과 통치구조, 법문사, 2003, 70-73면.

(2) 겸직제도

의회가 내각을 통제하고 국정을 감시하는 가장 적절한 방법으로서 불신임제도와 함께 의원과 대신의 겸직제도가 고안되었다. 의회가 서로 행정권을 행사한다는 것은 불가능하므로 의회는 스스로의 지도자를 선택하여 그에게 통치를 위임하는 것 즉 의회의 의원이 내각을 구성하여 그 수상 및 대신이 되는 것이 점차 관례로서 확립되었다.

정당정치가 발전함에 따라 내각이라는 실질상의 행정부는 의회(대부분 하원의 다수당의)의 의원 중에서 내각총리대신과 그 외의 대신이 선출되어 그 재직과 집행이 다수당의 신임에 근거하게 되었다. 즉 연대적으로 의회(하원)에 대하여 책임을 지는 것이 의원내각제의 본질이 되었다.

이미 1679년에 하원의원 중에서 대신이 선출되었으며 로버트 월폴 이래로 상・하 양원 중의 어는 하나의 의석을 가지지 않는 수상은 없었다. 특히 핏트내각은 현직의 대신만으로 구성되어져야 하며, 각의에서 채택되는 정책에 관하여는 의견이 일치되어야 할 것을 강조하였다. 그래서 수상의 지도에 복종하는 내각의 연대 책임원칙이 그 기능을 발휘하기 시작하였다. 그리하여 내각이 어느 정도 국왕으로부터 독립하여 수상을 중심으로 일체적으로 활동하게 되고 한편 의회(특히 하원)도 국왕으로부터 독립하여 정당을 통해 의회와 내각이 연결됨으로서 내각의 정치적 책임성이 확립되는 과정에서 의원내각제가 성립되었다.

3. 의원내각제의 정착

18세기부터 19세기 초기에 걸쳐 확립된 영국의 의원내각제는 19세기 전반에서 20세기에 걸쳐 성숙·정착하는 단계로 들어서게 된다. 이 시기에는 이미 형성된 의원내각제의 주요원리의 대부분이 실제 정치상의 관행을 통해 움직일 수 없는 헌법적 규범으로 정착되었다. 또 그 중의 일부는 불완전하나 의회의 제정법에 의한 성문화를 통하여 정착되기도 하였다. 영국의 의원내각제의 성숙·정착에 커다란 영향을 미친 배경을 법적·정치적·사회적·사상적인 측면으로 나누어 고찰해 보고자 한다.

(1) 법적 배경

의원내각제는 역사적으로 보면 대부분 관례나 관습의 확립에 의한 것이고 그 본질적 원리의 많은 부분도 실제 정치상의 운용면에 한정된 비공식의 약속에 지나지 않았다. 오늘날에도 이러한 법적 평가는 본질적으로 바뀌지 않았다.

그러나 금세기 들어 그 일부의 기본원리가 의회의 제정법으로 나타나고 있으며 이와 같은 성문화는 그 자체에서 의원내각제의 법적·제도적 정착을 가능하게 하는 요인으로 볼 수 있다. 예를 들면 1911년에 제정된 의회법(Parliament Act)은 금전법안에 관하여 상원에 대한 하원의 우위의 원칙확립과 내각의 의회에 대한 책임의 원칙을 간접적으로 정립한 입법이었다. 1916년의 각의의 의사록에 관한 법률은 각의 의사록의 작성과 보관을 정한 것 이라기보다는 오히려 법률상 처음으로 내각관방의 존재를 확인한 것이었다.

이외의 의원내각제의 기본원리는 아직 성문화가 이루어지지 않아 오늘날에도 내각은 군주와의 관계·의회와의 관계·국민과의 관계·각료 상호간 혹은 그들과 수상과의 관계 등을 정한 성문의 헌법이나 법률 없이 암묵적으로 존재하고 있다.

(2) 정치적 배경

의원내각제의 정착을 위한 정치적 배경으로서는 정당정치의 발달, 특히 양대 정당에 의한 원활한 정권교체 그리고 그것을 제도적으로 가능케 했던 선거제도가 수반되어야 한다. 영국의 양대 정당제도는 당시의 휘그당과 토리당의 대립에서 시작되어 오늘날의 보수당과 노동당의 대립에 이르기까지 오랜 역사와 전통을 가지고 있다. 이 양대 정당제가 양국의 의원내각제의 성공적 운용의 배경이라는 것은 잘 알려진 사실이다. 그리고 이를 제도적으로 가능케 했던 것이 선거제도이다. 제1차 선거법 개정이 행해진 1832년에 영국의 정치적 근대화가 시작되었다.

1832년 선거법 개정은 영국의 의원내각제의 발전에 중요한 의미를 갖는다. 이 선거법 개정에 따라 종래 25만에 불과했던 선거권자의 수가 50만으로 배로 증가되었으며, 주와 도시선거구에서는 처음으로 소유와 사용하는 부동산의 가격에 따라 선거자격의 유무가 결정되었다. 이 선거법으로 완전히 보통선거제가 실현된 것은 아니나 이른바 중산계층에까지 선거권이 확대되었다.[17)]

17) K. Loewenstein, British Cabinet Government, Oxford University Press: Oxford,

영국 의원내각제의 성립과정일 일반적으로 1832년의 제1차 선거법 개정부터 제2차(1867)・제3차(1884)의 선거법개정에 이르기까지 3단계로 나누어진다. 이 시기의 특질을 의회 특히 하원의 우월에서 찾고 있다. 1867년의 제2차 선거법개정은 1832년의 제1차 선거법을 개정한 것이다. 그 내용은 제1차 개정에서 중산계급에 선거권을 확대한 것을 제2차 개정에서는 도시의 일반 서민에게까지 선거권을 확대 적용한 것이다.

뢰벤슈타인(K. Lowenstein)에 의하면 이 개정으로 도시의 유권자는 배로 증가하고 주의 유권자는 54만에서 79만으로 증가하여 전체로서는 약 100만인의 유권자가 선거인 명부에 새로 등록되었다고 한다. 그리하여 총유권자 수는 약 223만에 달하고 이는 20세 이상 인구의 16.4%에 해당한 것이었다.[18] 제3차 선거법개정의 핵심은 도시선거구에서의 선거권부여를 주에까지 확대 실시한 것이다. 이로써 선거권은 전국적으로 단일화 되어 남자의 보통선거제가 실현되었다. 뢰벤슈타인에 의하면 이때 유권자수는 250만에서 500만으로 배가하고 이는 전성인인구의 28.5%에 해당하였다.[19] 이러한 일련의 선거법개정은 영국의원내각제의 발전에 있어서 아주 중요한 의미를 가졌으며, 다음과 같은 원칙이 정립되었다.

첫째, 내각은 국민의 신임을 얻어야 한다는 것이다. 내각이 이해를 구해야 할 상대는 의회가 아니라 선거민이기 때문이다.

둘째, 통제되는 정당조직이 존재해야 한다는 것이다. 의원은 국민

1967, p. 103.

18) 구병삭, "의원내각제의 동태에 관한 연구(I)", 고려대학교 법학논집 제25집, 고려대학교 법학연구소, 1987. 12, 80면.

19) K. Loewenstein, op. cit., p. 125.

의 위탁에 구속되어야 하므로 그러한 위탁에의 구속을 확보하기 위하여 정당 조직의 존재를 필요로 한다. 정당은 그 자체가 최고의사를 가지고 의원은 이에 충실히 복종해야 한다.

셋째, 총선거에서 패한 경우는 내각이 총사퇴해야 한다는 것이다. 내각은 그 지위를 선거민인 국민에 의존해야 하는 한, 총선거에서 패하면 당연히 사퇴해야 한다.

넷째, 모든 정치상의 중요문제를 결정하는 것은 국민에게 속한다는 것이다. 국민은 중요한 문제가 발생하여 의회가 해산된 경우 이에 대한 판단을 할 권리를 가진다.

다섯째, 내각을 사직시키는 데에는 의회의 불신임으로서는 충분치 않다. 의회에서 내각이 불신임된 경우 내각이 의회를 해산하든지 아니면 사직해야 하는데 이 경우 사직하더라도 후속내각이 국민에 대하여 신임을 묻기 위해서 의회를 해산하여야 할 것이다. 이러한 국민우위의 원칙은 1867년 제2차 선거법 개정 이후 확립되었다.[20]

(3) 사회적 및 사상적 배경

1) 사회적 배경

16세기로부터 시작되는 농업혁명으로 농업자본가에 의한 목장의 대단위 경영이 가능하였다. 이로 인해 몰락한 소지주나 빈농은 생활기반을 잃고 도시로 몰려나와 신흥공업의 노동자가 되었다. 도시에 집중된 상공업자나 노동자계급을 중심으로 형성된 근대시민사회는 이들 신흥계급의 거대한 에너지에 의한 밑으로부터의 구조변화의 요구에

20) 정만희, 현대헌법과 의회주의, 법문사, 1995, 365-368면.

직면하였다. 이것은 종래처럼 귀족계급만으로 권력의 독점과 귀족과 두제적 지배를 하는 것이 불가능했다. 이와 같은 사회적 경제적 진전이 선거법 개정을 통한 선거권의 확대로 의회제도의 개혁을 가져다주었고 의회의 대중화를 통해 의원내각제의 성숙・정착을 가능케 했다.

2) 사상적 배경

영국에서의 의원내각제의 성숙・정착의 사상적 배경을 살펴보면 아담 스미스(Adam Smith)이후의 자유주의적 경제사상, 존 로크(John Locke)의 근대계몽사상, 그리고 제레미 밴덤(Jeremy Bentham)을 시조로 하는 공리주의 등을 들 수 있다. 그 중에서 우선 영국의 특질을 가장 잘 대표함과 동시에 의원내각제의 이론적 근거가 되는 공리주의가 준 영향을 살펴본다.

공리주의는 의원내각제의 성숙・정착에 적합했던 사상이다. 밴덤은 그의 저서 「정부론 단편」에서 주권의 근거를 일반적 공리 즉 피치자의 최대다수의 최대행복에 두었으며 의회주권론은 여기에서 도출될 수 있었다.

공리주의에는 당연히 의회제도의 개혁원리로서의 내용이 포함되어 있었고 그것을 실현한 인물이 제임스 밀(James Mill)이었다. 밀은 '영국헌정에서 입법에 관한 한 서민에게로 그 권한을 통일되어야 한다'고 그의 「대의정부론」에서 주장하였다. 그런데 그의 주장은 제1차 선거법 개정과 '차티스트운동'에서의 보통선거론의 이론적 뒷받침이 되었고 마침내 밀의 이론은 그의 아들 죤 스튜어트 밀(John Stuart Mill)에 의해 「대의정부론」으로 완성되어 영국 대의제도의 모범이 되었다.

그는 이상적인 최선의 정체란 주권 내지는 궁극의 경우에 있어서의 최고의 지배력이 사회의 전 집단의 수중에 있고 모든 시민이 그 궁극의 주권행사에 대하여 발언권을 가질 뿐만 아니라 정치에 실제로 참가하고 중앙과 지방의 약간의 공공기능을 개인적으로 수행 할 수 있는 상태에 있는 경우라고 하여 대의민주주의의 고전적 정의를 세움으로써 Locke 이래의 근대정부이론의 지표를 마련하였다.[21)]

이들 공리주의 사상의 계보는 영국에서 근대이후의 정치의 발전과정 중에서 생긴 것인 동시에 역으로 정치적 발전의 이론적 근거를 이루었는데 그것은 경험적·실제적·실리적인 민족성에 기인한다고 볼 수 있다.

4. 내각책임제로의 발전

(1) 산업사회화에 따른 입법수요의 증가 및 전문입법의 필요성

산업혁명의 영향으로 인하여 사회구조가 변하고 산업에 종사하는 노동자 및 서민계급의 권리의식 및 발언권이 커지고, 다원화된 산업사회의 여러 가지 정책수요에 부응하기 위한 국가작용의 영역이 질과 양적인 면에서 넓어짐에 따라 하원의 입법 작용도 그만큼 전문화되어 신속해질 수밖에 없었다. 하지만 하원 혼자서 이 같은 시대적 요청을 충족시키기에는 그 전문성의 면에서는 넘을 수 없는 일정한 한계가 있었기 때문에 전문적인 입법분야에서의 내각의 주도권과 발언권이 상대적으로 커지게 되었다. 또 내각은 내각대로 전문적인 입법수요와

---

21) 小平修, "議院內閣制の發生史的考察", 産大法學(京都産大), 第1券 第2号, 1965, 85頁.

법률집행의 원활한 수행을 위해서 전문적인 행정기구의 필요성에 공감하여 'Civil Service'라는 전문적인 관료조직이 생겨나게 되었다.[22] 영국에서 직업공무원의 효시라고 볼 수 있는 'Civil Service'의 탄생은 의원내각제의 정착에도 큰 역할을 하게 되었다.

하원에 대한 내각의 지위향상은 점점 더 진전되어 결국에 가서는 오늘날과 같은 내각우위(primacy of cabinet)의 의원내각제로 발전하게 된다.

(2) 선거제도의 민주적 개혁에 따른 정당조직의 정비

선거권의 계속적인 확대와 비밀선거(Ballet Act, 1872) 등 선거제도의 민주적 개혁에 발맞추어 정당조직의 정비가 추진되어 졌으며, 정당규율도 강화되어 갔다. 선거구 중심의 산만하던 정당조직이 중앙당을 중심으로 정비되어 중앙당의 통제력과 지도력이 커지고 소속정당 의원들의 이탈표(cross-voting)가 줄어들었을 뿐 아니라 정당의 당수가 수상을 겸하는 관례에 따라 수상이 하원의 다수당을 이끌게 되었다. 일종의 정당정부(party government)가 형성된 것이다. 따라서 수상을 중심으로 하는 내각은 하원다수당의 간부회의와 같은 성격을 띠게 되어 모든 중요한 정책결정이 실질적으로 내각에서 이루어지고 하원은 내각이 마련하는 정책 내지 법률안을 단순히 형식적으로만 추인하는 일종의 통법부로 전락하게 되었다.

본래 국왕과 집행부에 대한 권력통제의 보루이든 하원이 어느 순간

---

22) Oliver Mac Donagh, The Nineteenth Century Revolution in Government: A Reappraisal, Historical Journal Ⅰ, 1958, p. 52ff.

내각의 권력수단이 되고만 것이다. 영국의 의원내각제가 흔히 내각책임제(Cabinet Government)[23]라고 불리어지는 이유도 그 때문이다.[24]

(3) 정당정치의 발달로 인한 선거의 국민투표적 성격

정당정치의 발달과 여론정치의 실현됨으로 인해 하원의 구성을 위한 선거의 성격과 양상이 지역구 입후보자의 인물을 중심으로 하는 인물선거에서 정당과 정당의 리더에 대한 국민투표의 선거로 변질되었다. 선거에서 다수당이 된 정당의 지도자는 마치 국민에 의해서 직선된 영도자처럼 강력한 민주적 정당성을 인정받아 의회와 내각의 실질적인 리더가 될 뿐 아니라, 정치의 실력자로 클로즈업되어 국민의 신임과 존경을 받게 되었다. 영국의 수상은 내각의 수반일 뿐 아니라, 원내다수당의 사령탑이고 여당의 당수로서의 지위를 겸하는 강력한 지위를 가졌다. 뿐만 아니라 수상의 내각인선에 대한 국왕의 거부권이 사실상 폐지되고, 수상의 요청이 있으면 국왕에 의해서 당연히 의회가 해산되는 헌정전통이 1850년 이후 확립되어 영국에서 수상은 가장 강력한 헌법상의 지위와 권한을 행사하게 되었다. 그리고 1911년부터는 상원의 거부권까지 폐지되어 수상의 권한이 더욱 강화되어 오늘날 영국의 수상은 어느 의미에서는 대통령제의 대통령보다도 더욱 우월한 통치자의 지위와 권한을 행사하고 있다. 이러한 의미에서 오늘날 영국의 의원내각제는 수상정부제로 평가된다.[25]

---

23) K. Loewenstein, Verfassungslehre, 3. Aufl., Mohr: Tübingen, 1975. S. 103ff.
24) 허영, 헌법이론과 헌법(하), 박영사, 1987, 179면.
25) 허영, 위의 책, 180면.

(4) 내각과 국민과의 직접적인 유대관계형성

하원의원 선거의 성격과 양상이 국민투표적인 방향으로 바뀜으로 인해 내각의 하원에 대한 의존성보다는 내각의 여론과 선거인에 대한 의존성이 더욱 커져서 의원내각제에서 예상하지 않던 내각과 국민과의 직접적인 유대관계가 형성되었다는 점도 중요하다. 이와 같은 현상은 정당당수가 선거전에서 직접 국민 속에 파고드는 대중 상대적 선거운동(appeal to the people)과 큰 정당에 유리한 일구일인의 상대적 다수선거제도에 의해서 더욱 가속화되었다. 뿐만 아니라 국민의 직접적인 심판을 기대하는 수상의 하원해산권에 의해서 더욱 굳어졌다고 볼 수 있는데, 하원의 지위와 발언권을 약화시키고 영국의 의원내각제를 내각책임제 내지는 수상정부제로 발전시켰다. 정당국가로의 경향과 여론정치의 실현으로 인한 직접민주주의적요소가 영국의 전통적인 대의제적 의원내각제에 가미되어 '의회주권'을 사실상 퇴색하게 만드는 결정적인 계기가 형성되었기 때문이다.[26)]

Ⅲ. 의원내각제의 제도적 특징

1. 집행권의 이원적 구조

대통령제에 있어서 집행권은 명목적으로나 실질적으로나 대통령에 의하여 일원적으로 행사되는데 비하여 의원내각제에서의 집행권의

26) 허영, 위의 책, 181면.

행사는 군주 또는 대통령과 수상을 중심으로 한 내각에 의하여 이원적으로 이루어지고 있다. 군주 또는 대통령은 국가원수로서 국가를 대표하거나 수상지명(의회의 다수세력 중에서)을 하는 등의 명목적인 권한만을 가질 뿐 실질적인 집행권의 행사에는 관여하지 않는다. 이를 통하여 군주 또는 대통령은 재임기간동안 정치적 변혁으로부터 벗어나 국가의 계속성을 구현할 수 있다. 이러한 집행권의 이원적 구조는 입헌군주국에서의 의원내각제의 오랜 운영의 산물로서 집행권이 군주로부터 내각으로 이전되었음을 의미한다.[27] 의원내각제에서 형식적·명목적인 지위를 가지는 국가원수에 대해 구체적으로 살펴보겠다.[28]

첫째, 의원내각제에 있어서 국가원수는 의례적이며 상징적인 권한만을 행사하는 것이 아니라 의회와 정부 간의 균형적·조정적 요소로서 항구적인 기구를 의미한다.

둘째, 국가원수에게는 의회의 다수에 대항하기 위하여 중요한 특권이 부여되어 있는데 그것은 의회해산권의 발동이다. 국가원수의 이러한 권한은 의회에 의한 집행부의 독립성침해를 방지하기 위한 권력분립의 보장을 의미한다.

셋째, 국가원수는 국가적 위기시에는 위기수습의 주체로서 그리고 다원적 정당국가에서는 국가적 통일성과 항구성에 의한 헌법의 수호자로서의 역할을 하게 되는데 이것은 어디까지나 국가원수의 중립적 권력성에 기초한 것이라 할 수 있다.

---

27) 이강혁, "정부형태에 관한 연구: 의원내각제를 중심으로 공법연구", 제24집 제4호, 한국공법학회, 1996, 48면.
28) 김도협, 앞의 논문, 37-38면.

의원내각제는 의회와 내각간의 상호공조와 균형의 원리에 입각한 정부형태를 의미한다. 따라서 이를 의회와 내각간에 있어서의 지속적인 통합의 유지와 갈등의 합리적인 조정을 위한 상징적인 국가원수의 존재가 반드시 필요하다. 따라서 이를 위한 상징적·중립적인 국가원수의 존재는 의원내각제의 실제적인 제도가 된다.

2. 정부와 의회의 상호의존

의원내각제에 있어서 정부와 의회는 그 존립에 있어 상호의존적이다. 정부는 의회내의 다수의 지지를 바탕으로 구성되며 그 계속적인 지지가 있어야만 존립할 수 있다. 대통령제에서는 정부와 의회가 각각의 임기동안 상호독립적으로 존립하는데 비하여 의원내각제에서는 정부는 의회에 대하여 정치적 책임을 지는 반면에 정부는 의회를 해산함으로써 선거를 통하여 의회내의 새로운 다수의 지지 여부를 확인할 수 있다.

정부에 의한 의회해산은 정부와 의회다수의 종국적인 정치적 충돌을 해결하기 위한 차원에서 행사된다. 즉 정부가 의회와의 정치적 불일치를 국민적 조정에 의하여 해결한다는 의미를 갖는다. 따라서 정부에 의한 해산의 대상이 되는 것은 직접선거에 의해 구성되는 의회에 한하며 의회해산의 결정은 비록 명목적으로는 국가원수에 의하여 이루어진다 하더라도 실질적으로는 정부수반에 의하여 이루어진다.[29] 의원내각제에서 정부와 의회가 그 존립에 있어 상호의존 함으로써 권력간의 균형을 이루도록 하고 있는 점은 고유한 의미에서 의

29) 이강혁, 앞의 논문, 49면.

원내각제의 주요한 특징이라 할 수 있다.[30)]

그러나 이와 같은 권력적 균형은 오늘날의 정당제민주주의, 특히 양당제가 확립되어 있는 국가에서는 사실상 그 가치가 상당부분 상실되었다고 볼 수 있다. 양당제가 구축되어 있는 대다수의 국가에서는 자연스럽게 다수당이 집권당으로서 내각을 구성하기 때문에 대부분의 경우 내각은 의회를 해산한 후 다시 재집권의 가능성이 큰 경우에 야당 내지는 여당내의 반대세력의 약화를 꾀하거나 또는 정책집행에 있어서의 국민여론을 보다 유리하게 환기시킬 실익을 전제로 하여서만 행하는 것이 일반적이기 때문에 결과적으로 이와 같은 내각의 의회 해산권은 의회의 내각불신임권 행사에 대항하기 위한 수단으로서의 의미는 거의 없다. 그리고 이와 함께 실제적으로 다수당의 간부로 이루어진 내각에 대해 의회가 불신임권을 행사한다는 것 역시 오늘날에 있어서는 특단의 예외적 상황이 없는 한 사실상 의미가 적다.[31)]

3. 정부와 의회의 공리와 협조(공화관계)

의원내각제에 있어서 정부와 의회는 공리와 협력의 관계에 있다. 대통령제에 있어 정부와 의회가 엄격한 권력분립차원에서 상호 독립적으로 각자의 고유한 권한을 행사하는데 비하여 의원내각제에서는 상호간의 긴밀한 관계가 제도적으로나 정치적으로나 보장되고 있다.

---

30) 장석권, "영국 의원내각제의 특징", 토지공법연구 제3집, 한국토지공법학회, 1996, 276면.

31) 김도협, 앞의 논문, 35-36면.

국민에 의한 의회의 구성과 이와 같은 의화의 사실상의 다수당에 의한 내각의 구성으로 이어지는 국민주권주의의 자동성의 원리에 의한 정치의 실현과 함께 의회와 내각의 공화에 따른 국가기능의 효율성 제고를 도모할 수 있다.

그리고 이와 같은 내각과 의회간의 공화·협조는 무엇보다도 내각의 입장에서는 그의 성립과 존속을 의회의 신임에 맡길 수밖에 없다는 현실적 이유에서 기인하며, 의회도 존속을 위해서는 내각으로부터 해산을 사전에 감지·예방하여야 한다는 부담에 대한 표리적 조건으로서의 반대급부라 할 수 있다. 의회의 대수당에 의해 내각이 형성된다는 사실을 전제해 볼 경우에 내각의 의회에 대한 정치적 책임은 연대책임에 해당한다.[32]

위와 같은 의회와 정부의 관계에 의해 구체적으로 정부 각료는 의원들 중에서 선출되며 의회에 출석·발언할 수 있다. 또한 정부는 법률안 제출권을 갖는 등 의회의 입법권행사에 능동적으로 참여할 수 있다. 그리고 의회는 각료에 대해 의회출석·답변을 요구하는 등 정부의 집행권행사에 능동적으로 참여할 수 있다.

4. 야당의 존재

의원내각제에서는 의회 내에는 대부분 양당제의 정당구조를 가지는데 의회의 다수당에 의해 구성되는 내각과 의회가 서로 공화관계를 이루고 있으나 의회가 내각 내지 집행부의 행위에 대한 감시와

32) Frederic William Maitland, The Constitutional History of England, London: Cambridge University Press, 1961, p. 395.

견제의 기능은 의회의 본질적 기능이다. 왜냐하면 의회 내의 야당 내지 소수당은 항상 내각에 대한 감시와 견제의 기능을 충실히 수행함으로써 다수당 즉 일반적으로 현재의 내각이 국민으로부터의 신뢰를 상실하게 될 경우에는 언제든지 정권교체에 있어서의 주체가 될 준비를 하고 있기 때문이다.

그리고 건전하고 올바른 의원내각제의 운영을 위해서는 무엇보다도 야당의 존재와 발전이 필수적이다. 나아가 결과적으로 이것이 의원내각제의 또 하나의 제도적 특징이 된다.[33]

5. 정치지도자의 양성

논자에 따라서는 의원내각제적 정부형태가 유능한 정치지도자의 양성에 주체적 역할을 한다고 보고 있다.[34] 예를 들어 사실상 의원내각제하에서는 몇 번 재선되고 정무차관 등의 경험을 어느 정도 쌓고 능력이 실증된 자 중에서 일반적으로 각료를 선발할 뿐만 아니라,[35] 나아가 이와 같은 일련의 과정 속에서 보다 더 총체적인 정치적 역량을 발휘한 자가 대개는 실제적으로 수상으로 등장하게 되기 때문이다.

33) 김도협, 앞의 논문, 38면.
34) 김도협, 위의 논문, 38-39면.
35) 구병삭, 의원내각제의 연구, 화성사, 1991, 35면.

Ⅳ. 의원내각제의 유형

1. 의의

의원내각제는 대통령제와는 달리 개념의 구체성·통일성을 찾기가 쉽지 않다. 의원내각제에서는 대통령제에서와 같은 권력 분립을 전제로 한 국민에 의한 대통령의 선출, 의회에 대한 집행권의 우위성과 같은 공통적인 특성이 없다.[36] 그것은 의원내각제가 성문헌법이 아닌 관습헌법에 의해 형성되었기 때문이다. 따라서 의원내각제는 용어는 법적 개념이라기보다는 역사적 개념을 의미한다.

그러한 의미에서 의원내각제의 개념은 처음부터 순수한 법적 개념이 아닌 반(半)정치적 개념을 의미하고 있다. 그 결과 의원내각제의 개념에는 영국적 의회주의, 프랑스적 의회주의, 오를레아니스뜨적 의회주의, 서구적 의회주의, 신의회주의, 합리화된 의회주의, 진정한 형태와 사이비 형태의 의원내각제, 이원적 의원내각제와 일원적 의원내각제 등과 같은 개념이 혼용되고 있다.[37]

이러한 이유로 의원내각제의 유형도 의원내각제의 역사적 발전을 반영할 수밖에 없다. 의원내각제의 역사적 발전과정은 제한군주제에 있어서 이원적 의원내각제에서 일원적 의원내각제로 발전하게 되었다. 제한군주제에 있어서 집행권은 오르지 군주에게 있고, 입법권은 군주의 명령제정권을 제외하고는 의회에 속하였다. 이러한 제한군주제에서 의원내각제로의 발전은 내각제도의 탄생과 그 내각의 의회에

36) 한태연, 헌법과 정치체제, 법문사, 1987, 122면.
37) 한태연, 위의 책, 126면.

대한 정치적 책임제의 등장과 그리고 그 결과로서 나타난 군주의 권력의 약화가 결정적인 계기가 되었다. 이것은 입법권과 집행권간의 권력의 균형에 입각한 이원적 의원내각제에서 의회우위의 일원적 의원내각제로의 경향으로 나타났다. 여기에서도 이러한 역사적 발전 형태를 반영하여 의원내각제의 유형도 이원적 의원내각제와 일원적 의원내각제 및 K. Loewenstein의 분류방법에 따라 다루기로 한다.

2. 이원적 의원내각제와 일원적 의원내각제

(1) 이원적 의원내각제

이원적이라 함은 내각이 대통령(군주)과 의회의 쌍방에 대하여 책임을 지는 체계로 대통령과 의회의 이원적인 관계가 기본이 된다. 대통령과 의회라는 두 권력사이에 있는 내각은 양자의 신임을 기초로 양자에 개입하고 협조해야 하는 역할을 수행함으로써 이원적 의원내각제가 성립된 것이다.[38] 이는 군구주권과 국민주권의 타협의 산물로서 권력의 정당성의 근거가 군주주권과 국민주권으로 이원화되어 군주의 대권과 민선의회의 권력에 구현되어 양 권력이 이원적으로 대립하여 대결과 타협에 의해 국정을 운영하는 체제이다.

1) 군주제하의 이원적 의원내각제

이 유형의 대표적인 사례가 프랑스의 오를레아니스트적 의원내각제이다. 1830년 7월 혁명으로 Bourbon가에서 Orlean가로 왕조가 교

38) 한태연, 위의 책, 125면.

체되면서 Louis Philippe이 왕위에 올라 제정한 흠정헌법은 군주와 국민간의 타협의 산물인 헌법적 협약으로서 군주제의 원리에 의한 군주적 정당성과 국민주권의 원리에 의한 민주적 정당성에 입각한 Duverger의 이중적 정당성을 가지고 있었다. 이 체제는 정부의 이중적 책임성과 국가원수의 의회해산권이 불가분적 관계라는 특징을 가지고 있다.

정부의 이중적 책임성은 내각이 의회에 대하여 책임을 지는 동시에, 국가원수에 대해서도 책임을 지는 것이다. 국가원수는 의회의 신임여부와 관계없이 내각의 각료를 임명하고 해임할 수 있는 실질적 임명권을 가지고 있기 때문에 내각은 국가원수에 대하여 책임을 지지 않을 수 없었고, 의회에 대해서는 간접책임을 지고 있었다. 이러한 이중적 책임은 의회에 대한 내각의 지위를 강화시킴과 동시에 다른 한편으로는 입법권과 집행권간의 대립과 불화를 심화시킬 위험성을 내포하고 있다. 국가원수의 의회해산권 문제는 정부의 이중적 책임에서 오는 입법권과 집행권간의 대립과 불화를 국가원수의 의회해산권에 의하여 해결하려 한 것이다. 국가원수의 의회해산권은 내각의 의사와는 관계없이 국가원수 그 자신이 직접 그 권한을 행사할 수 있었기 때문에 일원적 의원내각제에 있어서와 같이 내각의 의사결정에 대한 단순한 사후의 추인권과는 성격이 다르다. 결국 국가원수의 각료임명권과 의회해산권의 실질적 권한 행사를 통해서 권력균형의 정치적 기능을 수행한다.[39]

---

39) 김헌, 의원내각제, 은하출판사, 1994, 87면.

2) 공화제하의 이원적 의원내각제

공화제하의 이원적 의원내각제의 사례는 바이마르 헌법이 대표적인데, 입법권과 집행권가의 권력의 균형을 기본원리로 한다. 입법권에 대한 집행권의 독자성을 유지하기 위하여 국가원수인 대통령은 국민이 직접 선출하고 그 대통령에게 수상 임명권과 의회해산권을 부여함과 동시에 헌법 제48조 제2항에 의해 비상대권까지 인정하였다. 이러한 권한으로 국가원수는 중립적·중재적·조정적 기능을 수행할 수 있었다. 그럼에도 불구하고 바이마르 헌법은 권력구조상 문제점을 가지고 있었다. 첫째는 대통령이 실질적인 수상임명권을 가지고 있음에도 불구하고 수상은 또한 의회의 신임에 따라 그 진퇴가 결정되는 내각의 정치적 책임이 문제였다. 의회에 대해서 책임을 질 뿐만 아니라, 대통령에 대해서도 책임을 져야 하기 때문에 대통령과 의회의 신임이 불일치할 때에는 정치적 혼란이 일어날 수 있었다. 둘째는 대통령의 의회해산권 남용에 의한 집행권의 압도적 우위가 문제된다. 이는 의원내각제의 권력적 균형관계를 파괴하고 정부의 불안정성을 초래하게 되고 그 결과 대통령의 의회해산권이 남발되었다. 바이마르 헌법에 있어서도 고전적 의원내각제의 이상인 권력의 균형과는 달리 집행권의 압도적 우위로 끝나고 말았다.

(2) 일원적 의원내각제

시민의 정치에 대한 참여 요구가 강해져 보통선거제도가 채용됨에 따라 대통령(군주)은 권력의 중심에서 지위를 상실하고, 이에 따라 내각은 대통령(군주)의 신임을 필요로 하지 않으며 의회에 대해서만 책임을 지게 되었는데, 이것이 일원적 의원내각제이다. 이 경우 의회의 다수지지자가 수상이 되고, 또 수상은 의회의 지지를 받는 한 파면되지 않았다. 장관의 임면권에 있어 군주에게 유보된 권한이란 의회의 지지를 획득할 가능성이 있는 자가 복수인 경우에 그 중 하나를 임명하는 지명권 정도이다.[40] 일원적 의원내각제도 군주제와 공화제의 두 가지로 나눌 수 있다. 전자에는 영국이, 후자에는 프랑스 제3·4공화국이 해당한다.

1) 의회적 군주제하의 일원적 의원내각제

Bagehot는 영국헌법의 본질이 군주정적 요소, 귀족정적 요소, 민주정적 요소와 같은 세가지 요소의 균형적 통일에 입각하고 있으며, 이 균형적 통일은 의회주권에 의하여 대표되고 있다고 하였다.[41] 영국헌법은 두개의 부분으로 구성되는데 그 하나는 의례적 부분으로서 통치를 강화하고 그 추진력을 부여하는 요소이며, 다른 하나는 실용적 부분으로서 통치적 권력 그 자체를 의미한다는 것이다. 전자를 대표하는 것이 국왕과 상원이며, 후자를 대표하는 것이 하원이다. 또 영국헌법에 있어서는 입법권과 집행권의 융합현상이 나타나는데, 이 융합의 연결고리는 내각이며, 내각은 집행권을 위하여 선출된 입법부의 하나의 위원회(Committee)인데 그 내각의 수반이 수상(Prime Minister)이다. 국왕은 헌법의 의례적 부분의 수장이며, 수상은 실질적으로 수장이다.[42]

---

40) 구병삭, 앞의 논문, 87면.
41) Walter Bagehot, The English Constitution, Collins: London, 1963, p. 65.
42) 김헌, 앞의 책, 89면.

2) 공화제하의 일원적 의원내각제

공화제하의 일원적 의원내각제의 대표적인 예로는 1875년에 성립한 프랑스 제3공화국과 1946년에 성립한 프랑스 제4공화국을 비롯한 현행의원내각제를 채택하고 있는 세계 대다수의 의원내각제 정부형태가 여기에 속한다.

3. K. Loewenstein의 분류

Loewenstein은 입헌민주주의적 정부형태를 직접민주제, 의회정부제, 의원내각제, 내각책임제, 대통령제, 집행정부제로 분류하였다. 그리고 의원내각제를 다시 고전적 의원내각제(Classical Parliamentarism), 혼성적 의원내각제(Hybrid Parliamentarism), 통제된 의원내각제(Controlled Parliamentarism), 제어적 의원내각제(gebändigter parlamentalismus) 등으로 분류하고 있다.[43)]

(1) 고전적 의원내각제

의회의 내각불신임권에 대하여 내각의 의회해산권이 충분히 기능을 발휘하지 못할 때에는 의회우위의 의원내각제가 출현하게 되는데 이러한 고전적 의원내각제는 프랑스 제3공화국과 제4공화국의 의원내각제가 그 대표적인 예이다. 집행권은 대통령과 내각에 나누어져 있으며 의회는 내각에 대하여 불신임권을 부단히 행사하였으나 내각은 의회를 해산하지 않았고 이것이 실례가 되어 강한 의회, 약한 내각이

43) K. Loewenstein, Verfassungslehre, 김기범 역 현대헌법론, 교문사, 1973, 81-137면.

되어 정국불안이 계속되었다. 프랑스 제3공화국(1875~1940)은 65년 동안에 1백여 개의 정부가 출현하였으며, 제4공화국(1946~1958)은 13년간에 25개의 정부가 교체되었다.

(2) 혼성적 의원내각제

혼성적 의원내각제의 대표적인 것이 독일 바이마르공화국이다. 집행권을 대통령과 내각으로 이원화시키고, 연방수상은 연방대통령에 의해 임명되나, 동시에 수상은 직무수행에 연방회의 신임을 필요로 한다. 따라서 연방수상은 대통령과 의회 다수파의 의견이 일치하는가에 따라서 직무수행에 영향을 받는다. 대통령의 국정행위에는 수상과 각료의 부서를 받도록 되어 있으나, 대통령의 자의적인 수상임명권으로 말미암아 대통령의 권한행사를 통제할 수 없었다. 1919년 바이마르 헌법이 제정된 때부터 1933년 수권법의 제정으로 Hitler의 독재가 시작되기까지 14년간 21회의 내각이 교체되는 정치적 혼란을 되풀이 하였다.

(3) 통제된 의원내각제

현재 독일의 의원내각제도는 정부가 의회에 우월한 제도를 채택하고 있다. 대통령은 의례적인 권한을 가지는 바 조각권도 형식적으로만 가지고 있다. 그러나 연방수상은 행정의 대강을 결정하며 의회는 건설적 불신임투표에 의하지 아니하고는 불신임결의를 할 수 없다.

이 건설적 불신임투표는 차기수상을 과반수 찬성으로 선임하지 아니하고는 정부를 불신임할 수 없게 하는 것으로서 정국의 불안정을 예방하는 기능을 하고 있다.[44] 통제적 의원내각제라는 말은 프랑스

제3·4공화국 의원내각제가 지니는 고전적인 형태와의 제도적인 차이를 강조하기 위한 것이다.[45]

(4) 제어적 의원내각제

프랑스 제5공화국의 정부형태로서, 제4공화국에 있어서의 정부의 불안정과 약체에 대한 반작용으로 제정되었다. 대통령의 지위가 아주 강화되어, 미국 대통령제와는 본질적으로 다른 '공화제적 군주'라고 일컬을 정도로 의원내각제에서도 색다른 독특한 제도를 채택하였다. 내용을 보면, 첫째, 대통령은 7년의 임기로 선출되고, 수상과 각료를 임명하며, 각의를 주재한다. 둘째, 대통령은 수상과 양원의장과의 협의 후에 의회를 해산할 수 있다. 셋째, 대통령은 수상·양원의장·헌법평의회의 자문을 거친 후에 비상조치권을 행사할 수 있다. 넷째, 각료와 의원은 겸직이 금지된다. 다섯째, 국회는 직선된 국민의회와 간선된 원로원으로 구성된다. 여섯째, 정부는 국회에 대하여 책임을 지며, 불신임결의 또는 정책 반대시에 내각은 사임한다는 것으로 되었다.[46]

4. 의회와 내각간의 권력분배에 따른 분류

(1) 의회우위형

의회와 내각과의 권력균형이 의회 쪽으로 기울어져서 내각에 대한

---

44) 김철수, 헌법학개론, 박영사, 2008, 875면.
45) 허영, 앞의 책(각주 24), 207-208면.
46) 김헌, 앞의 책, 96면.

의회의 우위의 지위에 서게 되는 형태로서 부진정한 의원내각제라고 불린다. 그리고 이 같은 유형은 의회의 내각불신임권에 대항할 수 있는 유일한 무기인 내각의 의회해산권의 박탈이나 약화로 인하여 내각의 불안정성과 약체를 가져오게 되며, 이러한 의회우위의 의원내각제가 발생하게 되는 원인으로는 헌법상의 해산권의 유무보다는 그 국가의 이데올로기를 비롯하여 역사적·사회적 조건 또는 그 국가의 국민성과 선거제도라든가 정당구조 등에 의하여 좌우된다 할 것이다. 이의 대표적인 형태로서는 프랑스 제3·4공화국 의원내각제를 들 수 있다.

(2) 내각우위형

의회와 내각 사이에 있어서의 권력균형의 축이 내각으로 기울어져 의회에 대한 내각의 우위의 지위에 서게 되는 형태로서, 경우에 따라서는 대의민주주의의 실현에 심각한 장애의 원인이 될 수 있다. 특히, 다수당에 의해 내각이 구성되어 질 경우 일반적으로 예상되어질 수 있는 것으로서 비민주적인 내각의 독단 내지 독선이 자행되어질 경우에는 이를 합리적으로 제어 할 대응세력이 형성되기 어렵다는 점이다. 그 이유로는 무엇보다도 절대 다수당에 의해 구성된 내각을 불신임할 수 있을 의회내의 반대세력의 형성자체가 매우 어렵기 때문이다.

그리고 다수당에 의한 내각의 구성이 불가능할 경우에 형성되는 소수의 연립정당에 기초한 내각에 있어서 연립내각 자체의 불협화음으로 인해 작은 내각교체가 만성적으로 행해질 경우는 특단의 견제적 세력이 되지 못하는 약한 의회는 결과적으로 대의민주주의의 퇴보를 초래하게 될 위험성이 크다. 이와 같은 내각우위형의 정부형태로는 바이마르공화국 헌법에 있어서의 의원내각제와 프랑스 제5공화국헌법에 있어서의 의원내각제를 그 대표적인 예로 들 수 있다.

(3) 상호균형형

의회해산권의 박탈이나 약화로 인하여 내각의 불안정성과 약체를 가져오게 된 의회우위형이나 권력균형의 축이 내각으로 기울어져 내각에 대한 의회의 통제가 사실상 어렵게 되는 내각우위형과는 달리 의회와 내각사이의 권력이 상오균형을 유지하는 것으로서 1867년과 1884년의 제2·3차 선거법개정 이후에 이루어진 영국의 의원내각제를 대표적인 예로 들 수 있다. 의원내각제를 분류하는 학자에 따라서는 이러한 의미의 의원내각제를 진정한 의미의 의원내각제 또는 고전적 의원내각제라 하기도 한다.47)

47) 김도협, 앞의 논문, 43-44면.

제3장 의원내각제의 비교 헌법적 고찰

Ⅰ. 영국

1. 영국 의원내각제의 발전과정

(1) 의원내각제의 성립

1) 의원내각제의 성립배경

영국의 정부형태는 미국의 대통령제와는 달리 이론적으로 또는 성문법상의 제도로서 확립된 것이 아니라 오랜 정치적 경험과 실행의 소산이다.[48] 그것은 경성이 아닌 역사와 함께 발전하는 유동적인 개념이라 할 것이다. 그르므로, 영국의 의원내각제를 말하기 위해서는 그 역사적 성격과 변천과정을 살펴보아야 한다.

역사적 성격으로는 첫째, 영국의 의원내각제는 그 역사적 발전과정

48) 서주실, "영국수상의 제도상 지위와 현대적 기능에 관한 연구", 부산대학교 박사학위논문, 1976, 4면.

이 완만하고 점진적이며 단절 없이 장기에 걸쳐서 계속되어 왔다는 점, 둘째, 그 역사적 발전의 대부분이 이론보다는 실제, 관념보다는 경험에 기초하여 행해져 왔다는 점, 셋째, 그 역사적 발전이 체계적인 성문헌법이나 법률의 제정·개폐에 의한 것이 아니라 오히려 실습 내지 관습의 누적에 의해 형성되고 있다는 점, 넷째 그 성립의 시대적 배경에 있어서 근대 초기의 절대군주제로부터 입헌군주제로의 변질과정이 진행되는 가운데 서서히 생성·발전하여 입헌군주제의 확립과 함께 정착하였다는 점[49] 등을 들 수 있다. 이러한 역사적 성격을 지닌 의원내각제는 각국에서 독자적인 전개과정을 거쳐 발전하고 있고 영국에서는 고전적 의원내각제, 내각책임제를 거쳐 현재 수상정부제의 형태로 발전되어 오고 있다.

일반적으로 영국은 의회제도의 모국으로 불리어지고 있는 바와 같이 서구에서 가장 먼저 의회제의 원형이 형성되었으며 그에 따라 의원내각제의 모범이 확립되었다. 영국의 의회는 다른 서구의 나라들과는 달리 중세의 등족회의로부터 근대의회에로의 계속적 발전을 계승시켜 왔다는 데에 그 특색이 있다. 영국 이외의 유럽의 등족회의는 절대군주의 시기에 접어들어 전제군주의 지배체제하에 압살되었다가 프랑스 혁명 이후 비로소 근대 의회제도를 창설시켰지만, 영국에서는 중세 등족회의가 근대적 의회와의 단절 없이 명예혁명 후 자연스럽게 근대의회로 발전하게 된다. 영국이 의회주의의 모국이라고 불려지는 의미는 바로 이러한 역사적 과정에도 근거하고 있는 것이다 대표회의를 거쳐 1295년 성립된 모범의회는 아직 전체 국민의 대표는 아

---

49) 정만희, "영국의 의원내각제", 동아법학 제13호, 동아대학교 법학연구소, 1992, 3-5면.

니었으나 도시의 대표를 다수 출석시켰기 때문에 오늘날의 하원의 선거가 되었다고 할 수 있다. 당시의 의회는 삼부회로서 성귀족, 속귀족 및 차민으로 구성되었으나 각각의 계층간에 이해관계의 대립을 둘러싼 약간의 이합이 행해져 14세기에 들어와 삼부회는 이부회로 통합하기 시작하여 16세기 튜터왕조 시대에 귀족원과 차민원의 양원제의회로 발전하였다. 그 후 청교도혁명, 명예혁명 등을 거치면서 왕권에 대한 의회우선제가 확립되어 절대군주제로부터 입헌군주제로의 진전을 보게 되었다. 요컨대, 영국에서는 등족회의가 국왕과의 무수한 투쟁을 통하여 세력을 신장시켜 근대적 국민대표의회로의 이행을 가능하게 하였으며 그 중요한 계기가 된 것은 1688년의 명예혁명이며, 그 이후에는 '의회우선의 원칙' 내지 '의회주권'의 원리가 확립되게 되었다.[50)]

영국의 헌법발전은 명예혁명 이후 의원내각제의 성립과 발전과정이었다고 할 수 있다. 그러나 명예혁명 직후의 의회는 그 최고성에도 불구하고 충분히 근대적 의미의 것이 되지 못하였다. 즉 하원은 국민대표로서 아직 제 구실을 못하였고 상원은 여전히 강력하였다. 이러한 이유는 하원의원의 선거에 불비, 상원의원과 국왕과의 긴밀한 관계, 그리고 강력한 국왕의 권한에 예속되어 있었기 때문이었다.[51)] 여기에 의회를 대신하여 집행권을 행사하면서도 의회의 통제에 따르는 기관이 필요하였는데, 이러한 요청에 부응하여 등장한 기관이 국왕의 자문기관인 추밀원이었다. 그리고 그 효율적인 운영을 위해서 추밀원 자문관들 중에서 소수의 측근자만을 선발하여 그들로 하여금 내각을

50) 정만희, 위의 논문, 9면.
51) Ivor Jennings, op. cit., p. 179.

구성하게 하고 국무를 담당하게 하였다. 이것이 내각제의 기원이다. 초기에는 내각의 각료가 동시에 추밀원자문관이었으므로 내각은 여전히 국왕의 내각(king's cabinet)이라 할 수밖에 없었다.[52)]

명예혁명으로 왕위에 오른 윌리엄 3세는 상업계를 기반으로 한 토리당의 지지를 받아 권좌에 올랐지만, 지주중심의 위그당도 무시할 수 없었기 때문에 의회의 지지를 얻기에 충분한 인물을 대신에 임명해야 했다. 그런데, 양당에서 선출된 혼합내각에서는 내각의 일치를 보기가 어렵고 또 어느 쪽의 대표도 자기 당의 완전한 지지를 얻지 못했다는 점에서 그 내각은 여러 가지 결함을 안고 있었다. 그래서 윌리암 3세는 샌더랜드 백작의 제안을 받아들여 당시 하원에서 우위를 차지했던 휘그당에서 대신을 선임했다. 이 휘그당내각은 1당 내각을 이룬 최초의 예였다. 그러나 1당 내각이 성립했다고는 해도 대신들은 개별적으로 국왕에 대하여 책임을 지는데 불과하였다.

2) 월폴 내각의 출현

각의를 주재하는 자는 국왕이며 각료는 군주의 신임에 의해 재직하며 군주에 대해서만 개별적으로 책임을 지는 것으로서, 오늘날의 수상과 같은 지위는 존재하지 않았으며 내각의 의회에 대한 연대책임의 관념도 없었던 것으로 근대적 내각제도와는 상당히 거리가 있었다. 따라서 이러한 시기는 군주는 군림하였을 뿐만 아니라 실질적인 통치자였다.

이러한 사정은 명예혁명 이후에도 당분간은 별다른 변화가 없었다. 다만 윌리엄 3세시에는 내각의 구성에 있어서 당시 하원에서 우위를

52) 권영성, 헌법학원론, 법문사, 2010, 769면.

점하고 있던 휘그당에서 각료를 선임하여 최초로 일당내각의 예가 되었다. 그러나 독일의 하노버 왕조의 성립과 더불어 중대한 전환점을 맞이하게 되었는데, 그것은 독일의 하노버가 출신의 조지 1세가 외국인으로서 영어와 영국의 사정에 익숙하지 못하였기 때문에 각의에도 출석하지 않았고 따라서 휘그당 출신의 로버트 월폴이 사실상 국정을 운영한 것이다. 그 후의 조지2세도 마찬가지였다. 그리하여 발생한 국왕의 통치권행사의 공백은 휘그당 출신의 대신인 월폴(Robert Walpoles)에 의해 매워지게 되었다. 그리하여 월폴을 지도자로 하는 휘그당의 지배(1721~1742)와 함께 비로소 영국의원내각제의 불가결의 요소인 내각제도가 성립하게 된 것이다.[53] 월폴은 1721년 이래 각의를 주재하게 되어 「각의중의 수」이라는 관념이 생기게 되었다.[54] 이것이 내각총리대신, 즉 수상의 기원이며[55] 나아가 "군주는 군림하되 통치하지 않는다"는 입헌군주제의 원칙을 확립하는 동기가 되었다. 죠지 1세는 즉위 후 4년간 내각회의에 10회 정도 출석했지만, 1718년 이후에는 전혀 출석하지 않았음으로써 국왕의 내각회의에의 불출석이 관행이 되었다.[56] 이러한 사정 아래 정치의 실권

---

53) Charles F. Strong, A History of Modern Political Constitutions, 1964, p. 278.

54) 구병삭, 앞의 논문, 74면.

55) 조지1세가 처음 임명한 수상은 휘그당의 타운젠트였으므로 엄밀하게 말하면 월폴이 수상의 기원은 아니다. 그러나 타운젠트는 곧 사망했고 이어서 임명된 타운제트도 남해거품회사사건으로 실각하고 이 사건에서 이름을 날린 월폴이 수상이 되었다. 월폴은 21년간이나 정권을 담당하였고 결과적으로 국왕의 영향력은 약화되었다.

56) 국왕이 내각회의에 출석하지 않게 되면서 국왕 대신 내각회의를 주재할 인물이 필요하게 되었다. 월폴이 수상으로서 상업, 무역, 재정정책을 원만하게 처리했을 뿐 아니라 평화정책을 취해 지주계급의 부담을 경감시키는 조치를 취했다. 이렇게 해서 당시 영국 지배계층을 형성했던 지주와 상공부르조아 양 계급의 지지

은 급속하게 내각과 의회로 이동하여 간 것이다. 휘그는 하노버왕조의 성립에 이바지하였기 때문에 왕실의 은총이 두터웠으며, 이러한 영향력을 가지고 휘그당은 의회를 지배하였다.

그러나 그 후 조지3세가 왕위에 즉위함에 따라 50녀에 걸친 휘그당의 지배는 종지부를 찍게 되고, 국왕친정의 회복을 꾀하게 되었다. 조지 3세는 내각의 우월을 억제하고 내각을 국왕의 도구로 이용하여 내각과 의회의 위에 국왕의 지배적 권력을 확대하려고 하였다. 이러한 국왕의 친정은 당시의 법률적 견해에 의하더라도 위법의 문제는 없었다. 그리하여 조지 3세는 1782년에 이르기까지 내각을 그의 의사에 충실한 도구로 만들었으며 국왕의 이러한 권위주의적 행위는 하원도 인정하게 되어 의회는 결국 국왕의 수중에 있는 내각을 인정하게 된다.[57]

3) 의원내각제의 성립

1782년 노드(F. North) 수상의 사임은 영국에서의 의원내각제의 성립을 예고하는 것이 된다. 당시 야당은 정식으로 수상에 대하여 불신임 결의안을 제출하였으나 부결되자 다시 불신임안을 再제출하려고 하자 노드수상은 사임하게 된다. 이것은 수상이 하원의 불신임을 피할 수 없었던 최초의 것으로서 바로 의원내각제의 시대가 열리게 되는 것을 의미하였다. 그와 함께 수상의 진퇴가 내각의 진퇴를 결정한다고 하는 내각연대의 원칙도 이 시기에 성립하게 되었다.[58] 내각

를 얻음으로써 장기집권이 가능했던 것이다. 이것이 근대적 내각제도의 성장과 확립의 계기가 되었다.

57) 정만희, 앞의 논문, 16면.

58) G. Jellinek, Allgemeine Staatslehre, 3. Aufl., O. Häring: Berlin, 1976, S. 701.

의 존립이 의회 특히 하원의 신임에 의존한다는 것이 의원내각제의 본질적 요소라고 할 때 노드수상의 사임은 내각연대의 원칙과 함께 영국 의원내각제의 성립에 있어서 결정적인 의미를 갖는 것이다.

1783년에 토리당사직을 요구하였다. 하원은 정부 제출의 법안의 심의 연기를 통해 대항하였으나 사태는 하원 자체의 변화에 의해 해결을 보게 되었다. 즉 하원은 다수파가 분열하여 피트의 등장에 반대하였던 3분의 2의 반대세력이 크게 감소하게 되었고 연기되었던 법안은 채택되었다. 그리하여 1784년 3월 수상은 유리한 시기를 포착하여 하원을 해산하는 선례를 남기게 된다. 하원 해산에 따라 총선거를 실시하여 내각은 정식으로 하원의 다수의 지지를 얻는 것이 되었다. 이 1784년의 총선거는 영국 헌법의 발전에 있어서 하나의 전환점을 이루는 것이었다. 즉 이 선거에 의해 양대정당제를 최종적으로 정착시키게 되었으며, 자유재량에 의해 내각을 결정하는 국왕대권을 최종적으로 소멸시키게 되었고 선거민은 대표의 기술에 결함은 있었지만 하원의 다수파에 기초를 둔 내각에 진정한 정통성을 부여하는 것이 확인되었다.

1784년의 총선거는 영국에서의 의원내각제의 성립을 의미하게 되었고, 그 후 토리당의 피트내각의 장기적 지배는 양대정당제의 발전에 결정적인 계기가 되었던 것이다. 조지4세와 윌리엄4세의의 시대에는 이론적으로는 국왕대권은 그대로 최고성이 유지되었으나 조지3세와는 달리 실질적인 지도권은 국왕으로부터 내각으로 이행하였다.[59]

59) 정만희, 앞의 논문, 17면.

(2) 의원내각제의 발전

1) 이원적 의원내각제에서 일원적 의원내각제로

영국의 고전적 의원내각제는 이원적 의원내각의 유형으로서 집행권과 입법권의 권력적 균형이 유지되는 것을 의미한다. 내각의 의회에 대한 정치적 책임제와 함께 국왕의 정치적 무책임의 원칙이 성립되긴 했지만 군주는 그 전통적인 특권에 따라 내각을 임면하고 의회를 해산할 수 있는 실질적인 권한을 가지고 있었다. 따라서 군주의 이러한 권한은 내각의 진퇴가 의회의 신임을 의존하게 되는 이른바 집행권에 대한 입법권의 위이를 막을 수 있는 유일한 요소가 된다. 이와 같은 권력의 균형에 입각한 의원내각제가 바로 이원적 의원내각제이며, 내각은 국왕과 의회의 쌍방에 책임을 지는 것을 특색으로 한다.

그 후 영국의 의원내각제는 1832년의 선거법개정을 계기로 하여 내각에 대한 의회우위의 일원적 의원내각제로 이행하게 된다. 일원적 의원내각제는 국민주권의 원리에 입각한 권력의 일원화의 요청에 따라 집행권은 입법권과 대립되는 별개의 권력이 아니라 그것은 입법권과 함께 국민으로부터 표출되는 동일한 권력이라고 보고, 따라서 의원내각제에 있어서의 정부의 정치적 책임도 오로지 국민의 대표를 의미하는 의회에 대한 책임만을 그 본지로 하고 있다. 이러한 일원적 의원내각제에서는 국왕은 정치적으로 무책임인 동시에 그의 행위에는 반드시 수상과 관계각료의 부서를 요하게 된다.

여기의 일원적 의원내각제의 권력구조는 고전적 의원내각제에 있어서의 그 권력의 분립과 권력의 균형의 경향에서 권력의 일원화의 요청에서 오는 권력의 공화적 경향으로 기울어지고 있다.[60] 영국의 일원적 의원내각제는 그 후 1867년의 제2차 선거법개정을 계기로 하여 또 다른 변질을 하게 되어 1880년대에 와서는 의회에 대한 내각의 우위의 의원내각제로 발전하게 된다. 이러한 내각우위의 의원내각제를 앞의 유형과 구별하기 위하여 내각통치제(cabinet government, Kabinetts-Regierung) 또는 내각책임제라고 부르고 있다.

2) 1832년의 선거법개정과 의회우위의 의원내각제

영국에 있어서 1832년의 선거법은 국민대표법이라는 명칭을 가지는 것으로 영국 헌법과 의원내각제의 발전에 미친 영향은 크며, 특히 의원내각제의 발전과정에 있어서는 획기적인 것으로 평가할 수 있다.

먼저 선거권의 확대는 자유롭게 간섭을 받지 않고 후보자나 정당을 선택할 수 있는 자립된 유권자대중이 나타나게 된 것이다. 따라서 그 결과는 국왕 및 정부가 선거를 조작할 수 없게 되었기 때문에 내각은 국왕으로부터 독립하게 되었으며 동시에 수상의 지위는 매우 강화되었다. 이 점에서 최대의 공로자는 로버트 필(Sir Robert Peel) 수상이다. 그는 1840년대에 내각을 강화된 통치기구로 만들어 놓았으며, 따라서 그는 진정한 내각정치의 최초의 수상이라고 할 수 있다. 그때부터 국왕은 선거에서 승리한 다수당의 지도자가 정부를 구성하는 것을 승인하지 않을 수 없었다. 이것은 실제로 내각이 국왕에 대한 책임에서 해방되고 대신 하원에 대하여 책임을 지게 되었음을 의미한다.[61]

---

60) 한태연, 헌법학, 법문사, 1983, 349면.
61) Karl Loewenstein, op. cit.(각주 17), p. 104.

1841년에 하원은 여왕의 지지를 받고 있던 소수파인 멜버언(Lord Melbourne)내각의 불신임을 결의하여 그 사직을 요구하게 되었다. 하원은 해산되어 그 결과 승리한 보수당의 지도자 로버트 필을 수상으로 하는 내각이 성립하게 되었다. 이때부터 선거전에서 다수를 획득한 정당의 지도자가 내각을 조직한다는 관습률이 확립되었으며 이는 오늘날까지 유지되고 있다. 멜버언은 선거에서 패한 후 불신임결의가 하원에서 가결되자 그때서야 사임하였다. 그 후 총선거의 의미가 수상의 결정이라는 국민투표의 성격을 띠게 되었으므로 패배한 수상은 의회의 소집을 기다리지 않고 바로 사직하였다. 최초로 이를 실행한 것은 1868년의 더비-디스레일리(Derby-Disraeli) 내각이었다.[62]

1832년의 제1차 선거법개정에서 1867년의 제2차 선거법 개정에 이르기까지의 기간은 영국 의원내각제의 발전과정에 있어서 중요한 의미를 가지는 시기로서 이 기간의 특질은 의회(하원)의 우위에 있다고 할 수 있다.

1832년의 선거법개정 이래 국왕과 그 권위에 의존하는 상원의 지위는 약화되어 갔다. 선거법개정 이전에 있어서는 국왕은 상원과 연합하여 강력한 권한을 행사할 수 있었다. 국왕은 하원의 의사에 반하여 피트내각을 구성하였으며 상원은 국왕의 자유로운 선택에 의한 내각을 구성하는 왕권대신을 옹호하였던 것이다.[63] 그러나 이 선거법개정이후는 하원의 우위가 확립하게 되었다. 여기서 국왕에 대한 하원의 우위의 확립은 입헌군주제와 진정한 의회민주제로 향하는 시대를 결합시키는 일종의 과도적 단계라고 볼 수 있으며, 그것은 곧

62) Ibid., p. 107.
63) G. Jellinetk, a. a. O., S. 701.

의회주권(parliamentary sovereignty)의 시대를 의미한다.[64)]

3) 1867년 및 1884년 선거법개정과 의원내각제의 발전

1867년의 제2차 선거법개정은 1832년의 제1차 개정을 보완하는 것이었다. 1832년 개정법이 주로 도시의 중산계급에 선거권을 인정하는 것이었으나 이 개정법은 도시의 일반 서민에까지 선거권이 확대하였다.

1884년 제3차 선거법개정은 제2차 개정에 의해 행해진 도시선거구의 선거권확대를 지방선거구에도 적용시킨 것으로서 이에 의해 지방의 농민, 광산노동자에 대해서도 선거권이 인정되게 되었다. 이 개정법에 의해 선거권이 전국적으로 단일화 하게 되어 약간의 예외를 제외하고는 그것은 나자보통선거제의 실현을 의미하는 것이었다.

1885년에는 의석재배분법이 제정되어 전국적으로 선거구의 정비와 의석의 재배분을 행하게 되었으며 이법에 의해 영국의 선거제도의 특징인 소선거구제를 채용하게 되었다.

이와 같은 일련의 선거법개정은 영국의원내각제의 발전에 있어서 극히 중요한 의미를 갖게 되었다. 즉 선거권의 확대는 국민과 선거민이 거의 일치하게 되는 것을 의미하고, 따라서 국민으로서의 선거민이 국정에 지표를 부여하는 것이 되었다. 이는 영국의 국가구조에 커다란 영향을 미치게 되었다. 첫째, 국가구조에 있어서 궁극의 권위가 의회에서 선거민의 손으로 이행하게 되었다. 즉 의회주권의 원리에 있어서 주권은 법적주권만을 의미하게 되고 정치주권은 국민에 속하는 것을 의미하게 되었기 때문에 내각과 국민에 대한 의회의 지배는 소멸하게 되었고 따라서 의회의 가장 중요한 권능으로 되었던 내각의

64) K. Loewenstein, op. cit.(각주 17), p. 110.

선택권이 국민에 의해 행사된다고 하는 결과가 발생하게 되었다.[65]

둘째, 정당제가 발달되었다. 국민의 의사에 기초한 국가구조는 필연적으로 국민에 대한 지지와 선거에서의 우세를 확보하기 위한 수단으로 정당기구의 정비에 노력하게 되었다. 1867년의 선거법 개정의 결과 선거권이 확대되어 그에 따른 국민 대중의 정치참여는 정당조직의 발달을 가져오게 되고 선거인은 조직화된 대중정당을 통해 정치과정에 참여하게 되었다.[66] 선거인이 국정의 기본을 결정하는 것이 되고 의원은 그 대변자에 불과하게 되며 의원은 국민의 위임에 구속되는 것을 의미한다. 이 위임을 명백히 하기 위해서는 통제 있는 정당조직의 존재를 필요로 하게 되고 정당은 그 자체 최고의 의사를 가지며 의원은 그 기구에 충실히 복종하지 않을 수 없게 되었다.

선거권 확대는 국민의 지위의 향상을 의미하고 따라서 내각은 그 지위가 의회에 의한 것이 아니라 국민에 의존하는 것을 의미하게 되므로 총선거에서 패한 내각은 사직하지 않을 수 없게 되었다. 따라서 선거에 패배한 경우에는 새로운 의회의 소집을 기다려 불신임결의가 행해지는 것을 요하지 않고 내각을 당연히 사퇴하게 된다. 이러한 원칙은 1867년의 제2차 선거법 개정이후 처음으로 행해진 선거에 의해 확립되었다.

빅토리아여왕(1837~1901)의 즉위 초에는 보수당내각의 출현을 거부하기도 하였고 정치에 적극적으로 개입하였다. 1846년 필수상의 퇴진 후 20년 이상은 총선거에서 절대다수를 획득한 정당이 거의 없었

65) Ivor Jennings, op. cit., p. 489.
66) Karl Loewenstein, Political Power and the Governmental Process, The University of Chicago Press: Chicago, p. 99.

기 때문에 소수당내각과 연립내각이 출현하게 되었고 이 경우 여왕은 내각의 선임에 자유재량권을 행사하였던 것이다. 그러나 1868년과 1880년의 글래드스톤과 1874년의 디스레일리수상임명은 총선거의 결과 명백한 다수당이 출현한 경우로서 국왕은 그 결과를 거부하지 못하고 다수당내각을 선임하였던 것이다. 빅토리아여왕시대에 의원내각제는 의회정치와 정당정치의 발달에 따라 크게 발전하였으나 이 시대를 끝으로 국왕의 정치에 적극적인 개입은 종지부를 찍게 되었다. 그리하여 내각이 의회, 특히 하원의 신임에 의해 성립하고 정당내각, 책임내각을 요건으로 하는 의원내각제는 1901년의 빅토리아 시대의 경과와 함께 20세기의 확립기로 이행하게 된다.[67)]

4) 20세기의 전개과정

20세기 들어와서 영국의 의원내각제의 전개과정에서 주목되는 것은 제1차 세계대전 이후의 연립내각의 출현이다. 아일랜드당과 노동당의 대두로 종래의 보수당과 자유당의 양대정당에 의한 정권의 교체는 곤란하게 되었다. 그렇다고 이 소정당 단독으로 정권을 담당할 만한 세력도 되지 못하기 때문에 기성정당이 군소정당과 연합하여 내각을 구성하는 것이 불가피하게 되었다. 1910년에는 자유당이 아일랜드당, 노동당과 연합하여 내각을 구성하는 것이 불가피하게 되었다. 1915년에는 자유당을 중심으로 보수당과 노동당이 내각에 참여하는 연립내각이 구성되었다.

이러한 연립내각의 출현은 수상의 지위를 보다 강화시키게 되었다. 종래에도 내각에 있어서 수상의 지위는 내각의 통일을 확보하고 국

67) 정만희, 앞의 논문, 22-23면.

정을 지도하는 강력한 것이었으나 단독내각이 아닌 연립내각에 있어서 수상은 새로운 공통의 연대를 형성하기 위하여 이전보다 더 강력한 지위에 서게 되었다. 그리하여 전중, 전후에 있어서의 국내정세의 혼란과 함께 식민지 독립의 움직임은 수상의 지위와 권한을 더욱 강화시키게 되었다.

그러나 이러한 연립정권은 1922년의 선거에서 보수당이 두수의석을 차지함으로써 붕괴되었다. 그리하여 그 후는 보수당과 노동당간의 정당교섭이라고 하는 전통적 양대정당에 의한 정치가 회복되었다. 이 선거에서 노동당은 보수당에 이어 자유당을 누르고 제2당으로 되었으며 1924년에는 노동당의 맥도날드를 수상으로 하여 제1차 노동당내각이 출범하게 되었다. 한편 자유당은 제1차 대전 후 점차 세력이 약화되어 결국 노동당의 출현으로 전통적인 양당제에서의 공식의 반대당의 지위를 상실하게 되었다. 그리하여 보수당, 노동당의 양당제하에서 "여당은 통치하고 야당은 비판한다"는 대립적·대체적 정당제가 전통화되었다.

2. 영국 의원내각제의 구조와 특징

(1) 수상

1) 의의

오늘날 영국과 같은 내각우위의 현대적 의원내각제에서 수상은 의회·내각·정당에서 중추적이고 지도적인 역할을 한다. 수상은 내각의 수반이고 원내 다수당의 지도자이며, 동시에 여당의 당수로서의 지위를 함께 갖는다. 수상의 이러한 강력한 지위에 바탕을 둔 현대 영국의 의원내각제를 '수상정부제'(Prime Ministerial Government)라고 표현하는 견해도 있다.[68] 역사적으로 고전적 의원내각제에서는 수상의 선출은 국왕의 전권이었으나 현대적 의원내각제에서는 의회를 장악한 정당의 당수가 당연히 수상의 직위에 앉으며 국왕의 형식적인 임명절차를 거치게 될 뿐이다. 따라서 하원의 총선에서 승리한 정당은 의회와 내각에서 동질적인 민주적 정당성을 가지게 된다. 수상은 내각의 각료뿐만 아니라 정부주요보직의 실질적 인사권을 가지게 되고, 내각의 수반으로서 외교와 행정을 총괄하게 된다. 또한 의회의 내각불신임권과 함께 의원내각제의 본질을 이루고 있는 내각의 의회해산권은 오늘날 실질적으로 수상이 의회를 통제하거나 국민의 재신임을 확인할 수 있도록 기능하는 헌법적 장치이다.

2) 수상의 선출

의원내각제 아래에서의 '정부'(government)란 하원의 다수의석을 점하는 하나의 또는 연립한 정당에서 선출된 정당정치인 들의 조직체이다. 이러한 장치는 정부운영과 입법기능의 통합을 가져온다. 그러나 내각 구성원은 하원에 의하여 선출되는 것이 아니라 수상

---

68) 오늘날 영국의 의원내각제는 내각책임제의 요소가 더욱 강화되어 수상이 정당조직을 통하여 의회를 장악함과 동시에 다시 각료조직을 장악하는 단계에 이르렀다. 이 경우 수상은 그 선출과정에서는 의원내각제의 모습을 가지고 있지만, 일단 수상직에 오르게 되면 당 내부에서 통제를 받지 않는 한, 의회로부터 자유로울 뿐만 아니라 임기 동안 집행권을 혼자서 책임지게 되어 마치 미국식의 대통령제와 유사한 모습을 갖게 되는데 이를 '수상정부제'라고 한다. 서주실, "영국의 수상정부제", 공법연구 제4집, 1976년 게재논문 참고.

(Prime Minister)에 의하여 지명된다. 따라서 수상의 선출은 매우 중요하며, 그 정부의 성격을 결정짓는 요소가 된다.[69] 수상의 선출은 필연적으로 당시의 정치상황에 좌우된다. 국민이 직접 수상을 선출하지 않는 경우가 현대 의원내각제에서 일반적이다. 예를 들어 한 정당이 원내다수를 점하고 그 정당의 지지 없이는 내각의 구성이 어려운 경우, 그 정당에 지도자 또는 당수가 있으면 그 지도자가 바로 수상이 된다. 이러한 수상의 임명은 영국에서 명목상 국가원수인 왕이 지니는 특권중 하나이다. 미국식의 대통령제하에서 국민들의 투표로 당선된 대통령과는 달리, 수상은 정당에 대하여 기속되지 않으며 개인적인 정치적 견해나 신념의 행사가 자유롭다. 그러므로 수상의 지위는 독립성과 정치적인 권한이 주어줘야 하는데 국왕은 이런 입장을 고려하여야 한다.

수상은 상원의원(귀족)이거나 하원의원이어야 한다. 의원내각제의 정부형태에서 수상은 의회에 대하여 책임을 져야 하는 것만이 아니라 상·하원을 포함한 의회 내에서 그의 정책을 정당화시킬 수 있어야 하기 때문이다. 1837년부터 1902년까지 6명의 수상은 모두 상원이었다. 그러나 1867년, 1884년 두번의 선거법 개정을 통해 하원은 상원에 압도적인 우위를 점하게 되었고, 마침내 1902년 Salisbury수상 이후 상원출신 수상시대는 마감하게 되었다. 그 후 1923년에 귀족이 수상이 될 수 있는가 하는 문제가 크게 논의되기도 하였다.

정부는 오직 하원에서만 책임을 진다. 그러므로 하원의 구성은 그 정부의 성격을 결정한다. 하원에서는 투표로서 내각이 퇴진하거나 해

---

69) Ivor Jennings, Cabinet Government, Cambridge University Press: Cambridge, 1965, p. 20 이하 참고.

산하도록 요구할 수 있다. 정부정책에 영향을 미칠 수 있는 실효성 있는 결정도 모두 하원에서 이루어진다. 따라서 법률개정이 형식상 상원에서 이루어지더라도 수상은 하원의 정치상황과 전체적 분위기를 잘 파악해야 한다.

야당에서는 수상이 하원에서 선출되어야 하는 가장 중요한 이유를 수상이 의회의 견제와 감시를 받아야 하기 때문이라고 할 수 있다. 수상의 입장에서는 위기상황에서 자신과 내각을 보호하기 위해서는 실질적 권한을 가진 하원에서 선출되는 것이 바람직하다. 여당의 유능한 지도자가 상원출신일 경우 그는 하원을 통솔할 수 없기 때문에 성공적으로 업무를 수행할 수 없다.

국왕의 수상임명은 하원에서의 정당별 의석점유율에 따라 달라진다. 가장 간단한 경우는 한 정당이 완전한 다수당인 때이다. 이때 정부와 내각은 그 다수당에 의해 구성되며, 그 당의 당수가 수상이 된다.

그러나 정당에 항상 공인된 지도자가 있는 것은 아니다. 1868년에 Victoria여왕은 1846년 휘그당과 자유당 내각의 수상을 역임한 Russel을 수상으로 선출해야 함에도 불구하고 실제로는 같은 당 소속의 Gladstone을 수상으로 임명하였다.

국왕은 현직수상이 자진사퇴한 경우는 물론 임기 중 사망한 경우에도 유효한 차기수상 임명할 수 있다. 집권당이 하원선거에서 패배하고 내각이 사퇴하는 경우 국왕은 세 가지 가능성을 생각해볼 수 있다.[70] 첫째, 연립정부의 구성이다. 둘째, 하나의 소수당 정당이 활동 후 즉시 해체할 의도 아래 소수파정당을 구성하는 경우이다. 셋

70) Ibid., p. 29.

째, 소수파정권이 구성되어 그 자체로서 그대로 임무를 수행할 수 있도록 하는 것이다.

그리고 총선에서 어느 당도 과반수를 획득하지 못한 경우에는 연립정권의 구성이냐, 야당의 지지를 전제로 한 소수파정권의 구성 두 가지 가능성을 생각해볼 수 있다. 자신이 선호하는 인물을 수상으로 임명할 수 있는 국왕의 자유재량권이 양당제의 부재로 인한 것이라고 말할 수 없다. 외형적으로는 국왕이 수상임명의 재량을 가지는 것으로 보이나 실질적으로는 그렇지 않다. 국왕은 어떠한 경우에 있어서든 의회에서 가장 큰 정치집단 내지는 그 집단이 지지하는 대표자를 수상으로 임명하고 임명해야 하기 때문이다.

3) 수상의 지위와 권한

영국의 의원내각제의 특징 중 하나는 수상의 강력한 권한이다. 집권당의 당수로서, 행정권의 수반으로서, 의회 다수당의 리더로서 수상은 내각의 구성권과 내각의 해산권을 가지며, 국정을 주도하고, 나아가 의회를 해산시킬 수도 있다.

수상의 지위를 규정하고 있는 형식적 규정이 존재하는 것은 아니다. 따라서 법정소관업무가 없으며, 그에 따른 급여도 없다. 그러나 수상은 국가재정위원장(또는 재무부 제1총재: the First Lord of the Treasury)을 겸직하는 것이 관행이며,[71] 집행권을 실질적으로 담당하고 있는 집행부의 장이며 집권당의 당수이고, 하원의 지도자이다.

---

71) 1937년의 장관법(The Ministers of the Crown Act)을 보더라도 수상과 국가재정위원장(Prime Minister and First Lord of the Treasury)에게 연간 10,000 파운드의 급여를 지급한다고 규정하고 있다. Ibid., p. 82.

수상은 이러한 지위에 근거하여 국정전반을 총괄하는 권한과 국군통수권·국가긴급권 및 외교에 관한 권한을 가지고 있을 뿐만 아니라 각료의 해임권, 각료합의문결정권, 내각위원회설치구성권, 하원의 의사일정조정권 등을 가짐으로써, 대통령제의 있어서 대통령 못지않은 권한을 행사하고 있다. 따라서 영국의 수상은 단순히 각료 중의 제1인자가 아니라 국가구조의 핵심이라 할 수 있다.

따라서 수상이 각료의 의장이라는 것은 단순히 1인 1표라는 합의체의 구성원으로서의 중립적인 사회자가 아니라 각의의 구성원을 임면하고 궁극적으로 각의에서 토의하여 결정하는 정책에 조정자적 역할을 한다. 오늘날 수상의 지위를 더욱 강화시켜 주는 것 중의 하나는 선거에서 유권자가 개개의 의원을 선출하는 것이 아니라 정당을 선택한다는 사실이다. 그리고 수상은 내각위원회(Cabinet Committee)와 소내각 또는 대내각(Onner Cabinet)을 임으로 구성하여 각의에 성정할 의안의 사전검토와 조정업무를 담당하도록 하고 있는데, 이 내각위원회에서 결정된 사항은 내각에서 그대로 통과시키는 것이 관례로 되어 있다. 그리고 각 부처에서 각료회의에 안건을 회부하고자 하는 경우에는 사건에 수상직속의 내각사무처에 의제를 제출하여야 한다. 내각사무처는 수상에게 제출된 의제를 보고하여 수상의 지시에 따라 의제를 선정 각료의회에 상정하게 되어 있어서 사실상 수상은 각료회의의 어제를 조정·결정하는 권한을 가지고 있다.

뿐만 아니라 수상의 하원해산에 대한 결정도 1918년 이후로는 각의에서 논의하여 결정하는 것이 아니라 수상의 재량으로 결정할 수 있게 됨으로써 각의는 점차 유명무실화 되어갔다. 이렇게 수상의 지위와 권한의 확대·강화로 인하여 각료회의는 행정부의 최고의결기관에서 수상의 자문기관으로 그 기능이 형식화되었을 뿐만 아니라 각료역시 평등하게 1인 1표를 갖고 의결할 수 있는 동료가 아니라 수상의 하부기관 또는 보좌인으로 전락되었다.

그리고 전직수상이 사망하거나 사퇴할 경우 국정사무는 신임수상의 결정에 달려있다. 형식상 신임수상은 우선 그의 각료들에게 현재의 업무를 계속 잘 유지해줄 것을 요청하게 된다. 그러나 신임수상은 제반사정에 따라 그가 원하는 대로 개각을 하든지 내각과 정부를 재편할 수 있다. 이미 예비내각(shadow Cabinet)을 구성하고 있었던 경우에는 그 예비내각을 깨기 위해서는 당의 정책과 예비내각을 신뢰하고 지지해 준 국민과 자신이 속한 정당에 정치적 부담을 느낄 수 있을 것이다. 이와 같이 내각의 구성은 수상의 고유권한이므로 국왕을 포함한 어느 누구도 이에 관여할 수 없다.

4) 내각의 의회해산권

의원내각제에 있어서는 의회의 내각불신임제와 내각의 의회해산권은 입법부와 집행부간의 권력균형 수단이다. 내각이 의회를 해산하고 총선을 실시하여 새로운 의회의 구성을 시도하게 되는 경우는 다음의 두 가지다.

첫째, 국민의 신임을 묻는 경우인데, 수상이 사망하거나 부득이하게 퇴임하는 경우 또는 긴급한 경제위기 등의 비상사태가 발생하는 경우 내각은 의회를 해산하여 주권자인 국민의 의사를 물어본 후 그 의사에 따라 구성된 의회 내 다수당으로 하여금 새로운 내각을 구성케 하는 것이다. 이때 국민들이 현재의 여당이 추진하는 정책에 동조한다면 다시 그들을 의회의 다수당으로 선출하여 현재의 내각에 힘을 실어주고 민주적 정당성을 부여해 줄 것이다. 그러나 국민들이 현 정권의 정책에 동조하지 않는다면 선거에서 지지하지 않을 것이며, 야당에게 의회 내의 다수당으로 지위를 부여할 것이다.

둘째, 의회가 헌법이나 기존의 헌법적 관행에 어긋나는 법률을 제정하거나 그러한 의도로서 내각이 필요로 하는 법률을 제정하거나 개정하지 아니함으로써 헌법을 위반하게 될 경우 헌법수호의 차원에서 내각은 의회를 해산할 수 있다. 그러나 이 경우도 넓게 보면 첫 번째 경우의 범주에 포함시킬 수 있다. 성문의 헌법이 존재하지 않는 영국의 의원내각제에서는 큰 구별의 실익이 없지만, 성문헌법을 가진 의원내각제 국가에서 두 번째 경우를 의회해산의 사유로 헌법에 명시하고 있는 경우 의회해산 사유로서 독자적인 의의를 가진다.

위와 같이 내각이 의회를 해산할 수 있는 권한은 의회의 내각불신임권과 함께 의원내각제의 본질적 요소로서 의원내각제적 정부형태 국가에서는 어떠한 형태로든 존재하고 있다.

5) 수상과 당의 관계

수상은 집권당의 당수로 당헌과 당규에 정해진 지위와 권한에 의해 당에 대한 지도력을 행사한다. 수상은 당수의 지위에서 중앙집권적 당 규율을 강화하여 당의 일체성을 확립한다. 민주적 절차에 의한 당의 결정에는 절대적으로 승복하게 된다. 따라서 이러한 당의 결정에 따르지 않는 당원은 해당 행위자로 간주되어 제명이나 출당조치 또는 차기 공천에서 배제 등의 불이익을 받게 된다.

정당제도의 발달과 함께 오늘의 대의민주주의 중심의 선거제도는 수상과 당의 관계에 많은 변화를 가져왔다. 대의민주주의에서의 선거가 의원개개인의 인물선택이라면, 정당국가 민주주의에서의 선거는 정당의 이미지나 정책의 선택이라는 것이다. 따라서 오늘의 수상정부 제하에서의 총선거는 현직수상과 양당당수 중 하나를 선택하는 것으로 변질됨으로써 오늘의 총선거의 의의는 수상에 대한 국민투표의 성격을 띠게 되었다. 수상의 강화한 권한의 정당성은 의회로부터 부여받은 것이 아니라 국민으로부터 직접 받은 것이다. 오늘날 수상은 대통령제 국가에서 직선된 대통령과 같이 의회나 정당의 통제를 받기 보다는 직접 국민과 접촉하고 여론을 정책결정에 반영하게 된다. 따라서 영국의 수상은 내각뿐만 아니라 하원과 정당을 주도하는 지위와 권한을 갖고 있으며, 동료중의 제1인자를 뜻하는 'Primary'는 고전적 의미에서 수상의 지위를 설명해줄 뿐이다.

(2) 의회

1) 의의

의원내각제적 정부형태의 기본원리는 내각과 의회가 상호의존성을 가지고 국정을 운영하는 것이다. 그 결과 내각은 의회에 법률안을 제출할 수 있고, 일정한 요건에서 의회를 해산하는 기능도 부여받고 있으며, 내각의 각료들은 의원의 지위를 겸할 수 있고, 의회에 출석·발언 할 수 있다. 이에 대하여 의회는 내각을 불신임하여 의회를 해산 할 수 있으며, 각료들을 의회에 출석시켜 국정에 대한 책임을 추궁하거나 질문에 대한 답변을 요구할 수 있다.

의원내각제에서 의회가 내각을 견제할 수 있는 또 하나의 중요한 메커니즘은 양당제의 확립이다. 하나의 정당이 여당으로서 역할을 할 때 다른 정당은 야당으로서 여당의 정책수행을 감시·비판하고 권력을 견제할 수 있는 힘이 집결되는 정점이 된다.

2) 의회의 구성

의회는 하원과 상원(귀족)의 양원으로 구성되어 있다. 영국의 경우 의회가 상·하 양원으로 구성되어 있지만, 상원은 선거에 의해 구성되는 것이 아니라 귀족신분을 가진 사람이면 원적으로 모두 상원의원이 된다. 상원의원은 임기도 없고 정원도 없으며 보수도 없는 명예직이다. 전통적인 귀족의 종류로는 성직귀족, 법률귀족, 세습귀족 등으로 나눌 수 있으나, 1960년대 윌슨수상의 노동당 집권당시 많은 노조지도자들을 상원의원으로 임명하여, 현재는 상원이 단순히 귀족원으로만 머물러 있는 것이 아니라 정당을 배경으로 정당 활동을 하고 있다. 상원의장(Lord Chancellor)은 상원에서 의원들이 선출하는 것이 아니라, 내각구성원 중에서 수상이 임명하는 사람(Lord Chancellor)이 겸직하게 되어 있으며, 상원이 대법원으로서의 기능도 수행하고 있으므로 의장은 동시에 대법원장도 겸직하게 된다. 현재 영국 상원의원의 수는 1,200여명이나 정상적으로 회의에 참석하는 의원은 280여명에 불과하다.

상원의 권한에 대해서는 1911년 제정된 의회법에 규정되어 있다. 이에 의하면 상원에는 하원통과법률안에 대한 수정권이나 폐지권은 인정되지 않고, 심의연기권만 부여함으로써 하원우위의 원칙이 유지되고 있다. 그리고 하원의장이 인정한 법률안이라고 할지라도 예산을 수반하는 것에 대해서는 상원이 선심의권을 갖지 못하며, 또한 하원에서 통과된 법률안이 상원에 회부된 후 1개월이 경과되면 상원의 동의와 관계없이 국왕의 재가를 얻어 법률로 성립되게 된다. 따라서 형식적으로는 양원이 각각 독자적인 법률안제출권과 법률안심의원을 갖고 있는 것으로 되어 있으나, 실질적으로 상원은 하원통과법안을 지연시키는 기능만 할뿐이라는 비판을 받고 있다. 최근에 와서는 신중한 심의를 요하는 법률안에 대해서는 상원에서 우선 심의하는 관행이 생겨나고 있어 상원의 기능과 역할이 점차 확대되고 있다.

하원은 전국 650개의 선거구에서 선거로 의원을 선출 구성된다. 하원의원의 임기는 5년이다. 1970년대 이후에는 소선거구제의 보완을 위해 비례대표제가 도입되어야 한다고 주장되고 있다. 하원의장(Speaker)은 새로운 의회구성 후에 여·야 합의로 선출된다. 우리의 국회법과 같이 당적금지조항을 법률로 규정하고 있지는 않으나 의장은 당적을 이탈하는 것이 관례로 되어있다. 토론과 표결에는 참여하지 않고 가부동수의 경우에만 캐스팅 보우트(Casting Vote)를 행사한다. 의회의 고유권한인 입법기능은 행정부의 법률안제출권과 행정입법의 확대로 약화되고 있으며, 다른 나라에서와 마찬가지로 의회는 점차 통법부화 되어가고 있다. 이렇게 의회가 통법부화 하는 대신 행정부의 행위에 대한 감시 및 통제기능은 상대적으로 확대되어 가고 있다. 의회커미셔너(Parliamentary Commissioner)제도[72]가 활발하게 작용하고 있는 것이 그 좋은 예라 할 수 있다. 하원은 내각불신임권을 갖고 있으나 정당제도의 발달과 수상의 하원에 대한 주도권강화로 인하여 그 실효성이 점차 감소되고 있다.[73]

---

72) 의원이 아닌 자를 커미셔너로 임명하여 이들은 스웨덴의 옴부즈만(Ombusman)과 같은 역할을 한다.

73) 장석권, 앞의 논문, 278-279면.

3) 양당제의 확립

영국은 다른 의원내각제국가들에 비해 특히 양당제가 발달되어 있다. 의원내각제는 의회가 구성되면 내각은 당을 통하여 의회를 장악함으로써 내각이 의회에 대하여 상대적으로 우위를 갖게 되는 형태로 발달 하였다. 그러나 양당제가 발달하게 되면서 총선에서 승리한 다수당은 혼자만의 힘으로 내각을 구성하게 되고 당의 중진들이 입각하여 의원내각제의 기본원리인 의회와 정부의 상호의존성과 균형관계가 깨어질 수도 있다.

영국의 헌정사를 살펴본다면, 양당제의 기원은 1642년의 청교도혁명 때까지 거슬러 올라갈 수 있다. 당시에 Charles 1세와 의회의 대립속에 국왕을 지지하는 왕당파(기사파, 국왕파)와 하원을 지지하는 의회파(단피파, 청교도파)와의 대립이 바로 그것인데 이때의 쟁점은 표면적으로는 종교문제에 관한 것이었다. 이러한 왕당파·의회파의 대립은 지리적 구분에 따라서 대립한 것이 아니라 영국내 각처에서 대립한 것이었으며, 양당제의 유래가 지역적·계급적 갈등이 아닌 종교적·이념적 대립에서 싹이 튼 것은 후일에도 이러한 양당제의 관행이 유지될 수 있는 기반이 될 수 있었다.

Cromwell의 집권으로 의회파 중 독립파가 주장하던 공화정이 잠시 실시되기도 하였으나, 1660년 왕정복귀에 의하여 다시 군주제로 회귀하였고 Charles 2세가 즉위를 하면서 영국헌정사는 본격적인 양당제로 돌입하게 되었다. 당시 의회는 국교도(청교도)를 중심으로 구성되어 있었고 국교이외의 모든 교도들은 탄압하는 법령들이 제정되고 있었다. 그러나 1672년 Charles 2세는 영국에서의 카톨릭 부활을 도모하기 위하여 카톨릭을 포함한 모든 비국교도들의 신앙을 관용하는 칙령을 공포하였다. 이에 대하여 의회는 곧바로 칙령의 철회를 요구함과 동시에 심사법(Test Act, 1673)을 제정하여 모든 공직자는 국교도 이어야 함을 강제하였다.

이 문제에 관하여 영국의 정계는 국왕과 국교회를 지지하는 토리당(Tories)과 프로테스탄트들로서 입헌군주제를 옹호하는 휘그당(Whigs)으로 양분되었다. 그러나 카톨릭의 부흥에 대하여는 토리당도 분명한 반대의 입장이었으므로, 심사법을 폐기하고 카톨릭의 회복을 선언한 James 2세를 토리당과 휘그당이 연합하여 폐위시키고 네덜란드의 William을 왕으로 옹립하는 명예혁명(1688)이 일어나게 되었다.

이후 1841년 선거에서 토리당은 보수당(Conservative Party)의 기치를 내걸고 집권하게 되었으며, 1852년 선거에서 휘그당은 필 당원(Peelites)과의 연립내각을 계기로 자유당(Liberal Party)으로 변신하게 되었다. 그리고 선거법개정으로 노동자층의 사회적 영향력이 커지고 노동조합운동이 본격화되면서 노동자층을 대변하는 사람들이 정치에 참여하게 되었다. 1893년 K. Hardie에 의해 노동당(Labour Party)이 창당되었고, 1906년 총선에서 29석을 차지하면서 영국정당사에서 큰 획을 긋기 시작하였다. 그리고 이후 자유당은 노동당과 노선을 같이 하는 경우가 많아지면서 점차 유명무실하게 되어 현재의 보수당과 노동당의 양당체제가 굳어지게 되었다.

결국 영국의 양당제는 영국의 헌정사를 거치며 의원내각제의 발전과 더불어 형성된 역사적 전통이다. 따라서 영국민들의 의식 속에는 양당제에 대한 고정관념이 뿌리 깊게 내리고 있다. 때문에 양당제가 때로는 부작용을 가져오기도 한다는 지적에 대해 새로운 다수제방식의 도입을 고려해 보는 것이 아니라 전통적인 양당제의 단점을 보완하고 장점을 더욱 살리는 쪽으로 공감대가 형성되고 있다.

4) 의회의 내각불신임권

의회의 내각불신임권은 의원내각제 정부구조를 유지시켜주는 가장 본질적인 제도 가운데 하나이다. 헌법 이론적으로 내각과 그 수반은 의회에 의하여 선출되고 그 정책수행의 공과에 관하여 의회에 대하여 정치적 책임을 지게 되는 것이다. 내각이 국정의 운영자로서 필요로 하는 민주적 정당성은 시원적으로는 국민의 정치적 의사에서 나오는 것인데, 현대 입헌민주주의 국가에서 국민의 정치적 의사는 대의제라는 메커니즘을 통하여 의회로 반영되는 것이다. 결국 의회의 의사는 국민의 의사를 집약해서 보여준다고 할 수 있는 것이다.[74] 따라서 절대적으로 내각은 의회의 신임을 가지고 있을 때 그 활동의 정당성이 인정되는 것이지 내각이 의회의 신임을 상실하게 되면 연대하여 정치적 책임을 지고 퇴진할 수밖에 없다. 이 점에서 의회와는 별개의 정당성을 부여받고 있는 대통령제 정부형태와 차이가 있다. 만일 이러한 연결고리 중에서 의회가 국민의 의사를 제대로 반영하지 못할 경우, 내각이 의회를 해산하고 조기 총선을 실시하여 민의를 정확히 반영하는 장치가 준비되어 있고 이것이 내각의 의회해산권이다. 역사적으로 고찰해 보았을 때, 내각의 책임추궁 방식은 각료 개개인의 개별책임원칙에서 내각의 연대책임원칙으로 발전되어 왔다. 내각이 아직 독자적인 영역을 갖추지 못하던 시기에는 단지 국왕의 자문기구로서 운영되었으며, 내각의 각료들도 의회의 의원들로 구성

74) 정종섭, "대의제에 관한 비판적 연구", 연세대학교 박사학위논문, 1989.

되지 않았기 때문에 오로지 국왕의 신임에 의하여 재직하고 국왕에 대하여만 책임을 진다. 이러한 각료들의 개별책임의 원칙은 영국의 다른 헌법제도들과 마찬가지로 관행으로서 확립되고 발전되어 온 것이다.

이후 1721년 Walpole수상의 등장은 본격적인 의원내각제의 발전을 가져오게 되었고, 내각을 이루는 각료들도 의원들 중에서 선발하게 되었다. 따라서 양당제를 취하는 영국의 헌정현실에서는 하나의 내각을 구성하는 수상과 각료 모두가 하나의 정당에서 배출되는 현상이 나타나게 되었고, 내각은 정치적인 동질성을 갖추게 되었다. 이러한 내각의 동질성은 '정당내각'(Sunderland's Junto)의 출현을 가져오게 되었으니, 정권의 교체에 따라 내각의 동질성과 일체성이 보장되게 되었으며 그에 따라 내각의 책임도 각료 모두가 함께 부담하는 연대책임으로 발전되었다. 따라서 의회는 내각에 대하여 사임을 요구할 수 있는 명분을 가지게 되었고 실제로도 Walpole은 1742년 최초로 하원의 불신임결의를 받게 되었다. 그러나 하원의 불신임결의에 의하여 내각 전체가 연대하여 책임을 지고 총사퇴한 것은 1782년의 North내각이 그 시초가 된다. 한편 영국의 의원내각제는 1832년의 선거법개정을 통하여 고전적인 의미의 이원적 의원내각제에서 탈피하여 일원적 의원내각제로 발전하게 되었고, 내각은 이제 의회에 대하여만 책임을 지게 되는 구조로 나아가게 되었다. 그러나 1880년대 이후로 가게 되면 오히려 내각이 의회에 우월한 내각책임제의 현상이 나타나게 되었고, 이렇게 의회를 압도하는 강력한 내각의 지위는 정당국가화 경향과 맞물려 의회의 내각불신임제도를 사실상 약화시키게 되었다. 즉 내각과 하원을 모두 장악하는 집권여당의 입장에서 독자적으로 내각을 불신임하기가 쉽지만은 않은 것이다. 하지만 소수보호라는 이념에서는 여전히 의회가 가지는 견제장치로서의 의미가 있다. 근래에는 1979년 노동당의 캘러핸내각이 의회의 불신임을 받아 퇴진한 전례가 있는데 그 당시 노동당은 하원에서 과반수 의석을 확보하지 못하고 자유당의 협조하에 유지된 소수파정부였기 때문에 어쩔 수 없는 경우였다고 볼 수 있다. 이때의 총선으로 당시 보수당의 당수였던 M. Thatcher가 영국 역사상 최초의 여자 수상으로 취임하였고, 보수당은 이후 1990년 Major내각을 거쳐 1997년 다시 노동당의 Blair내각이 등장하기까지 약 20여 년간을 장기 집권하게 되었다.

5) 야당의 지위

영국헌정사에서 '국왕의 정부'(His Majesty's Government)와 국왕의 '반대당'(His Majesty's Opposition)은 매우 중요한 역할을 담당하고 있다.[75] 이 두 정당은 서로 대립하고 있지만, 국왕과 국민들에게 봉사한다는 점에서는 하나의 공통분모를 가지고 있다. 따라서 집권당이 의회나 투표에서 패배한 경우 국왕은 반드시 야당의 지도자를 수상으로 선출하여야 한다. 야당은 둘이거나 그 이상일 수도 있다. 그러나 '공식적'(official)인 야당의 지도자는 하원의장에 의해서 지명되는데 그는 장관법(Ministers of the Crown Act, 1937)에 의하여 법정

---

75) '국왕의 정부'는 집권여당이나 집권내각을, '국왕의 반대당'(이를 의회 내 야당으로 번역하시는 분도 있다. 허영, 앞의 책(각주 24), 182-184면)은 야당이나 야당의 예비내각을 존중하는 의미를 가지고 사용하는 공식용어이다. 현재 영국은 1952년 이래 Elizabeth 2세 여왕이 재위하고 있으므로 '여왕의 정부'(Her Majesty's Government)와 '여왕의 반대당'(Her Majesty's Opposition)으로 표기하고 있다.

수당이 제공된다. 모든 야당의 지도자들과 원내총무들 그리고 정부가 협의를 한 후 최대의석을 가진 야당이 '공식적' 야당이 되는 것이다.[76] 정권이 선거에서 패배하거나 퇴진할 경우 국왕이 야당의 지도자를 가장 먼저 찾는 것은 오랜 관행으로 굳어져 왔다. 이는 국왕의 불공정한 처사를 미연에 예방하자는 가정에 근거를 두고 있다. 민주적인 정권은 정책 대결과 정당간의 경쟁을 보장하여야 하는데, 제안된 정책은, 유권자에게 책임을 지는 정권이 장악한 하원에 회부되어야만 한다. 따라서 정권이 하원에서 패배하여 국민에게 책임을 질 수 없게 되면 새로운 정권이 구성되어야 한다. 국왕은 임무는 그가 선호하는 정책을 제안할 것 같은 정권을 구성하도록 노력하는데 있는 것이 아니라 정권의 안정유지에 있다. 따라서 군주의 불공정한 처사를 완전히 차단하고 그 공정성을 증명하기 위해 즉시 야당의 지도자를 부르는 것이 유일한 방법이다. 한편 야당은 집권당과 내각의 정책을 보다 효율적으로 비판하고, 앞으로의 집권을 준비하기 위하여 내각의 각 부문별 전문가들로 구성된 '반내각'(Anti Cabinet) 또는 '예비내각'(Shadow Cabinet)을 만들게 된다.[77] 예비내각의 구성원인 '예비각료'(Shadow Ministers)들은 내각과의 정책토론에서 중요한 쟁점이 무엇인지, 어느 부분이 부족한지를 명확하게 밝혀내며 그 대안을 제시할 정도로 각각 그 분야에서의 최고의 전문성과 오랜 경륜을 가지고 있는 경우가 대부분이다. 이들은 의정활동을 하면서 내각이 제출한 많은 안건에 대하여 수정안을 제안하고 토론을 벌이며 언제라도 현재의 내각을 대신하여 국정을 수행할 수 있는 준비를 갖추고 있다.

76) Ivor Jennings, op. cit., p. 82이하.
77) 예비내각에 관하여는, Ibid., p. 115이하 참조.

예비내각에서는 내각의 각료회의와 마찬가지로 예비각료들을 소집하여 현 내각을 공격하기 위한 전략을 숙의한다. 그래서 야당의 당수이자 이 예비내각의 주재자를 '예비수상'(Shadow Prime Minister)이라고도 부른다. 언제든지 차기수상이 될 가능성이 있으며, 각종 정부행사에도 현직수상과 어깨를 나란히 한다. 특히 국가에 중대한 사태가 발생하게 되면 수상은 자신에 이어 다음 수상이 될 야당의 당수에게 이를 알리고 상의하도록 되어 있다. Edward 8세가 퇴위할 때에도 Baldwin수상은 Attlee 노동당 당수와 상의하고 동의를 얻었으며, 1996년 유럽연합(EU)에 관한 마스트리히트조약에 관한 문제에 있어서도 Major수상은 Blair 등 노동당 지도부와 상의하였다. 야당이 쟁점을 잘 이해하지 못하면 타협도 어려울 것이다. 이는 상대방이 미처 대비하지 못할 때 기습한다면 영국 특유의 신사도에 어긋날 뿐 아니라 공격과 비판도 받을 수 없어 활기 있는 토론이 불가능해지기 때문이다.

이러한 예비내각의 관행은 의회에서의 활발한 토론문화의 발전은 물론이고, 직업공무원제와 더불어 정권교체기 권력의 누수를 예방하고 효율적으로 정권을 이양하는 데에 큰 도움이 되어왔다.

(3) 내각

1) 의의

내각은 수상과 각료로 구성되어 있으며, 실질적으로 행정권을 담당하고 있는 최고합의제기관이다. 수상은 국왕이 임명하되 하원의 다수당과 당수를 임명하는 것이 관례로 되어 있다. 누가 수상이 될 것인가는 선거결과에 의해서 거의 자동적으로 결정되기 때문에 국왕이 수상후보자를 지명할 수 있는 재량의 여지는 거의 없게 된다. 그러나 하원에 과반수를 차지하는 정당이 없는 경우에는 상대적 다수당의 당수가 연립내각을 구성하게 된다. 다만 국가적 위기에 직면하여 거국내각을 형성하고자 내각이 총사직하는 경우에는 국왕은 수상임명에 관한 확립된 관습법에 제약을 받지 않고 어느 정도 재량권을 가지고 선임을 하게 된다.[78]

의원내각제 정부형태에서 내각의 구성은 원칙적으로 의회 내 다수당을 중심으로 진행된다. 대통령제 정부형태나 이원집정부제 정부형태와는 달리 행정부와 입법부가 동질적인 민주적 정당성을 갖기 때문이다. 따라서 영국의 의원내각제에서 영국의 국왕은 다수당을 도와 안정적으로 내각을 구성하고 정권을 유지하도록 하는 역할을 맡게 된다. 각료의 지명은 수상이 하게 되지만 임명은 형식상 국왕의 몫이며 해임의 경우도 마찬가지다. 그리고 정권이 교체되어 새로운 내각이 구성될 때에는 국왕과 여당과 야당의 당수 등이 모여 의견을 나누는 것이 오랜 관행으로서 정착되어 있다. 그러나 하나의 정당이 다수당을 이루지 못하거나 국가의 비상사태시에는 이른바 연립내각이 출현하게 된다.

2) 내각의 구성방법

Victoria 여왕시대에는 군주가 각료의 임명에 상당한 영향력을 행사하였다. 1924년 노동당이 집권한 이후 국왕인 George 5세가 각료의 임명에 있어서 어떤 영향력을 발휘한다는 증거는 찾아보기 힘들

78) 장석권, 앞의 논문, 282면.

다. 그러나 군주가 개인의 신상이나 능력을 언급하는 것이 유용할 때도 있겠지만 대부분의 인사문제는 당사자의 정치적 위상에 달려있는 것이 현재로서는 일반적이다. 나아가 수상은 하원이나 내각에서 각료들을 주시하고 있고 그들과 함께 일하며 예하 부서장들의 업무능력 평가를 함께 논의할 수 있으므로, 각료와의 접촉이 거의 없거나 매우 드문 군주보다도 이들을 판단하기에 훨씬 더 유리한 위치에 있다.

결국 내각이 내부불화로 퇴진하거나, 수상의 사망이나 사퇴시, 또는 야당의 당수가 내각을 구성하기를 원치 않거나 불가능한 경우에는 국왕은 자신이 만나기를 원하는 누구와도 의논을 할 수 있다. 또 국왕의 개인비서(private secretary)는 정당의 당수나 전직장관들과 대화할 수 있으며 그들의 견해를 비공식적으로 확인할 수 있다.

국왕의 최고의 의무는 정권을 구성하는 것이다. 정치지도자들의 의무도 또한 국왕을 도와 정권을 구성하는 것이다. Wellington은 이와 관련하여 "The King's service must be carried on"이라는 유명한 말을 남기기도 하였다. 이러한 의무는 3가지로 구성된다.

첫째, 정치지도자는 국왕으로부터 조언을 요청받은 경우 반드시 자기의 견해를 국왕에게 밝혀야 한다.

둘째, '공식적인 야당'이 현 정권을 패배시켜 퇴진으로 몰고 갔을 경우 그 당수는 새로운 정권을 구성하거나 국왕에게 대안을 세시할 의무가 있다.

셋째, 퇴진하는 정권은 헌법상 이념을 침해함이 없이 그 역학을 제대로 수행할 수 있을 때까지 계속 기능을 유지시켜야 할 의무가 있다.[79] 야당에게 정권획득의 의무가 있는 반면에, 여당에게는 정권유지의 의무가 있다. 둘 다 똑같이 중요한 문제임에도 불구하고 후자에 관하여는 많은 논의가 있지 않았다. 의원내각제하에서 집권은 다수당의 권리이자 동시에 의무이다. 당 내부의 문제로 분열된 정권은 대안을 제시하지 못할 경우 자체적으로 그 문제를 해결하여야 한다. 내각은 조직되어야하고 그 내각은 후임자가 정해질 때까지 유지되어야 한다. 수상각료(the Prime Minister's colleagues)의 영향력에 관하여는 분석하기가 쉽지 않다. 1882년 Gladstone은 내각은 협의권(right to be consulted)이 없다고 단호하게 말하였다.[80] 즉 내각업무의 승계에 관하여 내각과 협의하여야 한다는 것은 불합리하며 이는 각료들이 가지는 권리가 아니라고 하였다.

그러나 이 발언은 객관적 사실보다는 좀 감정적 표현이라고 할 수 있다. 각료들의 형성력 행사에 관한 선례는 찾기가 어렵지 않기 때문이다. 내각과의 협의는 내각이 존재하는 경우에만 가능하다. 내각이 조직되는 중에는 불가능하다. 그러나 수상이 소속정당의 다른 지도자들과 협의하는 것은 불가피하다. 수상은 여당의 지지를 확보하여야 하며, 가능한 적을 만들지 말아야 한다. 정당수뇌부의 대부분은 사실상 그들 자신을 선택하는 셈이다. 수상이 명단을 제출하기 전에 이미 내각의 핵심은 결정되어 있는 것이다. 수상의 임무는 그들에게 적절한 보직을 주는 것이며, 그들은 자신의 업무에 관하여 많은 조언을 하여야 한다. 수상의 자유선택권은 덜 중요한 내각의 보직이라든가 하급보직에만 적용되는 것이 일반적이다. 그러나 수상은 하급보직자를 지명할 때도 그 부서장의 의견을 고려하여야만 한다. 수상의 자유로운 선택권은 상원과 하원의 보직분배 필요성에 의해서도 제약을

79) Ivor Jennings, op. cit., p. 51.
80) Ibid., p. 66.

받는다. 1937년 장관법(The Ministers of the Crown Act)의 개정에 따라 Lord Chancellor 외에 최소한 3명의 장관, 그리고 정무차관(Parliamentary Secretaries)의 일부가 상원에서 지명되어야 한다. 반면에 특정보직은 하원의원 중에서 지명되어야 한다. 하원만이 재정에 관한 책임을 지기 때문에 재무장관(Chancellor of the Exchequer), 국고재정장관(Financial Secretary to the Treasury), 육군성 재정장관(Financial Secretary to the War Office: 육군성은 1964년 이후 국방부(the Ministry of Defence)에 통합됨) 등은 반드시 하원에서 선출된다. 모든 의원총무(whips)는 하원의원이어야 하고 정무차관과 국가재정부위원장(Junior Lords of the Treasury)[81]도 하원에서 선출되어야 한다. 만일 상원에서 장관이 지명된 경우 그 부서의 차관은 반드시 하원에서 지명되어야 한다. 그러나 그 역은 성립하지 않는다.

나아가 수상은 약간의 제약은 있지만 새로운 보직을 만들 수도 있다. 그러나 장관이나 하원정무차관의 수는 법률로서만 늘릴 수 있는 법률유보사항이다. 의회가 예산을 가결시킨다면 새로운 보직을 신설할 수 있다. 어떤 부서의 업무가 너무 과중한 경우, 주무장관이 행정업무의 일부를 지명된 'Minister of State'(국무성장관)에게 위임할 수 있는 제도는 이제 관행처럼 되었다. 수상은 또한 무결보직을 만들 수도 있다. 그러나 국무부를 제외한 어떤 새로운 보직도 법적근거 없이 법적 의무를 지지는 않는다.

3) 내각의 구성범위

수상은 조직이나 구성원만 결정하는 것이 아니라 내각을 어느 범

81) 국가재정위원장(First Lords of the Treasury)은 수상이 겸하게 되어 있다.

위까지 구성하여야 하는가를 결정하여야 한다. 일반적으로 수상 자신과 추밀원의장(Lord President of the Council), 옥새상서(Lord Privy Seal), 국무장관, 재무장관, 상무장관, 해군장관, 그리고 교육, 노동, 보건, 농업을 담당하는 장관들은 거의 항상 내각에 속하게 된다. 다른 부서의 담당자들은 개인적, 정치적 위상 여하에 따라 내각에 들어갈 수도 있다.

그러나 19세기 후반부터는 국가기능의 확대와 전문화에 따라 부서의 수가 급격히 증가하였다. 이것은 내각의 크기 뿐만 아니라 기능의 문제와 밀접한 관련이 있다. 내각은 내각 자체의 행위는 물론 공무원들에 의한 것이거나, 장관들에 의해 이루어진 것이거나, 정부의 모든 활동에 대하여 책임을 진다. 따라서 정치적 의미를 함축하고 있거나 하원에서 토론되어져야 할 문제들은 모두 내각과 관련되는 것이다. 1951년 Churchill이 다시 보수당 내각의 수상으로 복귀했을 때 내각의 각료들은 복수의 업무를 겸직하고 있어서 그 수는 겨우 6명에 지나지 않았다.

이에 관하여 회의적인 태도의 언론들은 이들에게 '대공(the overlords)'의 작위를 붙여줄 정도였었다. 새로운 overlord의 지명은 하원에서도 비판을 받는데, 이는 overlord가 하원에 대한 책임 없이 장관들로부터 책임을 전가받기 때문이다. 즉 overlord는 의회에 책임을 지는 것이 아니라 내각에 책임을 지게 되는 결과가 되었다. 장관수는 늘어 가는데 반해 내각의 규모가 점차 작아지는 문제는 내각 밖에 많은 수의 장관을 둔다던가, 주무장관이 소관업무에 영향을 주는 문제가 논의되는 동안에만 내각에 참여할 수 있도록 하는 전시내각의 기법이 평상시에도 사용됨으로 인해서 야기된 것이다.

새로운 수상이 취임한 후 채워야 할 보직은 약 90여 개가 된다. 이들은 법률로서 정하여지는 것이 아니므로 정무직과 비정무직 사이에 법적인 차이는 없다. 사실 이들의 일부는 당시의 정치상황과 시대적 유물일 뿐이다. 중요한 보직은 주요 행정부서장이다. 재무장관, 국방장관, 해군장관 등 외에 노동, 어업, 식량, 보건, 자원, 주택, 체신 등을 담당하는 장관들이 정부의 주요기능을 관장한다. 이러한 장관들은 귀족이거나 하원의원에서 임명되는 것은 정착된 관행이다. 약간의 예외는 있었지만 하원은 이에 대하여 비판적이다. 사실 하원에서 주요보직의 장관이 나오지 않을 경우 정부의 업무를 하원이 통제하는 것은 매우 벅차기 때문에 심각한 부담이 된다. 그러므로 헌법관행 뿐만 아니라 실질적 편의를 위해서 수상은 귀족이나 의원 중에서 임명하게 되는 것이다. 장관의 후보지명은 수상에게 달려 있는데 이것이 군주가 영향력을 전혀 가지지 않는다는 것을 의미하지는 않는다. 왕실은 보직에서 후보를 배척할 수 있다.

그러나 국왕에게 최종건의를 하는 사람은 수상이며, 그는 함께 일할 내각을 구성하고 그 내각이 하원의 신임을 유지하도록 해야 한다. 따라서 수상이 특정인의 지명을 고수하면, 국왕이 양보를 하거나 새로운 수상을 선출하여야 한다. 수상은 각료들과 의논을 하거나 그들의 의견을 청취할 수 있으며, 내각의 단합과 하원의 의견을 고려하여야 한다.

실질적으로 후보를 추천하거나 임명권고를 하는 것은 수상이지만 형식상 임명권자는 국왕이다. 또 새로 선출된 수상은 경질되는 장관에 관하여 후보추천을 할 수 있겠지만 계속 유임되는 장관에 대하여는 다시 추천할 필요가 없다.

(4) 국민

1) 내각과 국민과의 직접적 유대관계 형성

현대 영국의 의원내각제 정부구조에서는 하원선거의 성격과 양상이 국민투표적인 성격으로 변질됨으로 인해 내각의 하원에 대한 의존성보다는 내각의 여론과 선거인에 대한 의존성이 더욱 커졌다. 의원내각제에서 예상하지 않았던 내각과 국민과의 직접적인 유대관계가 형성되었다는 점도 중요하다.

이 같은 현상은 정당당수가 선거전에서 직접 국민 속에 파고드는 대중상대적 선거운동(appeal to the people)과 대정당에게 유리한 1구1인의 상대적다수선거제도(1885년 이래)에 의해서 더욱 가속화되었을 뿐만 아니라, 국민의 직접적인 심판을 기대하는 수상의 하원해산권에 의해서 더욱 굳어졌다. 하원의 지위와 발언권을 약화시키고 영국의 의원내각제를 '내각책임제' 내지는 '수상정부제'로 발전시킨 결정적인 이유다. 영국의 전통적인 대의제적 의원내각제에 정당국가 경향과 여론정치의 실현으로 인한 직접민주주의적 요소가 가미되어 '의회주권'을 사실상 퇴색하게 만드는 결정적인 계기가 되었다.[82)]

2) 국민의 정부구성 참여구조

양당제를 특징으로 하는 영국의 의원내각제에서는 야당이 미리 예비내각(Shadow Cabinet)을 구성하여 예비각료(Shadow Minister)를 공표하는 것이 관행이다. 현대 정당국가에서는 선거가 인물 중심의 투표가 아닌 정당간의 정책의 경쟁이 되고 있다. 유권자인 국민은 총

---

82) 허영, 앞의 책(각주 24), 180-181면.

선에 임하여 자신이 지지하는 정당의 이념이나 공약과 아울러 그 정당이 제시하는 정부구성의 청사진을 미리 파악하고 선거에 참여할 수 있다.

정권을 담당할 정당의 선택과 함께 그 정권의 내각을 운영할 각료들의 구성에 간접적이나마 국민의 정치적 의사를 전달할 수 있는 제도적 방안이 있는 것이다. 더욱이 이들 예비각료들은 그동안 의회에서의 의정활동을 통하여 집권여당의 정책을 비판적으로 다루어왔기 때문에 국민들은 이러한 검증의 과정을 통해 새로운 내각을 구성하게 될 각료들을 파악할 수 있는 것이다. 만일 그 과정에서 제대로 역할을 수행하지 못하는 예비각료가 있을 경우에는 당이 주최하는 공청회나 여론을 통하여 국민들이 자신의 정치적 의사를 확인시켜 줄 수 있다.

그러나 이러한 국민들의 간접적 정부구성참여권은 여·야간의 정권교체가 이루어질 때 의미를 갖는다. 여당의 계속적 집권이 이루어진다면 대개의 경우 내각에 변화가 있게 되고 이때 국민이 그 개각에 자신의 견해를 표명하는 것은 이미 총선을 통하여 여당에 재신임을 주었기 때문에 여론을 통한 방법 외에는 별다른 방법이 없다. 이와 유사한 기능을 하는 헌법적 시스템으로는 미국 의회의 인사청문회제도가 있다. 즉 행정부와 입법부가 서로 다른 이원적 정당성을 갖는 것을 특징으로 하는 대통령제 정부형태에서는 행정각부의 인사에 관해서는 대통령에게 모든 권한이 주어져 있는 만큼, 주요보직에 한해서 국민의 대표자인 의회가 청문회를 통한 자격심사를 할 수 있도록 한 것이다.

이와 같이 현대적 국가정부형태의 원형이라고 할 수 있는 영국의 의원내각제나 미국의 대통령제는 모두 직간접적으로 정부주요각료들에 대한 사전검증절차를 가지고 있으며, 이는 의회의 사후적 통제방법인 탄핵소추권과 아울러 행정부의 투명성 제고와 부패방지에 많은 기여를 하고 있다.

(5) 국왕

영국의 국왕은 형식상의 국가원수이며 국민적 통합의 상징적 존재로서 '군림하나 통치하지 않는 존재'이다. 따라서 국왕은 형식적으로 행정부의 수반이며 입법부의 불가분의 구성부분이고, 사법부의 총수이며, 군통수권자이고, 영국 국교회의 수장의 지위를 가지고 있으나 모두 명목상의 의례적인 권한에 불과하다. 실질적인 통치행위는 수상을 수반으로 하는 '국왕전하의 정부'가 국왕의 이름으로 수행한다. 다만 하원에 다수당이 없는 경우 국왕은 조각위촉문제나 의회해산 등 중대한 국사에 관하여 정당지도자들에게 '조종의 장'을 마련해 주고 직접 중개자로서의 역할[83]을 하는 경우가 있을 뿐이다. 국왕의 재가사항으로서는 비록 형식적 의례적이기는 하지만 수상 및 각료임명권과 의회를 통과한 법률 승인권, 의회의 소집·해산권, 외교·전쟁에 관한 권한, 문무관·법관·총독임명 및 작위·훈장 수여권 등이 있다.[84]

83) Ivor Jennings, op. cit., pp. 26-32.
84) 장석권, 앞의 논문, 280면.

3. 소결

위에서 살펴본 바와 같이 영국의 의원내각제는 수많은 시행착오와 경험을 바탕으로 성립 발전되어왔다. 초기에 과세를 위하여 신분의회의 성격을 가지고 소집된 의회는 상·하원의 양원제로 발전하였고, 의회가 국정의 주도권을 잡게 되자 의회의 의사를 효율적으로 국정에 반영할 필요성에서 내각의 중요성이 부각되었다. 따라서 의회와 내각은 의원내각제를 유지시켜 주는 양축의 역할을 담당하게 되었다.

그러나 의원내각제는 정당정치의 발전과 선거권의 확대에 따라 내각이 오히려 의회에 우월하는 내각책임제로 발전하게 되고, 오늘날에는 내각의 수반인 수상의 지위가 극대화된 수상책임제로 변질되었으며, 영국의 의원내각제는 특징을 요약하면 다음과 같다.

첫째, 의회에 대한 내각의 우위 및 수상의 강력한 권한이다. 수상은 실질적으로 내각을 구성하는 권능과 정부주요보직의 인사권을 장악하고 있으며, 의회에 대한 해산권을 가지고 외국에 대하여 국가를 대표하는 등 집행부의 수반은 물론 의회내 다수당의 총수와 국가정상의 위치를 차지하고 있다. 따라서 권력이 내각과 수상에 집중되는 현대형 의원내각제 정부구조에서는 내각의 독재화의 위험과 함께 의회의 상대적 약화현상이 나타나고 있다.

둘째, 양당제의 확립이다. 헌정사와 더불어 발전된 영국의 정당제도는 왕당파와 의회파, 토리당과 휘그당, 보수당과 자유당, 보수당과 노동당 등 2개의 대정당이 주도하고 왔으며, 이러한 현상은 앞으로도 계속될 전망이다. 그러나 이러한 양당제도는 정국의 안정을 꾀한다는 기능적 편리함이 있는 반면, 유권자인 국민이 정치적 의사를 구체적이고 선명하게 국정에 전달하기에는 무리가 있다는 비판도 있다.

그리고 의원내각제의 초기에 국왕의 수상지명은 특권이었다. 그러나 민주주의와 의회제도가 발전되고 양당제도가 확립되면서 수상은 하원을 장악한 정당의 당수가, 즉 총선거에서 승리하여 의회의 다수 의석을 점한 정당의 지도자가 당연직으로 승계하는 관행이 정착되었다. 이러한 점에서 의원내각제에서의 수상은 의회와 동질적 정당성을 가지게 된다.

국민의 정치참여에 있어서 하원선거의 모습은 과거와 같은 인물위주의 선거가 아니라 정당에 대한 국민투표적인 특징을 나타내고 있다. 정당으로부터 연원을 두고 있는 내각이 하원에 대한 의존보다는 여론과 유권자에 대한 더욱 의존하고 있으며, 내각과 국민은 보다 직접적인 연대관계가 형성되고 있다. 그리고 양당제의 정착과 정권교체의 가능성을 제도적으로 보장하고 있다. 야당은 예비내각 구성을 통해 효과적으로 여당을 견제하고 국민들에게 차기내각의 면면을 공개함으로써 사전에 자질을 심판받고 유권자인 국민들로 하여금 간접적이나마 정부구성에 참여할 수 있는 길을 열어놓고 있다.

위와 같이 의원내각제가 성립하고 계속적으로 발전해가고 있는 영국의 의원내각제는, 이를 도입하여 각각의 정치상황에 맞도록 수정·보완하여 운영하고 있는 독일, 프랑스, 일본 등 세계 각국에 정부형태 및 정치발전에 큰 영향을 미치고 있다.

II. 프랑스

1. 프랑스 의원내각제의 성립 및 발전과정

프랑스의 헌정사를 보면 1789년 혁명이후 정치적·사회적 제도의 전면적 개혁을 요구하는 거듭된 혁명의 소용돌이 속에서 1875년에 이르기까지 무려 10차례나 헌법이 교체되는 역사를 가지게 되었다. 프랑스 최초의 성문헌법인 1791년 헌법은 국민주권의 원리와 영국형의 제한군주제에 입각한 것이었으나 국왕은 의회를 소집할 수 없으며 의회를 해산할 수도 없었다. 이 헌법의 특색은 한편으로는 미국형의 경성적 권력분립에 입각하면서 의회의 우위와 대신의 책임 등의 의원내각제적 요소가 혼합된 정부형태로서 영국의 의원내각제와는 그 성격을 달리하는 것이었다.

1848년 2월 혁명에 의한 1848년 제2공화국 헌법은 왕정을 전복시키고 다시 공화정을 수립하면서 권력분립의 원리에 있어서 집행권의 담당자인 대통령을 국민에 의해 선출케 함으로써 집행권의 독립을 보장하였다. 이는 미국형의 대통령제의 채택을 의미하는 것이었으나 진정한 의미의 대통령제라고는 볼 수 없는, 듀베르제의 이른바 '준대통령제'에 해당한다고 할 수 있다.

프랑스에 있어서 영국의 의원내각제가 도입되어 영향을 미친 것은 19세기부터이며, 1875년에 제3공화국 헌법에 의해서 비로소 의회우위의 의원내각제가 확립되게 된다. 1875년 제3공화국 헌법의 의원내각제에 있어서 대통령은 임기 7년으로 의회에서 선출되며 대통령에 의해 임명되는 대신은 의회에 책임을 진다. 대통령의 직무행위는 대신의 부서가 요구되지만 의회의 입법에 대하여 거부권을 행사할 수 있으며, 원로원의 동의하에 서민원을 해산할 수 있는 권한을 갖는다. 그러나 1877년 막크마옹(MacMahon) 대통령이 행한 의회해산은 그 후의 의회제도의 운용에 숙명적 영향을 끼쳐 해산권의 행사는 쿠데타를 의미한다고 하여 이후 제3공화국 헌법 하에서 해산권은 한 번도 행사되지 않았다. 그 결과 내각의 의회에 대한 자주성을 상실하게 되어 내각은 일방적으로 의회에 종속하는 지위에 놓이게 되었다.

요컨대 제3공화국하의 의원내각제가 의회의 절대적 우위를 누리게 되고, 반면 대통령이 의회에 의해 선출되고 사실상 의회해산권을 행사하지 못하게 되는 집행부의 일방적 종속은 제2공화국 헌법과 나폴레옹 3세의 제2제정에 대한 역사적 반동에서 비롯된 것이다. 1848년 헌법이 대통령을 국민에 의해 직접 선출을 규정한 결과 대통령은 국회를 무시하게 되고 드디어는 공화정을 전복시키게 된 쓰라린 역사적 경험을 가졌기 때문에 제3공화정에 있어서는 절대적 의회우위의 의원내각제를 채택하게 되었다. 그리고 프랑스의 왕위에 있었던 가계에 속하는 자에 대한 피선자격을 인정하지 않았으며, 이러한 규정은 제4공화국 헌법에까지 계속되었다. 제4공화국 헌법도 해산권행사의 제약과 의회우위의 정치체제는 변함이 없었으며 절대적 의회주의의 의회제의 경향을 띠고 있는 것이 특색이다.

한편 프랑스의 내각제도는 의회가 다수의 소정당으로 난립되어 있었기 때문에 단일의 정당이 단독내각을 구성할 수 없었고 항상 여러 정당의 연립내각에 의존할 수밖에 없었다. 따라서 중요한 문제에 봉착할 때마다 내각은 빈번하게 교체되는 양상을 보이게 된다.

예컨대 1871년부터 1940년 제3공화정이 붕괴될 때까지를 보면 70년간 무려 106개의 내각이 교체되었으며, 제4공화정에 있어서도 1945년 11월부터 1958년 6월까지의 13년간 26개의 내각이 교체되었다. 제3공화정에 있어서 한 내각의 평균수명은 8개월에 그쳤으며, 제4공화정에 있어서는 겨우 6개월 정도이었으며, 1년 이상 지속된 내각은 하나 밖에 없었다고 한다.[85)]

2. 프랑스 의원내각제의 구조와 특징

(1) 프랑스 제3공화국

프랑스 제3공화국의 헌정체제는 공화파와 오를레아니스트간의 타협의 산물로써, 권력분립과 집행권의 제한을 통해서 절대적인 권력과 순수한 민주주의 둘 다에 동등한 거리를 두고 있는 것으로 평가되며, 이를 위해서 기관의 다원성(Pluralite des organes), 의회의 이원주의(dualisme des Chambres)를 채택하고 있다.[86)]

1) 프랑스 제3공화국 헌법의 기본구조[87)]

가. 집행권의 이원성

(가) 공화국 대통령

"1875년 2월 25일의 공권력의 조직에 관한 법률" 제2조는 "공화국

85) 정만희, 앞의 책(각주 20), 325-327면.
86) 한태연, 앞의 책(각주 36), 178-180면.
87) 한동훈, "프랑스 제3공화국 헌법과 헌정실제", 헌법학연구 제15권 제2호, 한국헌법학회, 2009. 6, 440-445면.

대통령은 국민의회로 소집된 상원과 하원의 절대다수의 투표에 의해서 선출된다"라고 함으로써 공화국을 소극적으로 선언함과 동시에 우리가 제3공화국 헌법이라고 칭하는 세 개의 헌법적 법률 중에 최초로 공화국 대통령에 관해서 규정하고 있다

공화국 대통령의 선출에 대해 살펴보면, 1875년 2월 25일의 공권력의 조직에 관한 법률 제2조는 "공화국 대통령은 베르사이유에서 국민의회(Assemblee, nationale)로 소집된 상원과 하원의 절대다수의 투표에 의해서 선출된다. 공화국 대통령은 7년 동안 임명된다. 공화국 대통령은 재임 가능하다"라고 규정함으로써 공화국 대통령이 국민의회에서 선출되도록 하고 있다.

그리고 공화국 대통령 후보의 자격과 관련하여 1875년 이래로 선출된 모든 대통령이 의원들 이었지만, 법률은 나이나 능력에 대해서 어떠한 규정도 하고 있지 않기 때문에 공화국 대통령으로 선출되기 위해서 의원일 필요는 없다.[88)]

마지막으로, 공화국 대통령의 권한의 경우 "1875년의 대통령은 바로 1830년의 개정된 헌장속의 군주이다" (Le president de 1875, c'est le roi de la Charte revise de 1830)라는 평가처럼 "세습되지 않는 군주"(monarque sans l'heredite)로서의 성격을 가진다.[89)] 따라서 1875년의 헌법적 법률속에서 공화국 대통령은 군주처럼 책임을 지지 않는 국가원수(chef d'Etat irresponsable)로서 양원과 공동으로 법률

---

88) Joseph Barthélemy et Paul Duez, Traité de droit constitutionnel, Panthéon Assas(ED): Paris, 2004, pp. 611-612.

89) Marcel Morabito, Histoire constitutionnelle de la France(1789-1958), Montchrestien: Paris, 2004, p. 301.

안 발의권을 가지며(공권력의 조직에 관한 법률 제3조), 의회의 회기를 중단하고, 의회를 소집하고, 의회를 휴회할 수 있는 권한이 있을 뿐만 아니라(공권력의 관계에 관한 헌법적 법률 제2조), 심지어 의회 해산권도 가졌다(공권력의 조직에 관한 법률 제3조). 임기는 7년이며, 연임에 대한 제한이 없었다(공권력의 조직에 관한 법률 제2조).

(나) 국무회의

프랑스 제3공화국 헌법체제에 있어서 집행권은 국무회의와 국가원수인 공화국 대통령이 공유한다. 그렇지만 헌법규정상 권한이 명확하게 규정되어 있는 국가원수와는 달리 국무회의에 대해서는 직접적인 규정이 없으며, 단지 간접적인 언급정도에 그치고 있다. 뿐만 아니라 1876년 3월 9일의 데크레(decret)에 의해 만들어진 국무회의의장(le president du Conseil)에 대해서는 언급조차 하고 있지 않다.

하지만 이와 같은 규정이 존재하지 않음에도 불구하고 1875년의 헌법체제는 국무회의를 전제로 하고, 국무회의의장(le president du Conseil) 이란 직위를 염두에 두고 있으며, 국무회의의 운영과 국무회의의장의 구체적인 역할과 권한은 헌법적 관행에 따른다.

즉 국무회의의장은 각료들의 토의를 지휘하고, 의회 앞에 정부의 일반정책에 대한 책임을 지며, 가장 주요한 사항인 의회의 대정부질문에 대한 답변의 의무가 있다. 따라서 국무회의의장은 정부를 대표하는 직위라고 볼 수 있다.

나. 양원제

1875년 2월25일의 공권력의 조직에 관한 법률 제1조는 "입법권은 하원과 상원의 양원에 의해 행사 된다"라고 규정하였다. 그런데 여기서 주목해야 할 점은 1875년의 헌법제정자들의 생각과 헌법적 법률 속에 나타난 표현은 상원을 우월한 기관으로 두고자 했다는 것이다. 왜냐하면 상원은 제3공화국의 헌법에 해당하는 1875년 2월 24일의 "상원의 조직에 관한 법률"이라는 근거규정을 가지고 있지만, 하원에 대해서는 침묵을 지키고 있기 때문이다. 그리고 제3공화국 헌법의 제정자들은 민주주의에 전염된 하원에 대한 방패로써 상원을 보수적인 기관으로 만들고자 했다는 점을 헌법 곳곳에서 발견할 수 있다. 즉 75명의 종신상원의원제도, 40세를 피선거연령으로 한 점, 9년의 임기, 상원의 구성을 1/3씩 개선하도록 한 점, 그리고 무엇보다도 도시에 대해서 농촌의 우월성을 보장하도록 한 규정은 이를 확인해 준다.

2) 프랑스 제3공화국 헌법체제의 변화[90]

가. 1875년 프랑스 제3공화국 헌법제정후의 상황

1875년 제3공화국 헌법이 발효된 후에도 대통령은 어떠한 영향도 받지 않았다. 공화국 대통령의 임기는 7년으로 정해졌으며, 1873년 5월에 취임한 마크마옹의 임기는 1880년에 만료하기 때문이다.

하지만 의회의 경우 사정이 달랐다. 1875년의 헌법을 제정하는 임무를 맡았던 국민의회는 새로 구성되는 상원과 하원에 그 자리를 내주기 위해 1875년의 마지막 날에 해산했기 때문이다. 이에 따라 1876년 1월 30일 프랑스 전역에 225명의 선출직 상원의원을 뽑기 위한 선거인단이 소집되었다. 선거인단이 선출한 대부분의 상원의원은 해

90) 한동훈, 앞의 논문, 445-453면.

산된 지 얼마 되지 않아 국민의회를 구성하고 있었던 의원들이었으며, 선거에서 공화파는 91석을 보수파인 왕당파는 134석을 차지하였다. 그리고 종신상원의원 선출의 경우 공화파는 75석 중에서 55석을 획득하여, 그 결과 전체 상원의 구성은 우파 154석에 공화파 146석으로 구성되었다. 반면 보통선거를 통한 하원의원선거는 이와 다른 결과를 보여주었다. 투표결과 공화파들은 360석을, 보수파는 150석을, 보나파르티스트들은 75석을 차지하게 되었다.[91)]

따라서 공화국 대통령은 보수파인 왕당파가 여전히 자리를 차지하게 되었으며, 상원은 보수파가, 하원은 공화파가 다수파를 차지하게 됨으로써 두개의 권력이 다른 하나의 권력에 대항하는 구도를 가지게 되었다. 그리고 이는 1875년의 헌법적 법률이 예상한 구도로서 보통선거의 충동에 휩싸인 하나의 의회에 대항하여 대통령의 권위와 상원의 지혜라는 균형추가 존재하는 구도였다. 여기서의 쟁점대상은 국가원수와 하원의 신임을 공통적으로 받아야 하는 정부였으며, 5월 16일의 위기는 여기서부터 출발한다.

나. 1877년 5월 16일의 위기

헌법기관간의 충돌은 1877년 5월 하나의 사건을 통해서 촉발되었다. 이 무렵 국무회의의장인 쥘 시몽(Jules Simon)은 그 자신보다 보수적인 공화국 대통령과 그 자신보다 진보적인 하원사이에서 불안정한 상태에 처해 있었으며, 국무회의가 두 개의 권력을 능숙하게 다루기 위한 충분한 능력을 가지고 있지 못했다. 그러나 하원의 다수파인 공화파는 정부에 대한 압력을 계속 가했으며, 이 와중에 제3공화국의

91) Marcel Morabito, op. cit., p. 309.

헌정체제를 근본적으로 변화시킨 출발점은 종교적 문제에서 비롯되었다. 교회의 지상권회복을 호소하는 주교에 대해서는 하원은 적대적 태도를 취하였고 이에 대한 정부는 특별한 반대를 하지 않았다. 이러한 정부의 입장에 대해서 우파는 불만이 높았으며, 결국 공화국 대통령인 마크마옹은 1877년 5월 16일 이와 관련된 사태에 대한 유감을 표시하는 서한을 쥘 시몽에게 전달했다.92)

이것은 단순한 서한이 아니라 1875년 프랑스 제3공화국 헌법에 관한 공화국 대통령의 입장을 보여준 징표였다. 결국 공화국 대통령 마크마옹의 편지에 따라 쥘 시몽이 사임했으며, 후임으로 브로이공작(duc de Broglie)이 임명되었다. 그렇지만 이는 적절한 선택이 아니었다. 공화파가 다수인 하원으로부터의 신임을 기대할 수 없었기 때문이다.

이 후 갈등을 해소하기 위해 양원의 휴회를 하기도 하였으나 오히려 갈등만 증폭시켰으며, 정부와 하원의 충돌은 계속 되었으며, 결국 공화국 대통령은 6월 29일 상원의 동의를 얻어 하원을 해산하였으며, 헌법에 따라 10월 전에 새로운 선거의 실시가 예정되었다. 이러한 권력기관의 충돌은 선거를 통한 국민의 심판을 기다리게 되었으며, 일반적인 선거와 달리 이중의 영향력을 갖게 되었다. 선거는 공화파와 왕당파의 싸움인 동시에 제도적 측면에서 헌법전, 체제, 그리고 민주주의에 대한 대립되는 해석이기 때문이다.93)

선거결과 공화파는 하원해산전의 363석에는 모자라지는 과반이 넘

---

92) René Rémond, La vie politique en France depuis 1789, Tome II(1848-1879), Fayard: Paris, 2002, p. 390.

93) Ibid, pp. 376-377.

는 323석을 획득하였다. 따라서 국민은 선거를 통해서 그 뜻을 표명했으며, 공화국 대통령은 복종을 하거나, 사임을 하거나 하는 상황에 처하게 되었다. 공화국 대통령은 브로인 공작을 사임시킨 후, 아무런 색깔을 띄지 않는 비상내각(ministère d'affaires)을 구성했다.[94] 하지만 공화파는 1875년 헌정체제를 그들의 이념과 원칙에 따라 해석하고자 했으며, 11월 24일 315표 대 207표로 마크마옹이 구성한 정부를 거부하였다. 이에 대통령은 하원을 한 번 더 해산하려 하였으나, 상원이 거부하여 결국 1877년 12월 13일 공화국 대통령은 국새상서인 뒤포르에게 자신의 잘못을 인정하는 교서를 전달했다.[95]

다. 그레비 헌법(constitution Grévy)

이러한 정치적 환경의 흐름은 1879년 1월 5일에 있었던 상원의 부분적 개선을 통해 상원을 공화파가 장악하게 되었다. 공화국 대통령은 보수성을 상징하는 상원을 잃게 되었으며, 그 자신 역시 실질적인 권력을 행사할 수 없는 처지에 있게 되었다. 공화국 대통령은 무기없이 전장에서 적을 상대해야하는 상황에 놓이게 되었다. 결국 마크마옹은 상원을 잃게 되었으며, 그 자신 역시 실질적인 권력을 행사할 수 없는 처지에 있게 되었다. 마크마옹은 뒤포르가 요청한 행정부 고위간부에 대한 경질을 거부하고 1879년 1월 30일 사임하게 된다.[96]

이에 따라 같은 날 양원회의는 그레비를 새로운 대통령으로 선출했으며, 헌정체제를 공화주의적으로 이해하는 그레비의 개인적인 신

---

94) Joseph Barthélemy et Paul Duez, op. cit., p. 654.
95) René Rémond, op. cit., pp. 396-397.
96) Gabriel Hanotaux, Histoire de la France Contemporaine(1871-1900)Ⅳ - La République Parlementaire, Ancienne Libraire Furne: Paris, 1908, pp. 427-428.

념은 제3공화국 헌법에 대한 이해를 근본적으로 변화시키는데 상당한 영향을 끼치게 된다. 1879년 2월 6일 교서를 통해 국민의 대표인 하원의 의사를 존중할 것임을 선언하였다.[97] 그리고 1875년 프랑스 제3공화국 헌법이 공화국 대통령에 부여된 권한을 일체 행사하지 않았다. 이와 같은 그레비의 태도는 제3공화국 내내 견고한 하나의 관행으로 정착되어 "그레비 헌법"(constitution Grévy)이라 부를 수 있게 되었다.

5월 16일 사건의 결과 공화국 대통령은 그 자신이 실질적인 권한을 포기하거나 행사하지 않게 되었으며, 상원은 보수적인 상원이 아닌 민주적 상원으로 변화되었다. 상원은 더 이상 하원에 대한 우월적인 위치에 있을 수 없게 되었다. 결국 5월 16일 사건은 제3공화국 헌법제정자들이 예정한 이원적 의원내각제가 일원적 의원내각제로 변화는 계기가 되었다.[98]

(2) 프랑스 제4공화국[99]

1) 회의제로의 경향

1946년 10월에 성립된 프랑스 제4공화국 헌법은 학술적 의미에서 프랑스 공법이론의 총결산을 의미하는 것이었다. 물론 이 헌법도 제3공화국 헌법에 있어서와 같이 대립된 정치세력간의 타협의 산물이었다. 국민주권, 정통적 의미의 대의제, 권력의 분립, 무기속위임의 원

97) François Burdeau, La troisième République, Montchrestien: Paris, 1996, pp. 68-69.

98) 한태연, 앞의 책(각주 36), 182-184면.

99) 한태연, 위의 책, 185-191면.

칙, 양원제와 인민주권, 권력의 혼합, 기속적위임의 원칙, 단원제의 주장이 대립했다. 국민주권과 인민주권의 화해, 집행권의 이원적 구조, 형식적인 양원제의 채택과 하원의 주권적 지위, 그리고 의회해산권의 제한에 의한 정부의 의회에의 예속과 같은 완전한 의원내각제도 아니며, 완전한 회의제도 아닌 양성적 성격의 권력구조가 만들어졌다.

제4공화국 헌법은 제정과정에 좌파의 회의제적 경향에 대한 투쟁의 결과로서 적어도 다음과 같은 최소한의 의원내각제적 요소는 확보했다. 그것이 바로 정부의 의회에 대한 정치적 책임이며, 비록 명목적·상징적 권한에 불과하기는 하지만 국가원수로서의 대통령의 지위이며, 또한 비록 하나의 자문적 권한에 불과하기는 하지만 양원제의 상징으로서의 상원의 존재이며, 또한 비록 극히 제한된 경우이기는 하지만 정부의 의회해산권 이었다. 특히 중요한 것은 대통령이 가지는 의회해산권 이었다. 물론 대통령과 상원의 권한 축소는 처음부터 이원적 의원내각제를 지향한 제3공화국 헌법에 대한 하나의 반동을 의미했다.

2) 제4공화국 헌법의 특징 및 내용

샹뜨부는 프랑스 제4공화국 헌법의 특징으로 의회의 우위, 집행권의 약화, 집행권으로서의 수상의 권력 강화 및 내각의 불안전성에 대한 배려를 들고 있다.

첫째, 프랑스 제4공화국 헌법은 명문으로 일원적 의원내각제의 입장에서의 의회의 우위를 규정하고 있다. 제3공화국 헌법의 운용과정에서 그레비 헌법 이후에는 의회가 우위를 점하긴 했지만, 제4공화국 헌법에서와 같이 처음부터 명문으로 그 의회의 우위를 규정하진 않았다. 그리고 의회는 바로 하원, 즉 국민의회를 의미하였다. "공화국의 최고기관은 국민의회이다"라고 제6조에서 규정하였다. 따라서 여기에 있어서의 의회주권은 국민의회에 의한 의회주권을, 또한 그러한 까닭에 여기에 있어서는 국민의회만이 유일한 주권자를 의미하였다. 물론 양원제 상원에 관한 규정도 있었다. 그러나 여기서의 상원은 제3공화국 헌법의 상원, 즉 공화국 참의원은 입법권과 정부통제권을 가진 공동주권의 소유자로서의 상원을 의미하지 않는다. 따라서 제4공화국 헌법에서 입법권은 국민의회인 하원만이 가지며, 상원은 다만 하원의 입법에 대한 하나의 유효한 협의권을 가지고 있는데 불과했다. 뿐만 아니라 정부는 하원에 대해서만 책임을 지며, 또한 고등법원의 구성에 있어서도 하원이 법관 선출에 관한 모든 권한을 독점하였다. 따라서 헌법에 규정된 상원의 유일한 권한은 하원과 함께 공화국대통령의 선출권 이었다. 그러한 의미에서 제4공화국 헌법의 양원제는 회의제만의 경향을 피하기 위한 외형만의 양원제를 의미하였다. 여기에 제4공화국 헌법에 있어서 국민의회가 유일한 주권자로 등장하게 되는 이유가 있다. 물론 동 헌법에 있어서는 헌법위원회라는 제도가 있다. 그러나 이 기구는 양원간의 분쟁을 중재하는 것을 주된 목적으로 하는 기구이지 의회의 입법을 통제하기 위한 기구는 아니다. 다만 여기에 있어서는 그 헌법 개정에 있어서 국민의회의 3분의 2 이상의 의결로서 가결된 헌법안을 국민투표에 붙이게 하고 있다. 물론 이 규정은 대의제의 이론적 기초 위에서 국민주권 아닌 인민주권의 요청에 입각한 규정을 의미하고 있다. 그러나 현실적인 문제로서 국민의회의 의결이 없을 때에는 국민은 헌법 개정에 참여할 기회를 상실하게 된다. 그러한 의미에서 이러한 규정이 의회주권에 대한 인민주권의 우위를 의미하지 않는다.

둘째, 프랑스 제4공화국 헌법에서 집행권의 대표하는 국가원수의 지위하락이다. 제3공화국 헌법에 있어서의 국가원수는 헌법에 의해 집행권의 독자성을 보장할 수 있는 여러 가지 권한을 가졌다. 그러나 제4공화국 헌법에서 이러한 권한은 의회에 대하여 책임을 지는 내각이 가졌다. 따라서 집행권의 실질적인 수반으로서의 지위와 권한은 수상이 가졌으며, 공화국 대통령은 다만 집행권의 명목상의 수반만을 의미하고 있다. 그 결과 법안의 발의, 명령의 제정, 공무원의 임명, 국군의 통수, 외교, 의회의 해산과 같은 권한은 수상의 권한으로 규정되고, 대통령은 명목상의 권한만을 가졌다. 따라서 대통령은 의원내각제가 상정하는 의회의 전제에 대한 효과적인 견제기관으로서의 성격을 상실하게 된다. 이러한 점이 제4공화국 헌법의 회의제로의 경향이다.

셋째, 집행권의 실질적인 담당자를 의미하는 수상의 권한 강화다. 19세기에 있어서의 의원내각제의 이상은 군주에 의하여 대표되는 집행권의 약화이다. 이러한 이유로 제4공화국 헌법의 제정에 있어서도 공산당 등의 좌파는 강력한 집행권에 대해서는 계속하여 불신의 태도를 취했다. 그러나 제4공화국 헌법에서 집행권은 군주의 권력이 아닌 의회 그 자체에 의하여 구성된 의회적 권력을 의미했다. 꼬스뜨 플로레가 “우리는 정부의 진정한 수반, 즉 영국에서의 이른바 수상을 희망 한다”라는 말이 바로 그것을 의미하고 있다. 따라서 여기에 있어서는 수상만이 유일한 내각조직의 책임자로서, 대통령의 지명, 각료명단의 작성, 정책의 제시, 국민의회에서의 신임, 대통령의 임명과 같은 절차로써 수상은 그 집행권을 담당하게 된다. 뿐만 아니라 제3공화국 헌법의 경우와 달라서 여기에 있어서는 수상이 집행권의 실질적 담당자로 규정되는 동시에, 또한 그 권한도 구체적으로 헌법에 명시되고 있다. 따라서 규칙제정권, 일반적인 공무원임명권, 국군의 통수, 의회의 해산과 같은 국가원수적 권한을 소유하고 있다. 물론 그 권한의 행사에는 관계각료의 부서가 필요하지만, 이러한 부서는 대통령의 행위에 대한 부서와 달라서 유효요건이 아닌 내각의 연대책임을 의미하는 것이었다.

넷째, 정부의 안전성에 대한 배려가 규정되고 있다. 정부의 안정성에 관한 문제는 제1차 대전 이후에 있어서의 그 의회주의의 합리화의 요청에 대응하는 문제를 의미하기는 하지만, 제4공화국 헌법에서 그것은 제3공화국 헌법에 있어서의 의회의 그 불신임권의 남용에 대한 하나의 반동적 규정을 의미했다. 따라서 내각에 대한 의회의 불신임은 국민의회의 절대다수에 의해서만 그것을 가능케 하고, 또한 18개월 이내에 내각의 두 번 경질이 있을 때에는 정부는 국민의회의장의 의견을 들은 후에, 대통령의 명령으로써 의회를 해산할 수 있게 했다.

3) 제4공화국 헌법의 한계

이러한 의회주의의 합리화를 지향한 그 제4공화국 헌법도, 실천과정에 있어서는 제3공화국헌법의 의원내각제에 있어서의 그것과 같이 결국 실패하고 말았다. 제4공화국 헌법은 제정은 공산당, 사회당, 인민공화운동파(M. R. P.) 3당의 타협의 산물이었고, 또한 그 의회의 압도적 다수도 이 3당의 연합한 결과였다. 그러나 헌법이 제정 된지 겨우 4개월 만에 인지정책을 비롯한 대외정책 및 사회정책에 대한 의견대립으로 공산당이 이탈 3당제는 붕괴되고 말았다. 그 결과 의회의 다수를 확보하기 위해서 내각은 이합집산을 통해 군소정당과 연립할 수밖에 없었다. 그 결과는 제3공화국시대에 있어서와 같이 내각의 평균수명은 7개월 반을 넘지 못했다.

따라서 이러한 정치적 상황에 있어서는 헌법의 규정 여하를 막론하고 내각에 있어서 수상의 지위는 약화될 수밖에 없었다. 수상의 권력을 강화함으로써 내각의 안정성을 보장하려는 제4공화국 헌법의 의도는 결국 실패하고 말았다. 제4공화국 헌법은 꼬스뜨 플로레의 '새로운 의원내각제'로의 희망에도 불구하고, 그것은 실제에 있어서는 의원내각제가 아닌 '회의제'로의 경향으로 경사되고 말았다. 뾜 바스띠는 의원내각제가 권력이 분립된 의회와 정부간의 상대적 균형의 이념에 입각하고 있음에도 불구하고 제4공화국 헌법은 인민주권의 단일성의 명분에서 의도하지 않은 다른 길로 가고 말았으며, 공화국 대통령의 무력화, 실질적으로 정부의 의회해산권을 불가능하게 함으로써 단원제나 다름없는 의회에 정부가 예속됨으로서 회의제의 길을 밟았음을 지적하고 있다.

(3) 프랑스 제5공화국

1) 정치상황

1944년 여름 프랑스가 나치의 지배로부터 해방되자 대부분의 국민이 프랑스의 지도자로 드골을 지지하였다. 그는 왕정과 공화정 같은 잦은 정체의 변화를 초월하려는 보수적이고 권위주의적 견해를 가진 사람이었으며, '영원한 조국'에 충성한다는 국가지상주의의 생각을 대변하면서 조국의 이익을 위해 노력하였다. 그해 10월 드골이 이끄는 프랑스 정부는 연합국에 의해 정식 정부로 승인 받았다.

1945년 프랑스는 명목상으로 강대국이었으나 전후의 경제적 어려움, 전쟁으로 인한 국가주요 시설의 파괴, 정당간의 분열 등으로 혼란스러웠다. 10월 새로운 헌법을 제정하기 위한 제헌의회가 구성된 후 주요정당의 영향력이 커짐에 따라 드골은 프랑스의 정치를 안정시키고 경제를 부흥시키는데 더욱 큰 어려움을 겪게 되었다.

드골은 대통령의 권한을 강화하는 쪽으로 헌법을 개정하길 희망하였고 의회는 이에 반대하였다. 11월 공산당과 사회당의 강력한 단원제의회 요구에 드골은 이를 물리치기 위해 사임하겠다고 위협을 했고 결국은 다음해 2월 사임하였다.

전통적으로 프랑스 국민은 헌법, 교권주의(Clericalism), 계급(Class)의 3C문제를 근거로 분열되어 왔다. 그 때문에 프랑스인들은 영국이나 미국처럼 양당제도를 만들지 못했던 것이다. 1789년 프랑스 대혁명 때처럼 1946년에도 헌법논의에서 권위주의와 민주주의의 문제가 다시 나라를 분열시켰다. 거기다 계급대립의 문제가 추가되었던 것이다.

이와 같은 전통적인 문제들에 덧붙여 식민주의(Colonialism)와 냉전(Cold War)의 문제들이 새로이 등장함으로써 프랑스 정국은 더욱 더 혼란스러워졌고, 앞에서 살펴본 바와 같이 식민지문제는 제4공화국을 붕괴시키는 결정적 역할을 했다. 식민문제와 냉전은 프랑스의 국내정치에 큰 영향을 미쳤다. 이 문제로 인해 3당 연합체제가 끝나게 되었고, 제4공화국에서 안정된 정부를 유지하기 어려웠다. 공산당과의 결별 이후 여러 연립정부가 들어섰지만 오래 지속되지 못하고 모두 붕괴되고 말았다.

양쪽의 극단적인 두 정당과 수많은 '제3세력' 그룹의 존재로 정치는 일반적이고 불안정한 연립정부에 의존할 수밖에 없었다. 1947년 12월에서부터 1958년 5월까지 제4공화국은 21명의 총리를 배출하였고, 특정 사안을 위해 특별한 연립정부가 구성되었다가 곧 해제되는 것이 관례가 되었다. 또 특정문제에 대한 투표에서 패배하거나 연립정부에서 한 정당이 물러나면 총리가 사임하는 것이 보통이었다.

의회에서 부결될 위험이 컸기 때문에 대부분의 총리들은 복잡한 문제를 다루기를 꺼려하였고 이러한 정치상항을 설명하는 말로 '무사안일주의(Immobilisme)'란 용어가 나오게 되었다. 각부 장관들은 서로 정보를 교환하지 않았으며, 고질적인 문제인 정치인들의 부패도 만연했다. 또한 정당들은 정치제도를 자신들의 이익을 위해서만 운영하려하고 총리 개인에 의해 지배되는 강력한 정부의 출현을 막으려고 했다.

2) 헌법제정과 내용

대통령의 임기는 7년이었으며 재선 가능하였고, 의회의 동의 없이도 총리를 선임할 수 있었다. 또 몇 가지 문제에 대하여 긴급조치발동권을 가지고 총선거를 실시할 수 있었다.

상원은 명사로 구성된 선거인단에 의하여 선출되었으나 실질적인 권한이 없었고, 또 헌법은 하원이 입법할 수 있는 분야를 한정시켜 놓았다. 그리고 행정부는 의회의 회기를 통제할 수 있었다.[100)]

새로운 선거제도가 확정되어, 정치적 판도에 있어서 뚜렷한 변화가

100) 성낙인, 프랑스헌법학, 법문사, 1995 참조.

일어나게 되었다. 새 선거제도는 정당에 대한 결속력을 높이고 군소 정당이나 극단적인 정당들의 의회진출을 줄이려고 하였다. 이를 위해 정당의 후보 일람표와 함께 한 선거구에서 한사람을 선출하도록 하였고 2차 투표, 즉 결선투표에서는 1차 투표시 일정 득표 이상 얻은 후보만이 출마할 수 있게 하였다. 그 비율은 1958년에는 5%이었으나, 1966년에는 10%, 1976년에는 12.5%로 높아졌다.

그 결과로 새로운 선거에서 극좌파는 10석으로 줄고 극우파는 1석도 얻지 못하였다. 사회당(40석)과 기독교민주당(55석)은 드골파(196석)와 보수파(127석)에 완전히 압도당하게 되었다. 그리고 1958년 선거인단에 의해 대통령에 선출되었다. 사회당은 다른 제4공화국의 지도적 정당들과 마찬가지로 내각에서 제외되었고 내각 장관들 가운데서 국회의원은 절반밖에 되지 않았다.

이제는 이전과는 달리 행정부가 의회를 통제하게 되었다. 간단히 말해 드골이 1958~1959년에 만든 제5공화국은 여러 면에서 제4공화국의 허약한 구조와 불안정한 정부에 대한 반발이었다. 그것은 프랑스에 보다 나은 방향감각을 제시하고 국제적 지위를 개선하기 위해 강력한 대통령과 행정부가 의회, 정당, 관료, 군대를 통제하도록 바뀌어졌던 것이다.

드골은 국민투표에 의한 헌법개정계획을 추진하는 한편, 국민의 직접투표에 의해 대통령으로 선출되어 대중적 기반을 확대하려 꾀하였지만 그것은 위험이 많이 따르는 모험이었다.

1962년 드골은 대통령 직선문제에 대한 국민투표를 요구함으로써 의회를 무시하기도 하였다.

국민투표에서 드골은 62%를 획득하고 11월 선거에서는 35.5%를 얻어 승리를 거두었다. 드골파는 독립공화파(Independent Republicans)와 힘을 합하여 새 의회에서 256석을 차지하였고 사회당, 공산당, 기독교민주당 등 제4공화국의 주요정당들을 견제하였다.

1963년 초에 드골은 적극적인 문화정책, 경제성장 정책, 국제관계에서의 강경한 태도 등으로 국민을 통합하려 하였다. 특히 정치권과 국민을 오랫동안 분열시킨 3C문제 중 계급대립(Class Conflict)의 문제를 제외하고 식민주의(Colonialism)와 냉전(Cold War)을 둘러싼 국민적 분열이 크게 완화 되었다. 실제로 계급대립도 드골파가 전국선거에서 우세해지고 경제가 성장하게 됨에 따라 크게 완화되었다. 임금, 고용, 사회개혁과 같은 문제들이 중요한 정치문제로 남아 있었으나 드골은 제4공화국에서 물려받은 건전한 경제적 기반과 계속된 경제성장의 도움으로 어느 정도 표면화되지 않은 정도로 해결할 수 있었다.

프랑스 제3·4공화국의 헌정[101]을 강한 의회, 약한 정부의 의원내각제로 표현할 수 있다면, 제5공화국 헌법은 제3·4공화국의 헌정의 경험을 거울삼아 집행권을 강화하는 데 주안점을 두고 그 정부형태를 마련했다. 특히 대통령의 직선제 개헌이 단행된 1962년 이후의 현 프랑스 정부형태는 신대통령제(Neo-presidentialism)적[102] 요소가 강하다.

프랑스에는 1958년까지는 부분적인 이익과 이데올로기적 관점을 반영해 준 대표의 정당들만이 존재했다.

그러나 1962년 이후 대통령이 국민에 의해 직접 선출됨으로써 상황은 변화되었다. 대통령은 전국 예비선거에서 선출된 두 명의 정상

101) Karl Löwenstein, Verfassungslehre, 3. Aufl., Tübingen, 1975, S. 75ff.
102) Ebenda., S. 62ff.

급 후보 중에서 한명을 다시 선출하는 것으로 제한되었기 때문에, 여러 정당들은 특정 후보 한 사람을 지지하여 서로 제휴하지 않을 수 없게 되었다. 그 결과 정당제도가 변화되었다.

정당제는 점차 양당제나 최소한 양블록제, 즉 두 개의 중심으로 분열되고 좌파와 우파로 변화된 경향을 보였다.[103)]

3) 구조와 특징

프랑스 제5공화국의 특징은 정치적 결단에 관한 권한이다. 정치적 결단권은 2개로 분류될 수 있는데, 첫째가 대통령의 경우이고, 다음이 의회와 정부의 경우이다. 후자의 경우란 내각이 의회에 정치적 책임을 지고 그 정치적 결단력이 의회에 의존케 되는 경우를 말한다.

대통령이 국가의 중요한 사항에 관한 권한을 갖고 있고 그 이외 나머지 부차적인 사항에 대한 권한은 내각이 갖고 있다. 여기서 이원적 정부제가 나타난다. 집행권의 이원화의 측면에서 본다면 전자는 정치적 권력을 말하고 후자는 행정적 권력을 뜻한다. 또 전자는 국가적 권력을 의미하고 후자는 민주적 권력을 의미하는데, 국가적 권력은 국민에 의하여 선출된 대통령에게 속하고 민주적 권력은 의회에 대하여 책임을 지는 내각에 귀속되는 것이 타당하다.

프랑스 제5공화국 이원정부제의 가장 두드러진 특징은 대통령을 중심으로 한 정부권한 강화라고 할 수 있다. 1958년 프랑스 제5공화국 헌법하의 대통령의 권한은 1962년 대통령직선제로의 개헌이전의 권한

---

103) 양대정당체제는 미국, 영국에서처럼 2대 정당이 의회의석을 거의 차지하면서 여, 야를 구성하는 것인데 비해 양극화의 경우 하나의 극을 축으로 하는 하나의 진영에는 여러 정당들이 존재한다. 이 점에서 양극화는 양대정당체제와는 구별되는 개념이다.

을 그대로 향유하고 있지만 직선제 개헌은 그 자체만으로도 대통령의 지위강화를 의미한다.[104] 대통령과 정부권한의 이원화에서 그 중심의 축이 대통령에게로 이동한다. 대통령은 행정부내의 수직적 권한의 정점에 위치하고 행정부를 조정하는 최고책임자의 위치에 있다.

가. 국가원수로서 대통령의 지위

(가) 수상임명권[105]

대통령은 자기의 재량으로 수상을 임명하게 된다. 대통령의 수상해임에 관해서는 헌법의 직접적인 규정이 없지만, 일반적으로 긍정하고 있다. 대통령과 수상이 속한 정당이 상이한 경우에는 행정권의 양두제화는 두드러지게 나타나기 마련이다. 동거정부라는 양상으로 나타나기도 한다.

1986년과 1993년 국회의원 총선거에서 범 우파의 승리는 좌파대통령에 우파정부의 동거정부로 나타났다. 이는 집행권의 명실상부한 양두제를 의미하게 된다.[106] 1986년에 실시한 프랑스 의회선거에서 우

---

104) 대통령이 국정운영에 강한 영향력을 행사했던 원인은 대통령에 대한 실질적 권한을 부여하는 헌법규정들 그 자체에 기인한 것보다는 헌정의 현실과 관행, 대통령의 개인적 인격적 요소에 더 많이 기인하는 것이라고 보는 지적이 많다.

105) 수상임면권이 아니라 임명권이라 한 것은 프랑스헌법 제8조가 대통령은 수상을 임명하고 사직서 제출에 따라 수상의 직무를 종료시킨다고 규정하고 있기 때문이다. 즉 수상 자신이 사직의 의사를 표명함으로써 수상의 직무가 종료되는 것이지 대통령의 해임권을 규정하고 있지는 않기 때문이다. 그러나 실제로 프랑스 제5공화국에서 수상들은 대통령의 의사에 따라 사직하였고 이에 따라 강한 대통령의 지위가 인정되는 한 요인이 되기도 하였다.

106) 동거정부 이전에는 대통령의 우월성으로 인해 대통령이 국정을 주도하여 행정부의 국가정책결정 · 수행권을 규정한 헌법 제20조가 실효성을 가지지 못하였으나 동거정부의 출현으로 그 실효성을 찾게 되었다고 본다.

파가 승리하자 좌파인 미테랑 대통령은 우파인 시락을 수상으로 임명하여 공존의 길을 모색하였다.

(나) 의회해산권

대통령은 수상 및 양원의장과 협의한 후 국민의회의 해산을 선언할 수 있다(프랑스 제5공화국 헌법 제12조). 총선거는 해산 후에 최소한 20일 이상을 경과한 후 또는 최대한 40일 이내에 행한다. 총선거후의 1년간은 새로운 해산이 행해질 수 없다. 이 기간 중이라도 정부와 의회가 대립하여 정국의 혼란이 극심한 경우에는 대통령은 긴급조치권을 행사할 수 있고, 또 국민투표에 회부하여 사태를 수습할 수 있다.

수상과 양원의장과의 협의는 형식적인 것이고 구속력이 없다. 대통령의 의회해산권 행사는 자유재량으로 행해지고 실제적으로 어떠한 진정한 기관의 통제도 받지 않는다. 이 제도는 내각 붕괴에 대한 실효적인 견제책이다. 프랑스에 있어서 대통령이 국회를 해산하고 새로운 선거를 요구함으로써 행정부와 입법부와의 교착상태를 해결하는 것이 가능하다. 그러나 이 같은 권한은 행정부와 입법부와의 관계를 행정부의 우위로 보다 강력하게 형성하는 경향을 가진다.

(다) 국민투표회부권

대통령은 관보로서 공표된 회기중의 법률에 관한 정부의 제안 또는 양원의회의 공동법률안에 대하여 공동체의 협정의 승인을 필요로 하는 제공권력의 조직에 관한 법률안 또는 헌법에 위반하려는 모든 법률안을 국민투표에 붙일 수 있다(프랑스 제5공화국 헌법 제22조).

대통령의 이 권한은 양원의 회기 내에 행하여야 하고 그 제안은 정부나 의회에서 이루어져야 한다.

국민투표의 제안은 대통령 자신이 자발적으로 결정할 수 없다. 국민투표의 제안권은 정부나 양원에 속하고 양원의 공동제안에 의하여 실행된다. 그런데 지금까지 정부만이 제안권을 행사하였고 양원은 그렇게 하지 않았다고 한다. 실제로 현실적 발의는 대통령으로부터 나온다. 정부의 제안은 대통령의 의사를 확인하는데 불과하다. 대통령은 스스로 국민투표에 붙일 것을 결정하여 정부에 제안을 작성하게 한다. 그러나 정부가 제안작성을 거절한다면 국민투표는 불가능 할 것이다. 국민투표를 국회가 발의한 선례도 없고 국민투표에 의하여 성립된 법률은 헌법평의회의 위헌법률심사 대상에서 제외된다. 그리고 국민투표는 실제에 있어서 신임투표의 성격으로 변질된다. 그런데 1962년의 대통령 직접선거를 위한 국민투표를 정부의 공식제안 없이 대통령이 단독으로 TV방송으로 발표하였을 때 논란이 많았다.

(라) 비상대권

공화국의 제도, 국가의 독립, 영토보전, 조약이행에 직접 위협받거나 헌법상 공권력의 정상적인 기능이 중단된 경우에는 대통령은 수상·양원의장 및 헌법평의회의 공적 자문을 얻은 후 필요한 조치를 할 수 있다. 대통령은 교서로써 이를 국민에게 공표한다. 긴급조치는 헌법상의 공권력에 대하여 그 사명을 완수하는 수단으로써 최단 기간 내에 임무를 수행해야 한다. 국회는 당연히 소집되고 국민의회는 이러한 예외적인 권한이 행사되는 기간 중에는 해산되어서는 안 된다고 규정하고 있다(프랑스 제5공화국 헌법 제16조). 이 규정은 대통령에게 일시적으로 독재를 인정한 것인데 알제리 문제의 발생시 국가적 위기를 타개하기 위하여 출마를 선언한 드골의 요구에 의하여 규정한 것이다.

프랑스 제5공화국 헌법 제16조는 대통령에게 통치제도의 정상적인 기능에 대해서 중대한 위협이 도래했을 때와 기타 국가존립에 중대한 위험에 처했을 때에 대통령 자신이 필요하다고 생각하는 모든 구제조치를 취할 수 있는 권한을 부여하였다. 이 입헌적 독재는 헌법질서의 회복을 위해 경우 제한적으로 행사되어야 한다.

(마) 헌법평의회에 관한 권한

헌법평의회는 대통령이었던 자와 9명의 의원으로 구성하는데 대통령과 국민의회장과 상원의장이 각 3명을 임명하는데 임기는 9년이고 매 3년에 3분의 1을 개선한다. 의장은 대통령이 임명한다(프랑스 제5공화국 헌법 제56조). 의장은 가부동수인 경우에 결정권을 가진다. 헌법평의회 의원은 겸직이 허용되지 않는다. 대통령임명의 평의회의원은 장관의 부서나 정부의 합의 없이 대통령이 자유로이 지명하여 임명한다.

헌법평의회는 국회의원선거 및 대통령선거의 적법성과 법률의 합헌성을 결정한다.

나. 행정부 수반으로서 대통령의 지위

(가) 대통령의 법률 공포와 재의요구

대통령은 국회에 의하여 의결된 법률을 공포한다. 통과된 법률은 대통령이 관보에 발표하는데, 이 행위로 법률은 집행력을 가지게 된다. 공포는 장관의 부서가 있어야 한다. 이 경우 수상과 관계장관의 서명은 형식적인 것이다. 국회에서 통과된 법률안이 정부로 이송된 후 15일의 기간 내에 대통령은 법률을 공포해야 하기 때문에 서명도 형식에 불과하다. 공포 이전에 대통령은 재의를 요구할 수 있는데 국회는 이를 거부할 수 없다(프랑스 제5공화국 헌법 제10조).

(나) 고위공무원 임명권

프랑스 제5공화국 헌법 제13조 제2항에는 대통령이 문관과 무관을 임명한다고 규정하고 있다. 수상의 임명은 대통령이 단독으로 부서 없이 임명된다. 그러나 장관이나 정무차관의 임명은 부서가 따른다. 대통령의 고급공무원의 임명에 대하여도 부서가 따른다.

(다) 대통령의 임시회 소집요구권

임시회는 수상의 요구나 국민회의의원의 과반수의 요구에 의하여 소집된다. 임시회는 장관의 부서가 따르는 대통령의 명령에 의하여 개・폐된다(프랑스 제5공화국 헌법 제29조, 제30조).

(라) 각령・포고에 대한 서명권

대통령은 각의에서 심의된 법규명령과 재명령을 서명한다(프랑스 제5공화국 헌법 제13조 제2항). 제4공화국에서는 명령의 발포는 수상의 권한으로 하였으나 제5공화국에서는 대통령에게 이 권한이 주어졌다.

어떤 명령은 각의 심의 없이 수상이 단독으로 행하는데 이 경우는 수상의 고유 권한의 행사로 보아야 한다. 대통령은 각의의 모든 심의와 마찬가지로 명령의 심의에도 참가한다. 헌법 제13조에 의거 대통령이 명령에 서명하기 위해 심의 후에 개입한다. 대통령의 서명 여부는 자유이며, 대통령은 서명을 거부하면서 각의에서 심의된 명령에 대하여 거부권을 행사할 수 있다.

(마) 외교상의 권한

헌법에 위반되는 국제협약을 헌법평의회에 부의하는 것을 제외하고는 대통령의 외교상의 권한은 부서가 있어야 한다. 이것은 수상과 외무부 장관이 공동으로 행사하는 권한이기도 하다. 대통령은 프랑스의 대사를 임명하여 신임장을 수여하여 파견한다. 외국대사는 대통령 앞으로 신임장이 수여된다. 헌법 제52조 제1항은 대통령은 조약체결에 관한 교섭을 행하여 이를 비준한다고 규정하고 있으며, 제2항에는 대통령은 비준에 부치지 아니하는 국제 협약의 체결에 관한 모든 보고를 받는다고 규정하고 있다.

3. 소결

프랑스 제3공화국의 헌정체제(의원내각제)는 공화파와 오를레아니스트간의 타협의 산물로써, 권력분립과 집행권의 제한을 통해서 절대적인 권력과 순수한 민주주의 둘 다에 동등한 거리를 두고 있는 것으로 평가되며, 이를 위해서 기관의 다원성(Pluralite des Organes), 의회의 이원주의(Dualisme des Chambres)를 채택하고 있다. 1875년 헌법제정자들은 보통선거를 어쩔 수 없이 인정해야 한다면, 보통선거의 영향력을 상쇄시킬 수 있는 기구가 필요하다고 생각했으며, 상원의 설치를 통한 양원제(Bicameralisme)는 보통선거에 따른 불균형을 상쇄하는 균형을 위해 꼭 필요한 메커니즘으로 생각했다. 그리고 정부가 의회의 통제에 복종해야 하는 경우, 국가원수에게 선출된 의회를 해산할 권한을 부여함으로써 의회제적 정부(gouvernment d'assemble)로 치닫는 경향을 막고 균형된 헌정체제를 수립할 수 있다고 생각했다. 따라서 공화국 대통령과 상원이라는 두 개의 제도는 헌법제정을 위한 타협에서 본질적인 요소로 주장되었다.

어려운 타협의 과정 속에 제정된 프랑스 제3공화국 헌법은 간결하며, 헌법적 관습을 통한 성문헌법의 보충, 체계성 및 일관성의 미흡, 원칙의 부재, 타협의 산물이라는 특징을 가진다. 영국헌법과 프랑스적인 전통의 결합이라는 성격을 가진다. 또한 집행권의 이원성(공화국 대통령과 국무회의)과 양원제를 기본구조로 한다.

그러나 이와 같은 프랑스 제3공화국 헌법의 기본구조는 5월 16일 사건을 통한 국민의 주권적 의사의 표현과 이에 대한 위정자들의 수용의 결과 일원적 의원내각제로 변용되게 되며, 이는 프랑스 제3공화국 내내 더욱 더 굳건한 하나의 체제로 정착된다.

반면 프랑스 제4공화국 헌법은 의회의 우위, 집행권의 약화, 집행권으로서의 수상의 권력 강화 및 내각의 불안전성에 대한 배려를 특징으로 하고 있다. 동 헌법은 공산당, 사회당, M. R. P. 등의 3당에 의한 타협의 산물이었고, 또한 의회의 압도적 다수도 3당에 의한 연합의 결과였다. 그러나 헌법이 제정 된지 겨우 4개월 만에 인지정책을 비롯한 대외정책 및 사회정책에 대한 의견의 대립으로 3당 연합체제는 붕괴되고 말았다. 그 결과 의회의 다수를 확보하기 위해서 내각은 이합집산을 해야 했으며, 다양한 성향을 가지는 군소정당과 연립하는 수밖에는 없었다. 그 결과는 제3공화국시대에 있어서와 같이 내각의 평균수명이 7개월 반을 넘지 못했다.

따라서 이러한 정치적 상황에 있어서는 헌법의 규정 여하를 막론하고 내각에서 수상의 지위는 약화되었다. 그 지위의 약화는 수상의 권력 강화로써 내각의 안정성을 보장하려는 헌법이 추구하는 바를 무위로 끝나게 만들었다.

프랑스 제5공화국 헌법은 의회주의적 원리에 입각한 제3·4공화국 헌법의 의회우위의 의원내각제의 실패에 대한 반응의 결과이다. 제2차 세계대전 프랑스 패전을 계기로 드골의 정치철학은 전통적 의회우위의 의원내각제가 전후의 프랑스를 나약하게 만든 제4공화국 의원내각제에 대한 비판에서 출발한다. 무기력하고 무책임한 프랑스를 구하는 길은 헌법적 정당성에 근거한 강력한 국가를 건설하는 것이라고 보았다. 강력한 국가만이 민주주의와 국민의 자유를 보장할 수 있다는 것이다.

이와 같은 정치철학에 기초하여 프랑스 제5공화국 헌법은 의회주의적 대통령제의 기본구조인 행정권의 이원적 구조와 정부의 의회에 대한 정치적 책임을 큰 틀로 하고 있다.

III. 독일

독일의 정부형태는 많은 변천을 겪어 왔다. 신성로마제국하에서는 국왕이 왕권신수설에 따라 독재를 했고, 1848년의 혁명시에 민주화의 기운이 일었으나 통일에 실패한 뒤 비스마르크헌법은 군주의 절대적인 권한을 인정하는 사이비 입헌주의에 근거하고 있었다. 그 반발로 1919년의 바이마르헌법은 이원정부제라는 민주적 입헌정부를 가졌다.

바이마르 헌법의 정부제도는 극단적인 정당의 대립으로 의회다수당이 형성되지 않아 수상의 재임기간이 짧았으며, 수상의 권한행사에 대한 의회동의가 불가능한 경우 대통령이 권한을 행사하는 일이 많아졌다. 이러한 혼란을 틈타 나치가 정권을 장악하여 독재정치를 하였으며 '피와 영토'라는 구호 아래 대독일정책을 수행하여 제2차 세계대전을 일으켰다.

이러한 경험을 바탕으로 독일은 새로운 유형의 정부형태를 창조하였다. 독일의 정부형태는 안정적이었고, 독일이 경제적 기적을 이룩하는데 많은 공헌을 하였다. 그리고 동독을 흡수 통일하게 하는 밑거름이 되었다.

1. 바이마르헌법과 이원정부제

바이마르헌법은 국민이 직접선거에 의한 대통령에게 강력한 권한을 부여하였다. 대통령은 바이마르헌법 제48조에 따라 국가긴급권을 가지고 있었으며 수상을 임명할 수 있었다. 그리고 의회를 해산할 수 있었으며(헌법 제25조), 의회가 의결한 법률을 국민투표에 붙일 수 있었고(헌법 제73조), 국군통수권을 가져 국가원수의 지위를 가지고 있었다. 의회는 국민의 직접·보통·평등선거에 의하여 구성되었다. 의회는 정부에 대한 불신임권을 가지고 있었으며, 강력한 입법권을 행사할 수 있었다.

바이마르공화국의 정부형태를 한마디로 정의하긴 어렵다. 바이마르

헌법의 통치기구에 대하여 칼 슈미트(Carl Schmitt)는 4개의 정치체제가 가능하다고 하였다. 첫째, 의원내각제(Parlamentssystem), 둘째, 수상정부제(Kanzlersystem), 셋째, 내각책임제(Kabinettssystem), 넷째 대통령제(Prasidentielles System)가 그것이다. 바이마르 헌법은 이러한 여러 가능성 중 처음에는 절충적인 이원정부제적으로 운영되었으나, 나중에는 대통령제적으로 운영되었다. 그 이유는 원내정당이 난립하여 수상을 선출할 수 없었고, 수상에 대한 불신임권 행사가 남용되었기 때문이다.

정부는 의회의 다수의 지지를 얻지 못했기에 대통령은 정부를 자주 경질하였다. 이러한 혼란을 수습하기 위해 헌법 제48조의 비상대권을 행사하여 독재적·권위주의적으로 통치하지 않을 수 없었다. 히틀러가 수상으로 임명되고 힌덴브르크 대통령이 사망하자, 히틀러는 수권법을 통과시켜 국민투표로 대통령을 없앤 후 총통제를 도입하여 수상이 국가원수인 지도자가 되어 독재국가로 전락하고 말았다.

2. 기본법과 의원내각제

독일은 위와 같이 바이마르헌법에서의 경험을 바탕으로 기본법제정 당시 연방수상의 지위를 강화하였다. 대통령은 의례적인 권한을 가졌고, 조각권도 형식적으로만 행사하였다. 연방수상이 실질적으로 권한을 행사하였다. 연방수상은 정책의 방향을 결정하며, 의회는 건설적 불신임투표에 의하지 아니하고는 불신임결의를 할 수 없도록 하였다. 이 건설적 불신임 투표는 차기 수상을 과반수찬성으로 선임하지 아니하고는 수상을 불신임할 수 없게 하는 것으로서 정국의 안정에 기여하였다.

이러한 정부형태를 뢰벤슈타인은 의원내각제의 한 종류로 평가하여 통제된 의원내각제라고 하였다. 중요한 것은 과거의 의원내각제가 의회와 정부의 대등관계를 원칙으로 하고 있음에도, 독일에서는 약한 의회, 강한 정부의 유형을 채택하여 의회의 정부에 대한 불신임권과 정부의 의회해산권을 극단적으로 제한하여 정국의 안정을 기하였다.

이 건설적 불신임투표제도 때문에 진정한 불신임결의는 한번 밖에 행하여지지 않았고, 정부가 비협조적인 연방의회를 해산하기 위하여 스스로 신임을 물어 자기들 장관이 출석하지 않음으로써 신임안을 부결시킨 적이 두번 있었을 뿐이었다. 이와 같이 국회의 다수에 의하여 선출된 수상은 강력한 권한을 가지고 있었기 때문에 수상정부제(Kanzlerdemokratie)라고도 한다. 독일이 통일될 때까지 역대수상은 6명 이었으며 아데나워수상이나 콜수상은 10년 이상 장기집권 하였다. 이러한 안정된 정치 환경을 바탕으로 독일은 기적과 같은 경제성장을 이룩하였고 결국 통일을 달성할 수 있었다.

3. 독일 의원내각제의 구조와 특징

(1) 연방의회

1) 연방의회의 구성

연방의회를 구성하는 의원입후보자는 반드시 정당(Partei)의 소속을 전제로 하여야 한다. 따라서 독일은 사실상 정당이 의회를 구성하는 이른바, 정당국가라 할 수 있다. 연방의회의 구성을 보면 즉, 연방의회를 구성하는 연방의회의원은 총원 656명으로써 이중에서의 절반인 328명은 전국의 328개의 지역선거구[107]에서 실시하는 이른바 인물을 중심으로 한 소선거구인 상대다수대표선거에 의해서 선출된다. 그리고 나머지 동수의 328명의 연방의회의원은 정당을 중심으로 한 즉, 각 정당이 주 단위로 작성한 전국구후보자 명단에 따라 선출된다.

따라서 결과적으로 독일 연방의회의원선거에 있어서의 모든 선거권자는 실질적으로 두개의 투표를 행하게 되는 것이다. 그리고 여기서 각 정당이 차지하는 의석수는 유권자가 투표한 주 단위로 작성한 전국구 후보자 명단인 각 지방후보자명부에 대해 행해진 투표수의 총계에 비례하여 정당에 배분되는 의석의 총수가 결정 되어지는 것이며,[108] 여기서의 의석배분은 Hare/Niemeyer식 계산방법에 따라 행해지게 되는 것이다.[109]

2) 연방의회의 지위

가. 국민의 대표기관으로서의 지위

각국의 정치적 상황과 역사적 배경 속에서 대의제도(Representatives

---

107) 여기서의 지역선거구에 대한 분할에 있어서는 투표가치의 평등에 위배되는 30% 이상의 선거인수의 편차는 본질적으로 헌법의 평등선거의 원칙에도 반하는 것으로써 허용되지 않는다 할 것으로써, 이는 선거법과 학설의 공통적인 입장이기도 하다. Peter Badura, Staatsrecht, C. H. Beck: München, 1986, S. 292ff.

108) 여기서 특히, 소수민족을 대표하는 특수정당을 제외하고는 각 정당이 획득한 전국구후보자 투표에서의 유효투표수의 5%이상을 획득하거나 또는 지역선거구에서 최소 3명 이상의 당선자를 낸 정당만이 의석배분에 있어서의 참여지분권을 가질 수 있는데, 이것이 바로 저지규정이라고 하는 것으로서 결과적으로 독일의원내각제의 성공 및 안정구축에 중요한 기여를 한다 할 것이다.

109) Peter Badura, a. a. O., S. 156ff.

System)가 일찍 정착한 영국과 프랑스의 경우와는 달리, 독일은 상대적으로 늦게 정착되었다.[110] 대의제도에 관해 이론적으로 깊이 있게 연구한 전문가도 없었다.[111] 따라서 영국이나 프랑스의 경우와는 달리 처음부터 독일에서의 대의제도의 성립은 독자적인 법철학이나 정치적, 제도적인 경험이 없이 이루어졌다. 결과적으로 독일의 대의제도의 발전은 실질적으로 영국과 프랑스의 이론적, 제도적 영향 속에서 이루어진 것으로써 수용적 성격을 가진다. 이와 같은 배경을 가진 독일의 대의제도의 발전·정착은 앞에서 살펴본 바이마르공화국 헌정의 실패를 거치면서 1945년의 기본법의 제정에서 비롯된다.

독일 연방의회는 독립된 최고의 국가기관으로써 그 임무를 스스로 규율하며, 여타의 어떤 국가기관의 감독이나 지시에도 기속되지 않는다. 독일의 연방의회는 일반적으로 법률을 의결하고 아울러 연방의 수상을 선출하며(독일 헌법 제63조 제1항), 동시에 헌법상 실정화 되어 있는 제반의 권한을 행사한다. 이외에도 오늘날의 대의 원리의 보편적 수단이라고 할 수 있는 정당(Partei)을 통한 여론의 형성 및 정

---

110) 이처럼 독일에서의 대의제도의 정착이 늦어지게 된 원인에 대해, 독자적인 자유주의에서 찾으려는 입장과 1849년의 혁명을 전후하여 독일 내에서 일어난 초기사회주의의 영향 역시 크다고 하는 주장 및 프랑스 혁명의 이념적인 발화점이라고 할 수 있는 루소의 직접민주주의 사상이 게르만민족의 가슴속에 너무 크게 각인되었기 때문에 대의제도의 등장에 대한 거부감이 초기부터 지나치게 크게 작용한 것이 또 하나의 원인이 되었다는 주장 등이 있다.

111) 물론, 독일 내에서도 Kant나 Hegel과 같이 대의제도에 관한 이론적인 연구를 한 사상가가 있었다. 그러나 이들의 경우 기존의 영국이나 프랑스의 사상가들처럼 깊이 있는 이론적인 연구를 한 것은 아니었고 단지, 프랑스혁명 헌법상의 대의제도를 이론적으로 애용하거나 현대국가에서의 직접민주주의의 제한형태 정도에서 대의제도를 이해하는데 그쳤기 때문에 결과적으로 대의제도에 관한 독자적인 이론의 정립은 사실상 없었다고 보아야 할 것이다.

치적 의사의 예비형성 등을 통하여 정치문화의 안정화를 구축하며, 주권자인 국민에게 정치적 참여의식의 고취와 함께 건전한 비판의식을 일깨워 줌으로써 민주적 질서의 확보와 정치적 국민의사의 통합화를 추구한다. 또한 정부(Regierung)에 대한 통제를 통하여 국내정책 및 대외정책에 있어서의 정당한 지향성을 유도한다.[112)]

나. 입법기관으로서의 지위

(가) 연방의 전속, 경합적 입법사항의 분배

독일 헌법 제73조에 근거한 연방의회의 전속적 입법권과 관련하여, 연방의 전속적 입법영역(ausschließlichen Gesetzgebung)에 있어서는 연방법률이 명시적으로 위임한 경우에만 또한 그 범위 내에서만 주는 입법권을 가진다 할 것으로 여기서 연방의 전속적 입법사항에 대해 보다 더 구체적으로 살펴보면 다음과 같다.

1. 외교문제와 민간인 보호를 포함한 국방
2. 연방의 국적
3. 이전의 자유, 여권제도, 입국과 이주 및 범죄인 인도
4. 통화, 화폐 및 조폐제도, 표준도량형 및 시간규칙
5. 관세구역 및 통상구역의 통일, 통상협정 및 항해협정, 상품거래의 자유, 관세와 국경보호를 포함한 외국과의 상품거래 및 지급거래
6. 연방철도 및 항공수송

---

112) Christoph Degenhart, Staatsrecht I, 13. Aufl., Mueller C. F., 1997, S. 153f; Klaus Stern, Das Staatsrecht der Bundesrepublik Deutschland, Bd. 2, C. H. Beck: München, 1994, S. 37ff.

7. 우편 및 전신전화제도
8. 연방과 연방직할의 공법인에 근무하는 자의 법적관계
9. 산업상의 권리보호, 저작권 및 출판권
10. 다음 각항에 대한 연방과 주의 협력 및 연방사법경찰관서의 설치와 국제적 범죄 진압
    가. 사법경찰
    나. 자유민주적 기본질서의 보호, 연방 또는 주의 존립과 안전의 보장(헌법보장)
    다. 폭력의 사용 또는 이를 목적으로 하는 준비행위로써 독일연방공화국의 대외적 이익을 위태롭게 하는 연방영역 내에서의 활동의 방지
11. 연방용 통계

그리고 다음으로 연방의회의 경합적 입법권에 대해 살펴보면 다음과 같다. 즉, 연방의 경합적 입법영역에 있어서는 연방이 그 입법권을 행사하지 아니하는 경우 또한 그 범위 내에서 주가 입법권을 가지며, 그리고 연방은 경합적 입법영역에서 다음의 사유로 연방법률로 규정할 필요가 있는 경우에만 입법권을 가진다. 어떤 사항이 개별 주입법으로는 효과적으로 규정될 수 없는 경우와 어떤 사항을 주 법으로 규정하는 것이 다른 주나 전체주의 이익을 침해할 우려가 있는 경우 및 법적 통일이나 경제적 통일의 유지, 특히 하나의 주의 영역을 넘어 생활관계의 통일을 유지할 필요가 있는 경우 등을 들 수 있다. 이하에서 헌법 제74조의 구체적인 연방의 경합적 입법권에 대해 살펴보면 다음과 같다.

1. 민법, 형법 및 행형, 법원조직, 재판절차, 변호사, 공증인 및 법률상담
2. 호적제도(Personenstandwesen)
3. 결사권과 집회권
4. 외국인의 체재권 및 거주권

4a. 무기 및 폭약에 대한 법

5. 독일문화재의 해외반출방지
6. 망명자와 추방된 자에 관한 사무
7. 공공복지사업
8. 주에서의 국적
9. 전쟁재해와 복구
10. 전상자와 전쟁유족의 보훈, 전쟁포로이었던 자에 대한 부조

10a. 전몰자묘지와 전쟁희생자 및 폭력지배에 의한 희생자의 묘지

11. 경제(광업, 공업, 동력산업, 수공업, 영업, 상업, 은행 및 주식제도, 사법상 보험제도)에 관한 법

11a. 평화목적을 위한 핵에너지의 생산과 이용, 이 목적에 이바지하는 시설의 설치 및 운영, 핵에너지의 방출 또는 방사선에 의하여 야기되는 위험의 방지 및 방사능물질의 폐기

12. 경영조직(Betriebverfassung), 근로보호 및 직업소개를 포함한 노동법과 실업보험을 포함한 사회보험제
13. 직업훈련지원규정과 학술적 연구의 진흥
14. 제73조와 제74조가 규정하는 분야에서 문제되는 공용징수법
15. 토지, 천연자원 및 생산수단을 공유재산 기타 공동관리경제형태로의 전환

16. 경제적 세력의 남용예방
17. 농업 및 임업생산의 진흥, 식량의 확보, 농임산물의 수출입, 원양 및 연해어업과 연안보호
18. 부동산거래, 토지법 및 농업소작제도, 주택제도, 이주정착제도
19. 인간 및 가축 모두에게 위험한 전염성이 있는 질병에 대한 조치, 의료업 및 기타 치료업에 대한 허가, 약품, 약재와 마취제 및 독극물의 거래

19a. 병원의 경제적 보장과 병원관리규칙의 규제

20. 식량, 기호품, 생활필수품, 사료, 농림업용의 종자 및 묘목의 거래보호, 식물의 병해보호와 동물의 보호
21. 원양 및 연안항행과 항로표시, 내수항행, 기상업무, 해수항로 및 일반운수에 이용되는 내수항로
22. 도로교통, 자동차제도, 장거리 수송용 주도의 건설 및 유지와 자동차에 의한 공로이용료의 징수 및 배분
23. 연방철도가 아닌 산악철도 이외의 궤도
24. 쓰레기 폐기, 공기정화 및 소음방지

다. 국정의 중심기관으로서의 지위

독일 헌법상의 헌법기관으로는 국민, 연방대통령, 연방회의, 연방참사원, 연방수상, 연방정부, 연방헌법재판소 등을 들 수 있다. 특히 이들 기관 중에서 연방회의를 연방의 최고기관 내지는 국정의 중심기관으로서의 지위를 가진다고 보는 것은 의원내각제를 채택하고 있는 독일에서 연방회의(Bundestag)가 입법권과 함께 정부의 구성권 및 통제권 등을 가지고 있기 때문이다.

그러나 일반적으로 의원내각제(Parlamentarische Regierungssystem)를 채택하고 있는 대다수의 국가들과 마찬가지로 독일의 연방의회 역시 국가의 최고기관 내지 국정의 중심기관이라고 할 경우에는 법적인 의미라기보다는 오히려 정치적인 의미로 해석하기도 한다.

의원내각제를 채택하고 있는 여타의 다른 국가들과 마찬가지로 독일 역시 연방의회가 차지하는 중요성, 특히 국정중심기관으로서의 지위를 잘 인식하고 있으며, 이것이 현행 독일 헌법이 제3장에서 연방의회에 관해 구체적이고도 많은 양의 규정을 두고 있는 또 하나의 주된 이유이다.

라. 국정통제기관으로서의 지위

(가) 연방의회의 정부불신임권

의원내각제(Parlamentarische Regierungssystem)를 채택하고 있는 국가에서의 보편적인 특징 중의 하나는 연방의회(Bundestag)의 정부불신임권이다.

이는 정부에 대해 연방의회가 자유로이 행사할 수 있는 가장 중요한 기관간 통제이자 동시에 가장 강력한 무기다.[113] 독일 헌법은 제67조 제1항에서 연방의회의 정부불신임권의 행사에 있어서 연방의회가 재적의원 과반수로 차기 연방수상을 선출한 다음에야 이를 행사할 수 있다고 하는 이른바, 건설적 불신임제를 채택하여 내각의 안정을 동시에 고려하고 있다.

---

113) Karl Loewenstein, Verfassungslehre, 2. Aufl., Mohr: Tübingen, 1969, S. 200.

(나) 입법적 통제

연방회의의 입법적 대정부통제권은 입법기관으로서의 의회의 본질 그 자체라고 할 수 있다. 독일 헌법은 제76조 제1항에서 법률안의 제출권을 연방정부, 연방의회의원 및 연방참사원 모두에게 인정하고 있으나, 법률안의 의결권은 헌법 제77조 제1항 제1문에서 반드시 연방의회만이 가지는 것으로 규정하고 있다. 따라서 연방의회는 이 법률안에 대한 제출권과 함께 전속적인 의결권을 가짐으로 인하여 입법과 예산 및 기타 일반적인 대정부통제권을 충실히 행사할 수 있다.

(다) 국정조사권

오늘날 대의제를 채택하고 있는 대다수의 국가에 있어서 연방의회가 그 기능을 제대로 그리고 충분히 발휘하기 위한 필수적 요건중의 하나인 국정조사권은 의회의 대정부출석요구권이나 질문권 등과 같은 연방의회의 독자적 권한이라기보다는 보조적 권리이다. 국정조사권은 연방의회의 정치적 통제권 내지 입법권의 기능을 보다 효율적으로 제고하기 위한 것으로 볼 수 있다. 이와 같은 국정조사권에 관해 현행 독일연방공화국의 경우 역시 특정한 국정사안에 관한 조사를 위한 조사위원회의 설치권한과 의무를 두고 있다. 여기서의 조사위원회는 연방의회의원의 4분의 1이상의 요구로 설치되어진다. 그리고 조사대상에 대해서는 의회의 권한 내이면 특단의 제한이 없다. 독일의 경우에는 통례적으로 다음의 4가지로 구분하고 있다. 입법의 기초가 되는 자료조사인 입법조사, 행정의 비리를 조사하기 위한 행정조사, 선거심사 문제에 관련한 선거조사, 세상 사람들의 주목거리가 될 수 있는 특정한 형사사건 및 주요 정치적 스캔들에 관한 것 등이다.

(라) 출석요구권

독일 연방의회의 본회의와 각 위원회는 필요시 연방정부의 구성원에 대해 출석을 요구할 수 있으며, 이 경우에 출석요구를 받은 대상자는 객관적으로 명백하게 출석이 불가능한 상태가 아닌 한 이를 거부할 수 없다. 따라서 연방의회는 이와 같은 출석요구권을 행사함으로써 그 자체로서의 대정부통제의 효과를 가질 뿐만 아니라, 이를 통해 정부통제에 필요한 적절한 정보를 획득할 수 있다.[114] 이와 관련하여, 독일연방공화국은 헌법 제43조 제1항에 이를 명문으로 규정함으로써 헌법적 보장을 구현하고 있다.

(마) 질문권

질문권은 영국 의회제에서 정치적 관습의 하나로 발전해온 것이다. 질문권은 국정조사권과 함께 대정부통제의 강력한 수단이라 할 수 있는 것으로서, 권한행사의 의미와 성격상 의회의 본질적 기능으로 간주되고 있다.[115] 이와 같이 질문권은 그 성립배경이 애초에 정치적 관습인 탓에 근대헌법에 있어서 이에 관해 헌법상 별도의 규정을 두고 있지 아니한 경우와 두고 있는 경우가 상존하고 있다. 일반적으로 정부의 의회출석권이 인정될 경우에는 헌법의 규정여부와 관계없이 질문권이 인정된다.

이상의 몇 가지의 사항 외에도 헌법은 제61조에서 연방대통령의 선거관여와 함께 탄핵소추의 권한을 규정하고 있다. 그리고 국민의

---

114) R. Baumlin, Die Kontrolle des Parlaments uber Regierung und Verwaltung, in: Referate und Mitteilungen des Schweizerischen Juristenvereins 100, 1966, S. 238ff.

115) Ebenda, S. 238.

청원권과 관련한 연방의회의 청원처리권도 연방의회의 대정부통제권의 하나이다.

3) 연방의회의 권한

가. 입법권한

연방의회(Bundestag)의 본질적인 의무(Pflicht)이자 권리(Rechte)라고 할 수 있는 입법권의 실행을 통하여 연방의회는 영향력을 지속적으로 확보 및 행사할 수 있으며, 입법과정에서 주체로서의 지위를 확보하게 되는 것이다.[116]

그리고 연방의회(Bundestag)는 연방정부(Bundesregierung)나 연방참사원(Bundesrat)이 법률안제출권만 가지고 있는 것과는 달리 법률안의 제출권과 의결권을 모두 가지고 있다는 점이 중요하다. 그리고 연방의회의 권한과 관련하여 특히 중요한 것으로는 연방의회의 예산확정권이다. 연방의회는 이 본질적인 권한행사를 통해 모든 국가기관의 활동내용과 범위 및 방향 등을 결정짓는다.

그리고 이러한 재정수단에 관한 공동결정은 담보의 제공, 신용차금, 보증 및 재정상의 보장에는 연방법률에 의한 최고액이 결정되어 있거나 또는 결정될 수 있는 수권을 필요로 한다는 헌법 제115조 제1항 제1문의 규정에 의하여 완전한 것으로 된다.[117]

---

116) Ebenda, S. 238ff.

117) Konrad Hesse, Grunzüege Des Verfassungsrechts Der Bundesrepublik Deutschland, C. F. Müller Verlag GmbH, 1999, S. 252.

나. 국가기관의 창설권한

독일 연방의회는 입법권한외에 국가기관(Staatsorgane)의 창설에 관한 권한을 가진다. 국가기관의 창설권한은 연방의회의 대정부통제에 대한 효율성 제고에 커다란 기여를 한다.[118] 구체적으로 살펴보면 다음과 같다.

(가) 연방대통령 선출권

독일 연방대통령은 연방의회의원과 비례선거의 원칙에 따라 각 주의 의회가 선출한 동수의 의원으로 구성되는 연방회의(Bundestag)에서 선출된다. 여기서의 연방의회는 다름 아닌 연방회의라고 하는 연방기관의 구성원이 되는 것이다. 연방의회는 대통령이 헌법 기타 연방법률을 고의로 위반한 경우에 이를 이유로 연방헌법재판소(Bundesverfassungsgericht)에 탄핵소추를 할 수 있는 권한을 가진다.

(나) 연방수상 선출권

연방의회는 연방수상의 선출권을 가지며, 이를 통해 연방정부에 정치적 영향력을 행사한다. 그리고 이 연방수상은 연방대통령의 추천으로 또는 피추천자가 과반수(Mehrheit)를 획득하지 못하였을 경우에는 다른 사람을 연방의회가 과반수로서 선출할 수 있다. 과반수를 얻지 못할 때에는 연방대통령은 그를 임명하거나 아니면 연방의회를 해산해야 한다. 그리고 연방의회는 연방의회의 재적과반수에 의해서 후임수상의 선출을 먼저하고 연방대통령에게 현직 연방수상의 파면을 요

---

118) Uwe Andersen/Wichard Woyke, Handwörterbuch des politischen Systems der Bundesrepublik Deutschland, 3. Afl., Opladen, 1997, S. 86ff.

구하는 이른 바, 건설적 불신임(Konstruktives Mibtrauensvotum)을 통해서도 이 권한의 행사가 가능하다.[119]

(다) 연방헌법재판소 구성권

연방의회(Bundestag)는 연방참사원(Bundesrat)과 함께 연방헌법재판소의 구성원을 반수씩 선출하는 권한을 가진다. 그리고 연방재판소, 연방노동재판소, 연방행정재판소, 연방재정재판소, 연방사회재판소 등의 연방최고재판소의 판사의 임명을 해당분야를 관할하는 연방장관과 판사선임위원회가 공동으로 결정하는데, 여기서의 위원회는 주 장관과 연방의회에서 선출되는 동수의 위원으로 구성된다.

4) 연방의원의 의무와 권리

가. 연방의원의 의무

헌법상 연방의원은 최선의 지식과 양심으로 그리고 전력을 다해 의원으로서의 직무를 국민전체의 이익과 복지를 위해 행사해야 할 의무를 가진다. 따라서 연방의원은 언제나 공정한 직무의 수행과 동시에 여론을 존중하고, 자신의 선거구나 소속정당의 이익보다는 국가 또는 전체국민의 이익을 우선하여야 할 법적·정치적 의무를 가진다.[120]

---

119) 이는 의회가 일반적으로 그 재적과반수의 찬성으로 수상에 대한 불신임을 결의하면 수상이 먼저 물러나고, 후임수상의 선출은 그 다음에 또 다른 정치적 절충과 타협에 의해서 이루어지는 전통적인 불신임제도, 즉 일명 파괴적 불신임과는 다른 특이한 것으로서, 이를 가리켜 건설적 불신임제도라고 한다. Reinhold Zippelius, Deutsches Staatsrecht, 26. Aufl., C. H. Beck: München, 1985, S. 402.

120) Ekkehart Stein, a. a. O., S. 77f.

그리고 이와 함께 독일연방의회의사규칙에는 출석의무나 규칙 등을 준수하여 행동할 개별적 의무들을 규정하고 있다.121) 의사규칙의 의무에 위반할 경우 의원은 불이익을 받는데, 의원직의 상실까지는 가져오지 않지만, 경비보상의 감액이나 의사진행을 위한 제재조치 등이 취해질 수 있다.122) 이외에도 연방의원은 청렴의 의무, 이권불개입의 의무 등을 가지며, 이는 비록 헌법에 명시적으로 규정되어 있지는 없으나 당연히 인정되는 것이다.

나. 연방의원의 권리

(가) 불체포특권

불체포특권(Immunitat)에 대해 독일 헌법은 제46조 제2항, 제3항에서 "의원은 연방의회의 동의가 있는 경우에만 범죄행위를 이유로 책임을 지거나 체포될 수 있으며, 다만 현행범이거나 범행 익일 중에 체포되는 경우에는 그러하지 아니하다. 또한 연방의회(Bundestag)의 동의는 의원의 신체의 자유에 관한 그 밖의 제한의 경우에도 언제나 필요하며, 제18조에 따라 의원에 대한 소송절차를 개시하기 위하여서도 필요하다"라고 상세히 규정하고 있는다. 이와 같은 의원의 불체포특권은 형사소추 및 그 밖에 신체의 자유의 침해로부터 의원을 보호하는 것이다.123) 불체포특권의 목적이 군주의 집행권으로부터 의원

121) §13, 18, 36ff. GOBT.

122) 부분적으로는 의원의 의무위반의 경우에 의회에서의 제명절차 (Hamburg 헌법 제13조, Bremen 헌법 제85조) 또는 국가법원에의 의원제소(Baden-Württemburg 헌법 제 42조, Boyern 헌법 제61조, Saarland 헌법 제87조)를 인정하는 지방법이 있다. Peter Krause, Freies Mandat und Kontrolle der Abgeordnetentätigkeit, Die Öffentliche Verwaltung, 1974, S. 325ff.

123) 이 경우 침해가 반드시 의회활동과 관련되어 있을 필요는 없다 할 것이다.

을 보호하려던 과거와는 달리 본래의 목적이 유명무실하게 된 오늘날에 있어서 이를 정당화하는 근거는 의회의 기능 유지에 있다. 이와 같은 의원의 불체포특권은 개개의원의 특권이라기보다는 오히려 의회의 특권으로 나타난다.[124] 물론 여기서의 불체포특권은 의원이 범법행위를 한 경우에도 특별한 사정이 없는 한 회기 중에는 체포되지 아니한다는 의미이지 그 범법행위에 대한 형사책임이 면제되는 것을 의미하는 것은 아니다.

(나) 면책특권

면책특권(Indemnitat)에 관해 독일 헌법은 제46조 제1항에서 "의원은 연방의회나 그 위원회에서 행한 투표 또는 발언을 이유로 어떠한 경우에도 재판상 또는 직무상 소추를 받지 아니하며, 연방의회(Bundestag)의 외부에서도 책임을 지지 아니한다. 다만 비방적 모욕에는 적용되지 아니한다"라고 규정하고 있다.[125] 면책특권을 보다 더 구체적으로 살펴보면 다음과 같다.

일반적으로 면책특권이라 함은 의원이 그의 헌법적 과제를 수행하는 데에 있어서 그를 침해할 수도 있을 제반의 고권적 조치, 특히 사법권의 행사로부터 의원을 보호함으로써, 자유롭고 원활한 의정활동을 보장하려는 것을 말한다. 면책의 대상은 발언과 표결을 예로 들 수 있다. 여기서의 발언과 의제에 관한 의사의 표시를 말하는 것으로서 의제에 관한 발언, 토론, 연설 및 질문 등의 모든 의사표시가 이에 해당된다. 그리고 표결이란 본 의제에 관한 찬성 내지 반대의 의

124) Konrad Hesse, a. a. O., S. 258f; Ekkehart Stein, a. a. O., S. 78f.
125) Ekkehart Stein, a. a. O., S. 78f.

사를 표시하는 것 등을 말한다.

이와 같은 면책대상으로서의 행위는 반드시 연방의원의 직무상의 행위여야 한다. 비록 연방의회내에서의 발언일지라도 의제와 관련이 없는 발언 내지 중상적인 모욕 등은 당연히 면책의 대상이 되지 않는다.[126] 그리고 면책특권(Indemnitat)의 대상으로서의 책임이란 법적 책임으로서의 원외에서의 민·형사상 및 징계상의 책임을 의미한다고 할 수 있다. 따라서 정치적 책임은 물을 수 있다.

(2) 연방참사원

1) 연방참사원의 구성

독일 헌법상의 권력분립제도는 국가기능을 특정기관에 부여하고 각 기관간의 권력의 균형을 유지시키는 것은 바로 연방국가적 질서에 의해 규정되고 이루어진다. 이와 관련하여 결정적 중요성을 가지는 연방참사원(Bundesrat)은,[127] 연방에 대한 주의 영향력의 주된 매개체로서 연방국가적 질서가 현재 그 실효성을 확보하게 되는 본

126) 물론 이에 관해서는 명확한 기준이 있는 것은 아니지만, 그러나 일반적으로 직무상의 행위라 함은 직무집행 그 자체뿐만 아니라 그와 관련이 있는 선·후의 행위 및 그 직무집행에 부수된 행위로서 본회의나 위원회에서 의원이 발언할 내용을 그 직전에 의회출입기자들에게 배포하는 행위 등은 넓은 의미에서의 직무집행행위에 포함된다 할 것이다.

127) 연방참사원의 설치는 주로 원칙적이며 방향제시적인 것에 의해 규정되는 연방행정부의 과제를 사정에 맞는 형성이나 구체적인 것을 指向하는 지방행정부의 과제와 결부시킴으로써, 집행권내에서 하나의 정서를 해준다. 즉 이것은 지방들의 행정경험을 연방입법에 있어 유효하게 활용하도록 한다. 그리고 또한 연방참사원은 연방의회와 연방정부를 다른 한편으로 한 양자간의 권력균형을 형성·유지하게 한다. Konrad Hesse, a. a. O., S. 102.

질적 역할을 담당하고 있다.

이와 같은 연방참사원은 그 구성에 있어서 일반국민의 투표에 근거한 연방의원으로 구성된 연방의회(Bundestag)와는 형성의 본질에서부터 다르다. 독일연방공화국을 구성하고 있는 16개 주(Land)의 정부각료 또는 그들이 파견한 행정공무원 즉, 지방정부에 의해서 임명 및 해임되는 지방정부의 구성원으로 이루어진다. 그렇기 때문에 미국, 오스트리아, 스위스 등과 같이 그 구성원이 주의 주민이나 또는 의회에 의하여 선거되는 연방제적 연방기관 즉, 상원과는 많이 다르다.[128)]

따라서 독일연방의회는 전통적인 의미의 양원제(Zweikammersystem)와는 엄연히 다르며, 따라서 연방참사원(Bundesrat)을 양원제의 상원으로 이해하는 것은 잘못된 것이다. 그리고 독일연방공화국의 각 주는 인구 비례에 의해 최소 3명에서부터 최대 7명까지의 주 대표를 연방참사원에 파견할 수 있으며, 여기서 각 지방(Lander)이 파견할 수 있는 구성원의 수는 그 지방(Lander)이 가지는 표수에 따른다. 그리고 현재 연방참사원은 표결권을 가지는 총 68명의 구성원으로 이루어져 있다.[129)] 그리고 연방참사원은 매년 의장을 선출하며,[130)] 이때 선출된 의장은 연방참사원의 소속공무원에게 있어 최상급의 복무관청이 된다.

---

128) Peter Badura, a. a. O., S, 321f; Klaus Stern, a. a. O., S. 741f.

129) 모든 지방은 적어도 3표를 가지는데, 즉 200만 이상의 인구를 가지는 지방은 4표를, 600만 이상의 인구를 가지는 지방은 6표의 투표권을 가진다.

130) Christoph Degenhart, a. a. O., S. 173f; Uwe Andersen/Wichard Woyke, a. a. O., S. 54f.

2) 연방참사원의 특성

가. 임명된 정부의 대표자

16개 주의 정부각료 또는 그들이 파견한 행정공무원들로 구성되어지는 현행의 독일연방공화국에 있어서의 연방참사원(Bundestag)은 국민에 의해 직접선거되거나 또는 연방의회 등에 의해 간접선거에 따라 구성되어지는 대표자가 아닌 단순히 각 주에 의해 임명된 정부의 대표자로 구성되어지는 특성을 가진다.[131)]

나. 소속된 주 정부와의 명령위임관계

연방참사원(Bundesrat)에서 각 주는 그들이 파견한 대표자수에 따른 투표권을 가진다. 여기서 연방참사원의 각 주 대표자들은 그들의 투표권을 행사함에 있어서 자신의 임의적인 판단에 따라 행하는 것이 아니라 자신을 파견한 주정부의 명령에 의해서 이를 행사할 수 있다. 그렇기 때문에 연방참사원의 구성원은 명령적 위임의 금지가 적용되는 연방의회의원과는 달리 지시를 받는 대표자로서, 위임과 지시에 구속되는 소속 주 정부와의 철저한 명령위임관계에 있다. 이는 결과적으로 연방참사원에 있어서 각 지방의 정부와 연결됨으로써 연방의회(Bundestag)에 있어서는 다른 세력분포가 나타날 가능성이 있다.

다. 상이한 기능과 권력들의 결부

연방참사원(Bundesrat) 입법, 행정 및 나아가 통치기능에도 관여할

131) 이와 같은 특성은 동시에 연방참사원의 계속성 의 중요한 요소가 된다 할 것으로서, 즉 연방참사원의 경우 임기가 없고 개개 구성원이 부정기적으로 교체될 뿐이므로 결과적으로 연방참사원은 '계속적' 연방기관이 되는 것이다.

수 있는 특수한 지위를 가진다. 연방참사원은 0복수의 기능에 참여하여야 할뿐만 아니라, 연방의회(Bundestag)와 연방정부(Bundesregierung)도 광범위하게 연방참사원의 협력에 의존하고 있다. 바로 여기서 연방참사원의 서로 상이한 기능과 권력들을 결부시키는 특성을 찾을 수 있다.[132]

3) 연방참사원의 지위

가. 독립된 최고 연방기관으로서의 지위

연방참사원은(Bundesrat)은 그를 구성하는 구성원이 자신이 속한 주 정부에 대해 철저한 명령위임의 관계에 있는 것과는 별개로, 자기의 사무를 스스로 규율하며, 어떠한 다른 기관의 감독이나 지시에도 구속되지 않는 명실상부한 최고의 독립된 연방기관이다. 그리고 연방의 예산 속에 독자의 개별예산을 가지며, 연방참사원의 의장은 그 소속 공무원에게 있어서는 최고의 복무관청이 된다.

나. 주 대표기관의로서의 지위

연방참사원은 연방공화국을 형성하고 있는 16개 주의 정부각료 또는 그들이 파견한 행정공무원들로 형성되어지며, 이들은 위에서 살펴본 바와 같이 선거로 뽑힌 국민의 대표자가 아닌 각 주에 의해 임명된 정부의 대표자이다. 이들 각 주의 대표자들은 그들의 투표권을 행

132) 연방참사원의 이와 같은 기능이 곧바로, 그 기능들이 일차적으로 배정되어 있는 다른 기관과 동등한 비중을 가진다고 볼 수는 없다 할 것이다. 즉, 연방입법이나 집행기능에 대한 연방참사원의 영향력은, 연방참사원이 개별적 권한과 함께 항상 참여에만 국한되어 있는 까닭에 연방의회나 연방정부의 그에 대한 영향력보다는 작다.

사함에 있어서 자신의 임의적인 판단에 따라 행하는 것이 아니라 자신을 파견한 주 정부에 의해 위임된 명령에 따라서만 이를 행사할 수 있다.

다. 연방의회, 연방정부에 대한 견제자로서의 지위

연방참사원은 지방(Lander)이 연방(Bund)에 영향력을 행사함에 있어 중요한 매개체로서의 역할을 한다. 즉 연방의회의 연방입법을 비롯한 기타 연방정부(Bundesregierung)가 행하는 중요한 국가행위에 관해 지방의 실질적인 참여를 통한 감시와 견제를 하고, 나아가 연방국가적 질서가 지금과 같이 실효성 있게 유지되는데 결정적 역할을 하였다. 무엇보다도 연방참사원은 연방의회와 연방정부에 대한 중요한 견제자로서의 지위를 가진다.

4) 연방참사원의 권한

가. 연방행정에 있어서의 협력권

연방참사원(Bundesrat)의 입법, 통치 및 행정에 대해 그의 영향력을 행사할 수 있는 가장 분명한 근거는 헌법에 규정되어 있는 개별적 권한이다. 그러나 연방참사원의 영향력의 보다 실질적인 행사는 이 같은 권한만으로는 충분치 않다. 따라서 연방참사원은 연방법률에 의해 규정된 협력권(Mitwirkungsrechte), 특히 연방행정영역에 있어서의 협력권을 가진다.[133)]

---

133) Arnold Kottgen, Der Einflub des Bundes auf die deutsche Verwaltung und die Organisation der bundeseigenen Verwaltung, Jahrbuch des Öffentlichen Rechts Neue Folge 3, 1954, S. 105.

나. 연방입법에의 참여권

연방참사원은 다음과 같은 방식으로 연방입법에 참여한다. 연방정부의 법률안은 우선 연방참사원에 송부되며, 연방참사원은 6주내에 이에 대한 의견을 제출할 권리를 가진다. 또한 연방정부는 연방참사원의 의견 제출이 있으면 지체 없이 이를 연방의회에 추가 제출하여야 한다.

연방의회에서 의결된 연방 법률은 채택 후 지체 없이 연방의회 의장에 의해 연방참사원에 송부되어야 하며, 연방참사원은 그 법률의결을 받은 후 3주 이내에 의안의 합동심의를 위하여 연방의회의원과 연방참사원 의원으로 구성되는 위원회(Ausschusse)의 소집을 요구할 수 있다. 위원회가 의결된 법률의 변경을 제의하면 연방의회 의원의 3분의 2의 찬성과 연방참사원의 투표의 3분의 2의 찬성을 필요로 한다.(독일 헌법 제79조 제1항, 제2항) 또한 입법적 비상사태(Gesetzgebungsnotstand)의 경우, 즉 신임을 요구하는 연방수상의 동의가 연방의회 의원의 과반수의 찬성을 얻지 못할 경우에는 연방대통령은 연방수상의 제청으로 21일 이내에 연방의회를 해산시킬 수 있다. 이 경우 연방의회가 해산되지 아니하고, 연방정부가 어떠한 법률안을 긴급한 것이라고 표시하였음에도 불구하고 연방의회가 그 법률안을 거부한 때에는 연방대통령은 연방정부의 제의로 연방참사원의 동의를 얻어 그 법률안에 대하여 입법적 비상사태를 선언할 수 있다. 그럼에도 연방의회가 동 법률안을 재차 거부하거나 동 법률안을 연방정부가 수락할 수 없는 안으로 통과시킨 경우에는 동법률은 연방참사원이 동의하는 한 성립된 것으로 효력을 발생한다.[134)]

다. 연방집행에의 참여권

연방참사원(Bundesrat)은 연방집행권의 행사에도 참여하게 된다.[135] 연방참사원은 특정한 법규명령에 있어서, 즉 연방철도, 우편 및 전신전화시설의 이용에 관한 원칙과 과금, 철도의 건설 및 운영에 관한 연방정부 또는 연방장관의 법규명령에 연방법상 다른 규정이 있는 경우를 제외하고 연방참사원의 동의를 필요로 한다.

그리고 또한 연방정부는 연방참사원의 동의를 얻어 일반행정명령을 발할 수 있으며, 일반행정규칙 역시 연방참사원의 동의를 얻어야만 제정할 수 있다. 이밖에도, 연방참사원은 한 지방(Lander)안에서 자유민주적 기본질서가 위태롭게 될 경우에 결정적으로 참여하게 되는 이른바, 연방개입(Bundesintervention)의 권한을 가진다. 그리고 연방정부는 주가 연방법률을 현행법에 따라 집행하는가를 감독하는데 이 경우 연방정부는 이 목적을 위하여 직원을 주 상급관청에 파견할 수 있다. 그리고 연방정부가 연방법률의 집행에 관하여 확인한 주의 결함이 제거되지 아니한 경우에는 연방참사원은 연방정부 또는 주의 제의로 주의 법률위반여부를 의결하는 연방감독(Bundesaufsicht)의 권한을 가진다.

그리고 주가 헌법 기타 연방 법률에 의하여 부담하는 연방의무를 이행하지 아니할 경우, 연방정부는 연방참사원의 동의를 얻어 연방강제(Bundeszwangs)의 방법으로 그 주(Land)로 하여금 그의 의무를 이행하게 하기 위한 필요한 조치를 취할 수 있는 연방강제권을 가진다.[136]

---

134) Christoph Degenhart, a. a. O., S. 174ff(177).
135) Ebenda, S. 177.

라. 연방대통령에 대한 탄핵소추권

연방대통령이 헌법 기타 연방 법률을 고의로 위반한 경우에는 이를 이유로 하여 연방헌법재판소(Bundesverfassungsgericht)에 연방의회와 함께 연방대통령에 대한 탄핵소추를 할 수 있다.[137]

마. 연방헌법재판소의 조직권

연방헌법재판소는 연방판사 및 기타 구성원으로 이루어진다. 여기에서 이들 연방헌법재판소의 구성원은 연방의회와 연방참사원이 각각 2분의 1씩 선출하게 되는데, 연방참사원의 중요한 권한행사의 일부라 할 수 있다.

(3) 연방정부

1) 헌법상의 지위

의원내각제(Parlamentarische Regierungssystem)의 이원성의 원칙에 따라 독일의 연방대통령(Bundespräsident)은 형식적·의례적인 권한을 갖는 상징적인 존재다. 실질적인 행정권은 연방수상과 연방장관으로 구성되는 연방정부(Bundesregierung)가 갖는다.[138] 연방정부의 헌법상의 지위에 관해 살펴보면 아래와 같다.

첫째, 연방의회(Bundestag)와 관련하여서는 비록 연방정부는 연방의회의 신임을 사실상 의존하고 있다 할지라도 자신에게 부여된 기

136) Ekkehart Stein, a. a. O., S. 117f; Konrad Hesse, a. a. O., S. 263f;
137) Uwe Andersen/Wichard Woyke, a. a. O., S. 56f.
138) 허영, 앞의 책(각주 24), 210-211면.

능에 따를 경우 무엇보다도 연방의회의 지시나 감독에서 독립된 최고의 연방기관이다. 독일은 의원내각제를 채택하고 있으면서도 내각(Kabinett)이 연방의회에 종속하는 것을 부정하고 정부와 연방의회는 별개의 대등한 관계를 유지하고 있다.

둘째, 직무규칙의 제정과 관련해서 연방정부는 연방대통령의 재가를 요하기는 하나 결과적으로 직무규칙에 대해 스스로 제정할 권한을 가진다.

셋째, 연방정부의 헌법상의 지위는 동시에 이를 구성하는 연방수상(Bundeskanzler)과 연방장관(Bundesminster)에 대한 특수한 헌법상의 지위를 요구하고 있다. 헌법 제66조는 연방수상과 연방장관은 다른 유급공직, 영업 및 직업에 종사할 수 없으며, 기업의 이사회 또는 연방의회의 동의 없이는 영리를 목적으로 하는 기업의 감사가 될 수 없음을 규정하고 있다.

넷째, 연방정부는 독일연방의 중요한 대내·외적 정책결정과 정책집행의 중심기관으로서의 지위를 가지며, 이를 위해 헌법은 연방수상(Bundeskanzler)과 연방장관(Bundesminister)에게 업무의 분담에 관해 규정하고 있다.

2) 연방정부의 구성

가. 연방수상

(가) 연방수상의 지위

연방수상과 연방장관으로 구성되어지는 독일 연방정부의 연방수상의 지위를 살펴보면 다음과 같다.

첫째, 연방수상은 국가의 상징적 통치기관이라고 할 수 있는 연방대통령과 달리 통치구조 내에서 사실상의 권한을 가짐과 동시에 정책결정과 집행에 있어서의 주도권을 가진 중심적 통치기관이다.

둘째, 오늘날의 연방수상은 연방공화국 초기의 아데나워가 강력한 권한을 행사하던 것에는 미치지 못하지만, 과거 바이마르공화국 헌법에서의 수상의 지위에 비해 많이 강화된 것이 사실이다.[139] 즉, 이에 대한 일례로서 연방장관들과의 사이에서 볼 때에 연방수상은 과거에서와 같은 동료들 중의 수석이 아니라 그들을 지배하는 제1인자로서 모든 내각각료들의 위에 있는 실질적인 연방정부의 수장으로서의 지위를 가진다.

(나) 연방수상의 선출

독일의 연방수상 선거는[140] 크게 세 가지의 형태로 구분할 수 있다. 구체적으로는 다음과 같다.

첫째, 연방수상(Bundeskanzler)을 연방대통령(Bundespräsident)의 추천으로 연방의회(Bundestag)에서 토의 없이 선출하는 것을 들 수 있다. 연방대통령의 연방수상에 관한 추천권은 그의 재량과 책임에 관한 것이지만, 일반적으로 연방대통령은 연방의회의 정당간의 세력분포 등을 충분히 고려하여 결정하되 관례적으로 다수당(Mehrheitspartei)의 대표자를 연방수상으로 추천한다. 그리고 이때 연방대통령이 추천한 수상후보가 연방의회에서 그 재적의원 과반수의 찬성을 얻는 경우에는 연방대통령은 그를 연방수상으로 임명하게 된다. 그리고 여기서 주지

139) Wilhelm, Hennis, Richtlinienkompetenz und Regierungstechnik, Mohr: Tübingen, 1964, S. 8, 10ff.

140) Konrad Hesse, a. a. O., S. 266.

할 것은 연방대통령의 연방수상에 관한 추천권은 단 한번에 그치는 것이기 때문에 자신이 추천한 수상후보가 연방의회에서 수상으로 선출되지 못할 경우에는 더 이상의 수상 추천권을 행사할 수 없게 된다. 동시에 연방수상(Bundeskanzler)에 관한 선출권은 연방의회의 독자적인 권한 영역에 속하게 되는 것이다.

따라서 연방대통령은 특별한 이유가 없는 한 자신의 정치적인 입지와 한번뿐인 고유한 연방수상에 대한 추천권(Empfehlungsrecht)의 성공적인 행사를 위해서 현실적으로 수상 선출에 문제가 없는 자를 수상후보로 추천하게 되는 것이다. 바로 이러한 점이 합리적이고 안정적인 독일정치의 중요한 토대가 된다.

둘째, 연방대통령이 추천한 수상후보가 연방의회에서 재적위원 과반수의 찬성으로 선출되지 못할 경우에는 더 이상의 수상 추천권은 사라지며, 동시에 연방수상의 선출에 관한 권한은 연방의회로 넘어가게 된다. 이 경우 연방의회는 14일 이내에 그 재적의원 과반수의 찬성으로 연방수상을 선출할 수 있으며, 이 경우 역시 연방대통령은 그를 연방수상으로 임명하여야 한다.

셋째, 연방의회는 14일 이내에 재적의원 과반수의 찬성으로 연방수상을 선출하지 못하였을 경우, 즉 선출이 그 기간내에 이루어지지 아니한 경우에는 즉시 새로운 투표가 실시되며, 이 경우에는 최다득표자를 당선자로 한다. 그리고 이 당선자가 연방의회 재적위원의 과반수의 표를 획득한 경우에는 연방대통령은 그를 당선 후 7일 이내에 연방수상으로 임명하여야 한다. 다만, 당선자가 이 과반수를 얻지 못한 경우에는 연방대통령은 7일 이내에 그를 연방수상으로 임명하거나 아니면 연방의회를 해산하여야 한다.

나. 연방장관

(가) 연방장관의 지위

연방장관(Bundesminister)은 연방정부(Bundesregierung) 구성에 있어서의 양대축의 하나라고 할 수 있으며 헌상의 지위에 대해 살펴보면 다음과 같다. 연방수상이 정책의 일반방침(Richtlinien)을 결정하고 그에 대해 책임을 지는데 반해 연방장관은 이와 같은 일반방침의 범위내에서 독자적으로 자기의 책임으로 소관사무를 처리하는 지위를 가진다.[141] 여기서 연방장관은 그 소관사무의 범위 내에서는 원칙적으로 최고의 결정권 및 지시권의 보유자이다.

연방장관은 관할 부서의 조직권 뿐만 아니라 인사에 있어서의 최종적인 결정권을 가진다. 그리고 헌법은 제69조 제1항[142]에서 연방수상의 유고시에 권한대행자의 지위로서 연방장관중의 1인을 연방수상의 권한대행자로 임명할 것을 규정하고 있다. 권한대행을 부여받은 연방장관은 연방수상의 유고시에 정책지침에 관한 결정권한을 행사하지만 연방의회에 대한 연방수상의 특별한 책임을 지지는 않는다.

(나) 연방장관의 선출

연방장관(Bundesminister)은 연방수상(Bundeskanzler)의 제청으로 연방대통령이 임면한다.[143] 그리고 이 경우 연방수상의 제청에 대해

141) 이와 같은 임무의 수행에 있어서 연방장관은 연방의회에 대해 책임을 진다 그러나 헌법은 연방장관과 연방의회사이에 연방수상을 개입시킴으로써 연방장관은 연방의회에 대하여 비교적 큰 독자성을 갖는 반면에 연방수상에 대한 종속성이 높아지며, 또한 연방수상의 정책지침에 대한 구속 역시 강화된다고 볼 수 있을 것이다.

142) Der Bundeskanzler ernennt einen Bundesminister zu seinem Stellvertreter.

143) Ekkehart Stein, a. a. O., S. 84f.

연방대통령은 특별한 법률적인 하자가 없는 한 이를 받아들여 연방장관을 임면하여야 한다.[144] 따라서 현행의 헌법에서 연방대통령이 임의적으로 특정 연방장관의 임명을 거부할 수는 없다.

3) 연방정부의 임기

연방수상과 연방장관으로 구성되어진 독일 연방정부의 임기와 관련하여 살펴봐야 할 것은 다음의 세 가지이다.

첫째, 헌법 연방정부의 임기와 관련해서 별도의 규정을 두고 있지 않으나 제69조 제2항[145]에서 "연방수상이나 연방장관의 임기는 언제나 새로운 연방의회의 집회와 동시에 종료하며, 연방장관의 임기는 연방수상의 임기가 다른 사유로 종료되는 경우에 함께 종료 된다"라고 규정함으로써 사실상 연방정부에 관한 임기를 규정하고 있다.[146]

둘째, 불신임결의(Mibtrauensbeschluss) 즉, 연방의회의 연방수상에 대한 불신임결의에 의한 연방정부의 임기종료이다. 헌법 제67조 제1항은 이와 관련하여 "연방의회는 제적의원의 과반수로 후임자를 선출하고 연방대통령에게 연방수상의 해임을 요청하는 방법으로 연방수상에 대한 불신임을 표할 수 있다. 연방대통령은 이 요청에 따라야 하고 당선자를 임명하여야 한다"라고 규정함으로써, 일반적으로 의회가 수상에 대해 불신임을 결의하면 당해 수상이 물러나고 그

---

144) 허영, 앞의 책(각주 24), 211면.

145) Das Amt des Bundeskanalers oder eines Bundesministers endigt in jedem Falle mit dem Zusammentritt eines neuen Bundestages, das Amt eines Bundesministers auch mit jeder anderen Erledigung des Amtes des Bundeskanzlers.

146) E. Friesenhahn, Parlament und Regierung im modernen Staat, Veroffentlichungen der Vereinigung der Deutschen Staatsrechtslehrer 16, 1958, S. 61f.

다음에 후임수상이 정치적인 여러 과정 속에서 새로 선출되는 일반적인 의원내각제에서 의회의 불신임제도와는 다른 건설적 불신임제도(Konstruktives Mibtrauensvotum)를 채택하고 있다.

셋째, 연방정부 전체 내지 연방수상 및 각각 연방장관의 임의적 사퇴의 가능성을 들 수 있다. 연방정부 전체 내지 연방수상 및 각각 연방장관은 자신의 임의적 판단에 따라 사퇴할 수 있다.

다만 필요한 경우에는 연방수상은 연방대통령의 위촉으로 그리고 연방장관은 연방수상이나 연방대통령의 위촉으로 그 후임자가 임명될 때까지 그 사무를 계속하여야 할 의무를 가진다.

4) 연방정부의 권한

가. 법규명령, 일반행정명령권 및 규칙제정권

(가) 법규명령 제정권

연방정부는 법률에 의하여 법규명령을 제정할 수 있다. 이 경우에는 위임된 권한의 내용, 목적 및 범위는 법률에 규정되어야 하며, 그 명령에는 법적근거가 명시되어야 한다. 또한 연방철도, 전신 및 전신전화시설의 이용에 관한 규칙과 요금, 철도의 건설 및 운영에 관해서도 연방정부 또는 연방장관의 법규명령제정권을 인정하고 있다.

(나) 일반명령권 및 법규제정권

헌법에 따라 연방정부는 연방참사원의 동의를 얻어 일반행정명령을 발할 수 있으며, 아울러 일반행정규칙 역시 연방참사원의 동의하에 제정할 수 있는 권한을 가진다.

나. 법률동의권

의회가 긴축예산을 목표로 하고 있었던 이전의 사정이 현저하게 반전되는 가운데, 경우에 따라서는 과도한 적자예산을 편성하려는 연방의회를 억제한다는 것이 이제는 정부가 해야 할 또 하나의 중요한 일이 되었다.[147] 즉, 이와 관련한 규정으로서 헌법 제113조 제1항은 연방정부가 제안한 예산안의 지출을 증액하거나 새로운 지출을 포함하거나, 예비비를 설치하는 법률 및 수입감소를 포함하거나, 장차 수입감소를 수반하는 법률에 대하여 연방정부의 동의를 규정하고 있다.

다. 연방의회, 연방참사원 및 그 위원회의 참석권

연방정부의 구성원은 일반적으로, 연방의회와 연방참사원 및 그 위원회의 심의에 출석할 권리를 가진다. 물론 이와 같은 권리는 동시에 연방의회와 연방참사원의 출석요구가 있을 경우에는 참가하여야 할 의무 또한 수반한다.

라. 지방행정에 대한 지시감독권

연방정부는 지방의 행정에 대해 지시와 감독의 권한을 가진다. 그러나 이와 같은 권한의 대부분은 연방참사원의 결정적인 관여 즉, 대개의 경우 연방참사원의 동의하에 행하여지는 것이 일반적이라 할 것이다.

---

147) Konrad Hesse, a. a. O., S. 273.

마. 연방수상의 권한

(가) 조각권

연방장관은 연방수상의 제청으로 연방대통령이 임면한다. 그리고 이 경우 연방수상의 제청에 대해 특별한 법률적인 하자가 없는 한 연방대통령은 이를 받아들여 연방장관을 임면하여야 한다. 또한 연방수상은 연방장관의 수 및 그들의 직무명령의 확정과 한계에 대해서도 결정할 수 있다.[148]

(나) 시정방침의 결정권

연방수상이 정하는 시정방침은 다른 연방장관들과 상의할 필요 없이 연방수상 자신에 의하여 결정되기 때문에 각 연방장관의 소관업무의 관리·운영이나 내각의 결정도 연방수상의 시정방침의 범위 내에서 행해진다. 따라서 연방수상이 정하는 시정방침은 이런 점에서 구속적인 것이며, 아울러 연방수상의 시정방침은 각부장관을 통하여 행정각부에서 실시되지 않으면 안 될 뿐만 아니라, 전체 행정부를 운영하는 지침으로서 중요한 의의를 갖고 있다.[149]

(다) 신임투표요청권

연방수상이 자신의 소신대로 중요정책을 결정하고 집행할 수 있도록 보장하고 있는 것이 바로 신임투표요청권이다.[150] 즉, 연방수상은 자신의 판단에 따른 중요한 정책사안 또는 법률안의 관철 및 연방의회에 대한 자신의 발언권의 강화 등을 목적으로 하여 연방의회에 자

---

148) Ebenda, S. 269f.
149) Ekkehart Stein, a. a. O., S. 86f.
150) Konrad Hesse, a. a. O., S. 268f.

신에 대한 임명투표요청권을 행사 할 수 있다.

바. 연방장관의 권한

연방장관의 권한과 관련한 대표적인 것으로서 연방장관은 일단 임명이 되어 소관업무를 행하게 되면 비록 연방수상의 임면제청권에 의해 구속을 받게 된다. 그러나 연방장관은 그 부여받은 소관업무에 있어서는 자기의 책임으로 자주적으로 관리·운영할 권한을 갖는다.[151)]

그러나 여기서 헌법 제65조에 근거한 행정부를 운영하는 원칙과 관련하여 살펴보면, 연방수상이 전체적인 시정방침을 정하고 이에 대한 책임을 진다고 하는 수상원칙과 각 연방장관은 수상이 정한 시정방침의 범위 내에서 자기의 소관사무를 자기의 책임하에서 자주적으로 처리한다고 하는 소관원칙을 들 수 있다. 여기서 수상원칙은 소관원칙에 우선하기 때문에 연방장관은 연방수상이 정하는 시정방침의 범위 내에서만 소관업무를 관리·운영할 수 있다.[152)]

(4) 연방대통령

1) 헌법상의 지위

바이마르공화국의 대통령과는 달리, 그 권한에 있어 상당할 정도로 감소·제한된 독일 연방대통령의 헌법상 지위를 살펴보면 다음과 같

151) Klaus Kröger, Die Ministerverantwortlichkeit in der Verfassungsordnung der Bundesrepublic Deutschland, Athenäum: Frankfurt, 1972, S. 74ff.

152) Eberhard Laux, Personalplanung in öffentlichen Dienst, in: Die Verwaltung, Heft 2. 1976, S. 146.

다.[153]

첫째, 연방대통령은 실질적인 권한을 가진 국가의 원수가 아닌 단순한 국가의 상징적인 존재이다. 따라서 연방대통령은 의례적이고 형식적인 공증인적 권능만을 갖는다. 연방의회에 의해 선출된 통치기관일 뿐이다.

둘째, 연방대통령은 최고의 국가기관이다. 즉 실제적이고 구체적인 권한의 행사여부와 관계없이 연방대통령은 다른 기관의 지시로부터 독립하여 있으며, 나아가 그 어떠한 감독도 받지 아니하는 최고의 국가기관인 것이다.

셋째, 연방대통령의 중립성의 보장이다. 연방대통령은 연방이나 주정부 또는 연방의회의 어디에도 속할 수 없다.

넷째, 연방대통령은 연방의회의원과 마찬가지로 면책특권을 가진다.

다섯째, 독일 연방대통령의 헌법상 지위는 바이마르공화국 대통령과 비교해 볼 때 많은 부분에 있어서 축소・제한되었다. 직접적 국민투표에 의해 선출되는 바이마르공화국에 있어서의 공화국대통령은 거의 완전한 독립적 지위를 가짐으로써 공화국 의회와 동열에 있었을 뿐만 아니라, 나아가 공화국대통령은 7년이라고 하는 장기간의 임기와 강력한 권한을 바탕으로 하여 사실상 공화국 의회와 함께 독일의 입헌적 질서의 양대 축을 이루었다.[154] 그러나 이와 같은 바이마르헌법상의 공화국대통령의 강력한 지위와는 달리 독일 연방공화국 헌법에서의 연방대통령의 헌법상의 지위는 비교할 수 없을 정도로

---

153) Christoph Degenhart, a. a. O., S. 192f.

154) Eberhard Kolb, Die Weimarer Republik, 3. Aufl., Oldenbourg: München, 1993, S. 18ff(22): Konrad Hesse, a. a. O., S. 274.

축소·제한되었다.

2) 연방대통령의 선출

연방대통령은 국가의 상징적인 존재로서 의례적·형식적인 공증인적 권능만을 갖고 있는 간접선택된 임기 5년의 국가기관이다. 연방대통령의 선출과 관련하여 몇 가지의 중요한 사항을 살펴보기로 한다.

가. 연방의회의 구성

연방대통령은 연방의회라고 하는 간접선택기관에 의해 선출되어지는데, 연방대통령을 선출하는 연방의회는 필요에 따라 연방의회 의장에 의해 소집되는 비상설 선거기관이다. 연방의회의 656명의 의원 전원과 각 주의회에서 비례선거원칙에 다라 선출된 동수의 주대표자로 구성되는 것으로서 총수 1,312명으로 구성되어진다.

나. 피선거권자

현행 독일 헌법은 제5조 제1항 제2문에서 단지 의례적·명목적 권한만을 갖는 연방대통령의 피선거권자로서 연방의회의원의 선거권을 가진 만40세 이상의 모든 독일국민으로 규정하고 있다.

다. 선거요건

연방의회에서 연방대통령으로 당선되기 위해서는 연방회의 구성원 과반수의 득표가 필요하며, 2회의 투표에서도 연방대통령 후보자가 과반수를 획득하지 못하였을 경우에는 제3회 투표를 실시하게 된다. 이 경우에 상대다수 최다수의 표를 획득한 후보자가 연방대통령으로

당선되게 되는 것이다.[155)]

3) 연방대통령의 임기

가. 임기의 시작과 기간

연방대통령의 임기는 5년이며, 1차에 한하여 연임을 인정하고 있다. 그리고 새로 선출된 연방대통령의 임기는 전임자의 임기만료와 동시에 시작하는 것이 원칙이지만, 이 경우 신임 연방대통령의 실질적인 임기는 연방의회 의장이 신임 연방대통령의 취임선서 수리하기 전에 시작되는 것은 아니다.

나. 임기의 만료

연방대통령의 임기는 5년이라는 헌법에 규정된 기간의 충족으로 만료된다. 그리고 현방헌법재판소에 의한 연방대통령탄핵도 있다. 이와 같은 연방대통령에 대한 탄핵은 연방대통령이 헌법 기타 연방법률을 고의로 위반한 경우에 이를 이유로 하여 연방의회 또는 연방참사원이 연방헌법재판소에 탄핵소추를 함으로써만 이루어진다.

다. 권한대행

연방대통령이 유고 또는 임기만료 전에 궐위된 경우에는 연방대통령의 권한을 연방참사원 의장이 대행하게 된다. 다만, 여기서 연방대통령의 유고와 관련하여 주지할 것으로는, 연방대통령 자신의 유고사유의 존재유무에 대한 판단과 다른 헌법기관의 판단사이에 서로 상반되는 의사의 충돌이 야기될 경우 헌법재판소가 이를 판단·결정한다.

---

155) Konrad Hesse, a. a. O., S. 275.

4) 연방대통령의 권한

가. 권한행사의 요건

국가의 계속성과 상징성을 유지하는 주체로서의 연방대통령의 권한행사는 연방수상 또는 주무장관의 부서가 있어야 한다.[156]

나. 권한

(가) 국제법상의 대표권

연방대통령(Bundespräsident)은 국제법상 연방을 대표하며, 연방의 이름으로 외국과의 조약을 체결하며 또한 외교사절을 신임하고 접수한다.[157] 연방대통령의 이와 같은 국제법상 대표권한의 행사는 일반적인 국가원수로서의 형식적·관례적인 것이라 볼 수 있다. 이는 연방대통령의 국가 상징적 지위의 구축에 있어서는 매우 중요한 의미를 가진다.

(나) 공무원임면 및 사면권

연방대통령(Bundespräsident)은 법률에 다른 규정이 없는 한 연방판사, 연방공무원, 장교 및 하사관을 임면한다. 그리고 연방대통령은 연방을 위하여 개별적인 경우에 사면권(Begnadigungsrecht)을 행사할 수 있다.[158]

---

156) F. Schack. Die Prüfungszustäsidenten bei der Ausfertigung der Gesetze, Archiv des öffentlichen Rechts 89, 1964, S. 8ff.
157) Ekkehart Stein, a. a. O., S. 100.
158) Ebenda, S. 100ff(105).

(다) 연방의회 해산권

연방대통령(Bundespräsident)은 지극히 제한적인 요건하에서 연방의회 해산권(Auflosungsrecht)을 가진다. 구체적으로 보면 다음과 같다.

첫째, 연방대통령의 연방수상 임명과 관련한 것으로서, 연방대통령은 자신이 추천한 수상후보가 연방의회에서 그 제적의원 과반수의 찬성으로 선출되지 못한 경우에는 더 이상의 수상추천권을 행사할 수 없다. 동시에 연방수상에 관한 선출권은 연방의회의 독자적인 권한 영역으로 넘어가게 된다. 이 경우에 연방의회는 14일 이내에 그 제적의원 과반수의 찬성으로 연방수상을 선출할 수 있다. 여기서 연방의회가 14일 이내에 제적의원 과반수의 찬성으로 연방수상을 선출하지 못하였을 경우, 즉시 새로운 투표가 실시되며, 이 경우에는 최다득표자를 당선자로 하게 된다. 여기서 당선자가 과반수를 얻지 못한 경우에 연방대통령은 7일 이내에 그를 연방수상으로 임명하거나 아니면 연방의회를 해산(Parlamentsauflosung)하여야 한다.[159)]

둘째, 연방수상의 신임투표요청권(Vertrauensfrage) 행사와 관련한 것으로서, 연방수상은 자신의 판단에 따른 중요한 정책사안 또는 법률안의 관철 및 연방의회에 대한 자신의 발언권의 강화 등을 목적으로 하여 연방의회에 자신에 대한 신임투표요청권을 행사할 수 있다. 여기에서 연방의회 제적과반수의 찬성으로 자신의 신임이 확인되면 된다. 문제는 이와 같은 신임투표요청에서 부결이 이루어질 경우 연방수상은 연방대통령에게 연방의회의 해산을 요청할 수 있으며, 이 경우 연방대통령은 이러한 연방수상의 제청에 따라 21일 이내에 연

159) Uwe Andersen/Wichard Woyke, a. a. O., S. 52.

방의회를 해산시킬 수 있다.[160)]

(라) 연방정부의 구성권

독일 헌법 제63조, 제64조 제1항은 연방대통령(Bundespräsident)의 연방수상의 추천(Empfehlung) 및 임명권과 연방장관에 대한 임면권을 규정하고 있다. 여기서 중요한 것은 연방대통령의 연방수상 추천권이 연방대통령의 자유재량에 의해서 이루어지는 것인가에 관한 것으로서, 이에 대해 명문의 규정을 두고 있지는 않으나 의원내각제의 본질상 선거에 의하여 결정된 정당분포에 의존하는 것이 관례로 되어있다.

그리고 연방대통령의 연방수상에 대한 해임권의 존재여부와 관련하여서 헌법은 연방장관에 대해서만 연방수상의 제청에 의한 연방대통령의 해임권을 규정하고 있을 뿐이며, 연방수상에 대해서는 특별한 규정을 두고 있지 않다. 따라서 연방대통령은 국가의 상징적인 존재로서 실질적인 권한을 갖고 있지 않는다고 하는 의원내각제의 본질상 헌법의 규정을 그대로 해석하여 연방수상에 대한 해임권을 부정하는 것이 타탕하다.[161)]

이외에도 연방대통령은 법률안서명공포권, 연방의회소집요구권, 법률안의 심사권, 기관쟁의 제소권 등을 가진다.[162)]

---

160) Christoph Degenhart, a. a. O., S.154f,199f; Ekkehart Stein, a. a. O., S. 101.
161) 김도협, 앞의 논문, 112-113면.
162) Peter Badura, a. a. O., S. 328ff.

(5) 건설적 불신임제도

1) 건설적 불신임제도의 의의

독일 헌법상의 건설적 불신임제도(Konstruktives Mibtrauensvotum)는 크게 연방의회에 의한 불신임(Mibtrauen)과 연방수상(Bundeskanzler)의 신임투표요청에 의한 신임확인이라는 두 가지로 나눌 수 있다. 우선 연방의회에 의한 불신임에 관해 살펴보면, 독일 헌법은 연방의회(Bundestag)에 대해 연방수상에 대한 강제퇴임의 수단으로서의 불신임권을 부여하고 있다. 독일 헌법제정회의(Parlamentarischer Rat)는[163] 의원내각제에 대해 의회와 정부가 적대자가 아닌 동반자로서 조정과 타협을 통한 정치를 구현하기 위한 제도적 장치로서의 정부형태로 파악하고자 하였다. 바로 이러한 기본적인 이해와 의지의 바탕 위에서 형성된 것이 헌법 제67조에 규정된 이른바, 건설적 불신임제도다.

건설적 불신임제도(Konstruktives Mibtrauensvotum)는 내각의 단순부정적 사퇴의 방지와 이를 통한 내각(Kabinett)의 지위강화 및 정국안정이 주된 입법정책적 목적이다. 특히 연방대통령의 수상에 대한 권위주의적 해임권한이 금지되어야 하며, 수상해임에 대한 연방대통령의 의회와의 공동결정권 자체를 배제하려는 의지도 작용한 것이다.[164] 다분히 바이마르공화국에 있어서의 파괴적 불신임(Destruktives

163) 이는 제2차 세계대전 패전 후 서방측 점령지역이었던 당시의 서독지역의 통일적 행정을 위한 기본법의 기초를 위해 설립된 의회에 준하는 협의회로서, 1948년 9월 1일부터 1949년 5월 8일 까지 존속했던 기구이다.

164) Christoph Degenhart, a. a. O., S. 182f; Uwe Andersen/Wichard Woyke, a. a. O., S. 47.

Mibtrauensvotum)에 대한 철저한 반성의 결과물이다.[165)]

따라서 이러한 건설적 불신임제도는 무엇보다도 연방의회의 부정적 내지 소극적 일치에 기한 부진정한 다수파에 의한 정치적 방해목적의 실현을 최소화시킴으로써, 연방수상의 권한강화[166)]와 이에 따른 연방정부의 안정화에 절대적인 기여를 하는 제도라 할 것이다.[167)]

그리고 다음으로 연방수상의 신임투표요청권(Vertrauensfrage)에 의한 신임확인을 보면, 일반적으로 의회(Parlament)의 내각불신임권은 의원내각제(Parlamentarische Regierungssystem)정부형태에 있어서 하나의 본질적 요소라고 할 수 있다. 의회는 내각을 정치적 필요

---

165) 바이마르공화국헌법 제54조는 "수상과 장관이 그 직무를 수행하기 위하여는 의회의 신임을 필요로 한다. 의회가 명시적인 결의에 의하여 불신임을 표명하였을 때에는 수상 또는 장관은 사직하지 않으면 안된다" 라고 규정함으로써, 수상과 개개장관들에 대한 불신임을 인정하고 있는 바, 이와 같은 무제약적 불신임제기의 가능성은 마침내 극도의 정국의 불안정과 의회주의의 파기상태를 초래하였다. 그것은 당시의 소당분립의 정치상황에 직접적 원인이 있었다. 이와 같은, 의회의 잠정적 다수파가 불신임결의시와 동일한 정책을 수행해 나갈 수 있다는 장래전망을 예견하지 않고 일응 불신임결의만을 행한 대표적 사례로는 1926년 5월 12일에 제2차 「루터」 내각이, 그리고 동년 12월 16일에 제3차 「마르크스」 내각이 의회의 불신임 결의에 의하여 해산된 것을 들 수 있다. 조병윤, "서독의 건설적 불신임투표제도", 공법연구, 1978. 7, 189-190면.

166) 이와 관련하여, 진정한 의회민주주의의 실현은 의회의 정부에 대한 상존하는 위협이 존재하는 데에 있는 것이라고 보는 입장에서는 헌법 제67조의 규정에 의한 불신임제도는 한편으로는 연방수상의 지위를 강화하게 되며, 따라서 이는 결국은 진정한 의회민주주의실현에 있어서의 약화를 가져올 염려가 있다고 주장한다. 그러나 헌법 제67조가 규정하는 건설적 불신임투표제 역시 만약에 절대다수득표가 가능한 새로운 차기 연방수상후보가 존재할 경우에는 현직 연방수상의 강제적 퇴임이 전제되기 때문에, 실제적으로 불신임투표에 의한 연방수상의 교체가 독일 헌정사에서 발생하였다는 사실을 별론으로 하더라도, 반드시 의회민주주의의 실현에 장애가 되는 것이라고 할 수 는 없을 것이다.

167) 허영, 앞의 책(각주 24), 219-220면.

에 의해 언제든지 불신임할 수 있음을 의미한다. 그러나 만약에 이와 같은 의회의 내각에 대한 불신임권이 무제한적으로 용인될 경우에는 국민의 정치적 성숙도에 따라 차이가 있다 하더라도 결과적으로는 수상의 헌법상의 지위는 상당한 불안에 빠지게 된다. 이는 정치적 혼란으로 이어질 수 있다. 14년 동안에 내각이 21번이나 교체되었던 과거 바이마르공화국의 정치적 대혼란이 이를 잘 보여준다.

이와 같은 바이마르공화국에서의 교훈을 거울삼아 독일 헌법은 수상에 대해 보다 더 강력한 권한을 부여함으로써, 정치적 안정을 도모하기 위해 헌법 제68조에 연방수상의 연방의회(Bundestag)에 대한 신임투표요청권(Vertrauensfrage)을 제도적으로 도입하게 된 것이었다. 따라서 이와 같은 신임투표요청권은 연방수상의 정치적 위험을 연방정부와 연방의회에 분산시키는 역할을 할 뿐만 아니라, 나아가 연방수상의 연방의회에 대한 하나의 강력한 정치적 압력수단이 된다. 이는 연방수상이 자신의 소신대로 중요정책을 결정하고 집행할 수 있도록 보장하는 역할을 한다. 자신의 판단에 따른 중요한 정책사안 또는 법률안의 관철 및 연방의회에 대한 자신의 발언권의 강화 등을 목적으로 이 권한을 행사 할 수 있다.

따라서 연방수상의 연방의회에 대한 신임투표요청권(Vertrauensfrage)은 독일 연방 헌법 제67조에 근거한 건설적 불신임제도(Konstruktives Mibtrauensvotum)보다 연방수상의 지위보장에 있어서 더욱 안정적인 제도라 할 수 있다.

독일연방헌법재판소(Bundesverfassungsgerichts)는 이러한 신임투표요청권에 대해, 연방수상은 연방의회의 세력분포로 보아 사실상 확실한 지지세력의 확보가 불가능하다고 판단되는 경우에 한하여 이를 행사할 수 있다고 봄으로써, 연방수상의 신임요청권을 법적인 판단의 영역으로 끌어들여서 보다 제한적으로 해석하려 하였다.[168]

2) 연방의회에 의한 불신임

가. 발의

건설적 불신임(Konstruktives Mibtrauensvotum)의 발의는 연방의회 제적의원 4분의 1 이상이 연기명으로 특정의 연방수상 후보를 새로운 연방수상으로 선출할 것을 제안함으로서 이루어진다.[169] 이 경우 건설적 불신임의 대상은 현직의 연방수상에 국한된다.[170] 따라서 전체로서의 정부나 각료 개개인 또는 다수의 각료에 대해서는 행해지지 않는다.[171]

나. 기간

헌법 제67조 제2항은 불신임안의 제출과 후임자 선거에는 48시간의 기간을 두도록 규정하고 있다. 헌법과 의회의사규칙이[172] 불신임안에 있어서 불신임통고와 선거제안의 불가분성에 관하여 규정하고 있다. 이와 같은 기간에 관한 규정은 독일의 지방헌법[173]을 근간으로 하여

---

168) Jürgen Schwabe, Entscheidungen des Bundesverfassungsgerichts, 6. Aufl. 1994, S. 524ff.(527)

169) §97 GeschO BT.

170) 허영, 앞의 책(각주 24), 212-213면; 조병윤, 앞의 논문, 200면.

171) H. Schneider, Kabinettsfrage und Gesetzgebungsnotstand, Veröffentlichungen der Vereinigung der Deutschen Staatsrechtslehrer 8, 1950, S. 28; Ekkehart Stein, a. a. O., S. 94.

172) §97 Abs. 3 GeschO BT.

173) 예를 들면, Bremen주의 Art. 110 Abs. 2; Hamburg주의 Art. 12 Abs. 2 Satz 1.; Hessen주의 Art. 114 Abs. 2 Satz 1.

채택한 것으로서, 이의 주된 이유로는 연방의회의 경솔 내지 감정에 치우친 불신임결의를 사전에 예방하고 원내 교섭단체(Fraktion) 및 연방의회 의원들에 대하여 보다 더 많은 협상의 여지를 부여하기 위한 것으로 볼 수 있다.[174] 그리고 이와 같은 48시간의 기간산정에 관하여는 의회의사규칙에서 명시적으로 규정하고 있다.[175]

다. 수상의 자발적 퇴임

자신에 대한 불신임안에 연방수상은 다음과 같은 두 가지의 형태로 자발적 퇴임을 연방대통령에게 요구할 수 있다.

(가) 불신임안 제출전

연방수상이 자신에 대한 불신임안이 연방의회에 제출되기 이전에 연방대통령에게 사전에 자신의 퇴임을 요구하는 경우이다. 이때에는 연방대통령은 연방수상을 해임해야 하는 의무를 지게 된다. 그리고 동시에 헌법 제67조에 의한 연방수상에 대한 불신임투표는 실행되어지지 않게 됨으로서, 결과적으로 불신임에 따른 차기 연방수상의 선거는 이루어 질 수 없게 된다. 그리고 이와 같은 경우에 있어서의 차기수상의 선거와 그에 따른 임명은 헌법 제63조에 근거하여 연방대통령의 제안에 따라 이루어지게 된다.

---

174) 기간규정과 관련하여, 프랑스헌법역시 제49조 제2항에서 48시간의 경과규정을 두고 있는 바, 이와 같은 프랑스헌법의 규정은 독일 헌법상의 기간규정에 영향을 주었다고 볼 수 있다.

175) §123 Abs. 2 GeshO BT: 이와 관련해 살펴보면, 일반적으로 인쇄된 불신임안이 연방의회내에서 연방의회 의원들에게 교부된 때가 아니라 불신임안이 처음 제출된 때부터, 즉 연방의회 의원의 우편함에 도달된 때부터 48시간의 기간산정이 시작된다.

(나) 불신임안 제출 후

이는 연방수상이 자신에 대한 불신임안이 제출된 이후에 연방대통령에게 퇴임을 요구하는 경우로서, 이때에는 연방의회(Bundestag)와 연방대통령(Bundespräsident)간의 사실상의 권한경합의 문제가 발생한다. 즉, 이 경우에는 헌법 제67조에 근거한 연방의회의 불신임(Mißtrauen)과 헌법 제63조 제1항의 규정에 의한 연방대통령의 수상선출 제안 중 어느 것이 법적으로 우선하는가를 고찰하여야 한다.

첫째, 연방대통령은 헌법 제67조 규정에 의한 연방의회의 불신임에 대해 연방수상에 대한 해임의무를 가진다. 이와 동시에 헌법 제67조의 규정에 의한 새로운 선거결과가 나타날 때까지는 스스로 퇴임을 요구한 현직 연방수상을 해임하지 않을 수 있다.

둘째, 연방대통령은 헌법 제67조의 규정에 의한 의회에서의 차기수상의 선거결과를 기다릴 필요 없이 해임을 요청한 현직 연방수상의 요구에 응하여 그를 해임한 다음에 헌법 제63조 제1항에 의한 수상선출 제안권을 행사하는 것이다. 여기서 연방대통령은 새로운 차기 연방수상이 선출될 때까지 현직 연방수상에게 계속하여 그 업무를 수행하도록 할 수 있다.

셋째, 연방대통령은 헌법 제67조의 규정에 따른 연방의회에서의 투표결과에 따라 현직 연방수상을 해임하고 새로 선출된 연방수상을 임명하는 방법이다. 여기서 중요하게 고려되어야 할 것은 불신임안의 제출 이전이 아닌 제출이후에 그에 의해 위협받는 현직수상이 자신의 퇴임을 연방대통령에게 요청한 경우라는 사실이다. 따라서 이와 같은 경우에 연방대통령의 연방수상 선출제안권의 행사 이전에 헌법 제67조에 따른 연방의회에 의한 차기 연방수상의 선거가 먼저 이루어져야 하는 것이다. 그러나 연방의회가 이러한 능력을 제대로 발휘하고 있지 못할 정도의 특수한 상황일 경우 연방대통령은 헌법 제63조 제1항의 규정에 의한 제안권을 행사할 수 있다고 보는 것이 타당하다.[176)]

라. 선거

연방수상(Bundeskanzler)에 대한 불신임투표와 관련하여 특히 중요한 것은 선거절차에 있어서 새로운 수상에 대한 투표가 아니라 선거라는 점이다.[177)] 헌법에 근거한 차기 연방수상에 대한 선거를 보면, 의회의사규칙에서 규정하고 있는 바와 같이 비밀투표의 방식에 의하여야 한다.[178)] 그리고 이와 같은 불신임안에 명기된 차기 수상후보는 절대적 다수 즉, 과반수(Mehrheit)를 획득하여야 한다. 이와 같은 과반수의 획득에 실패할 경우에는 현직수상에 대한 불신임안은 자동적으로 부결된 것으로 간주되며 더 이상의 선거는 실시되지 않게 된다.

마. 현직 연방수상의 해임과 신임연방수상의 임명

(가) 현직 연방수상의 해임

차기 연방수상후보자가 그의 당선에 필요한 절대다수 즉 과반수를 획득한 경우에는 연방의회는 연방대통령에게 현직수상에 대한 해임을 청구할 수 있다.[179)] 이와 같은 해임요청이 발생한 순간부터 연방

---

176) 김백유, “수상제민주주의(Ⅱ) : 의원내각제하 수상의 ‘신임 질의권’”, 한성대 논문집 제21집, 1997, 267-268면.
177) Ritzel/Koch, Anm. 1 zu §98 GeschO BT.
178) §49 GeschO BT.

대통령은 연방의회의 요청에 따라 현직수상을 해임하여야 할 사실상의 법적의무를 지게 된다. 따라서 건설적 불신임(Konstruktives Mißtrauensvotum)을 규정하고 있는 헌법 제67조는 실질적으로 연방대통령의 권한을 얼마나 상당한 정도로 제한・축소하고 있는지를 단적으로 보여준다.[180]

또한 헌법 제58조 제2항은 부서와 관련하여, 현직 연방수상의 해임과 차기 연방수상의 임명에 있어서는 부서가 필요하지 않다고 규정함으로써, 이에 대해 중요한 제한을 두고 있다. 이와 같은 절차를 거쳐 현직 연방수상이 해임될 경우에는 그의 모든 직무관계는 종료하게 되며, 동시에 내각(Kabinett)의 다른 모든 각료의 직무관계도 함께 종료된다.

(나) 신임연방수상의 임명

헌법 제67조 제1항 제2문은 연방의회에 의하여 새로이 선출된 차기 연방수상에 대한 연방대통령의 임명에 대해 규정하고 있다. 이와

179) 독일 헌법은 이와 같은 경우 청구의 내용에 관하여는 특단의 상세한 규정을 두고 있지는 않으나, 모든 의회결정에 있어서 요청되는 일정한 형식은 의회의 사규칙 제 120조의 "의원총회 결의 문서를 제외한 모든 회의에서 결의한 결의문서는 의회의장이 이를 서명한다. 공문서는 의원에게 분배되며 다음 회의 날까지 분배된 공문서에 대한 이의신청이 제기되지 않은 경우에는 배부된 공문서는 의원이 이에 동의한 것으로 간주한다."라고 하는 규정의 적용을 받는다 할 것이다.

180) 독일 헌법에서 연방대통령은 국가원수로서 의회기내의 연방수상의 불신임에 있어서는 형식적 권한만을 가진다. 그리고 또한 이와 같이 제한적인 연방대통령의 형식적 권한은 연방의회에서의 차기 연방수상의 선출이 전계되어야만 행사가 가능하다 할 것이다. 즉 다시 말해 연방대통령의 사실상의 연방수상에 대한 해임에 관한 권리와 의무는 연방의회로부터의 결정이 있은 이후에야 비로소 발생하게 되는 한계가 있다 할 것이다.

같은 연방대통령(Bundespräsident)의 권한이자 의무라고 할 수 있는 신임 연방수상(Bundeskanzler)에 대한 임명행위에 대한 법적효과는 연방수상의 선출에 대해 규정하고 있는 헌법 제63조에서와 동일한 효과를 가진다.

그런데 연방대통령의 연방수상에 대한 임면권한과 관련하여 살펴보면, 불신임투표에 따른 연방의회(Bundestag)의 요청에 의해 연방대통령이 현직 연방수상을 해임하고 새로이 선출된 신임 연방수상을 임명하는 과정에 있어서의 일련의 권한행사에 대한 특정한 기간의 헌법상의 의무가 존재하는가, 그렇지 않으면 연방대통령의 임의의 판단에 맡길 것인가의 문제이다. 실제 정치상황에 따라 매우 중요할 수 있다. 독일의 다수설은 헌법 제63조 제4항 제2문의 규정을 유추 적용하여 1주일의 기간이 타당하다고 주장하고 있다.[181)]

바. 불신임의 실례

헌법 제67조에 근거하여 실제적으로 건설적 불신임투표(Konstruktivs Mißtrauensvotum)가 시행된 경우는 두 번 있었다. 첫 번째는 1972년 4월 27일 당시 야당이었던 CDU(기독교민주당)와 CSU(기독교사회당)이 헌법 제67조에 따라 건설적 불신임투표(Konstruktivs Mißtrauensvotum)에 의해 Dr. Barzel을 차기수상으로 선출하기 위해 CDU(기독교민주당)의 Kiesinger를 통해 불신임안을 제출하였다. 여기서 Dr. Barzel은 247표를 획득함으로써 과반에 해당하는 249표에 2표가 부족하여 부결되었다. 당시 수상인 SPD(사회민주당)의 Willy Brandt에 대한 불신임안은 부결되었다.

---

181) Fritz Munch, Die Bundesregierung, Frankfurt, 1954, S. 146ff.

그리고 두 번째는 1982년 10월 1일 당시 SPD(사회민주당)와의 연정에서 탈퇴한 FDP(자유민주당)가 CDU(기독교민주당)와 CSU(기독교사회당)이 연합하여 건설적 불신임투표(Konstruktivs Mißtrauensvotum)를 실시하였다. 여기서는 차기수상 Dr. Kohl이 과반수가 넘는 256표를 획득함으로써 당시 수상인 SPD(사회민주당)의 Schmidt를 강제퇴임시켰다.

3) 연방수상의 신임투표요청권에 의한 신임확인

가. 발의

연방수상(Bundeskanzler)은 신임투표요청권(Vertrauensfrage)을 행사함에 있어서 그에 대한 판단과 결정에 관한 일체의 권한을 독자적으로 행사할 수 있다.[182] 따라서 연방의회(Bundestag)로 부터 불신임발의의 위협을 받거나 또는 받지 않거나에 관계없이 행사할 수 있다. 그리고 자신의 개인 사생활이 문제되어 처하게 된 정치적 곤경에서 벗어나기 위해서나, 자신의 판단에 따른 중요한 정책 사안이나 법률안의 관철 및 연방의회(Bundestag)에 대한 자신의 발언권의 강화 등을 목적으로 할 수 있다. 그리고 정책실현에 장애가 되는 연방의회의 해산을 위해 행사할 수 있다. 그리고 이와 같은 연방수상의 신임투표요청권(Vertrauensfrage)은 행사방법에 있어서도 구두에 의하든 또는 특정한 문서에 의하든 연방수상의 재량에 맡겨져 있다.[183]

---

182) 조병윤, 앞의 논문, 203-204면.

183) 김백유, "수상제민주주의(Ⅱ) - 의원내각제하 수상의 '신임 질의권'", 한성대 논문집 제21집, 1997, 39면.

나. 기간

연방수상(Bundeskanzler)에 의한 신임투표요청권(Vertrauensfrage)의 행사를 위한 발의와 연방의회(Bundestag)에서의 투표에는 헌법 제67조에 근거한 연방의회에 의한 불신임에서와 마찬가지로 48시간의 주어야 한다. 그리고 연방수상이 서면을 통해 신임투표요청권을 행사한 경우에도 연방의회 의원들에게 이에 관한 서류가 배포되었을 때부터 48시간의 기간규정이 적용된다.

다. 투표

(가) 신임을 얻을 경우

연방수상(Bundeskanzler)의 신임투표요청권의 행사에 대해 연방의회(Bundestag)가 과반수의 찬성으로 신임결의를 하였을 경우에는 두 가지의 법적, 정치적 중대한 결과가 발생하게 된다.

첫째, 법적 측면으로 연방수상은 연방의회에 대한 해산을 연방대통령(Bundespräsident)에게 제청할 수 있는 권한을 상실하게 되며, 또한 이와 함께 헌법 제81조에 근거한 비상입법제도의 활용가능성 역시 존재하지 않게 되어 보다 더 안정적인 정국의 운영이 가능하게 된다.

둘째, 정치적 측면으로는, 연방수상은 자신에 대한 실질적인 과반수이상의 지지세력의 확보 및 확인하게 된다.

(나) 신임거부의 경우

연방수상(Bundeskanzler)의 신임투표요청권(Vertrauensfrage)의 행사에 대한 연방의회(Bundestag)로부터의 신임거부가 연방수상에게 정치적으로 큰 타격을 주는 것이 사실이다. 물론 이것이 정치은퇴나 절대적인 패배를 의미하는 것은 아니다. 왜냐하면 이 경우에도 연방수상은 연방의회의 해산이나 비상입법제도의 통해 신임투표요청권(Vertrauensfrage)의 행사이전보다도 자신의 지위를 더욱 강화시킬 수 있기 때문이다. 이하에서 신임거부의 경우에 예상할 수 있는 몇 가지의 가능성에 대해 살펴보기로 한다.

가) 연방수상의 자진퇴임

연방수상(Bundeskanzler)의 신임투표요청권(Vertrauensfrage)의 행사에 대한 연방의회(Bundestag)의 신임거부가 헌법 제67조에 근거한 연방의회에 의한 불신임의 경우와 같이 현직 연방수상에 대한 강제퇴임을 의미하는 것이 아니다. 따라서 신임투표요청에 있어서의 신임거부의 경우, 연방수상의 퇴임은 전적으로 연방수상의 자의적 판단에 따라 이루어진다.

나) 재선거

연방수상의 신임투표요청권(Vertrauensfrage)이 부결되었을 경우에 헌법 제68조는 선거절차에 대한 구체적인 규정을 두고 있지 않다. 일반적으로 볼 경우에는 헌법 제67조에 근거한 연방의회의 발의에 의한 건설적 불신임투표(Konstruktivs Mißtrauensvotum)에 따라 새로운 차기 연방수상을 선출하는 방법이 있다. 그리고 헌법 제68조에 근거하여 현재의 연방의회를 해산한 다음에 헌법 제63조에 의한 새로운 차기 연방수상을 선출하는 방법이 있다.

다) 수상으로의 계속적 재임

연방수상은 자신이 제기한 신임투표요청권(Vertrauensfrage)의 행사하여 과반수의 찬성을 확보하지 못하였더라도 연방의회(Bundestag)의 발의에 의한 불신임과는 달리 강제적 퇴임의 의무가 없다. 자의에 의한 퇴임을 행하지 아니하는 한 자신의 정치적 입지의 약화 등은 차치 하더라도 그대로 소수수상(Minderheitskanzler)으로서 재임할 수 있다. 이와 같은 경우 연방수상은 비상입법절차에 의지하여 정책을 수행하게 된다.[184]

라) 연방의회의 해산

헌법 제68조 제1항에 근거하여 신임투표요청권(Vertrauensfrage)에서 신임을 받지 못한 연방수상은 연방대통령에게 연방의회의 해산을 제안할 수 있다.[185] 여기서 중요한 것은 연방대통령은 연방수상의 이와 같은 제청을 받아들여야 법적인 강제적 의무는 없다. 연방대통령의 재량영역에 속하는 문제이기 때문이다.[186]

연방의회해산권(Auflosungsrecht)은 연방수상(Bundeskanzler)의 퇴임이 있거나, 21일 이내에 연방수상이 재차 신임투표요청권을 행사하여 연방의회의 과반수의 찬성으로 신임을 받을 경우에는 소멸된다. 아울러 이러한 연방의회해산권은 연방의회(Bundestag)의 새로운 차기수상의 선출을 위한 투표행위가 시작된 이후에는 행사할 수 없다.[187]

---

184) 김백유, 앞의 논문, 43면.
185) 조병윤, 앞의 논문, 205면.
186) 조병윤, 위의 논문, 206면.
187) Christoph Degenhart, a. a. O., S. 154f; Ekkehart Stein, a. a. O., S. 101; Uwe

마) 입법비상제도의 선택

연방수상(Bundeskanzler)은 자신의 신임요청에 대해 과반수의 신임을 받지 못하였을 경우에도 소수수상(Minderheitskanzler)으로 재임할 수 있으며, 이 경우에는 입법비상제도를 활용할 여지를 많다.[188] 이것은 연방수상(Bundeskanzler)의 의사를 연방의회의 의사에 우선하는 것으로 연방의회(Bundestag)와 대립시 해결방안을 규정하고 있는 것이다. 연방수상이 긴급을 요하는 법률이라고 명시하였거나, 연방수상의 신임과 특정법률안의 통과를 연계시켰음에도 불구하고 연방의회가 그 법률안을 부결시켰을 경우에, 그 법률안을 그대로 폐기하는 것이 아니라 연방수상은 연방대통령에게 제청하여 연방대통령으로 하여금 연방참사원의 동의를 얻어 입법비상사태를 선포(Erklärung des Gesetzgebungsnotstandes)하여 연방정부의 의사를 관철시키는 것이다.

따라서 이와 같은 입법비상사태의 선포에도 불구하고 연방의회가 그 법률안을 재차 부결하거나 가결은 하였으나 연방정부가 수락할 수 없을 정도로 수정하여 통과시켰을 때, 또는 연방의회가 그 법률안을 4주가 지나도록 재의결하지 않을 경우에는 연방의회의 의사와 상관없이 연방참사원의 동의를 얻어서 그 법률안을 유효하게 성립한

Andersen/Wichard Woyke, a. a. O., S. 47.

188) 즉, 연방수상의 신임투표요청권(Vertrauensfrage)은 연방의회제적의원 과반수의 찬성으로 연방수상의 신임이 확인되면 특단의 문제가 발생할 여지가 없으나, 문제는 이와 같은 신임투표요청에서 부결될 경우로서, 이때에는 연방수상(Bundeskanzier)은 연방대통령에게 연방의회(Bundestag)의 해산을 요청하든가 아니면 연방수상직에 그대로 머물면서 입법비상절차에 따라 통치하는 양자택일의 기로에 서게 되는 것이다. Ekkehart Stein, a. a. O., S. 117; Uwe Andersen/Wichard Woyke, a. a. O., S. 47.

것으로 하는 절차이다.[189] 동일한 연방수상의 재임기간 동안에는 재차의 입법비상사태의 선포(Erklarung des Gesetzgebungsnotstandes)는 허용되지 않는다. 그리고 본 제도는 독일 연방헌법이 제정된 이후 지금까지 단 한번도 실행된 적이 없으나 헌법상 최후의 비상적 수단으로써 독일의원내각제를 안정화하는데 중요한 역할을 한다.

라. 불신임의 실례

헌법 제68조에 근거한 건설적 불신임의 실례, 즉 연방수상의 연방의회에 대한 신임투표요청권(Vertrauensfrage)이 실제로 시행된 경우는 지금까지 세 번 있었다. 첫째는 1972년 9월에 있은 브란트 수상의 신임투표요청으로서 이로 인해 연방의회의 해산을 가져왔었다.

둘째는 1982년 2월에 있은 슈미트 수상의 신임투표요청으로서 이는 신임결의로 끝났다. 그리고 세 번째는 1982년 12월에 콜 수상의 연방의회해산(Parlamentsauflösung)을 목적으로 한 신임투표요청으로서 이는 연방의회의 해산과 함께 1983년 3월의 총선으로 이어졌다. 여기서 세 번째의 신임요청권의 행사에 따른 연방대통령의 연방의회 해산결정에 대해서는 연방의회의 다수 의원들이 그 위헌성을 주장하여 연방대통령을 상대로 연방헌법재판소에 기관쟁의소송을 제기하였으나 연방대통령의 결정은 합리적이며, 정당한 것으로 결정되었다.

4. 소결

위와 같이 독일의 의원내각제에 대해서 살펴보았다. 독일헌정사상

189) 허영, 앞의 책(각주 24), 213-214면.

최초의 공화국인 바이마르공화국은 영국 또는 프랑스에서와는 달리 특별한 의회정치의 전통과 경험을 통한 것이 아니라 군주제의 폐지와 민주정치의 집념으로 헌법을 제정했기 때문에 정부형태에 있어서도 전혀 새로운 시도였다. 바이마르공화국 의원내각제에 대해서 다양한 표현들이 사용되고 있지만, 학자들의 공통된 의견은 전통적인 순수한 형태의 의원내각제로 볼 수는 없다는 점이다.

제2차 세계대전 후 서독과 통일 후 독일은 연방 헌법에 의해서 의원내각제를 그 정부형태로 채택하고 있다. 현재 독일의 의원내각제는 바이마르공화국의 정부형태를 바탕으로 그 제도적인 모순과 결함을 시정한 것으로서 바이마르의 제도적 경험이 그 바탕이 되고 있다. 그러나 바이마르헌법의 정부형태와는 그 본질과 내용이 다르다. 의원내각제라는 정부형태의 유형으로 평가하기 어려웠던 것이 바이마르의 제도였다면, 의원내각제의 본질적 요소를 모두 갖추고 있는 것이 현재 독일의 의원내각제라고 할 수 있다. 이러한 독일 의원내각제는 다음과 같은 특징을 가지고 있다.

첫째, 연방수상을 중심으로 하는 집행부우위를 들 수 있다. 연방수상은 연방대통령의 제청으로 연방의회에서 토론 없이 선출된다. 수상은 국정의 기본방향을 결정하고 의회에 대하여 책임을 질 뿐 아니라, 각료임명에 있어서도 제청권을 가지며 대통령은 이에 구속된다.

둘째, 독일 의원내각제는 바이마르헌법상의 파괴적 불신임제와는 다른 건설적 불신임제를 채택하고 있다. 수상에 대한 의회의 불신임권 행사는 연방의회가 재적의원 과반수로 후임자를 선출하고 연방대통령에게 현직수상의 해임을 건의함으로써만 가능하도록 하여, 수상의 지위를 강화하고 아울러 정국의 안정을 도모 하고 있다.[190] 정부의 의회해산권 행사도 두가지 경우191)에 한정함으로써 정부가 의회에 의존하도록 하고 있다.

결론적으로 현재 독일의 의원내각제는 그 제도의 내용면에서 선례가 없는 독창적인 것임에 틀림없으며, 오늘과 같은 안정된 정치 환경을 이룩하는데 결정적인 기여를 하였음에는 이의가 없다. 그러나 정부형태만으로 독일 의원내각제의 성공을 설명하기에는 부족한 것이 사실이다. 자유민주적 기본질서, 연방국가적 구조, 헌법재판소, 선거제도 등이 함께 조화를 이루어 독일의 헌법질서를 형성하고 있다. 이들 여러 헌법상의 원리 내지 제도와 정부형태가 서로 기능적인 보완효과를 나타냄으로써 오늘의 성공적인 정치안정을 이룰 수 있었다.

IV. 일본

1. 일본의 의원내각제의 형성과 발전

일본은 의원내각제적 정부형태를 채택하고 있다. 내각이 의회에 대하여만 책임을 지는 이른바 일원적의원내각제 형태이다. 일본의 의원내각제는 절대군주제에서 제한군주제로 제한군주제에서 이원적의

190) 바이마르공화국 헌법에서는 1919년에서 1933년까지의 14년간 내각이 18회나 교체되었지만, 독일 헌법에서는 1949년 이래 1993년 현재까지 45년간 6명의 수상(아데나워, 에르하르트, 키징거, 브란트, 슈미트, 콜)이 교체되었을 뿐이다.

191) 첫 번째는, 의회에서 연방수상으로 당선된 자가 과반수득표를 하지 못한 경우(GG. §64④), 두 번째는, 신임을 요구한 연반수상의 제의가 연방의회의원이 과반수찬성을 얻지 못한 경우(GG. §68①)이다.

원내각제로, 그리고 일원적의원내각제로의 발전과정을 거친지 않았다. 절대군주제에서 약간의 과도기를 거치기는 하였지만 제한군주제와 이원적의원내각제의 과정은 거치지 아니하고 일원적의원내각제를 채택하였다.[192]

그것은 메이지헌법의 절대군주제는 군국주의와 결합하게 되었는데, 세계대전에 패하면서 민주주의 정부를 채택하지 않을 수 없었던 역사적 사실에서 비롯된 것이다. 일본의 의원내각제는 영국의 제도를 도입하고 있다. 그것은 의원내각제가 개인의 자유를 위한 정치체제이기 때문이라기보다는 군주제를 절대군주제화 하는 것을 용납하지 않으려는 미국의 의도로 풀이된다.[193] 이런 이유로 영국의 의원내각제는 일본정치에 많은 영향을 주었다.

(1) 메이지헌법과 일본의 내각

일본은 1889년 메이지(明治)헌법의 제정과 함께 1890년 11월에 최초의 의회가 소집됨으로써 의회정치가 시작되었다. 메이지헌법은 서양 이외의 지역에서 최초로 만들어진 헌법이다. 그러나 메이지헌법은 제정과정 및 특징에서 서양의 헌법과 많은 차이가 있다. 서양의 헌법은 왕과 봉건의회의 대립 속에서 밑으로부터의 혁명내지는 혁명적 변화를 거쳐서 만들어지는 것이 일반적이다. 따라서 헌법은 왕권의 제한과 주권 행사 방법에 대한 규정을 주요한 내용으로 하고 있다. 이에 비해 일본은 밑으로 부터의 요구보다는 외부적인 힘에 의해 정

192) 문광삼, 일본의 의원내각제 연구, 법학연구 제44권 제1호, 부산대학교 법학연구소, 2003. 12, 158면.
193) Karl Loewenstein, op. cit.(각주 17), pp. 3-4.

부주도로 헌법을 만들었다는 특징을 가진다.

메이지헌법의 천황의 강력한 대권을 규정하고 있다. 천황은 통치권을 총괄하고, 의회의 협의를 거쳐 입법, 법률의 재가, 문무 관료의 임면, 선전, 조약체결, 육해군의 편성 등 국정에 관한 거의 모든 권한을 행사할 수 있다. 그렇기 때문에 국민을 대표하는 의회의 권한은 매우 제한적이며, 정부권력의 기초를 규정하는 의회와 행정부간의 관계도 불균형적이다. 의회는 유일한 입법기관이 아닐 뿐만 아니라, 법률이나 예산심의 등에도 많은 제약을 가지고 있다. 또 귀족원과 추밀원의 존재도 국민의 대표로서의 중의원(남자만의 제한 선거로 선출)의 기능을 제한했다.

내각은 의회의 신임을 필요로 하지 않았고, 의회에 대해 절대적으로 우월한 지위를 가졌다. 내각은 의회 소집권, 중의원의 해산, 의회 회기의 연장, 의회의 정회 등에 결정적인 권한을 가져다. 이에 비해 메이지헌법에는 행정부를 구성하는 내각이나 수상(내각총리대신)에 대한 규정이 없으며, 내각은 구성원 각자(국무대신)가 개별적으로 천황에 대한 보필책임을 졌다.[194] 따라서 내각은 내각의 통일적 의사로 천황을 보필하는 것이 아니기 때문에 엄밀한 의미에서 메이지 헌법의 내각은 각료들의 통일적 의사결정을 하는 기관도 아니며, 서양과 같은 의미에서의 의원내각제로 보기는 어렵다.

메이지헌법에서 내각이나 내각의 구성원으로서의 각료가 존재하지 않는 것은 아니었으며, 실제로 정치적으로 중요한 기능을 하고 있었던 것도 사실이다. 그러나 내각 존재의 법적 근거는 헌법이 아니라,

---

194) 메이지헌법 제55조.

천황이 자의로 발하는 칙령인 내각관제에 의해서였다. 이러한 의미에서 메이지헌법의 내각은 의회의 신임에 관계없는 천황의 신임에 의해 구성되는 이른바 천황의 내각으로서 의원내각제에 있어서의 내각과는 본질적으로 그 의미가 달랐다.

이러한 권력구조에서의 수상은 수석국무대신에 지나지 않으며, 내각 의사의 통일성을 전제로 하지 않기 때문에 내각의 구성원은 각자가 일종의 거부권을 가지게 된다. 전쟁 전 내각에서 내각의 의사가 통일되지 못해 내각 전체가 사직을 하는 등의 사태가 발생한 이유도 여기에 있다.

이처럼 내각의 권력은 분산되어 있었으며, 수상은 제도에 의해서가 아니라 개인적인 능력으로 내각을 이끌어 갔다. 전쟁 전 수상의 평균 재임기간이 17.7개월에 지나지 않았다는 것은 메이지헌법 내각의 불안전성을 나타내주고 있다.

정당의 발달과 함께 다이쇼시기에는 정당에 기초한 다수당이 내각을 구성하는 등 일시적으로 의원내각적인 운영이 이루어지기도 했다. 1918년 다수당인 입헌정우회 총재 하라가 당수에 취임하고 다수의 각료를 입헌정우회 출신으로 구성함으로써 정당 내각이 시작되었다. 그 후 비정당 내각이 성립하기도 했으나, 1920년대는 선거권의 확대와 함께 정당을 기초로 한 의회정치가 전개되었다. 그러나 이러한 다수당을 중심으로 한 정당 내각제적 운영도 대공황을 배경으로 발생한 1931년의 만주사변을 계기로 군부가 정치의 전면에 등장하게 됨으로써 전쟁 전 일본에서 의원내각제는 끝나고 말았다.

(2) 전후 일본 헌법과 의원내각제

전후 패전국 일본의 통치기구를 결정함에 있어서 초점은 천황제의 존속여부였다. 미국은 천황의 정치권력만을 박탈한 형태, 즉 상징적 형태로 천황제를 존속하기로 하였다. 천황제의 존속은 일본의 통치형태로 자연스럽게 의원내각제를 선택하게 하였다. 국가원수로서의 천황이 존재하는 경우 새로운 국가원수의 지위를 가진 대통령제의 도입은 생각할 수 없기 때문이다. 그리고 전쟁 전 내각제도의 경험도 의원내각제 도입에 영향을 미쳤다.

1947년에 제정된 일본국 헌법에서의 전쟁 전의 내각 중심적 정부운영에 대한 반성으로 입법부와 행정부의 관계를 명문으로 의회중심으로 바꾸었다. 신헌법에서는 의회를 국정의 최고기관으로, 행정부의 정부입법을 금지하여 국회를 유일한 입법기관으로 규정했다. 그리고 의회와 행정부의 관계를 내각은 행정권의 행사에 있어서 국회에 대하여 연대하여 책임을 진다고 규정하여 의원내각제를 제도화했다. 이를 전제로 헌법은 수상을 국회에서 선출하도록 하고, 수상에게 국무대신의 임명권을 부여함으로서 수상을 내각의 수장으로 하여 내각의 연대성을 유지하도록 했다.[195)]

헌법은 중의원에 대한 내각 불신임권과 내각의 의회 해산권을 부여했다. 내각과 의회와의 관계를 헌법 제69조는 "중의원에서 불신임의 의결이 있거나, 신임의결을 부결한 때에 내각은 10일 이내에 중의원을 해산하지 않으면 총사직해야 한다"고 규정하고 있다. 동시에 헌법은 내각의 신임과 관계없이 천황의 국사행위로서 중의원 해산권을

195) 문광삼, 앞의 논문, 165면.

인정하고 있다. 천황의 국사행위는 내각의 조언과 승인을 전제로 하기 때문에 천황의 해산권 행사는 곧 내각의 해산을 의미하는 것으로 인정되고 있다. 즉 내각은 의회의 내각에 대한 불신임과 관계없이 무제한적으로 의회를 해산할 수 있다. 따라서 일본의 의원내각제는 논리적으로는 의회의 내각에 대한 무제한적인 불신임권과 내각의 의회에 대한 무제한적인 해산권으로 상호견제와 균형을 취하고 있다. 그러나 현실적으로는 될 수 있으면 해산을 꺼리는 의회에 대해 내각은 해산권을 통해 의회를 실질적으로 지배할 수 있는 내각 우위형이라 할 수 있다.[196] 그럼에도 불구하고 일본은 수상을 중심으로 한 내각 기능의 약화가 정부형태의 단점으로 지적되어 있다.

2. 일본 헌법의 의원내각제 원리와 특징

(1) 내각의 지위와 권한

1) 내각의 지위

일본 헌법에서 내각은 행정기관의 중심적 위치를 점하게 되고, 명치헌법하의 천황의 대권에 속했던 행정권을 장악함으로써 행정작용의 확대와 함께 국정에 있어서 실질적 중추기관으로서의 지도적 지위와 권능을 가진다.[197]

또한 내각이 의회다수파의 지지를 확보하고 있는 경우에만 실질적

196) 정만희, 의원내각제 원리와 현대적 특질과 과제 - 일본 헌법상의 의원내각제를 중심으로, 공법학연구 제3권 제1호, 한국비교공법학회, 2001, 70면.

197) 小林直樹, 憲法講義(下), 東京大學出版會, 1973, 639頁.

이면서 안정적인 정치를 구현할 수 있다.[198] 다만, 일본 헌법은 국회를 '국권의 최고기관으로 하여 의회우위의 의원내각제를 채택하고 있으나 현실에서는 정치보다는 행정의 우위를 요구하고 있다. 이러한 헌법적 이상과 현실적 요청을 어떻게 조화시킬 것인가의 헌법학의 중요한 논의 과제가 되고 있다.[199]

가. 행정권의 귀속주체

의원내각제의 기본적인 요소는 내각이 의회의 신임에 의존하는 것, 의회의 불신임의결에 의한 내각의 총사직, 입법부에 의한 수상의 선출, 합의제의 행정부 등을 들 수 있다.[200] 이와 같이 합의제적 행정부는 의원내각제의 요소로 들 수 있으며, 일본 헌법 제65조에서 "행정권은 내각에 속한다"라고 규정하여 합의제로서의 내각에 행정권의 귀속주체로서의 지위를 부여하고 있다. 행정권의 귀속에 관해 일본 헌법은 "국회는 국권의 최고기관이고, 국가의 유일한 입법기관이다"(헌법 제41조). "모든 사법권은 최고재판소 및 법률이 규정하는 바에 따라 설치되는 하급재판소에 속한다"(헌법 제76조 제1항)라고 규정함과 함께 권력분립의 원리를 채택하고 있다.[201]

그러나 실제로 행정작용의 대부분은 성을 비롯한 행정기관에 의해 이루어지기 때문에 '행정권은 내각에 속한다'는 것은 '입법권이 국회에 속하고, 사법권이 재판소에 속한다'는 것과는 의미를 달리한다.[202] 즉

198) 長谷部恭男, 憲法, 新世社, 1997, 362-363頁.

199) 이상윤, 일본국헌법상의 의원내각제에 관한 연구, 동아대학교 대학원, 박사학위논문, 2000, 88면.

200) A. Lijphart, Parliamentary versus Presidential Government, 1992, p. 2ff.

201) 이상윤, 앞의 논문, 89면.

일본 헌법은 내각 외의 기관이 행정에 관여하는 경우를 헌법이 인정하고 있다. 예컨대 천황이 내각총리대신의 임명과 일정한 국정과 관련된 행위 등 광의의 행정작용을 행하고(헌법 제6조, 제7조), 회계감사원이 내각과 독립하여 결산을 검사하며(헌법 제90조) 국회가 내각총리대신을 지명하고(헌법 제6조 제1항, 제67조), 최고재판소가 하급재판소의 재판관명부를 작성하는(헌법 제80조 제1항) 등 내각 외의 기관이 실질적 의미의 행정을 행하는 것을 헌법에서 인정하고 있다.

따라서 '행정권이 내각에 속한다'라고 하는 것은 내각이 국가의 행정조직에 있어서 최고기관임을 나타내는 것으로서 스스로 일반 행정사무를 행하는 외에 행정각부를 지휘·총괄하는 것을 의미한다.203)

일반적으로 행정권의 귀속에 대해서 규정하는 경우 독임기관에 귀속시키고 있다. 그러나 일본 헌법은 합의체로서의 내각에 행정권을 귀속시키고 있으므로 예외적인 경우에 해당한다.204)

일본 헌법은 합의제로서 내각 그 자체에 행정권이 귀속하는 것으로 규정하고 있으며, 내각총리대신에게 수장으로서의 지위(헌법 제66조)를 부여함과 동시에 국무대신의 임면권(헌법 제68조), 내각총리대신의 권위에 의한 내각의 총사직(헌법 제70조), 내각의 대표권(헌법 제72조), 국무대신의 소추동의권(헌법 제75조) 등을 규정함으로써 내각총리대신의 우월적 지위를 보장하고 있다. 이러한 우월적 지위는 합의제 합의제의 이념과 모순되는 점도 있지만, 행정권의 주체로서의 내각이 강고한 일체성을 실현하고, 신속하게 행동할 수 있도록 하기 위하여

202) 小嶋和司, 憲法概觀, 有斐閣, 1967, 163頁.
203) 이상윤, 앞의 논문, 90면.
204) 이상윤, 위의 논문, 90면 이하 참조.

합의제를 기본으로 하면서 독임제적 요소를 혼합하고 있다.[205]

나. 조언 · 승인의 기관

일반적으로 의원내각제는 의회와 정부의 공화와 균형의 원리에 입각하고 있으므로 양자의 통합과 갈등을 건설적인 방향으로 유도하기 위한 상징적인 국가원수의 존재가 필요로 하게 된다. 따라서 정치적으로 중립적인 의례적·상징적 국가원수는 의원내각제의 불가결한 제도적 요소라 할 것이다.[206]

그리고 천황의 국가에 관한 모든 행위는 내각의 조언과 승인을 필요로 하고, 내각이 그 책임을 진다(헌법 제3조)고 하여 천황의 모든 국사행위의 합의체로서의 내각의 조언과 승인을 필요로 하고, 그 조언과 승인은 내각의 책임하게 행해진다는 것을 명확히 하고 있다. 따라서 내각은 천황의 모든 국사행위에 대하여 조언과 승인을 부여하고, 그 책임을 지는 지위에 있는 것이다.

2) 내각의 권한

가. 법률의 집행과 국무의 총리

일본 헌법은 제65조에서 "행정권은 내각에 속한다"고 규정하고 있다. 내각은 특히 헌법이 다른 행정기관의 권한으로 인정한 것을 제외하고는 원칙적으로 모든 행정사무를 행하고, 또한 다른 행정기관이 행하는 행정사무를 총괄하는 권한을 가진다. 이와 같이 행정권의 주

205) 野中俊彦・中村睦男・高橋和之・高見勝利, 憲法Ⅱ, 有斐閣, 1999, 149頁.
206) G. Marshall, Constitutional Theory, Oxford University Press: London, 1980, pp. 17-21.

체로서 행하는 내각의 직무로는 일본 헌법 제73조에 열거되어 있는 일반 행정사무, 기타 일반 행정사무, 헌법의 다른 조항에서 인정하고 있는 직무가 있다.

일본 헌법은 기타 일반 행정사무 외에 내각의 업무로서 법률을 성실하게 집행하고, 국무를 총리하는 것을 규정하고 있다(헌법 제73조 제1항). 법률을 집행하는 것은 행정의 본질적인 부분으로 국회가 제정한 법률을 성실하게 집행하는 것이 내각의 가장 중요한 임무이다. 다만 법률 중에서 재판소법, 국회관계법 등과 같이 성질상 내각에 의하여 집행될 수 없는 법률도 있으므로 내각이 모든 법률을 집행하는 것은 아니다. 이와 관련하여 내각은 법률의 집행에 있어서 그 내용에 대하여 유효성을 심사할 수 있는가라는 문제가 있으나 법률을 성실하게 집행하는 것은 국가의 유일한 입법기관인 국회가 제정한 법률에 대한 내각의 태도를 나타내는 것으로서 국회가 합헌으로 해석하여 제정한 법률의 내용에 대하여 내각이 위헌의 판단을 한 경우에도 국회의 판단에 따라 집행해야 하는 것이다.[207)]

그리고 국무를 총리하는 것에 대해서는 내각은 행정뿐만 아니라 입법과 사법 등의 국정전반에 대하여 배려할 권리와 의무를 부여한 것이라는 견해[208)]와 내각은 행정권을 총괄하는 기관이라는 것을 전제로 행정의 최고기관으로서 행정사무를 통괄하고, 행정각부를 지휘·감독하는 것을 의미한다는 견해[209)]가 있으나, 내각은 입법작용과 사법작용 그 자체를 행하는 것이 아니고 입법과 사법에 대한 배려도

207) 杉原泰雄, 憲法Ⅱ, 有斐閣, 1989, 340-341頁.
208) 小嶋和司, 内閣の職務と責任, 清宮四郎・佐藤功 編, 憲法講座3, 有斐閣, 1966, 196頁.
209) 清宮四郎, 憲法Ⅰ, 有斐閣, 1967, 269頁.

행정사무에 속한다는 해석도 가능하므로 양 견해의 실질적 차이는 없다.[210]

나. 기타의 권한

그 외에도 내각의 독자적 권한으로서 외교관계를 처리하는 것(헌법 제73조 제2호), 조약을 체결하는 것(헌법 제73조 제3호), 법률이 정하는 기준에 따라 관사에 관한 사무를 장리 하는 것(헌법 제73조 제 4호), 예산을 작성하여 국회에 제출하는 것(헌법 제73조 제5호), 헌법 및 법률의 규정을 실시하기 위하여 각령을 제정하는 것(헌법 제73조 제6호), 대사·특사·감형, 형의 집행면제 및 복권을 결정하는 것(헌법 제73조 제7호) 등이 있다.

앞에서 설명한 바와 같이 천황의 모든 국사행위에는 내각의 조언과 승인이 필요하고, 내각이 그 책임을 지고(헌법 제3조), 천황이 내각의 조언과 승인에 의하여 행하는 권한을 열거하고 있다(헌법 제7조), 그리고 내각의 다른 기관과 관련되는 권한으로는 최고재판소의 장인 재판관의 지명(헌법 제6조 제2항), 최고재판소의 장인 재판관 이외의 재판관 및 하급재판소의 재판관 임명(헌법 제79조 제1항, 제80조 제1항), 국회의 임시회소집의 결정(헌법 제53조), 중의원의 해산 중 참의원의 긴급집회를 요구하는 권한(헌법 제54조 제2항), 예비비의 지출(헌법 제87조 제1항), 결산의 제출(헌법 제90조 제1항), 재무현황의 보고(헌법 제91조) 등을 들 수 있다.

---

210) 伊藤正已, 憲法, 弘文堂, 1997, 554頁 ; 小林直樹, 前掲書, 654-655頁.

3) 내각 총리대신의 지위와 권한

가. 내각총리대신의 지위

일본 헌법은 명문으로 내각 및 내각총리대신을 헌법상의 기관으로 함과 동시에 특히 내각총리대신에 대하여 내각의 수장으로서의 지위를 부여하고 있다. 여기서 수장이란 의미가 다양하게 해석되고 있다. 그러나 여기에서 수장의 의미는 행정권이 합의체로서 내각 그 자체에 있고, 내각의 의사결정에 있어서는 내각총리대신을 비롯한 모든 관료가 대등한 지위에서 참가한다.[211] 우선 내각의 의사결정에 있어서는 행정권이 합의체로서의 내각에 속한다. 국회에 대한 내각의 연대책임의 원칙(헌법 제66조 제3항)으로부터 모든 각료는 대등한 지위에 있다. 그러나 내각의 조직·구성 및 의사의 집행에 있어서는 일체성과 통일성의 확보를 위해 내각총리대신에게 특별히 강력한 권한을 인정하고 내각의 일체성과 통일성을 유지하는 중심적인 지위를 인정하고 있다.[212]

그리고 내각의 조직과 구성 및 결정된 내각의사의 집행에 관해 내각총리대신에게 국무대신의 임면권(헌법 제68조), 소추동의권(헌법 제75조), 행정각부에 대한 지휘감독권(헌법 제72조) 등의 특별한 권한이 인정되고 있다. 내각총리대신은 내각의 일체성과 통일성의 중심으로서 다른 각료의 상위에 위치하는 것으로 볼 수 있다. 다만 내각총리대신의 이러한 강력한 권한은 내각의 조직·권한 및 이미 형성된 내각의사의 집행에 관한 것으로서 이러한 권한을 가진다고 해서

---

211) 宮澤俊義, 內閣總理大臣の權限の强化, 日本憲政史の硏究, 岩波書店, 1968, 253頁; 小高章, 內閣總理大臣の權限, 自治硏究 第72巻 第8号, 1996, 78頁.

212) 이상윤, 앞의 논문, 98면.

행정권의 담당자인 내각의 의사 자체가 내각총리대신에 의하여 결정되는 것은 아니다. 이러한 권한이 내각의 의사형성에 있어서 내각총리대신의 영향력을 강화시킬 수도 있으나, 그것은 이러한 권한으로부터 발생하는 사실상의 효과에 불과하다. 법적으로 내각의 수장은 대통령제의 대통령이나 수상제의 수상과는 지위와 성격을 달리한다.[213]

따라서 일본 헌법에 있어서 행정권은 합의체로서의 내각 그 자체에 있고, 내각의 의사결정에 있어서는 내각총리대신을 비롯한 모든 각료가 대등한 지위에서 참가하지만, 내각의 조직·구성 및 의사의 집행에 있어서는 일체성과 통일성의 확보를 위하여 내각총리대신에게 특별히 강력한 권한을 인정하고, 내각의 일체성과 통일성을 유지하는 중심적인 지위를 인정하고 있는 것이다.[214]

나. 내각총리대신의 권한

(가) 국무대신의 임면권

내각총리대신은 국무대신을 임명하지만, 그 과반수는 국회의원이어야 하고(헌법 제68조 제1항), 또한 내각총리대신은 임으로 국무대신을 파면할 수 있다(헌법 제68조 제2항). 이와 같이 국회에 의하여 지명된 내각총리대신에게 국무대신의 자유로운 임면권을 규정함으로써 내각의 조직에 관한 권한을 내각총리대신에게 부여하고 있다. 이것은 내각의 통일성을 확보하기 위한 유력한 수단임과 동시에 내각의 조직·구성에 있어서 내각총리대신의 다른 국무대신에 대한 우월적 지위에 있음을 말하고 있다.[215]

---

213) 今井 威, 議員内閣制の研究, 大學教育社, 1980, 311-312頁.
214) 이상윤, 앞의 논문, 98면.

그리고 국무대신의 임면권은 내각총리대신의 전권에 속하는 것으로서 파면의 경우도 그 이유를 본인에게 통지하거나 다른 국무대신의 의견을 들을 필요가 없다.

(나) 내각대표권

일본헌법은 내각총리대신에 대하여 수장으로서의 지위를 부여함과 동시에 내각총리대신이 내각을 대표하여 의안을 국회에 제출하고, 일반국무 및 외교관계에 대하여 국회에 보고하며 행정각부를 지휘·감독하는 것으로 규정하고 있다(헌법 제72조). 이와 같이 내각총리대신은 내부적으로는 내각의 통일성을 유지하고, 외부적으로는 내각을 대표하는 권한을 가지고 있다. 내각총리대신은 내각의 수장으로서의 지위에 있으므로 당연히 내각을 대표하는 권한을 가지고, 그 내용은 국회에 의안을 제출하고, 일반국무 및 외교관계에 관하여 보고하며 행정각부를 지휘·감독하는 것이다.

가) 의안제출권

내각총리대신은 내각을 대표하여 국회에 의안을 제출하는 권한을 가진다(헌법 제72조). 의안이란 내각의 권한사항에 속하는 것을 국회의 의사를 묻기 위하여 제출되는 것이므로 내각의 권한과 관계없는 것을 의안으로 제출할 수는 없다. 내각의 권한사항에 속하는 예산과 조약 등은 국회의 의결 또는 승인이 필요하므로(헌법 제86조, 제73조 제3호 단서) 의안에 속한다. 그리고 내각법은 내각총리대신은 내각을 대표하여 내각제출 법률안, 예산안, 그 외의 의안을 국회에 제출한다

215) 伊藤正己, 前揭書, 538-539頁.

(내각법 제5조)고 규정하고 있다.

법률안 및 헌법개정안을 의안으로서 제출할 수 있는가에 대해서는 견해가 대립된다. 일반적으로 내각과 의회의 연결을 용인하는 의원내각제의 원리로부터 법률안을 제외할 이유가 없으며 유일한 입법기관으로서의 국회의 지위를 침해하는 것도 아니므로 헌법 제72조의 의안에는 법률안이 포함되는 것으로 해석되고 있다.216) 의안에 헌법개정안이 포함되는가의 여부에 대해서도 견해의 대립이 있기는 하나, 내각의 헌법개정안 제출권을 인정하지 않는다고 해도 의원내각제의 현실적인 운용에 있어서는 대부분의 각료가 소속하는 여당의원이 대신하여 발의할 수 있으므로 큰 의미를 가지지는 않는다. 또한 헌법개정의 중요성을 감안하여 헌법조사회법에 의하여 내각에 헌법조사회가 설치된 것으로 보아 실제로 내각의 헌법개정안 제출권은 논리적으로는 적극적으로 받아들여지고 있다.217)

나) 일반국무·외무관계에 대한 보고권

일반국무 및 외교관계란 내각의 직무에 속하는 모든 행정사무를 의미한다. 외교관계에 관한 사무도 일반국무의 일부를 이루는 것이나 헌법전문의 국제협력이나 외교관계의 중요성을 감안하여 일반국무와는 별도로 규정한 것이라 해석된다. 행정권의 행사에 관하여 국회에 대하여 연대하여 책임을 지는 내각은 당연히 국회에 대하여 행정사무의 운영에 관한 보고의무가 있으므로 이것은 내각의 권한이라기보다는 오히려 의무라고 해야 한다.218)

---

216) 新正幸, 憲法と立法過程, 創文社, 1988, 201頁; 點名雪健二, 內閣總理大臣の地位と權限, 東洋法學 第33卷 第1号, 1989, 97頁.

217) 清宮四郎, 前揭書, 315-316頁; 伊藤正已, 前揭書, 529頁;

따라서 행정권의 행사에 관하여 국회와 연대하여 책임을 지고, 중의원에 신임의 기초를 두는 내각의 이러한 보고의무는 의원내각제의 취지를 실현하기 위한 중요한 수단이 된다. 그리고 일본 헌법은 내각의 국가재정현황에 관한 국회 및 국민에 대한 보고의무도 규정하고 있다(헌법 제91조).

다) 행정각부의 지휘감독권

일본 헌법은 내각총리대신에게 내각을 대표하여 행정각부를 지휘·감독하는 권한을 부여하고 있다. 또 내각법에 의하면 내각총리대신은 각의에서 결정된 방침에 기초하여 행정각부를 지휘·감독한다(헌법 제6조). 그리고 대신간에 권한의 다툼이 발생한 경우 각의에 회부하여 이를 제정하는 것으로 하고 있다(헌법 제7조), 내각총리대신은 행정각부의 처분 또는 명령을 중지시키고, 내각의 조치를 기다릴 수 있는 것으로 하고 있다(헌법 제8조). 이러한 규정은 최종적인 결정권이 내각에 속한다는 것을 의미한다.

내각총리대신의 지휘·감독은 모든 행정기관에 대하여 행사할 수 있는 것이 아니므로 행정각부의 권한에 속하는 사항 및 그 권한에 속하지 않는 사항에는 미치지 않는다. 회계검사원의 경우 헌법상의 기관으로서 내각으로부터 독립성을 인정받고 있으므로 내각의 통제범위에 속하지 않는다. 그리고 법률상 또는 직무의 성질상 독립된 권한을 가지는 공정거래위원회, 국가안정위원회 등의 행정위원회도 내각총리대신의 지휘감독권을 받지 않는다.[219]

218) 今井 威, 前掲書, 317-318頁.
219) 淸宮四郎・佐藤功 編, 憲法講座3, 有斐閣, 1963, 218頁.

(다) 의원에서 출석·발언권

내각총리대신 및 그 외의 국무대신에게 의석의 보유여부와 관계없이 언제라도 의안에 대하여 발언하기 위하여 의원에 출석할 수 있는 권한과 출석의 요구가 있는 경우 답변 또는 설명을 위한 출석이 의무화 되어있다(헌법 제63조). 따라서 대신인 자는 모두 중의원 또는 참의원에 출석하여 발언할 권리와 의무를 가진다.[220] 여기서 말하는 의안이란 헌법 제72조에서 규정하는 내각이 국회에 제출하는 의안뿐만 아니라 의원제출의 법률안, 그 외에 의원이 제출한 법률안 등을 포함한다. 그리고 의원이란 의원의 합의를 의미하고, 본회의 및 위원회를 포함하는 것이다. 국무대신은 어떠한 회의라도 언제든지 출석할 수 있으나 비밀회의에는 그 의원의 특별한 허가를 얻어야 한다.[221]

헌법은 내각총리대신 및 그 외의 국무대신만을 규정하고 있으나 국회에서 국무대신을 보좌하는 정부위원의 출석에 대하여는 아무런 언급이 없다. 그러나 일본 국회법은 내각이 양원의 의장의 승인을 얻어 국회에서 국무대신을 보좌하기 위하여 정부위원을 임명할 수 있도록 하고 있으므로(헌법 제69조) 정부위원의 출석·발언이 금지되지는 않는 것으로 해석된다. 그러나 출석·발언권이 헌법상 보장된 것이 아니므로 의원은 정부위원의 출석·발언을 거부할 수 있으나 내각총리대신 및 그 외의 국무대신에 대하여는 거부할 수 없다. 국무대신이나 정부위원이 정당한 이유 없이 의원의 출석요구에 응하지 않는 경우 이에 대한 법적 강제수단은 존재하지 않으며, 정치적 책임을 물을 수 있을 뿐이다.

220) 淸宮四郞, 前揭書, 206頁.
221) 淸宮四郞, 上揭書, 206頁.

(라) 기타의 권한

일본 헌법 제74조는 내각이 국회에 대하여 연대하여 책임을 지므로 법률 및 각령에 주임의 국무대신의 서명과 내각을 대표하는 내각총리대신의 연서를 필요로 하고 있다. 법률의 집행, 각령의 제정과 집행의 책임이 내각에 있고, 주임의 국무대신의 서명 및 내각수장으로서의 내각총리대신의 연서를 요구함으로써 책임의 소재를 명확하게 하고 있다.[222] 그리고 내각의 통일성과 일체성을 확보하고, 소추기관으로부터의 부당한 압력 등을 배제하기 위하여 내각총리대신에게 국무대신의 소추동의권을 부여하고 있다(헌법 제75조).

이 외에도 각의주제권(내각법 제4조 제2항), 권한이의재정권(내각법 제7조), 행정처분 등의 중지권(내각법 제8조), 임시대리선임권(내각법 제9조), 긴급사태의 선포 및 경찰의 일시적 통제권(경찰법 제71조, 제72조), 자위대의 최고지휘감독권(자위대법 제7조), 방위출동과 치안출동의 명령권(자위대법 제76조, 제78조), 국방회의의장으로서의 권한(국방회의의 구성 등에 관한 법률 제3조 제1항), 행정처분의 집행정지에 대한 이의(행정사건소송법 제27조) 등이 있다.

4) 국무대신의 지위와 권한

국무대신은 내각총리대신과 함께 내각을 구성함으로 내각의 구성원으로서의 지위를 가지고, 주임의 국무대신으로서 행정사무를 분담·관리한다(내각법 제3조 제1항). 국무대신은 재임 중 내각총리대신의 동의가 없으면 소추되지 않는다.

국무대신은 내각의 구성원으로서 내각의 의사형성에 참가한다. 즉

222) 榎原 猛,, 憲法, 法律文化社, 1986, 332頁; 淸宮四郎, 前揭書, 261-262頁.

내각총리대신은 각의를 주재하고, 국무대신은 주임대신으로서의 소관사항에 한정하지 않고 안건을 내각총리대신에게 제출하여 각의를 요구할 수 있다(내각법 제4조 제3항). 또한 주임의 국무대신으로서 법률에 서명한다(헌법 제74조). 그리고 의안에 대하여 발언하기 위하여 의원에 출석할 수 있다(헌법 제63조). 이와 같이 일본 헌법은 적극적으로 대신의 의원에의 출석·발언의 자유를 보장하고 있다. 한편 요구가 있는 경우 대신의 의원에의 출석·설명은 의무적이고, 이에 의하여 의원에 질문권이 보장되는 것이다.[223)]

(2) 내각의 성립과 소멸

1) 내각의 성립

가. 성립시기와 문민조항

일본 헌법은 제66조 제1항에서 "내각은 법률이 규정하는 바에 따라 그 수장으로서의 내각총리대신 및 그 외의 국무대신으로 조직한다"고 하여 그 조직을 법률사항으로 하고 있다. 즉 내각은 수장으로서의 내각총리대신 및 그 외의 국무대신으로 조직되는 합의체로서 내각총리대신 및 그 외의 국무대신이 임명됨으로서 성립하게 된다.

그런데 일본 헌법은 국무대신의 임명권을 내각총리대신에게 부여하고, 그 때까지의 내각은 새로운 내각총리대신의 임명에 의하여 소멸되는 것으로 하고 있어(헌법 제71조), 내각의 성립시기가 문제된다. 내각총리대신은 천황에 의해 임명되고, 그 외의 국무대신은 내각총리대신이 임명하여 천황이 이를 인정하는 것으로 하고 있으나(헌

223) 法學協會 編, 註解日本國憲法(下), 有斐閣, 1968, 960-961頁.

법 제6조 제1항, 제7조 제5호) 임명과 인증에는 각각 내각의 조언과 승인이 필요하다(헌법 제3조, 제7조). 이러한 경우 내각총리대신의 임명에 대한 조언과 승인에 대하여는 총사직한 내각이 행하므로 문제가 없으나 국무대신의 임명과 인증에 대한 조언과 승인은 내각총리대신 한 사람이 내각을 구성하여 행하도록 하고 있는 것으로 볼 수도 있다. 따라서 새로운 내각은 내각총리대신이 임명된 시점에서 성립하게 된다.

이에 대하여 합의체로서의 내각이라는 점을 강조하여 내각총리대신이 단독으로 내각을 구성하는 것은 행정권이 합의체로서의 내각에 속한다는 규정의 취지와 모순된다는 비판이 있다.[224] 실제로도 이러한 사태를 피하기 위하여 국회에 의하여 지명된 자가 내각총리대신으로 임명되기 전에 사실상 조각을 완료하고, 내각총리대신의 임명과 그 외의 국무대신에 대한 임명과 인증을 동시에 행한다는 관행이 성립되고 있다.[225]

그리고 일본 헌법은 국회의원 중에서 내각총리대신을 지명하고, 그 외의 국무대신의 과반수가 국회의원일 것을 요하고 있으며(헌법 제68조 제1항), 내각구성원의 공통의 자격으로 문민일 것을 요구하고 있다(헌법 제66조 제2항). 이 문민의 의미에 대하여는 군인 아닌 자로 보는 견해,[226] 직업군인의 경력을 가지지 않는 자로 보는 견해[227]로 나누어져 있다. 다만 직업군인의 경력의 범위나 군국주의사상의

224) 法學協會 編, 註解日本國憲法(下), 有斐閣, 1968, 986-978頁.

225) 宮澤俊義・芦部信喜, 日本國憲法, 日本論評社, 1978, 64頁; 今井 威, 前揭書, 305頁.

226) 宮澤俊義・芦部信喜, 日本國憲法, 日本論評社, 1978, 506頁.

227) 佐藤功, 憲法(下), 有斐閣, 1984, 821-822頁.

내용의 애매성 등의 비판이 제기되고 또한 이 규정의 성립유래와 헌법 제9조가 자위전력으로서 무력보유를 금지하는 것은 아니므로 군인이 아닌 자로 보는 것이 타당하다.[228)]

나. 내각총리대신의 지명

일본 헌법 제66조 제1항에서 "내각은 법률이 규정하는 바에 따라 그 수장인 내각총리대신과 그 외의 국무대신으로 조직 된다"고 하여 내각총리대신의 임명에 의하여 내각이 성립하는 것으로 규정하고 있다. 내각총리대신은 국회의 의결로 국회의원 중에서 모든 안건에 우선하여 지명되고(헌법 제67조 제1항), 이에 기초하여 천황에 의하여 임명된다(헌법 제6조 제1항). 따라서 내각성립의 결정적 요소인 내각총리대신의 임명에 대하여 국회가 주도권과 실질적 권한을 가진다.

내각총리대신이 궐위된 경우 또는 사표를 제출한 경우 내각은 직접 그 취지를 양원에 통지해야 하고(일본 국회법 제64조), 양원은 이에 따른 지명절차에 들어가게 된다. 또한 중의원의 내각불신임에 의하여 내각이 10일 이내에 중의원을 해산하지 않고 총사직한 경우 및 중의원의원의 총선거 후 최초의 국회소집으로 내각이 총사직한 경우(헌법 제70조)에는 이러한 통지의 유무에 관계없이 지명절차를 개시할 수 있는 것으로 해석된다.[229)]

---

228) 今井 威, 前揭書, 306頁.

229) 鈴木隆夫, 內閣總理大臣の指名節次について, 法律時報 第20卷 第9号, 1946, 29-30頁.

(가) 자격요건

일본 헌법은 제67조 제1항에서 내각총리대신은 국회의원 중에서 국회의 의결로 지명한 자를 천황이 임명하는 것으로 규정하고 있어, 내각총리대신은 국회의원일 것을 요구하고 있다. 내각총리대신은 국회의원 중에서 지명되는 것으로 되어 있으나 의원내각제는 중의원에 기초를 두고 있으므로 원칙적으로 중의원의원이 지명되는 것으로 이해되고 있으며, 실제로도 중의원의원이 지명되고 있다.230) 다만 중의원의 해산 중에서 참의원의 긴급집회에서 내각총리대신의 지명이 필요하게 된 경우에는 국회의원으로서의 지위를 가지는 참의원의원 중에서 지명된다.

내각총리대신은 국회의원이어야 한다는 자격요건에 대하여는 지명요건인가 재직요건인가를 둘러싸고 견해의 대립이 있으나, 학설은 내각총리대신의 자격요건은 의원내각제를 철저하게 하기 위하여 두어진 것으로서 지명요건일 뿐만 아니라 재직요건으로 해석하고 있다.231)

(나) 의결요건

내각총리대신은 국회의 의결로 지명되지만, 그것은 보통의 국회의결안건과는 달리 선·후를 구별하지 않고, 양원이 각각 독립하여 의결한다. 지명은 의결에 의해야함으로 양원의 의사·표결에 관한 헌법 제56조의 규정이 적용되고, 의사정족수는 재적의원의 3분의 1이며, 출석의원의 과반수로 결정된다. 이에 관하여 중의원규칙 제18조 제2항

230) 清宮四郎, 前掲書, 255頁.

231) 清宮四郎, 前掲書, 255頁; 法學協會 編, 註解日本國憲法(下), 有斐閣, 1968, 1022頁.

에는 투표의 과반수를 획득한 자를 지명되는 자로 하고, 그자에 대하여 의결이 있었던 것으로 한다고 되어 있다. 참의원규칙 제20조 제2항에는 투표의 과반수를 획득한 자를 지명된 자로 한다고 되어 있다.

또한 투표에서 과반수를 획득한 자가 없는 경우에는 최다투표를 획득한 두 사람에 대하여 결선투표를 실시해 다수를 획득한 자가 지명된다. 결선투표에 회부되어 두 사람 또는 지명된 자를 정함에 있어서 그 득표수가 동일한 경우에는 추첨으로 정한다(중의원규칙 제18조 제3항, 참의원규칙 제20조 제3항). 의원은 투표에 의하지 않고 동의나 그 외의 방법에 의하여 지명할 수도 있다(중의원규칙 제18조 제4항, 참의원규칙 제20조 제4항).

이와 같이 양원의 의결이 일치하면 국회의 의결이 성립한 것으로 된다. 그러나 양원의 의결이 다르고 양원협의회를 개최하여도 의견이 일치되지 않는 경우, 또는 참의원이 일정한 기간 내에 의결을 하지 않는 경우에도 중의원의 지명이 우선하는 것으로 하고 있다(헌법 제67조 제3항). 우선 양원의 의결이 일치하지 않는 경우에는 양원협의회가 개최되고, 양원협의회는 임의적인 것이 아니라 필수적인 것이다. 내각총리대신의 지명에 대하여 양원의 의결이 일치하지 않는 경우 참의원은 양원협의회를 요구해야하고(헌법 제68조 제2항), 중의원은 이를 거부할 수 없다(헌법 제88조). 양원협의회에서 해결이 불가능하면 중의원의 의결이 국회의 의결로 된다.

(다) 우선의결

일본 헌법 제67조 제1항에 의해 내각총리대신의 지명에 관한 의결은 최우선하여 행하도록 하고 있다. 이것은 내각총리대신이 행정권의 귀속주체인 내각의 수장이고, 그 일체성의 중심적 지위를 점하고 있기 때문이다.[232] 따라서 지명의 절차는 법률안, 예산안 등의 의사일정과 관계없이 우선하여 개시된다. 이러한 절차를 거쳐 지명의결이 행해진 경우 중의원의장으로부터 내각을 경유하여 천황에게 전달되고(국회법 제65조 제2항), 천황이 이를 최종적으로 임명한다(헌법 제6조 제1항).

다. 국무대신의 선임

일본 헌법 제68조 제1항 단서에 의해 국무대신의 선임요건으로서 과반수의 국회의원이어야 할 것을 규정하고 있다. 여기에서 과반수란 의원내각제의 보장과 과반수의 산정의 편리상 국무대신의 정수의 과반수라고 하는 견해도 있으나, 일반적으로 현존하는 국무대신의 과반수로 해석되고 있다.[233] 특히 전문적인 지식을 필요로 하는 법무대신, 문부대신 등이나 각 정당의 입장으로부터 독립성을 유지해야하는 성질의 행정사무를 담당하는 국무대신에는 국회의원 이외의 적임자가 필요한 경우도 있다는 점을 고려할 때 과반수의 요건으로 된 것으로 해석된다.[234]

그리고 국회의원이면 족하므로 참의원의원도 국무대신으로 될 수 있으나 의원내각제는 중의원에 기초를 두고 있으므로 대부분의 국무대신은 중의원의원 중에서 선입되는 것이 원칙이다. 실제로도 중의원의원 중에서 선임되고 있으며 참의원의원인 국무대신은 소수에 지나

232) 淸宮四郎, 前揭書, 258頁.
233) 淸宮四郎, 前揭書, 256-257頁 ; 伊藤正己, 憲法, 弘文堂, 1997, 520-521頁.
234) 佐藤功, 憲法(下), 有斐閣, 1984, 837頁.

지 않는다.[235)]

국무대신의 과반수가 국회의원 중에서 선출되어야 한다는 것은 내각 전체에 관하여 내각총리대신외의 국무대신의 과반수가 국회의원이어야 한다는 것을 의미한다. 따라서 개개의 국무대신에 있어서는 선임요건이나 재임요건이 아니지만, 내각 전체로서는 내각전체의 구성에 관한 요건으로서 내각의 성립요건과 동시에 존속요건으로 된다.[236)]

2) 내각의 소멸

가. 내각의 불신임

일본 헌법 제69조에 의해 내각이 중의원에서 불신임된 경우이다. 의회의 불신임의결에 의하여 내각이 총사직하는 것은 의원내각제 기본원리이다. 내각에 대한 불신임은 불신임안의 의결 또는 신임안의 부결의 형태로 행해지며, 명시적인 방법에 의해야 한다. 다만 이 경우의 총사직은 의무적인 것이 아니라 중의원을 해산함으로써 내각은 일정기간 존속할 수 있다.

나. 내각총리대신의 궐위

일본 헌법 제70조에 의한 내각총리대신이 궐위된 경우이다. 내각총리대신의 궐위에 의한 총사직은 국회가 지명한 내각총리대신을 중심으로 하는 내각의 일체성을 확보하기 위한 것으로서 이에 따라 내각은 항상 수장으로서의 내각총리대신과 진퇴를 같이 한다. 내각총리대신이 궐위된 경우로는 사망, 실종 등과 같은 사실상의 경우와 제명

---

235) 淸宮四郞, 前揭書, 257頁; 伊藤正己, 憲法, 弘文堂, 1997, 521頁.
236) 佐藤功, 憲法(下), 有斐閣, 1984, 840頁.

(헌법 제58조 제2항), 자격쟁송(헌법 제55조), 선거소송·당선소송에 의하여 의원으로서의 지위를 상실한 경우 등이 있다. 이와 관련하여 내각총리대신의 자발적인 사직이 궐위된 경우에 해당하는가에 대하여는 견해의 대립이 있다. 일반적으로 내각총리대신의 사직은 당연히 내각의 총사직을 초래하는 것이 의원내각제의 원칙이므로 궐위된 경우에 해당하는 것으로 해석되고 있다.[237] 따라서 내각총리대신의 사직이 궐위된 경우에 해당한다고 해석하는 경우 내각은 당연히 총사직해야 하는 것이다. 다만, 질병이나 일시적인 생사불명은 궐위된 경우에 해당되지 않고, 사고에 해당하며, 내각총리대신이 미리 지명한 국무대신이 임시로 내각총리대신의 직무를 대행한다(내각법 제9조).

중의원에 의하여 내각이 불신임된 경우에는 해산이나 총사직의 선택이 가능하나, 내각총리대신이 궐위된 경우에는 총사직이 의무적이다. 다만 내각총리대신이 궐위된 경우에도 총사직이 의무적이지만 중의원의 해산 또는 중의원의원이 임기만료부터 중의원의원총선거를 거쳐 새로 국회의 소집까지의 기간 중에 내각총리대신이 궐위된 경우에는 총사직의 효과가 발생하지 않는다.[238] 이와 관련하여 참의원의 긴급집회에서 내각총리대신을 지명하도록 해야 한다는 견해도 있으나, 긴급집회에서 취해진 조치는 그 후의 국회에서 중의원의 동의가 없는 한 효력을 상실하도록 되어 있고(헌법 제54조 제3항), 새로운 국회의 소집에 따라 내각의 총사직이 의무화 되는 것(헌법 제70조)과 모순되므로 참의원의 긴급집회에 있어서의 내각총리대신의 지명은 소극적으로 해석해야 한다.[239]

---

237) 宮澤俊義·芦部信喜, 日本國憲法, 日本論評社, 1978, 542頁.
238) 宮澤俊義·芦部信喜, 上揭書, 544-546頁.

다. 총선거 후 최초의 국회소집

일본 헌법 제70조에 따라 중의원 의원총선거 후 최초로 국회가 소집된 경우이다. 이것은 의원의 임기만료에 의한 총선거나 해산에 의한 총선거를 불문하고, 그 후 최초의 국회가 소집된 경우 내각의 총사직을 의무화함으로써 국민의 의사를 대표하여 새롭게 구성된 국회가 새로 내각총리대신을 지명하도록 하기 위한 것이다. 이것은 의원내각제의 기본원리로서의 입법부와 행정부의 균형을 저해하는 것으로서, 의회통치제의 원리가 강하게 침투된 의원내각제를 채용하고 있다고 평가되기도 한다.[240)]

의원내각제는 의회의 의사가 내각의 존립을 좌우하지만 새롭게 구성된 의회는 내각의 신임·불신임에 관하여 명확한 의사를 표하는 것이 아니므로 새롭게 구성된 의회에 내각의 신임여부를 묻는 의미에서 내각총사직을 의무화하는 것이 반드시 의원내각제의 원리에 어긋난다고는 할 수 없다.

다만, 내각은 일본 헌법 제69조에 한하지 않고, 천황의 국사행위의 조언·승인자로서의 입장에서 정치적 판단에 의하여 중의원의 해산을 결정할 수 있다는 관행이 성립되어 있다. 이와 같이 중의원의 해산은 내각의 재량에 의해서 행해지고 있지만, 일본 헌법 제69조에 한정된 해산의 경우에도 총선거·내각의 총사직이 의무화되어 있으므로 총선거가 국민의 심판으로서의 의미를 가진다고는 단정할 수 없다는 점에서 해산제도의 취지에 대한 새로운 해석이 필요하다.

이외에도 행정권의 최고기관으로서의 내각은 직무수행의 의욕을

---

239) 今井 威, 前揭書, 348頁.
240) 小嶋和司, 憲法の規定する政治機構, 法律時報 第25卷 第12号 1953, 197頁.

상실하거나 정권담당의 능력이 없다고 판단한 경우 임의적으로 총사직 할 수도 있다.[241] 이 경우에도 총사직한 내각은 새로운 내각총리대신이 임명될 때까지 계속하여 직무를 수행 한다(헌법 제71조). 총사직한 내각의 직무범위에 대하여는 운용상 행정의 계속성을 확보하기 위하여 필요한 범위에 머물러야 하고, 예컨대 중의원의 해산과 같이 이미 결정되어 있는 내각의 퇴진을 국민에게 묻는 것은 이미 총사직하고 있다는 것과 모순되므로 허용도지 않는다.[242]

(3) 내각의 책임과 내각불신임

1) 내각의 책임

가. 책임의 의의와 내용

내각이 책임을 진다는 것은 내각이 국회에 대하여 설명・답변・변명의 의무를 지고, 국회의 신임을 상실한 경우 사직해야 하는 것으로 이해되고 있다.[243] 이렇게 내각의 지는 책임의 의미에 관해 다양한 견해들이 제시되고 있다. 특히 일본의원내각제의 본질을 어떻게 파악하느냐에 따라 책임의 구체적인 내용을 달라진다. 이는 책임의 의미를 협의의 책임과 광의의 책임을 둘러싼 논의가 의원내각제를 어떻게 파악하는가와 관련되어 있기 때문이다. 의원내각제는 권력분립의 원리에 따라 행정부와 입법부가 분립한 후에 행정부가 입법부에 대하여 정치적인 책임을 지는 제도로 정의되고 있다. 그리고 의원내각

241) 佐藤功, 憲法(下), 有斐閣, 1984, 855頁.
242) 宮澤俊義・芦部信喜, 日本國憲法, 日本論評社, 1978, 545頁.
243) 宮井清暢, 內閣の責任と國務大臣の責任, 憲法의の爭點, 有斐閣, 1999, 200頁.

제의 제도적 원리는 내각이 의회의 신임에 기초하여 존립하는 것과 의회에 대하여 정치적 연대책임을 지는 것으로 요약되고 있다. 의원내각제의 공통적인 특징으로서 정부가 의회에 대하여 정치책임을 지고 의회의 신임이 정부존립의 요건이라는 것을 들고 있다.

내각이 국회에 책임을 진다는 의미, 즉 책임추궁의 효과에 대하여 명확하지는 않지만, 대체로 내각이 국회에 대하여 책임을 지는 것과 내각이 국회의 신임에 의거하는 것을 같은 취지로 이해되고 있다. 국회의 신임이라는 관념이 내각의 존립, 즉 내각의 성립과 소멸의 요건으로 파악되고 있다.

책임의 내용은 헌법 제69조 신임의 거부에 의하여 추궁되는 책임과 제66조 제3항에 의하여 일반적으로 추궁되는 책임을 법적책임과 정치적 책임으로 구별된다. 예컨대 법률적 의미의 책임이란 일정한 행동에 대하여 일정한 제제를 받는 것을 말하고, 내각은 헌법 제69조의 경우에만 중의원에 대하여 법률적인 책임을 지며, 그 외의 경우에는 본래의 법률적인 책임이 아니라 단순한 정치・도덕적인 색채가 강한 책임으로 파악되고 있다. 그리고 내각의 책임이란 그 행위의 위법・부당에 대하여 국회의 비판을 받아 불이익한 결과가 초래되는 것을 말한다. 내각이 스스로 책임을 느끼고 사퇴하는 경우는 정치적 책임으로 간주될 수 있지만, 헌법 제69조에 의하여 부득이하게 책임을 지고 사퇴하는 경우는 법적책임의 성격이 강하다.

이와 같이 책임의 내용에 대해서는 책임의 원인이 위법한 행위에 한정되어 있지 않으므로 엄격한 의미에서의 법적책임이라고는 할 수 없다. 그러나 중의원에 의한 내각불신임결의의 경우 내각의 중의원의 해산 또는 총사직이 의무화되어 있고(헌법 제69조), 해산을 선택한 경우에도 새로운 국회의 소집에 의하여 총사직이 의무화되는 법적 효과가 발생함으로 법적 책임의 성질도 가진다. 다만 불신임결의가 내각의 위법한 행위에 한정되어 있는 것이 아니라 내각의 모든 정치적 행위를 이유로 하기 때문에 정치적 책임의 성질을 가지는 것으로 파악되고 있다.[244)]

나. 책임의 범위와 대상

(가) 책임의 범위

내각은 행정권의 행사와 관련하여 국회에 연대하여 책임을 진다. 여기에서 말하는 행정권의 의미에 대해 견해의 대립이 있다. 일반적으로 형식적 의미의 행정권으로 이해하고 내각은 헌법 제73조 및 그 외의 헌법이 규정하는 직권에 관하여 국회에 대하여 책임을 지는 것으로 해석되고 있다.[245)]

그리고 헌법 제3조의 천황의 국사행위에 대한 내각의 조언과 승인이 여기에서 말하는 행정권에 포함되는가에 대해서도 논의가 있다. 일반적으로 헌법 제3조의 조언과 승인의 권한도 행정권에 포함되는 것으로 해석되고 있다. 내각이 지는 책임은 천황의 행위에 대하여 천황에 대신하여 지는 책임이 아니라 조언과 승인이라는 자신의 행위에 대한 책임인 것이다.[246)]

내각의 책임 범위와 관련하여 특히 문제로 되는 것은 헌법 제65조에 의하여 내각에 귀속된 실질적인 행정권의 개념이다. 앞에서 살펴

---

244) 이상윤, 앞의 논문, 128면.
245) 淸宮四郞, 前揭書, 272-273頁; 伊藤正己, 憲法, 弘文堂, 1997, 526頁.
246) 杉原泰雄, 憲法Ⅱ, 有斐閣, 1989, 357頁.

본 바와 같이 헌법 제65조에서 행정권은 내각에 속한다고 규정하고 있으며, 헌법 제73조에서 내각의 직권으로 기타의 일반 행정사무 외에 법률의 성실한 집행, 국무의 총리, 외교관계의 처리, 조약의 체결, 예산의 작성과 국회의 제출, 각령의 제정, 사면권을 열거하고 있다. 이와 같이 법률의 성실한 집행을 내각의 직무로 하고 있으나 헌법이 의원내각제를 채용하고 있다는 것, 특히 책임의 범위와 관련하여 문제로 되는 것은 행정권을 단순한 법률의 집행으로 파악할 것인가의 여부이다.

행정권에 관한 대표적 견해인 공제설에 의하면 행정·사법은 공히 법률의 집행으로서 헌법 제73조에 내각의 직권으로 열거되어 있는 국무의 총리, 외교관계의 처리, 조약의 체결, 예산의 작성 등의 사무가 당연히 행정권의 내용으로 되는 것이다. 이와 같이 헌법 제73조는 내각의 사무를 열거하고 있으나 거기에는 법률을 집행하는 것 외에도 많은 사무를 열거하고 있다. 그러한 작용은 입법이나 사법권에 속하는 작용이 아니므로 이것은 행정의 작용이 법률의 집행에 한정되지 않는다는 것을 의미한다. 따라서 국가작용을 행정권 중 입법과 사법을 공제한 나머지의 작용이라는 공제설은 이러한 삼권에 속하지 않는 나머지의 작용도 행정권에 포함시키려 하는 것이다.[247)]

반면 행정을 적극적으로 파악하는 적극설에 의하면 행정을 법률의 집행으로 보는 통속적인 견해를 배제하고 행정의 능동성을 강조한다. 그러나 행정의 능동성에 관한 헌법적 근거와 실체의 불명확함과, 이로부터 적극적으로 행정의 개념을 규정하는 것은 법률에 의한 행정

247) 佐藤 功, 憲法(下), 有斐閣, 1984, 810-811頁.

의 원칙을 모호하게 한다. 행정의 범위를 개념적으로 규정하려는 시도는 결국 본래적 행정이라는 이름하에 행정부의 권한확대를 의도하는 정치적 주장이라는 비판을 받는다.[248] 위의 견해들로부터 헌법 제65조가 말하는 행정권을 정의하면 기본적으로 행정을 수신인으로 하고 행정부에 일정한 행동을 지시・수권하는 법률을 집행하는 것이고, 행정부의 핵심적인 임무는 그러한 입법부의 지시・명령을 받아 행해지는 비정치적・종속적인 법률의 집행이다.

일본 헌법학계에서는 행정부가 전체적인 통치구조에서 어떠한 기능을 하도록 되어 있는가, 즉 단순히 사실로서 수생하고 있는 기능이 아니라 규범적인 의미에서의 기능・임무・역할이라는 점에 대하여는 의원내각제에 관한 논의를 비롯한 법의 인식의 문제로서 거의 언급되지 않고 있다. 그 결과 법률의 집행기관 또는 의회의 신임에 의존하는 기관으로서의 행정부의 의회에 대한 수동성・종속성만이 부각되고 있다.[249]

최근에는 행정권의 행사에 관하여 국회에 대하여 책임을 진다는 헌법 제66조 제3항과의 유기적 관련하에서 논의되고 있다. 특히 내각에 귀속하는 행정권 중에 반드시 법률의 구속을 받지 않고, 헌법상의 국가목적을 스스로의 판단에 기초하여 직접 수행하는 통치라고 부를 수 있는 작용이 그 중심적 영역에 존재한다는 전제하에 지금까지 배척되어 온 행정의 적극적 개념규정의 시도를 재평가하려는 시도가 있다. 적극설에 의한 개념규정을 오히려 국가최고행정기관으로서 내

---

248) 今村成和, 行政法入門, 有斐閣, 1966, 22頁.

249) 宮井清暢, 行政權と執行權のあいだ, 愛知學院大學論叢法學研究 第34卷 第3・4戶, 1992, 142頁.

각이 행사하는 협의에 있어서의 통치를 고려해 넣고 행정전반으로 시야를 확대하는 것으로 재평가하고 있다.[250)]

일본에서는 내정·외교 등에 있어서의 포괄적 행동자격이라는 의미에서 일반적 통치권으로 정의되는 내각의 행정권을 역사적으로 생성·발전되고, 현재 적극국가의 요청하 맞추어 민주주의적으로 수정하여 재구성할 필요성이 요구되고 있다. 이로부터 헌법 제65조에 의하여 내각에 귀속되고, 헌법 제66조 제3항에 의하여 국회에 대하여 책임을 지는 행정권에 대하여 입법과 사법에 속하지 않는 국가작용의 행사는 권능 또는 헌법상 내각에 부여된 권능으로 파악되고, 이에 대한 의회에 의한 통제가 강조되는 것이다.[251)]

요컨대 내각의 행정권의 행사가 통치라고 부를 수 있는 작용, 즉 법률의 집행을 초월한 협의에 있어서의 통치 또는 일반적 통치권의 직접적인 수행을 중요한 영역으로 하고 있다. 따라서 헌법은 국회를 행정의 준칙인 법률을 제정하는 유일한 입법기관으로 하고 있을 뿐만 아니라 내각의 행정권 행사를 의회에 대한 책임하에 두고 있다. 헌법은 내각의 행정권 행사에 대해 행정의 법률적합성 원칙과 그것을 포괄하는 통치의 대국회책임성의 원칙을 요구하고 있다.

(나) 책임의 대상

내각은 행정권의 행사에 관해 국회에 대하여 책임을 지므로 책임의 상대방은 국회이다. 이에 대해 전체로서의 국회를 의미하는가, 국회를 구성하는 양원을 의미 하는가 문제되고 있다. 일반적으로 가장

250) 吉田榮司, 内閣の對國會責任について, 法學論叢 第37卷 第2・3合併戶, 關西大學法學會, 1987, 114頁.

251) 吉田榮司, 上揭論文, 110-111頁.

강력한 책임추궁수단인 내각불신임결의권이 중의원에게만 인정되어 있다는 이유로 이를 중의원으로 한정 해석할 수도 있다. 국정조사권이 양원에 부여되어 있는 점과(헌법 제62조), 국민대표에 의한 감독의 강화라는 관점으로부터 양원에 대하여 책임을 지는 것으로 해석하여야 할 것이다.[252)]

일본 헌법은 간접민주제와 권력분립제를 조화하여 내각의 직접적인 책임을 국민의 대표인 국회에 대한 것으로 하고 있다. 따라서 헌법 제66조 제3항은 내각과 국회의 관계를 규율하는 구체적·정치적 구속규범으로서 의원내각제의 기본원칙을 명문화하고 있는 것이다. 국회에 의한 내각의 책임추궁은 내각의 존립요건으로서의 신임이 중의원의 다수파에 위임되어 있어, 그 신임이 동결되어 추정되고 있는 단계에서 이루어져야 하는 이상 내각의 정책에 반대하는 세력 야당(소수파)의 중요성이 강조되는 것이다.[253)]

다. 국무대신의 단독책임

국무대신은 개인적 비행에 대해 개별적으로 책임을 진다. 소관사항에 관한 위법·부당한 행위에 대해서는 헌법상 주임의 국무대신으로서 국회로부터 책임을 지는 경우도 있다. 다만, 국무대신의 단독책임을 추궁하는 불신임결의가 당해 국무대신에 대하여 법적으로 일정한 행동을 의무화하고 있는 것은 아니지만, 정치적으로는 책임을 지우는 것으로 해석되고 있다.[254)] 따라서 중의원에서 불신임결의가 가결된

---

252) 杉原泰雄, 内閣の責任と國務大臣の責任, 憲法의の爭點, 有斐閣, 1985, 185頁.
253) 吉田榮司, 內閣の對國會責任について, 法學論集 第37巻 제2·3合併号, 關西大學法學會, 1987, 135頁.
254) 宮澤俊義·芦部信喜, 日本國憲法, 日本論評社, 1978, 534頁.

국무대신은 내각의 의회에 대한 책임의 취지로 사직하는 것이 헌법상 의무화되어 있다.[255)]

라. 연대책임과 각의결정

내각의 의사는 각의에 의해 결정된다. 내각법 제4조 제1항에 의하면 내각은 각의를 통해 그 직무를 행하고, 제4조 제2항에 의해 각의는 내각총리대신이 주재한다. 각 대신은 안건의 여하를 불문하고 내각총리대신에게 제출하여 각의를 요구할 수 있다. 이와 같이 각의에 있어서의 의사 및 의결방법에 대하여는 아무런 규정도 두고 있지 않지만 관습에 의해 전원일치를 원칙으로 하고 있다. 전원일치로 해야 하는 이유는 내각의 연대책임(헌법 제66조 제3항)과 내각의 일체성을 들고 있다.[256)]

만일 각료간에 의견의 대립이 있는 경우에도 각의의 충분한 심의를 거쳐 최종적으로 의견이 일치될 때까지 조정이 행해진다. 다만 조정이 곤란하거나 시간적 여유가 없는 경우에는 내각총리대신이 결정을 하고 반대하는 각료도 이에 따르는 것이 일반적이다.

그리고 각의의 의사내용에 대해여 국무대신은 비밀유지의 의무가 있고, 이것은 내각의 연대책임과 일체성의 요청에 따라 필요한 것으로 해석된다.[257)]

2) 중의원의 내각불신임권

국회가 내각의 책임을 추궁하는 방법으로는 내각제출 법안의 부결,

---

255) 淺井淸, 日本國憲法講話, 巖松堂, 1947, 259頁.
256) 淸宮四郞, 前揭書, 274頁.
257) 高辻正已, 閣議の話, 時の法令 第376号, 4頁.

국정조사권, 질의·질문 등이 있으나 그 중에서 가장 강력한 수단은 내각을 불신임하여 총사직을 요구하는 것이다.[258] 헌법 제69조에서 “내각은 중의원에서 불신임결의안이 가결되거나 또는 신임결의안이 부결된 경우에는 10일 이내에 중의원이 해산되지 않는 한 총사직해야 한다”라고 규정하고 있다. 이것은 중의원의 다수가 국민의 의사를 적절하게 반영하고 있는가의 여부가 의심스러운 경우 총선거에 의하여 국민에 직접 신임을 호소할 수 있는 기회를 제공함으로써 내각의 중의원에의 종속성을 완화하고 있는 것이다.

불신임결의의 내용은 그 효과의 중요성을 감안하여 신임의 철회 또는 내각의 총사직을 요구하는 취지를 명시적으로 표해야 한다. 따라서 내각제출법률안의 부결, 예산안의 근본적인 수정, 내각의 특정행위에 대한 비난 등은 내각불신임의 취지를 가지더라도 불신임결의로는 간주될 수 없다.

헌법은 불신임결의가 항상 중의원의 해산으로 이어지게 되면 국회에 대한 내각의 권한이 부당하게 강화되므로 위의 두 제도를 절충하여 해산이 행해지는 경우에도 총선거 후에 최초로 국회가 소집된 경우 내각의 총사직을 의무화함으로서(헌법 제70조), 해산권의 남용을 억제하고 있다. 다만 중의원은 물론 참의원도 불신임결의를 행할 수 있으나 일정한 법적 효과를 초래하는 것은 중의원에 한정하고 있다(헌법 제69조). 이에 대응한 해산은 중의원에 대해서만 행해진다.[259] 이로부터 하원적 성격을 가지는 중의원의 우월적 지위가 나타나고

258) 淸宮四郞, 前揭書, 273頁.
259) 今野彧男, 內閣に對する信任・不信任または問責の決議案について, ジュリスト, 第1023号 1993, 99頁.

있다.[260]

일반적으로 야당으로부터 불신임 결의안이 제출되고, 내각 또는 여당으로부터 신임의 결의안이 제출되지만, 불신임 결의안의 가결과 신임 결의안의 부결은 동일한 의미를 가진다. 이에 대하여 양자를 구별하여 중의원에 의한 내각의 불신임결의의 절차는 내각의 존립의 요건을 강제적으로 소멸시키는 수단으로서 내각의 행정권 행사에 대하여 중의원의 의사를 내각에 강요할 가능성을 확보하는 것이다. 이에 대하여 내각의 신임결의는 내각이 중의원에 대하여 내각에 대한 신임여부의 명확한 의지의 표시를 요구하는 권리를 인정하고, 내각의 사직할 자유를 기초로 내각의 의사를 중의원 또는 국회에 강요할 가능성을 확보하는 것이라는 견해도 있다.[261]

그리고 일본 헌법이 불신임결의의 요건 및 절차에 대하여 규정하고 있지 않지만, 중의원규칙에서 의원 50명 이상의 찬성이 있으면 이유를 첨부하여 불신임 또는 신임의 결의안을 발의할 수 있도록 하고 있다(중의원 규칙 제28조의3).

실제 불신임결의가 행사되는 경우는 거의 없다. 일본에서 내각이 불신임 된 경우는 4회(1948년, 1953년, 1980년, 1993년) 뿐이며, 모두 해산으로 이어졌다. 따라서 오늘날 내각의 책임은 의회의 불신임결의에 대한 총사직을 의미하는 것이 아니라 선거패배에 대한 총사직을 의미한다. 이것은 고전적 의미에서 의원내각에서 내각이 의회에 대하여 책임을 지는 것이 아니라 지금은 내각이 국민에 대하여 책임을 지는 것이 요구되고 있다. 내각의 실정에 대한 제재의 차원이 아니라

260) 今井 威, 前揭書, 36-41頁.
261) 吉田榮司, 前揭論文, 124頁.

선거에서 의회의 다수파를 상실한 내각의 즉각적인 총사직의 초래는 내각의 책임의 의미 변화가 강조되고 있는 것이다.[262] 특히 내각・여당과 선거민의 관계에 있어서 내각・여당의 책임이 형식화 되어있는 일본에서는 총선거에서 내각을 지지하는 여당이 국민의 신임을 얻지 못한 경우 정권교체에 의하여 국민에 대하여 책임을 지는 것이 강조된다.[263]

(4) 중의원의 해산

1) 해산의 의의와 효과

가. 해산의 의의

의회의 해산이란 의회를 구성하는 모든 의원에 대하여 그 임기만료 이전에 의원으로서의 자격을 박탈하는 것을 말한다.[264] 메이지헌법에서도 의회의 해산에 대하여 규정하고 있었으나(메이지헌법 제7조) 그것은 천황의 권력유지를 위한 무기로서 천황의 정부로부터 중의원을 문책하고, 정부의 의사를 관철시키기 위한 것이었다.[265] 이에 대하여 일본 헌법은 국회의 우위를 인정하는 의원내각제를 채용하면서도 국회와 내각이 대립하거나 논란이 많은 중요한 정치문제에서 직접 국민에 호소하여 그 판단을 기다리는 수단으로 내각에 의회해산권을 부여하고 있다.

262) A. H. Birch, The British System of Government, 9th ed. 1993, pp. 170-171.
263) 近藤 敦, 政権交替と議院内閣制, 法律文化社, 1997, 39頁
264) 大西邦敏, 比較憲法の基本問題, 成文堂, 1968, 138頁.
265) 深瀬忠一, 衆議院の解散(前掲), 190頁.

나. 해산의 효과

중의원의 해산은 천왕의 친서 조서의 방식으로 행해진다. 중의원이 해산된 경우 모든 의원은 4년의 임기를 채우지 못하고 의원으로서의 자격을 상실하고, 국회의 활동은 중지된다. 따라서 개회 중인 경우에는 참의원도 동시에 폐회하고(헌법 제54조 제2항), 국회의 회기는 종료하게 된다. 이와 같이 일본 헌법은 회기외의 해산을 명문으로 배제하고 있지 않다.[266)]

중의원의 해산은 중의원의원의 선거를 통하여 새롭게 의회를 구성하는 효과를 가진다. 즉, 중의원이 해산된 경우 해산일로부터 40일 이내에 중의원의원의 총선거를 실시하고, 그 선거일로부터 30일 이내에 국회를 소집해야 한다(헌법 제54조 제1항).[267)] 그리고 전술한 바와 같이 해산에 의하여 총선거가 행해진 후 최초로 국회가 소집된 경우 내각은 총사직하고(헌법 제70조), 새롭게 구성된 국회에서 내각총리대신이 임명된다.[268)]

2) 해산의 실질적 결정권

일본 헌법은 천왕이 중의원을 해산하는 것으로 하여(헌법 제7조 제3호) 타율적 해산만을 인정하고 있으며, 이러한 점에서 원수로서의 권능이 천황에게 남아 있다고 할 수 있다. 그러나 천황의 모든 국사

---

266) 樋口陽一・佐藤幸治・中村睦男・浦部法穗, 注釋日本國憲法(上卷), 青林書院, 1984, 123頁.

267) 이와 같이 소집된 집회를 特別會라고 하고(國會法 제1조 제3항), 常會와 함께 소집 할 수도 있다(國會法 제2조의2).

268) 그리고 內閣은 이러한 기간에 대응하여 總選擧施行의 公示 및 國會의 召集이 행해지도록 助言과 承認을 해야 한다.

행위에는 내각의 조언과 승인이 필요하고(헌법 제3조), 천황은 국정에 관한 권능을 가지지 않는 것으로 되어 있다(헌법 제4조 제1항). 이로부터 해산의 실질적 결정권의 소재와 한계 등이 문제된다.

가. 헌법 제69조 한정설과 헌법 제69조 비한정설

일본 헌법의 시행과 함께 해산을 둘러싼 논쟁이 전개 되었다.[269)] 전술한 바와 같이 헌법의 제정 당시 정부는 헌법 제69조(내각불신임결의)의 경우에 한정되지 않고, 내각은 헌법 제7조(천왕의 국사행위)에 의하여 해산의 조언과 승인을 할 수 있다는 입장을 취하고 있었다. 그 후 국회에서는 이러한 규정에 대하여 의견의 대립이 발생하고, 이것이 이른바 '해산권논쟁'의 단서를 제공하였다. 결국 1948년 10월 호전내각의 총사직에 의하여 소수여당으로 성립된 제2차 내각은 국정운용의 어려움을 제거하고, 정국의 안정을 위하여 해산을 의도하였다. 그러나 다수를 점하고 있었던 야당(사회당, 민주당, 국민협동당)은 헌법 제69조의 경우에 한정되는 해산을 주장하여 해산을 거부하였으며 총사령부도 이를 지지하였다.[270)]

그 후 여야의 합의로 내각은 12월 23일에 헌법 제69조에 의하여 내각불신임결의안을 제출하고, 중의원에서의 가결하여 해산하였다. 이것이 일본 헌법에서 행해진 제1회 중의원 해산으로서 헌법 제69조

---

269) 日本國 憲法이 시행되기 전에도 新憲法制定議會의 구성을 위한 「終戰決算總司令部解散」(1945년 12월 18일)과 新憲法에 따른 政治體制樹立을 위한 「新憲法解散」(1947년 3월 31일)이라는 두 차례의 衆議院解散이 있었다.

270) 政府가 제69조에 한정되지 않고 독자적인 解散權을 가진다는 사고방식은 明治憲法의 사상으로서의 종래의 天皇制思想으로 이어질 수 있는 위험한 思考方式이라고 하였다(1948년 11월 12일). 高野眞澄, 現代日本の憲法問題(改訂版)(前揭), 216頁.

한정설에 의한 이른바 '합의해산'이다.[271] 이로부터 내각은 헌법 제69조가 규정하는 경우에 한정하여 중의원을 해산할 수 있다는 헌법 제69조 한정설과 이에 한정되지 않고 내각의 재량에 의하여 해산을 결정할 수 있다는 헌법 제69조 비한정설이 대립하였다.

이러한 상황에서 1952년 6월에는 양원법규위원회에 의하여 "헌법해석으로는 …… 민주정치의 운용상 새로이 국민의 총의를 물을 필요가 있다고 판단할 수 있는 객관적 이유가 충분한 경우에 해산이 가능하다"는 권고를 양원의장에게 제출하였다. 그리고 제3차 내각은 이를 받아들여 1952년 8월 28일에 중의원을 해산하였다.[272] 이것이 일본 헌법하의 제2회 이른바 '돌연해산'으로서 헌법 제7조에 기초하여 불신임결의를 근거로 하지 않고 행해졌다. 제2회 해산은 헌법 제69조 비한정설에 기초한 해산의 선례를 형성하였다.

제3회(1953년 3월 14일)의 불신임결의에 의하여 행해진 이른바 '바보해산'은 불신임결의에 의하여 행해졌다.[273] 그러나 제4회 이후의 해산은 1948년 12월, 1953년 3월, 1980년 5월, 1993년 6월의 경우를 제외하고는 모두 헌법 제69조를 전제로 하지 않는 해산으로서 이미 헌법 제7조에 근거한 해산이 헌법관행으로 확립되었다.

---

271) 解散의 詔書에는 「日本國憲法 제69조가 및 제7조에 의하여 衆議院규을 解散한다」로 되어 있다. 그 후에는 제69조가 규정하는 경우의 해산에 있어서도 「日本國憲法 제7조에 의하여 衆議院을 解散한다」는 문언이 사용되고 있다.

272) 佐藤 功, 憲法(下)(新版)(前揭), 847頁.

273) 衆議院豫算委員會에서 社會黨의 西村榮一 의원의 질문에 吉田수상의 폭언이 문제로 됨으로써 제4차 吉田내각은 중대한 정치적 위기에 직면하고, 당내 反對派인 廣川 農林大臣을 파면한 후 해산을 단행하였으며 이것은 異例的인 特別國會의 해산으로 되었다.

나. 헌법 제69조 비한정설의 근거

정치관행과 판례에 의하여 내각의 해산권이 헌법 제69조에 한정되는가의 여부는 앞에서 검토한 바와 같이 결론에 도달해 있다. 따라서 헌법 제69조를 넘어선 내각의 해산권의 근거가 문제된다.

첫째, 헌법 제7조 제3호를 근거로 내각의 실질적 결정권을 도출하는 헌법 제7조설이 있다. 이 주장은 헌법 제7조에 열거된 천황의 국사행위는 원래 명목적·의례적인 행위가 아니라 내각의 조언과 승인에 의하여 비로소 명목화·의례화 된다는 견해로서 천황의 국사행위에 대한 내각의 조언과 승인으로부터 천황의 행위내용에 대한 내각의 실질적 결정권을 도출하고 있다.[274)]

둘째, 헌법 제65조의 "행정권은 내각에 속한다"는 규정에서 근거를 구하는 헌법 제65조설이 있다. 이 주장은 해산은 입법작용도 사법작용도 아니므로 행정에 속하고, 행정권은 내각에 속하므로, 해산의 실질적 결정권은 내각에 속한다는 것이다.[275)]

셋째, 의원내각제 또는 권력분립의 원리를 근거로 내각의 광범위한 해산권을 도출하는 제도설이 있으며 현재 일본의 다수설이다.[276)] 이 견해에 의하면 중의원의 불신임결의에 대항하는 수단으로서 내각에게 부여된 것이 해산권이고, 그것은 국회와 내각의 균형을 확보하는 중요한 수단이다. 따라서 일본 헌법이 인정하는 의원내각제는 국회를 최고기관으로 하고, 특히 중의원에 강력한 권능을 부여하면서도 그것

---

274) 佐藤　功, 憲法解釋の諸問題, 有斐閣, 1964, 162頁 이하; 稻田正次, 議院內閣制と改正の問題, 法律タイムズ 제21号, 25頁.

275) 入江俊郎, 解散と憲法の規定(一), 法律時報 第21巻 第12号, 1949, 52頁.

276) 中村睦男, 憲法三O講, 青林書院, 1984, 212頁.

을 억제하는 수단으로 내각에 해산의 결정권을 부여하고 있다.[277]

넷째, 최근 민주주의로부터 내각의 광범위한 해산권을 설명하는 주장이 있다. 해산은 선거민의 의사에 의한 의회 그 자체의 통제와 내각의 의회에 대한 책임뿐만 아니라 내각 및 의회의 선거민에 대한 책임을 확보하는 역할을 수행한다. 내각의 해산권은 계속적으로 국민의 의사에 접근하려는 동기를 부여하는 것으로서, 국민을 중심으로 하는 현대 민주정치에 있어서는 균형형의 의원내각제가 민주적으로 기능할 가능성이 높다.[278]

최근의 이러한 논의는 해산제도를 직접적인 축으로 하여 국회와 내각 뿐만 아니라 국민과도 직접적인 의미를 가진다. 즉 의원내각제에 있어서의 책임을 내각의 국회에 대한 책임뿐만 아니라 내각과 국회의 국민에 대한 책임도 포함하는 것으로 구성하는 점에 의의가 있다.

3) 실질적 결정권의 한계

일본 헌법에서 내각이 해산을 결정할 수 있는 경우로는 불신임결의의 가결 또는 신임결의안의 부결을 규정하고 있을 뿐이고(헌법 제69조), 앞에서 설명한 바와 같이 헌법 제69에 한정되지 않는다는 정치관행이 성립되어 있다. 이로부터 내각의 의회 해산권의 행사는 어떠한 경우에 가능한가의 문제, 즉 해산권행사의 한계가 문제된다.

가. 동일사유에 의한 해산의 금지

헌법에서 동일한 원인에 의한 해산은 금지된다는 규정을 하고 있

277) 清宮四郎, わが憲法上の理論, 有斐閣, 1969, 385頁.
278) 野中俊彦・中村睦男・高橋和之・高見勝利・憲法II(新版), 有斐閣, 1999, 151頁.

지 않지만, 해산제도의 현대적 의의를 선거민의 재정을 요구하는 점에 있다고 하는 한 동일한 내각이 동일한 이유에 의하여 해산을 반복하는 것은 있을 수 없다. 이것은 헌법이 해산 후에 총선거일로부터 30일 이내에 국회를 소집해야 하고(헌법 제54조 제1항), 총선거 후에 최초로 국회가 소집된 경우 내각의 총사직을 의무화하고 있기 때문이다(헌법 제70조).[279] 한편 해산의 시기와 관련하여 국회회기 외의 해산이 문제되지만, 이에 대하여는 중의원이 해산된 경우 참의원도 동시에 폐회된다(헌법 제54조 제2항)는 것은 회기 중에 중의원이 해산된 경우에 참의원의 지위를 규정하는 것에 불과하고, 회기 외의 해산을 금지하는 것은 아니므로 국회의 폐회 중이나 휴회 중에도 해산이 가능한 것으로 파악되고 있다.[280]

나. 중·참의원 동일선거와 의원정수균형

중·참의원 동일선거는 주로 참의원의 긴급집회제도를 곤란하게 하는 것과 헌법이 규정하는 양원제의 취지에 부합하지 않는다. 참의원의 독자성에 반하는 것으로서 문제가 되고 있다.[281] 1986년의 중회근내각에 의한 중·참의원 동일선거는 여야다수의원의 반대에 직면하여 중의원 의원정수 위헌상태의 해소와 정국의 안정을 이유로 해산되어 실시된 것이다. 이 해산은 수상의 전권사항으로 해산에 대한

279) 小嶋和司, 解散權の限界, 法學セミナー 第45号(1959), 21頁 ; 阿部照哉, 日本國憲法における議院內閣制(前揭), 181~182頁 ; 樋口陽一·佐藤幸治·中村睦男·浦部法穗, 注釋日本國憲法(上)(前揭), 125頁. 그리고 동일한 내각이 아니라도 동일한 해산원인에 기초하는 再度의 解散이 금지된다는 견해도 있다. 高見勝利, 解散制度と國民主權, 奧平康弘·杉原泰雄 編, 憲法學4, 有斐閣, 1976, 94頁.

280) 淸官四郎, 憲法 I(前揭), 189頁.

281) 吉田善明, 衆參同日選擧, ズユリスト 第900号, 288頁.

불가침을 강하게 느끼게 함으로써 해산권의 제약과 관련하여 헌법상 문제를 제기한 것이다. 이에 대해 통치행위에 근거하여 동일선거를 목적으로 한 해산, 정수위헌상태를 시정하는 법률의 개정이 없는 채 행해진 해산 등과 같이 내각의 재량을 벗어난 해산도 가능하다는 견해도 있다. 그러나 의원정수 불균형에서 행해진 해산에 대해서는 헌법상 요구되는 합리적 시정기간 내에 정수시정이 행해지지 않고, 그 정수배분하에서 행해진 선거는 위헌이며, 따라서 내각의 해산권은 사실상 제약된다는 판결이 있다.[282] 위헌론의 근거로는 정수시정이 국회와 내각을 일체로 한 정치부문의 책임이라는 것과 위헌의 선거법에서 이루어진 해산의 결정은 위헌의 총선거실시와 불가분관계임을 지적하고 있다.[283] 따라서, 해산의 의의가 민의와 의원정수의 균형·적정을 전제로 하므로 의원정수 불균형 하에서 행해진 해산은 부당하다.

3. 소결

위와 같이 일본의 의원내각제에 대해서 살펴보았다. 일본 헌법은 영국형의 의원내각제를 바탕으로 하고 있다. 예를 들면 일본 헌법은 국회를 유일의 입법기관으로 규정하고 있으며, 집행권은 내각에 속하고 내각은 집행권을 행사함에 있어 국회에 대해 연대책임을 지도록 하고 있다. 여당의 당수인 동시에 내각의 수장으로서 의회와 내각에 강력한 영향력을 행사할 수 있는 내각총리대신은 국회의원 중에서

282) 東京高等裁判所 1984年 10月 19日 判決, 判例時報 第1231号, 62頁.
283) 深瀨忠一, 解散權門題と定數違憲判決(前揭), 55頁.

국회가 선출한다. 내각을 구성하는 국무대신들은 내각총리대신에 의하여 임명되고, 그 과반수는 국회의원이어야 한다. 그리고 의원내각제의 본질적 내용에 해당하는 중의원의 내각불신임권과 내각의 중의원해산권이 인정되고 있다. 즉 일본의 의원내각제는 영국형의원내각제라고 할 수 있다. 그 특징을 요약하면 다음과 같다.

첫째, 행정권을 이원화하였다. 천황은 국가원수로서 형식적·의례적 권한만을 가지며 정치적으로는 책임을 지지 않는다. 천황은 국정에 관한 실질적 권한을 갖지 않으며, 의례적 국사행위일지라도 내각의 조언과 승인에 의하도록 하여 헌법상 정치적 무책임성을 명문화하였다. 행정에 관한 실질적 권한은 수상이 가진다. 내각은 행정권을 담당하는 헌법상 최고의 합의제 중추기관이다. 내각총리대신은 국회의원 중에서 국회의 의결로 지명된 인물을 천황이 임명한다. 그 이외의 각료는 내각총리대신이 임명하며, 그 과반수는 국회의원이어야 한다. 내각은 행정권의 주체로서 행정권을 담당한다. 내각은 국회에 대하여 연대책임을 지며, 하원 해산을 결정할 수 있다.

둘째, 양원제의 국회를 가지고 있다. 상원의 합의가 없어도 하원의 의결만으로 국회의 의결효력을 가질 수 있게 하원에 상원보다 우월적 지위를 부여하고 있다. 또한 내각불신임에 있어서는 하원에 전권을 인정하고 있다.

셋째, 입법부·행정부의 관계에 있어서는 원칙적으로 양 기관이 정당을 통하여 밀접한 관계를 가지고 내각의 구성에 있어 의회의존관계, 기능면에 있어서 상호협조 및 견제관계에 있다. 내각은 국회에 대하여 연대책임을 지고, 특히 하원에 내각불신임권을 인정하고 내각에는 하원의 해산을 결정할 수 있다.

그리고 일본이 영국과 달리 갖는 특징은 전통적인 파벌정치, 야당과 여당모두 정당내의 정당이라 할 수 있는 파벌에 의한 통치 및 정치가 행해진다는 특색을 가진다.

V. 종합적 평가

영국을 포함한 독일, 프랑스, 일본의 의원내각제를 각국의 정치상황에 따른 전개 과정을 포함한 특징을 중심으로 검토해 보았다. 이를 정리해보면 다음과 같다. 영국의 의원내각제는 수많은 시행착오와 경험을 바탕으로 성립·발전된 역사의 산물이다. 초기에 과세를 위해 신분의회의 성격을 가지고 소집된 의회가 상·하원의 양원제로 발전하였다. 의회가 국정의 주도권을 잡게 되자 의회의 의사를 효율적으로 국정에 반영할 필요성에서 내각의 중요성이 부각되었다. 오늘날에는 정당정치의 발전과 선거권의 확대에 따라 내각이 의회에 우월적 위치를 점하는 내각책임제로 발전하게 되었으며, 내각의 수반인 수상의 지위가 극대화된 수상책임제로 변질되고 있다.

영국의 의원내각제의 특징을 보면 첫째, 의회에 대한 내각의 우위 및 수상이 강력한 권한을 가진다. 수상은 실질적으로 내각을 구성하는 권능과 정부주요보직의 인사권을 장악하고 있으며, 의회에 대한 해산권을 가지고 외국에 대하여 국가를 대표하는 등 집행부의 수반은 물론 의회 내 다수당의 총수와 국가정상의 위치를 차지하고 있다.

둘째, 양당제의 확립이다. 헌정사와 더불어 발전된 영국의 정당제도는 왕당파와 의회파, 토리당과 휘그당, 보수당과 자유당, 보수당과 노동당 등 두개의 대 정당이 주도하고 왔으며, 이러한 현상은 앞으로 계속될 것으로 전망된다.

셋째, 국민의 정치참여에 있어서 하원선거의 모습은 과거와 같은 인물위주의 선거가 아니라 정당에 대한 국민투표적인 특징을 나타내고 있다. 정당에 뿌리를 두고 있는 내각의 입장에서 하원에 대한 의존보다는 여론과 유권자에 많이 의존하고 있으며, 내각과 국민은 보다 직접적인 연대관계가 형성되고 있다. 그리고 양당제의 정착으로 정권교체의 가능성이 제도적으로 보장되어 야당은 예비내각을 구성하여 효과적인 여당견제를 하며, 국민들에게 차기내각의 면면을 공개함으로써 미리 그 자질을 심판받고, 유권자인 국민들로 하여금 간접적이나마 정부구성에 참여할 수 있는 길을 제도적으로 뒷받침하고 있다.

프랑스는 영국의 원내각제의 영향을 19세기 이후부터 받기 시작하였다. 1875년 제3공화국 헌법에 의해서 비로소 의회우위의 의원내각제각 확립되었다. 프랑스 제3공화국 헌법은 극도의 간결성, 헌법적 관습을 통한 보충, 체계성의 부재, 원칙의 부재, 타협의 산물이라는 특징을 가지며, 영국헌법과 프랑스적인 전통의 결합이라는 성격을 가진다. 또한 집행권의 이원성(공화국 대통령과 국무회의)과 양원제를 기본구조로 한다.

이와 같은 프랑스 제3공화국 헌법의 기본구조는 5월 16일 사건을 통한 국민의 주권적 의사의 표현과 이를 위정자들의 수용하여 일원적 의원내각제로 변용되었다. 이 사건으로 일원적 의원내각제는 제3

공화국 내내 더욱 더 굳건한 하나의 체제로 정착된다.

그러나 프랑스의 의원내각제는 성공을 위해서 꼭 필요한 것으로 여겨지는 정치적 안정을 이룩하지 못했다. 의원내각제의 모국이라 할 수 있는 영국에서와 같은 양당제를 확립하지 못했다. 의회는 다수의 소정당으로 난립되어 있었기 때문에 하나의 정당이 단독내각을 구성할 수 없었다. 집행부는 항상 다수정당의 연립내각에 의존 할 수밖에 없었으며, 중요한 문제에 봉착할 때마다 연락의 붕괴 등으로 빈번하게 교체되고 말았다.

프랑스 제4공화국 헌법은 의회의 우위, 집행권의 약화, 집행권으로서의 수상의 권력 강화 및 내각의 불안전성에 대한 배려를 특징으로 하고 있다. 그러나 헌법이 제정 된지 4개월 만에 인지정책을 비롯한 대외정책 및 사회정책에 대한 의견의 대립으로 연립내각은 붕괴되고 말았다. 그 결과 의회의 다수를 확보하기 위해서 내각은 이합집산을 해야 했으며, 다양한 성향을 가지는 군소정당이 서로 연립할 수밖에 없었다. 제4공화국에 있어서 내각의 평균 수명은 제3공화국시대에 있어서와 같이 7개월 반을 넘지 못했다.

프랑스 제5공화국 헌법은 의회주의적 원리에 입각한 제3・4공화국 헌법의 의회우위의 의원내각제의 실패에 대한 반성의 결과였다. 제5공화국 헌법에는 제2차 세계대전에서 프랑스 패전을 계기로 드골의 정치철학인 강력한 국가건설과 이를 통한 민주주의와 국민의 자유를 보장이 잘 반영되어 있다. 제5공화국 헌법은 의회주의적 대통령제의 기본구조인 행정권의 이원적 구조와 정부의 의회에 대한 정치적 책임을 큰 틀로 하고 있다. 따라서 프랑스 제5공화국의 정부형태는 대통령제와 의원내각제의 요소가 혼합된, 뢰벤슈타인이 말하는 이원정부제 또는 제어된 의원내각제, 듀베르제가 말하는 반대통령제에 해당한다.

독일은 영국 또는 프랑스에서와 달리 역사적으로 특별한 의회정치의 전통이나 경험을 하지 못했다. 군주제의 폐지와 민주정치에 대한 집념으로 헌법을 제정했기 때문에 그 정부형태에 있어서도 전혀 새로운 시도였다. 바이마르공화국 의원내각제에 대해서 다양한 표현들이 사용되고 있지만 대다수 학자들은 이를 전통적 의미의 순수한 형태의 의원내각제로 보지 않는다. 현재 독일의 의원내각제는 바이마르공화국의 경험을 바탕으로 제도적인 모순과 결함을 시정한 것이다.

독일 의원내각제의 특징은 첫째, 연방수상을 중심으로 하는 집행부가 의회에 대해 우위를 가진다. 수상은 국가중요 정책의 전반을 결정하고 의회에 대하여 책임을 질 뿐 아니라, 각료임명에 있어서도 제청권을 가지며 대통령은 이 제청에 구속된다. 둘째, 독일 의원내각제는 바이마르헌법의 파괴적 불신임제 대신에 건설적 불신임제를 채택하고 있다. 수상에 대한 의회의 불신임권 행사는 연방의회가 재적의원 과반수로 후임자를 선출하고 연방대통령에게 현직수상의 해임을 건의함으로써만 가능하도록 하여, 수상의 지위를 강화하고 정국의 안정을 도모 하고 있다. 정부의 의회해산권 행사도 두 가지 경우에 한정함으로써 정부가 의회에 의존토록 하고 있다.

그리고 자유민주적 기본질서, 연방국가적 구조, 헌법재판소, 선거제도 등이 함께 조화를 이루어 독일의 헌법질서를 형성하고 있다. 이들 여러 헌법상의 원리 내지 제도와 정부형태가 서로 기능적으로 보완효과를 냄으로써 오늘날 독일의 정치적 안정과 경제적 성공의 토대를 이루었다. 독일의 의원내각제는 비교법적으로 선례가 없는 독창적인 것임에도 불구하고 오늘날 독일의 정치뿐만 아니라 경제에서 EU를 이끄는 유럽의 중심국가로 성장하는데 결정적인 기여를 한 것으로 평가할 수 있다.

일본은 영국형의 의원내각제를 채택하고 있다. 일본 헌법은 국회를 유일의 입법기관으로 규정하고 있다. 집행권은 내각에 속하며, 내각은 집행권을 행사함에 있어 국회에 대해 연대책임을 지도록 하고 있다. 내각총리대신은 여당의 당수인 동시에 내각의 수장으로서 의회와 내각에 강력한 영향력을 행사하는데 국회의원 중에서 국회가 선출한다. 내각을 구성하는 국무대신들은 내각총리대신에 의하여 임명되고, 그 과반수는 국회의원이어야 한다. 또한 의원내각제의 본질적 내용에 해당하는 중의원의 내각불신임권과 내각의 중의원해산권이 인정되고 있다. 그러므로 일본의 의원내각제는 영국형의 의원내각제라고 할 수 있으며, 그 특징을 요약하면 다음과 같다.

첫째, 행정권을 이원화 하였다. 천황은 국가원수로서 형식적·의례적 권한만을 가지며 법적·정치적 책임을 지지 않는다. 행정에 관한 실질적 권한은 수상이 가진다. 내각은 행정권을 담당하는 최고의 합의제로서 헌법상 중추적 기관이다. 내각총리대신은 국회의원 중에서 국회의 의결로 지명된 인물을 천황이 임명하고, 그 이외의 각료는 내각총리대신이 임명하며, 그 과반수는 국회의원이어야 한다. 내각이 행정권의 주체로서 행정권을 담당하며, 내각은 국회에 대하여 연대책임을 지며, 하원해산을 결정할 수 있다.

둘째, 양원제의 국회를 가지고 있다. 상원의 합의가 없어도 하원의 의결만으로 국회의 의결효력을 가질 수 있게 하여 하원에 상원보다 우월적 지위를 부여하고 있다. 또한 내각불신임에 있어서는 하원에 전권을 인정하고 있다.

셋째, 입법부·행정부의 관계에 있어서는 원칙적으로 양 기관이 정당을 통하여 밀접한 관계를 가지고 내각의 구성에 있어 의회의존관계, 기능면에 있어서 상호협조와 견제관계에 있다. 내각은 국회에 대하여 연대책임을 지고, 특히 하원에 내각불신임권을 인정하고 내각에는 하원의 해산을 결정할 수 있다.

위와 같이 일본의 의원내각제는 영국의 의원내각제와 유사한 특징을 가진다. 그러나 일본이 영국과 다른 점은 전통적으로 파벌정치, 야당과 여당모두 정당내의 정당이라 할 수 있는 파벌에 의한 통치, 유지된다 특징을 가진다.

제4장 현행 정부형태의 문제점과 의원내각제의 도입방안

Ⅰ. 현행 정부형태의 문제점

우리나라에서 대통령제의 선택은 남북분단이라고 하는 특수한 국가적 상황에서 정치적 안정, 후진적 경제로부터의 비약적 경제발전 등 많은 부분에서 긍정적인 역할을 해왔음은 부인할 수 없는 사실이다. 그러나 또 다른 일면에서는 민주적 정당성, 권력독점, 내각의 비효율성 등 현행 대통령제의 단점 및 이로 인한 한계감의 증대는 의원내각제로의 개헌논의에 대한 주요원인이 된다. 구체적으로 살펴보면 다음과 같다.

1. 민주적 정당성의 문제

현행 헌법에서는 직선제를 통해 대통령의 강력한 민주적 정당성을 확보할 수 있으나, 대통령후보자 중에서 다수득표를 한 자를 대통령으로 선출하는 상대다수선거제를 채택하고 있다는 점은 문제가 있다.

다수의 후보자가 출마할 경우 국민으로부터 과반수의 지지를 받는 후보자의 선출이 어렵다. 과반수의 득표를 얻지 못한 후보가 대통령으로 당선되는 이른바 소수파 대통령(minority president)이 출현하게 된다.[284)] 특히 양당제가 확립되어 있지 않은 정치상황, 현실적으로 정통적인 지역적 균열구조에 기인한 다당제의 경향과 선거에서 후보자간의 다자대결구조 및 유권자의 투표형태 등에 비추어 볼 때 더욱 그러하다.

대통령의 민주적 정당성과 정통성의 확보는 국민에 의한 직선제가 당연한 전제가 되지만 동시에 절대다수대표선거제에 의한 과반수 득표자가 대통령으로 당선되어야만 비로소 완전한 민주적 정당성을 확보하게 된다. 대통령제를 권력구조의 중심으로 하고 대통령직선제를 채택하고 있는 국가들은 대부분 과반수의 득표를 요구하고 있으며, 1차투표에서 과반수득표자가 없는 경우 최고득표자와 차점자에 대하여 결선투표를 실시하도록 하고 있다.[285)]

우리 헌법은 제67조 제3항에서 단일후보의 경우에도 당선 기준으로서의 하한을 선거권자 총수의 3분의 1이상의 득표수만을 규정하고 있어 민주적 정당성이 충분히 보장되기 어렵다. 대통령이 자신의 임기 중 상당한 지지도의 하락이 있을 경우에도 마찬가지다.

그리고 현행 헌법은 대통령제를 채택하면서도 부통령제가 아닌 국무총리제를 두고 있다. 국무총리제는 의원내각제적 요소에 해당하는 것으로 대통령제 헌법 원리에 반한다. 헌법에 의하면 국무총리는 국

284) 정만희, "정부형태에 관한 헌법개정의 방향", 헌법학연구 제14권 제4호, 한국헌법학회, 2008, 283면.
285) 정만희, 위의 논문, 284면.

회의 동의를 얻어 대통령이 임명하며(헌법 제86조 제1항), 국무총리가 국무위원과 행정각부의 장에 대한 임명제청권을 행사하고(헌법 제87조 제1항, 제94조) 국무위원 해임건의권을 행사할 수 있다(헌법 제87조 제3항). 대통령의 보좌기관인 국무총리가 국회의 동의를 얻어 임명되는 것은 행정부의 구성에 국회가 관여하는 것을 의미한다. 이는 미국의 경우 대통령을 보좌하는 부통령과 대통령이 함께 러닝메이트로 선거에 출마하여 당선되는 것과 구별된다. 단지 대통령의 지명과 그에 따른 국회의 동의라는 절차에 의해 임명된 국무총리의 법적지위는, 특히 대통령의 궐위에 따른 국무총리의 권한대행에는 민주적 정당성이 결여되어 있다.[286]

국무총리가 비록 국회의 동의에 의해서 임명되지만, 국민에 의해 직접 선출되지 않은 국무총리가 대통령권한대행자로서의 지위와 권한을 행사하는 데는 민주적 정당성이 부족하다. 대통령을 보좌하는 행정부의 제2인자로서, 행정각부의 통할·조정기관으로서 국무총리의 민주적 정당성은 국회의 동의를 통해 보완된다고 할 수 있으나, 대통령의 유고시 대통령의 권한을 대행하기에는 국회의 동의만으로는 민주적 정당성이 부족하다.

---

286) 이에 대해서는, 궐위된 현직대통령의 잔여임기기간에 대한 국무총리의 권한대행기간을 차기 대통령선거를 위한 과도기적 기간으로 제한하여 최대한으로 민주적 정당성의 훼손을 막는 방안도 고려해 볼 수 있다. 물론, 이를 위해서는 헌법개정뿐만 아니라 과도기적 성격의 국무총리 권한대행기간에 있어서의 권력통제기능에 대한 제반의 제도적 보완이 뒤따라야 한다.

2. 임기의 문제

현행 헌법은 제70조에서 대통령의 임기를 5년으로, 그리고 중임할 수 없음을 규정하고 있다. 단임제와 중임금지조항은 우리의 헌정사에 비추어 장기집권으로 인한 독재에 대한 반성이며, 1980년 헌법에 최초로 규정된 것을 1987년 헌법에 계승한 것이다. 다만 1980년 헌법에서 대통령의 임기가 7년이었던 것을 현행 헌법에서는 5년으로 단축되었다. 1987년 헌법개정시 여당이 주장한 6년 단임제와 야당이 주장한 5년 중임제안의 절충이었다. 특별한 합리적인 근거도 없었으며, 객관성과 현실성에서 동떨어진 것으로 평가된다.

비교 헌법적으로 볼 때 대통령의 임기를 5년으로 규정한 헌법은 흔치 않으며, 단임제를 규정한 경우는 거의 찾아보기 어렵다. 국민에 의해 직접 선출된 대통령은 임기 동안에 직무수행 결과를 국민에게 책임을 묻고 그에 따라 정치적으로 국민의 심판을 받는 기회가 재선의 과정에서 부여받게 된다. 대통령의 재선출마 가능성의 원천적 배제는 결과적으로 대통령의 임기 중의 정책에 대한 국민의 심판이 제대로 이루어 질 수 없게 한다. 대통령은 자신이 수행한 정책에 대한 책임에서 지나치게 자유롭게 된다. 한편으로는 대통령으로 취임한 기간 동안의 경험을 살려 국가를 위하여 다시 봉사하는 기회와 가능성을 부정하게 될 우려가 있으며 대통령의 선량한 행위(good behavior)를 하는 동기를 배제시키게 된다. 미국헌법 제정과정에서도 이러한 이유로 대통령의 임기를 4년으로 하면서 영구재선제(permanent reeligibility)가 채택되었다.[287] 단임제에서 5년이라는 재임기간은 지

287) Stephen J. Wayne, The Road to the White House: The Politics of Presidential

속적인 국가정책의 수립과 실행을 위해서는 충분한 기간으로 보기는 어렵다. 중임제에 비해서 '레임 덕' 현상이 일찍 나타나고 그 기간에는 대통령의 지도력이 약화 된다.

특히 대통령과 국회의원의 임기의 불일치하여 중간선거에서 여소야대의 국회가 구성되어 대통령과 국회가 대립할 경우 엄청난 정치적 혼란이 발생할 수 있다. 대통령의 임기 중 국회의원선거는 중간선거의 역할을 하기 때문에 여소야대가 될 가능성이 많다.[288] 우리 헌정사를 보더라도 1988년 제13대 국회의원선거에서 나타났으며, 그 후 이러한 현상은 모든 대통령의 임기 중에 나타나게 된다. 제13대 국회 이후 제17대 국회에 이르기까지 한차례 이상 반복적으로 나타나고 있다. 국회가 행정부와 균형을 취하기보다는 행정부에 대한 과도한 견제가 이루어지며, 의회와 행정부간의 원활한 국정운영을 위한 상호 협력관계가 구축되지 않는다. 결국 대통령제의 단점이라 할 수 있는 행정부의 통치력 약화와 이의 장기화가 발생한다.

3. 내각구성의 비효율성

현행 대통령제에서의 장관은, 해당업무에 관해 어느 정도의 질의나 토론의 경험이 있는 상태에서 내각에 기용되는 의원내각제하에서의 장관과는 달리 대체로 대통령에 의해 일방적으로 그리고 별다른 사전준비 없이 임명되는 경우가 많다. 국무총리의 경우 국회의 동의를

Election, 1984, p. 5.

288) 김철수, "헌법개정의 기본방향", 헌법학 연구 제10권 제1호, 한국헌법학회, 2004. 3, 59면.

받도록 하고 있으며, 인사청문회를 통해 자질을 검증한다. 장관의 경우 우리 헌법은 그러한 절차를 요구하지 않고 있다. 그 사람이 그 직책에 합당한 인물인지에 대한 검증, 즉 개인의 능력에 대한 검증절차가 없다. 입각의 하마평에 오를 경우 언론을 통해 검증을 받기는 하는 부족하며, 법적으로는 임명에 양향을 미치지 못하는 한계가 있다. 지금까지의 관행을 보면 각 부처장의 임명은 여·야 모두 선거과정에서 기여한 공에 따라 임명하는 논공행상의 성격이 강했다. 이것은 장관의 업무능력에 대한 전문지식의 유무의 문제뿐 아니라, 소속기관에 대한 장악력 등의 문제를 야기할 수 있다. 부처 소속 공무원이 장관보다는 실세 차관의 비공식적 명량을 따르거나 같은 부처의 장관과 차관이 서로 협의가 되지 않아 이것이 언론에 문제되는 경우도 있었다. 이는 결과적으로 대통령의 레임덕이나 집행부의 비효율을 가져오기 쉽다.

4. 독재화의 가능성

미국 대통령제의 성공적 운용[289]과는 달리 우리는 헌정사에서 대통

289) 미국 대통령제는 제도적 차원에서 의회와 집행부가 충돌할 경우 국가기능이 마비될 수도 있다. 그럼에도 불구하고 성공적으로 운용되고 있는 것은 특정의 개별요인의 영향이라기보다는 다양한 여러 요인들의 복합적 작용에 기인한다. 그 주된 요인으로서는, 첫째, 권력분산적 연방제도와 지방제도, 미국의 경우 연방정부의 권한이 한정되어 있는데, 무엇보다도 연방을 구성하고 있는 각각의 주는 나름대로의 고유한 권한을 가지고 있어 이들간에는 상당한 권력의 분산이 이루어져 있다. 둘째, 미국민의 반독재의식과 고도의 민주정치적 소양, 높은 민주적 소양이 미국 대통령제의 발전에 커다란 기여를 하였다. 이는 결과적으로 미국의 정치체제의 합리성과 정당성을 유지하고 발전하게 하는 중요

령제를 채택함으로서 군부독재를 경험하였다. 헌법개적으로 통한 대통령에의 권력집중과 이의 권력남용으로 폐해가 심했다. 우리나라에서는 남북간의 분단체제와 정치그룹 내에서의 심화된 인물중심의 비민주적인 파벌화 경향과 장기간의 군사정권이 빚어낸 획일적·전시적인 정치문화는 대통령에 지나친 권력집중과 독재화를 가능하게 하였다. 이와 같은 현상은 1987년 9차 헌법개정을 통해 헌법상 권력구조가 합리적으로 개편되고 헌법재판제도의 도입으로 권력에 대한 통제가 현실화되었으며, 정치의 민주화가 진행되면서 국민의 기본권 의식의 신장, 특히 문민정부의 등장 이후 국민의 정치의무의 고양이라는 하는 긍정적인 변화에도 불구하고 여전히 그 가능성의 존재한다.

헌법상의 권력분립원리에 의해 대통령의 권력행사에 대한 통제장치가 마련되어 있지만, 정권출범 초기에는 더욱더 이러한 권력통제장치가 제대로 작동되지 못할 가능성이 많다. 국가원수와 행정권의 수반으로서 모든 법적·정치적 권한을 대통령이 직접 행사해 왔다는 점에서 현행 대통령제적 권력구조는 독재화하기 쉽다. 따라서 이를 막기 위해 현행 헌법을 의원내각제로의 정부형태로 개정하는 것이 바람직하다.[290]

한 원인이 되었다. 셋째, 공정하고도 합리적인 선거제도를 통한 민주적 정당성의 확보와 함께 평화적 정권교체의 기회보장을 들 수 있다. 넷째, 의원들의 정치적 성숙도를 들 수 있다. 의원들은 국민의 여론을 자신이 소속한 당의 의지보다 우선시 한다. 당내에서의 위계질서 등의 비민주적인 행태는 존재하지 않는다. 다섯째, 헌법수호자로서 법원의 권위유지 등을 들 수 있다. 권영성, 앞의 책, 779-780면.

290) 김철수, 앞의 논문, 60면.

Ⅱ. 의원내각제의 긍정적 검토

1. 의 의

의원내각제의 도입을 위한 논의에서 먼저 의원내각제가 어떠한 특징과 장·단점을 가지는지 이해하기 위해 대통령제와 비교정리해 보고자 한다. 대통령제는 ① 이원적 민주정통성(dual democratic legitimacy), ② 고정된 임기에서 오는 경직성(rigidity), ③ 인지성(identifiability)과 책임성(accountability), ④ 승자독식(winner take all), ⑤ 중임제한 등을 특징으로 한다.[291] 대통령제는 임기동안 정국의 안정을 가져올 수 있고 3권이 분립되어 견제와 균형을 기할 수 있으나, 대통령이 의회에 대하여 책임을 지지 아니하므로 독주할 우려가 있고, 국가권력이 대통령에게 집중되어 소수자 보호나 국민의 정치참여의 기회가 줄어들 수 있다. 그리고 대통령과 의회의 대립시 조정하기가 쉽지 않다.[292]

반면, 의원내각제는 책임정치를 구현할 수 있고, 민주적 요청에 부응하며 의회와 내각이 정당을 통하여 일체가 되기 때문에 상호 긴밀하고 신속한 협조 아래 능률적인 정책을 수행할 수 있다. 그리고 의

291) 신명순 · 조정관 (공선), 내각제와 대통령제, 나남출판, 1995, 39-70면 참조

292) 여기에 「대통령제는 18 · 19세기의 소극적 국가기능을 전제한 국가와 그에 적합한 정부형태로, 국가와 사회 · 경제적 기능의 확대와 따른 현대의 복지국가적 기능의 적극적 수행을 위한 권력조직으로는 적합지 않고, 책임정치를 지향하는 현대 정당정치와는 병존하기 어려우며, 대통령제가 정당제와 접목되었을 때 국가권력의 1인 집중화는 가속된다」는 견해도 있다. 박철언, "의원내각제 개헌문제", 고시계, 97. 5, 57면.

회와 내각이 대립하는 경우에 불신임결의와 의회해산권의 행사를 통하여 대립을 해소할 수 있는 장점이 있다. 그러나 군소정당이 난립할 경우 정국이 불안정해질 수 있고, 동일 정당이 의회와 내각을 독점할 경우 다수의 횡포가 우려된다. 그리고 직업공무원제가 확립되어 있지 않은 상황에서 내각이 자주 교체될 경우 국가정책과 행정의 일관성이 유지되기 어렵다.

아래에서는 의원내각제의 보다 심도 깊은 이해를 위해 양제도의 장단점 중 상호 대비되는 몇 가지 쟁점을 중심으로 비교해 보겠다.

2. 행정부의 안정성

행정부의 안정성이라는 것은 대통령제에의 특유한 것은 아니다. 의원내각제에 있어서도 내각이 의회에 다수기반을 가지고 있을 때에는 대통령제 못지않게 안정될 뿐만 아니라 강력하다[293]. 영국에서 특히 정국이 안정되고 있는데, 그것을 양당제, 정당조직의 규율성이라는 특색에서 원인을 찾을 수 있다. 그리고 내각제의 정치적 불안정은 사실보다 과장되어 있는 것을 지적할 필요가 있다. 또한 정치 불안정이 내각 또는 행정의 불안정으로 연결되는 것은 아니다. 민주주의의 안정성과 정부의 안정성을 구별할 필요가 있는 것이다. 안정된 민주주의가 약화되는 것은 불안정한 정부 때문이 아니라 무능한 정부나 나쁜 정부 때문에 약화되는 것이다[294]. 우리나라의 집권당에서 흔히 정

293) 김영일, "대통령제와 의원내각제의 비교연구", 단국대학교 대학원 학술논총 제14집, 1990, 120면.

294) 김영민, 앞의 논문, 13면.

국불안의 원인이라 말하는 여소야대 정국을 보더라도, 의원내각제에서는 총선을 통한 제도적인 해결이 가능하다. 오히려 대통령제가 여당과 의회다수당이 다른 경우 의회가 교착상태에 빠지는 경우가 많다. 의회소수당이 된 여당을 인위적으로 거대여당을 만다는 시도(1990년의 3당 합당)를 할 가능성이 있다. 의원내각제는 다수당이 집권하거나 연립정권을 통해 다수를 형성하기 때문에 교착의 가능성은 없고, 인기 없는 정권은 불신임투표를 통하거나 총선거를 통해 퇴출시킬 수 있기 때문에 정치의 구조조정이 쉽다. 민주주의 자정기능을 살릴 수 있다. 대통령제에서는 고정된 임기로 인하여 무능한 대통령을 교체할 수 없기 때문에 이러한 기능을 행할 수 없다.

대통령제는 의회와의 관계에서 다음의 두 가지가 문제될 수 있다. 첫째, 국민다수에 의해 선출된 대통령이 의회를 무시하고 독단을 행할 수 있다. 의회다수를 차지하지 못하는 여당소속의 대통령은 의회를 공격하는 입장을 취하면서 국민들에게 직접 호소할 수 있다.[295] 이러한 현상은 위임민주주의(delegative democracy)에서 오는 것이다. 위임민주주의의 특징은 ① 대통령을 정당(의회)의 상위기관으로 인식하며, ② 의회나 사법부 같은 견제기능을 하는 기구들이 책임을 부여하는 것을 불필요한 일로 간주하며, ③ 대통령과 그의 측근들은

---

295) Linz and Valenzuela, 신명순·조정관 공역, 내각제와 대통령제, 나남출판사, 1995, 275면, 우리나라는 조금 차이가 있는데, 김영삼 전 대통령은 의회다수당의 당수이면서도 공공연히 의회를 무시하는 태도를 취했고, 전격적으로 언론에 발표하기를 즐겼다. 김대중 전 대통령은 소수파 정권으로 출발한 탓에 의회와 무관한 정책위주로 집행을 해나갔고, '국민과의 대화'같은 언론매체를 통해 국민에게 집적 호소하는 경우가 많았다. 이런 점에 대해 극우언론이 의회를 무시하는 처사라고 비난하기도 한다.

정치 및 경제 사회전반 모든 것을 관장하며, ④ 대통령은 자신을 기존의 모든 정치제도로부터 격리시키고, 자신만이 정책에 유일하게 책임을 지는 사람으로 만든다.296) 내각제는 이와 달리 단독이든 연립이든 의회와 정당의 협력으로 운영되어야 하기 때문에 위와 같은 문제점과는 거리가 멀다.

둘째, 의회다수당의 전횡이다. 대통령제가 가장 발달하고 잘 정착되어 있는 미국에서도 지난 1994년 선거에서 의회 다수를 차지한 공화당에 강경과 지도부가 들어서면서 행정부와 대결국면이 계속되었다. 결국 연방정부의 업무가 정지되는 예산파동을 겪었다. 우리나라에서는 1998년의 절반을 총리 임명 동의를 둘러싼 정쟁으로 시간을 허비한 사례가 최근에 있다. 이를 볼 때, 대통령제는 인치의 성격이 강하다는 점을 부인할 수 없다.

장관의 임기와 관련해서도 양 제도의 차이점이 있는데, 대통령제에서는 장관 임기가 짧다. 대통령제에서는 정부가 책임을 져야 할 중요한 정치문제가 있을 때마다 의회의 지지를 확보하기 위한 수단으로 장관을 교체하는 방법을 쓰며 이러한 목적을 위해 장관들을 자주 바꾸는 경향이 있다. 특히 우리나라의 경우 장관과 대통령이 임기를 같이 하는 경우는 거의 없다. 반면, 의원내각제에서는 연립정부가 많기 때문에 중요한 장관직을 맡고 있는 사람은 오랜 기간에 걸쳐서 자기 정당과 밀접한 관계를 맺어오고 있기 때문에 연립정부가 구성될 때마다 재기용되는 경우가 많다.297)

지도력 차원에서 보더라도 성공적인 리더십을 보인 사례는 의원내

296) 신명순 · 조정관, 위의 책, 274면.
297) 신명순 · 조정관, 위의 책, 278면, 50면.

각제 국가에서 더 많이 찾아볼 수 있다.[298] 현대의 선거는 정당투표적 성격을 보이고 있다. 의원내각제에서의 총선거는 그 정당의 지도자를 보고 투표하는 경향이 짙다. 이념에 대한 고착성이나 충성도의 약화, 동질화되어가는 계급구조의 변화로 인한 고정표의 퇴색, 교육 및 정치의식의 향상에 따른 독립적 유권자의 증가, 당선가능성이 낮은 소수정파에는 투표하지 않으려는 경향을 나타내고 있다. 정당지도자들은 정당자체의 유권자에 대한 호소력도 강화하고, 그 정당의 원내기반도 확충해야 함과 동시에 자기 자신을 유권자에게 드러내어 지지를 호소하게 된다.[299] 따라서 총선거가 그 정당의 지도자에 대한 지지율 내지 인기투표의 의미를 가짐으로써 대통령선거와 유사하다. 그러나 대통령제와는 달리 내각제에서는 갑자기 급부상하는 지도자가 나올 수 없고 의회와 내각에서의 참여 경험을 통해 꾸준히 지도자 수업을 쌓은 다음 정당과 국가의 지도자로 올라가게 된다. 내각은 정당이라는 인재풀을 통해 지도자와 각료를 공급하는데 비해 대통령은 자신과 가까운 사람들 위주로 정부를 구성하게 되고 각료를 그만두게 되면 정치생명이 끝나기 때문에 강력한 의지를 지닌 독립적인 정치인들이 내각에 참여하여, 소신을 피력할 수 있는 가능성이 적다.[300] 내각제에서의 내각의 정책결정은 집단적인 심의와 토의를 거치는 것이 일반적이다. 따라서 각료들은 다양한 영역의 쟁점에 대해 경험과 식견을 갖게 되므로, 이에 따라 그 중 어느 한 사람이 나중에 총리가 되었을 때 그는 모든 영역에 걸쳐서 어느 정도의 지식을 갖

298) 영국의 처칠, 독일의 아데나워 · 브란트, 이탈리아의 가스페리, 스페인의 수아레스 · 곤잘레스, 그리스의 파판드레우 등.

299) 신명순 · 조정관, 앞의 책, 118면.

300) 신명순 · 조정관, 위의 책, 97면.

게 되므로 지도력을 발휘할 수 있다.

이러한 점들을 볼 때, 내각제가 불안정하다고 보는 것은 옳지 않다. 현대의 내각제는 제도의 기본 장점인 유연성의 요소를 잃지 않으면서도 강한 지도자와 정부안정을 이룰 수 있는 제도이다. 많은 의원내각제 국가에서 총리가 장기간 재임하고 있는 사실에서 볼 수 있듯이 의원내각제는 대다수 대통령제에서 중임금지원칙 때문에 이루기 힘든 정책이나 지도력의 연속성을 보장할 수 있다.[301]

3. 책임정치의 실현

책임정치의 실현은 제도적으로 행정부의 책임정치라는 측면에서 볼 때 의원내각제에서 유리하나, 내각과 의회의 밀착시에는 오히려 부패를 조장할 가능성이 있다.[302] 대통령제도 책임을 물을 수 있는 여러 가지 장치들(탄핵소추권 등)이 있으나, 정치적 책임이나 국민의 평가에 그치는 경우가 많고 정권퇴진까지 요구할 수 있는 경우는 쉽지 않다. 그런 의미에서 책임추궁의 제도적 장치측면에서 부패한 권력을 내각불신임 또는 총선거에서 국민심판으로 퇴출시킬 수 있는 의원내각제가 유리하다고 할 수 있다.

그리고 의원내각제에서 당의 지도자들은 오랫동안 정치의 어렵고 힘든 과정을 겪고 성장해 정당을 대표한다. 유권자들은 내각을 구성할 인물들이 소속 정당의 누구인지, 각료들의 대부분은 정치적 경험

301) 신명순 · 조정관, 위의 책, 119면.
302) 윤대규, "왜 대통령제를 선호하는가", 법과 사회 제15호, 창작과 비평사, 1997, 44면. 이러한 문제점에 대해서는 잦은 스캔들로 내각이 빈번하게 교체되어온 이탈리아나 일본의 예를 들 수 있다.

을 충분히 가진 인물들이라는 것을 알고 있다.[303] 반면, 대통령 후보는 정치지도자로서의 경력을 반드시 갖출 필요는 없으며, 필요에 의해 기존 정치계에서 아닌 외부에서 전혀 새로운 인물이 나오기도 한다.[304] 오랫동안 검증을 거치지 않은 후보가 당선되어 집권할 경우 각료가 될 사람들에 대한 정보는 한정되어 있고 이미지에 따라 좌우되는 대통령 선거의 특성상 국민들의 입장에서는 위험 부담이 높다. 따라서 내각제가 인지성이 더 높다고 할 수 있다. 이러한 인지성을 바탕으로 내각은 다음 총선거 이후에도 계속 집권하기 위해 책임정치를 구현하게 되는 것이다.

4. 정당제

대통령제는 3권 분립을 기반으로 하고 있다. 이것은 그 조직원리를 근본적으로 깨뜨리는 서구적 정당제를 수용할 수 없는 권력조직상의 한계가 있다.[305] 아직 민주화를 이루지 못한 권위주의적 정치문화를 가지고 있는 국가들의 경우 정당은 대통령 개인의 전유물이 될 가능성이 많으며, 여당을 상대해야 하는 야당들도 같은 형태로 운영될 수밖에 없다. 또한 한국과 같이 대통령이 집권당의 총재가 되어 총선에서 공천권을 쥐고 있는 경우 정당민주화는 쉽지 않다. 그리고 대통령이 행정부와 의회를 모두 장악하게 되어 대통령제 본연의 권력분립마저도 기할 수 없게 될 수 있다.[306] 따라서 대통령제보다는 의원내

303) 신명순 · 조정관, 앞의 책, 54면.
304) 신명순 · 조정관, 위의 책, 53면,
305) 이종상, "통치구조상 의원내각제의 위상", 헌법학연구 제2집, 헌법학회, 1996, 61면.

각제가 정당제와 더 친하다고 볼 수 있다.

물론, 대통령제가 정당제와 무관한 것은 아니다. 대통령선거에서 승리하여 정권을 획득하는 것은 정당이 얻을 수 있는 최대의 정치적 보상이고 지지율이 높은 큰 정당들이 대통령선거에서 승리할 가능성이 높기 때문에 양당제의 흐름으로 가고 있다. 즉, 대통령제는 승자가 모든 것을 획득하는 제도이기 때문이다.[307] 이러한 양상은 대통령선거의 결과가 단순다수에 의해서 결정되는 경우에 나타나며 특히 의원선거가 대통령선거와 동시에 실시되거나 또는 대통령선거가 실시된 직후에 의원선거가 실시되는 경우에 흔하게 나타난다.[308] 다당제인 프랑스의 경우는 결선투표제의 영향으로 양극화, 중도정당 자체는 퇴색하면서도 극단 정당의 노선변경이 일어나는 등 많은 변화를 겪었다. 대통령제는 내각제와는 달리 당내 응집력이 강하게 요구되지 않으므로 다당제를 저해하면서도 동시에 응집력이 강한 정당의 출현을 저해시키는 면이 있다.[309] 또, 대통령제에서 권력은 사실상 다수정당의 지지를 받을 때 강해지고 의회 다수파의 지지가 없는 상황에서는 대통령의 권력은 약해진다.[310] 그러므로, 대통령제가 정당제와 무관한 것은 아니나 내각제에 비해서 그 중요도가 덜한 것은 사실이

---

306) 또한 대통령이 대법원장을 임명하고 그가 제청한 법관들로 이루어진 대법원은 물론, 대통령이 3인, 국회 3인, 대법원 3인씩 지정하게 되어있는 헌법재판소의 구성방식을 볼 때, 9인중 7인까지는 대통령의 구미에 맞는 인물로 채울 수 있다는 결과도 나올 수 있다.

307) 신명순 · 조정관, 앞의 책, 208면.

308) 신명순 · 조정관, 위의 책, 209면.

309) 신명순 · 조정관, 위의 책, 209면.

310) 1986년부터 1988년. 1993년부터 1995년까지의 두 차례에 걸친 프랑스의 동거정부의 예가 이에 해당한다.

다. 위와 같은 현상은 순수대통령제보다는 절충형 대통령제에서 많이 나타나기 때문에 대통령제의 원형이라기보다는 형태적 변용의 한 현상으로 다루어져야 할 것으로 본다.

5. 사회통합

민주주의의 발전은 그 사회가 갖고 있는 사회·역사적 경험, 내부적인 구성인자 등 현실여건에 의해 좌우된다. 사회적 갈등이 극심한 국가들에서는 지역·이념적 갈등을 치유하기 위해서 합의제적 정부형태를 수용하는 것이 바람직하다.[311)]

인종·종교문제가 심각한 국가나 내전·군사독재·심각한 사회경제적 불평등으로 인하여 정치적 분열을 겪고 있는 나라, 민주화 과정 또는 민주주의 회복과정에 있는 나라들에서는 권력을 공유하면서 권력을 제한하고 분산시키는 합의제 민주주의가 다수결주의보다 더 효과적이다. 그러나 대통령제는 다수결에 근거한 민주주의로 가는 경향이 강하므로 여기에 취약하다. 왜냐하면 대통령은 한 사람이 중심이 되는 행정부인데 비해 총리와 내각은 집단적인 형태의 정부이기 때문이다. 의원내각제의 경우 내각에서의 총리의 위치는 독점적인 권한을 갖는 유형에서부터 다른 각료들과 똑같은 권한을 나누어 갖는 유형에 이르기까지 다양하다. 어떤 경우에도 정책결정에서는 상당히 높은 수준의 집단적인 합의가 있는 것이 사실인데 비해 대통령제에서 내각의 각료들은 단순히 대통령에 대해 자문을 하거나 대통령에게

---

311) 김성룡·김창호·김충구·서규석, 51%의 정치미학 내각제, 도서출판 지정, 1997, 162면.

복종하는 입장에 불과하다.[312] 민주화의 과정이나 비상시에 요구되는 협의적 타협이나 협약 같은 것을 도출하는 데에서 대통령제는 방해가 될 수 있다. 반대로 의원내각제는 그러한 협약들을 만들어내는데 유리하다. 더구나 대통령제에 협의제적인 요소를 가미하게 되면 의원내각제 안에서 협의제적방법을 통해 정치를 해결하는 것보다 유권자들의 선택의 자유가 훨씬 더 줄어들게 된다.[313]

그리고 대통령제는 우리의 예에서 볼 수 있는 바와 같이 임기 중에 정치적 실정으로 지지율이 하락하고 총선에서 패배하여 소수의 지지를 받고 있는 중에도 대통령이 모든 권력을 독점한다는 것이다. 행정부의 권력이 한 개의 정당, 한 사람에게 집중되어 있기 때문에 권력을 공유한다는 것이 어렵다. 반면, 언제든지 총선이 가능한 의원내각제에서는 수상의 재임기간과 관계없이 수상에 대한 불신임이 가능하기 때문에 필요하다면 국민들의 의사를 직접 물을 수 있다. 그러나 대통령제에서는 대통령의 임기가 만료될 때까지 그의 정책을 지지하지 않는 국민들의 의사는 반영되지 않는 결과가 된다. 대통령에 따라서는 대통령제의 이러한 약점을 극복하기 위해 여러 가지 정책들을 선택할 수도 있다. 그러나 이것은 제도에 의한 효과가 아니라 대통령의 의지, 운용상의 문제에 불과하다.

---

312) 신명순·조정관, 앞의 책, 200면.
313) 신명순·조정관, 위의 책, 208면.

III. 의원내각제 도입의 기본과제

1. 의원내각제 서설

우리 헌법은 지금까지 대통령제와 의원내각제 각각의 장점을 살린다는 명분에서 변형된 대통령제를 채택해 오고 있으나, 실제적으로는 장점을 살리기보다는 대통령의 권한강화에 기여해왔다. 헌정사를 보더라도 대통령제를 중심으로는 하는 권력구조에서 의원내각제 요소는 대통령제의 장점을 극대화 하는 것이 아니라 대통령의 권한 강화에 기여했다. 대통령에의 권한독점은 대통령 1인의 독재화 가능성에 기여할 뿐이었다.[314] 즉 지금의 권력구조는 의원내각제의 장점은 살리지 못하고 대통령제의 단점만 부각하는 역할을 하고 말았다.

앞에서 살펴본 바와 같이 미국에서 대통령제가 성공한 요인[315]으로는 연방제에 의한 분권적 분산, 중간선거에 의한 그의 정책에 대한 비판과 책임추궁, 여론에 의한 압력, 그리고 헌법의 수호자적 지위에 있는 연방대법원의 사법적 통제, 정치인과 시민의 사회적 동질성, 정당제도의 특수성, 미국인의 높은 시민의식을 들 수 있다. 따라서 대통령제에 있어서 미국헌법과 같은 세심한 배려가 없는 국가에 있어서는 독재화가 될 가능성이 많다.[316] 우리의 헌정사가 이를 잘 말해주고 있다.

대통령제와 의원내각제를 불문하고 지금의 정치체제는 점점 소수

---

314) 박규하, 앞의 논문, 42면
315) 권영성, 앞의 책, 780면.
316) 박규하, 앞의 논문, 43면.

자에게 권력이 집중되는 경향이 있다. 그 이유는 ① 현대국가에서는 통일적·체계적 정책이 일관성 있게 신속히 수행되어야 하는 정치적 요구에 효과적으로 대응할 수 있다는 점, ② 현대사회는 국가적·사회적으로 중요한 사안에 대해 여론이나 대중에 의한 판단보다 명확한 책임을 가지는 주체에 의한 결정 및 수행을 바라는 점, ③ 대중매체의 발달이 정치의 중심에 있는 당의 리더에게 초점을 맞추어 보도함으로써 그를 실력 이상의 인물로 만들어 거대한 영향력을 갖게 하는 점 등이다.

그러나 수상에게 집중되는 것과 대통령에게 집중되는 것은 견제장치로 볼 때 본질적 차이가 있다. 강력한 권한은 부여하되 결정의 주체를 명확히 하고 그 결과에 대해서는 언제든지 책임을 물을 수 있는 의원내각제적 정부형태가 필요하다. 한편 이러한 권한을 가진 수상을 국민이 직접 선출하여 4년 임기의 대통령으로 하는 것이 바람직하다는 이른바 수상공선론도 제기되고 있다.[317] 실제 실시하는 사례도 있으나 주장이나 의원내각제의 본질에 비추어 채택하기에는 적합하지 않다. 특히 의원내각제는 일원적 민주적 정당성을 가지고 있는데 수상을 직선할 경우 민주적 정당성이 이원화되어 의회를 통한 민주적 정당성의 일원화와 대의제원칙을 본질적으로 침해하게 된다.

의원내각제가 이상적인 정부형태라고는 할 수 없다. 이를 수용함으로 제기되는 문제점도 있으며, 그에 대한 반론도 있다. 그런데 우리에게는 특수한 남북대치상황과 다가올 통일에 대비하는 것이 필요하다. 의원내각제를 반대하는 측에서는 이를 들어 남북대결의 긴박한

317) 구병삭, 앞의 논문, 95면

상황과 통일을 위해서는 강력한 대통령의 지도력이 필요하며 대통령제를 옹호하고 있다.

그러나 이러한 주장은 과거 독재시대를 정당화하기 위한 명분이었다. 주로 후진국에서 이런 명분으로 대통령제를 고수하면서 독재를 강화하고 있다. 우리의 특수한 정치상황에 대처하는 것도 정책결정의 문제이며, 1인이 전지전능하게 모든 결정을 할 수 있는 문제가 아니다. 신도 아닌 인간이 모든 문제에 탁월한 판단만을 할 수는 없는 일이다. 그리고 이런 국가적 중대사는 국민적 합의를 이끌어내고 각 분야의 전문가와 기술관료들이 입안한 정책을 바탕으로 추진해야 하고 외교력과 정치력을 발휘해야 하는 분야이지 모든 권한을 가지는 대통령을 원하는 명분이 될 수 없다. 그러나 통일·외교·안보에 있어서는 어느 특정 정파나 정권의 이익을 떠난 초당적이고 범국가적인 고도의 정치적 판단이 필요하다. 따라서 의회의 상시적인 추궁으로부터 자유로우며, 정책결정은 수상이 주도하되 중대한 정치결단은 대통령의 이름으로 하는 것이 바람직하다.

2. 의원내각제 도입을 위한 구체적 검토

(1) 제도의 골격

1) 의의

우리 헌법에 의원내각제를 도입할 경우, 어떠한 형태로 받아들여야 하는가 하는 문제가 남는다. 정부형태의 선택은 권력분립으로 국민의 자유와 권리를 보장, 주권자인 국민의 의사반영,[318] 주기적 선거에서 정권교체가 가능한 정치 및 선거제도, 국민의 기본권 보장을 위한 정치구조이어야 한다. 그리고 행정부의 안정을 위한 제도적 장치를 마련하는 것이 필요하다.[319]

이를 위해서 권력구조는 일원적 의원내각제를 채택하는 것이 필요하다. 선거제도는 소선거구제를 바탕으로 양당제를 지향해야 한다. 이는 영국의 의원내각제와 밀접한 것으로, 영국의 의원내각제가 정치적 안정성을 수반하고 있는 것은 민주적 전통과 역사와 전통을 자랑하는 양대 정당의 존재와 밀접한 관련이 있다. 그리고 정당제는 소선거구제와 연관되는 것이고, 영국을 지배하는 법의 지배의 원리, 영국인의 상호신뢰·타협의 정신, 법 및 공권력에 대한 존중, 점진적 개혁에 대한 믿음 등의 정치문화와 밀접한 관련이 있다.[320] 이것은 민주주의 정치제도에서 추구되는 두 가지의 가치 민주성과 효율성 중 후자에 더 비중을 두는 것으로서 양당제와 단일정당행정부를 상정하는 것이다.[321]

318) 「정확한 국민의사의 투영」이란 표현을 쓴 것은 국민의 주권행사가 왜곡되지 않고 그대로 반영되어야 한다는 뜻으로서 의원내각제를 하더라도 대통령직선제나 다름없이 국민의사대로 집행부가 구성되어야 한다는 뜻이다. 의원내각제의 경우 특히 일본의 경우처럼 국민정서와는 거리가 먼 자가 정당수뇌부간의 담합으로 집권하는 경우가 있으므로 이를 제어할 수단이 필요하다고 본다.

319) 그리고, 의원내각제를 도입하기 위해서는 정치제도화의 수준(Level of Political Institutionalization)을 높여 타협의 정치문화를 만들고, 정치제도화의 균형(Balance of Political institutionalization)을 이루어 정당체계의 제도화를 만들어내는 것이 그 필요조건이라는 견해도 있다. 이종찬, "한국 권력구조 개편논의의 허상과 실상: 제도화의 방향", 한국의 권력구조 논쟁, 45-50면.

320) 김헌, "각국 의원내각제의 헌정사적 고찰", 27면.

321) 양건, 앞의 책, 470-471면.

2) 일원적 의원내각제

현재 의원내각제를 채택하고 있는 나라중에서 이원적 의원내각제를 채택하는 곳은 없으며, 기존의 전통적 의원내각제가 수상중심으로 발전하는 추세에 있다. 제도상으로도 집행권을 수상책임하에 두는 것이 바람직하다. 대통령제의 대안으로 의원내각제 외에도 이원집정부제가 거론되기도 한다. 그러나 의원집정부제는 입헌군주제의 전통이 없는 프랑스에서 의원내각제가 정착되지 않고 군소정당 난립으로 인해 겪어야 했던 내각불안정의 경험(제3·4공화국)을 극복하기 위해 창안한 제도이다. 이 제도는 대통령의 독주시 견제할 수단이 없다. 대통령과 의회에서 다수를 점하는 당이 다른 정파일 경우 동거정부의 구성이 필요한데, 만일 불화가 생길 경우 조정할 방법이 여의치 않다. 현직 대통령이 임기단축에 동의하지 않을 것이므로 실현가능성도 별로 없다.[322] 게다가 우리 헌정사에서는 이 제도에서 대통령의 비상대권을 모방한 유신헌법과 제5공화국 헌법에서 악용된 경험이 있어, 거부감뿐만 아니라 민주주의에 위협이 될 수 있다. 또 프랑스에서는 결선투표제를 채택하고 있다. 이는 다당제를 염두에 두고 있는 것인데, 아직까지 양당제가 제대로 뿌리 내리지 않은 우리나라에서는 적절치 못하다. 양당제를 지향할 경우 결선투표제는 필요하지 않다.

일원적 의원내각제를 채택할 경우 수상을 보좌할 수 있는 기구의 설립이 필요하다. 이를 총리부 또는 내각부라고 한다. 일본에서는 행

322) 김철수, "한국헌법 제60주년과 헌법개정문제", 공법연구 제37집 제2호, 한국공법학회, 2008. 12, 13면.

정개혁의 일환으로 내각사무를 관장하는 내각부를 설치하고 내각관방장관과 아울러 총리를 직접 보좌하는 역할을 맡겨 총리 권한을 실질화 하고 내각에 통일성과 유기성을 기하고 있다. 영국에서도 수상보좌기구가 확대되고 있다. 따라서 일원적 의원내각제를 효율적으로 실시하기 위해서는 내각사무를 총괄하는 부서와 각료를 두는 수상(총리)보좌기구가 필요하다.

3) 양당제와 소선거구제

양당제의 정착을 위해서는 제도적으로 선거제도에서 소선거구제를 채택하는 것이 필요하다. 현행 헌법에서 지역구도 타파를 위해 지금의 소선거구제를 바꿀 필요성이 있다고 하나, 소선거구제는 대정당에 유리하고 양당제 구도에 적합하다. 의원내각제를 시행하고 있는 영국과 일본에서 택하고 있다. 그러나 영국처럼 단순소선거구제를 실시할 경우 사표가 많게 되어 표의 등가성에 위배될 수 있다. 정확한 국민의 의사의 반영을 위해서 비례대표제를 함께 실시해야 한다. 그 방식은 지금과 같이 1인 2표로 한표는 지역구 후보에, 나머지 한표는 정당명부에 투표하는 것이 바람직하다. 정당명부는 일본처럼 권역별로 배치하되 의석배분은 전국득표율에 따라 하는 방식이 지역구도를 타파하는 데 유리하다. 그런데 정당명부제가 제 기능을 발휘하기 위해서는 당내민주화가 이루어져야 한다. 당지도부에 의해 일방적으로 정당명부가 작성되면 국민의 의사와 동떨어진 인물이 후보가 되기 쉽다. 따라서 상향식 또는 절충식의 공천이 이루어져야 하겠다.

의원내각제에서 내각의 동질성 확보는 필수적이고 결과에 대한 연대책임이 이루어져야 한다. 이를 위해서도 양당제가 필수적이라고 본다. 왜냐하면 다당제의 경우 정당내부의 동질성 확보는 쉽지만, 연립내각구성이 일반적이라고 볼 때 내각의 동질성은 쉽지 않다. 연립내각 운영이 독일[323)]에서는 비교적 성공적이었지만, 일본에서는 그런 평가를 받지 못하고 있다. 한편으로는 연립내각의 구성이 국민의사를 왜곡할 우려가 있다. 제1당이 중심이 되지 않고 이에 대항하는 나머지 정당간 연합은 다수대표에 반한다. 따라서 정당간 야합의 우려가 있는 연립내각 구성 가능성이 있는 다당제보다는 여·야가 주기적인 선거를 통해 정권교체의 가능성을 열어놓고 있는 양당제가 국민의 정부선택권을 더욱 보장해주며 행정부의 안정에도 기여한다. 물론 의원내각제의 시행을 위해 소선거구제의 필요성에는 공감하나, 정치적으로 가장 큰 문제점으로 지적되는 지역구도의 파타를 위해서 반대하는 의견도 많다. 그러나 최근의 선거 결과를 보면 만족스럽지는 않지만 직역구도가 많이 완화되어 가고 있으므로 도입에 별 문제는 없다고 판단된다.

양당제와 관련해서 이념에 따른 정당구도가 바람직하다. 보수와 진보로 양분되는 것이 가장 합리적이다. 그리고 정국안정과 의회·정부간 힘의 균형을 위해서 건설적 불신임제를 채택하고,[324)] 총선 후 1년 내에는 의회해산을 할 수 없도록 해야 한다.

(2) 제도적 장치

의원내각제가 안정을 이루기 위해서는 강한 결속력을 가진 정당을

323) 그러나, 최근 핵발전소 문제와 기업 법인세 문제를 둘러싸고 적록연정이 흔들리는 것을 보면 독일에서도 그리 잘 이루어지고 있다고 보기는 힘들다.

324) 김철수, 앞의 논문, 61면.

필요로 한다. 당연히 정당의 규율이 강해야 한다. 물론 이러한 부분이 정당의 민주화와 상치될 수도 있으나, 여기에서 말하는 정당의 규율은 당 지도부 방침에 무조건 순응하는 것이 아니라 정당 구성원간의 동질성을 확보하기 위한 의미로 해석해야 한다. 정당의 규율 강화를 위한 올바른 길은 정당민주화를 통해 이루어져야 한다. 당수의 공천제도, 소신에 따른 투표를 징계하는 풍토의 배제, 의사결정 구조의 민주화 등을 통해서 정당의 비민주적 요소를 없애고 당의 정체성(identity)확보를 통해 소속의원을 통제해야 한다. 정당의 성격이 계층 이익을 대변하고 일정 지지층이 그를 지지한다면 소신 없이 당을 바꾸는 의원은 당선될 수 없다. 여기에는 정당 자체의 노력도 있어야 하겠지만 유권자의 정치의식이 높아져 소신 있는 정치인을 우대하고 자신의 이익을 실현시켜 줄 수 있는 정당을 지지하는 풍토가 조성되어 있어야 한다.

의회는 단원제가 바람직하다. 정치개혁의 방향이 고비용 정치구조 타파로서 의원수를 줄이는 방향으로 가고 있음에도 불구하고 양원제를 주장하는 것은 사리에 맞지 않는다. 양원제 의회에서 하원은 전체의 이익, 상원은 부분의 이익을 대표하는데, 이는 특히 독일이나 미국과 같이 연방제 국가에 필요성이 높다. 우리나라는 지방자치가 시행되고 있으나 단일국가로 특수한 지역 이익을 대표하는 의회를 구성해야 할 이유는 없다. 단일 국가인 영국이 양원제인 것은 귀족 계급을 대표하는 상원이 있기 때문이다. 최근 영국에서도 상원개혁의 조치로 세습귀족의 의원자격을 회수하는 등 양원제에 대한 회의적 의견이 많다. 또, 현대의 복잡하고 다양한 국사를 효율적으로 처리하기 위해 수상중심의 내각제를 실시하면서 국사의 지연을 가져올 양원제를 둘 실익이 없다. 다만, 양원제를 할 경우 별도의 선거가 필요 없이 비례대표를 상원으로 할 수 있다. 이 경우 직능대표성이 강화되어야 함은 물론이고 정치인은 다선원로급이 참여하는 것이 바람직하다.

의원내각제의 성공조건으로 직업공무원제의 확립이 필요하다. 정치인이 장관으로 기용되고 정책이 의회의 심판대에 오르면서 정치적 이유로 정책의 일관성이 흔들리는 것을 배제하기 위해서는 직업공무제의 확립이 요구된다. 행정차관과 정무차관을 두어 전자는 국가공무원법상의 사유가 아니고는 해임되지 않도록 함으로써 행정업무의 연속성과 안정성을 지키고 정치적 책임은 장관과 정무차관이 지도록 하는 것도 좋은 방법이라 생각된다. 현재 추진되고 있는 공무원 개방형 임용제와 잘 조화시켜 공무원의 무사안일 함을 없애고 직업공무원제의 정착을 동시에 확보하느냐 하는 것이 앞으로의 연구 과제라 하겠다.

그리고 의원내각제의 시행과 성공적 정착을 위해서는 정치문화의 개혁이 필요하다. 우리의 정치문화를 들어 의원내각제 도입은 불가능하다는 주장이 지금도 있다.[325] 내각제 반대론자들은 주로 정치권에 대한 불신으로 이를 반대하는 것으로 보인다. 의원내각제뿐만 아니라 어떠한 이상적 정부형태에서도 정치권이 부패하면 실효성을 거둘 수 없다. 따라서 정치의 선진화를 이룰 수 있는 정치제도를 정착시키는 것이 중요하다.

그리고 의원내각제 반대론의 논거로 정경유착 가능성도 제시되고 있는데, 이는 대통령제에서도 제기되는 문제점 중 하나 이다. 우리의

325) 정영국, "내각제 개헌을 해서는 안되는 7가지 이유", 사회비평, 제 20호, 나남출판, 1999, 30-31면.

군사정권 32년의 역사를 보면 드러나기 때문에 그러한 주장은 타당성이 없다. 그러나 이런 가능성을 막기 위해서는 깨끗한 정치문화 뿐만 아니라 기업문화도 변해야 할 필요성이 높다. 이를 제도화 화기 위해 이와 관련된 개별법의 보완이 필요하다.

(3) 소결

의원내각제의 도입과 성공적인 정착을 위해서는 ① 행정부는 수상의 책임정치를 구현할 수 있도록 편성되어야 하고, ② 정국안정과 내각·의회의 상호균형을 위해 건설적 불신임제가 채택되어야 하고, ③ 국회는 단원제로 하고 비례대표제를 인정하면서도 군소정당의 난립을 막을 수 있는 방식의 선거제도를 마련해야 한다. 우리나라는 양당제를 선호하는 경향이 강하여 총선직후 다당제 구도가 되더라도 다시 양당제로 회귀하는 경우가 많고 군소정당이 의회에 진입하더라도 의원내각제적 안정을 기하는 데는 별다른 문제가 없다. 양당제와 관련해서는 지금의 방향과 같이 이념적으로 차별되는 보수와 진보 정당의 양당제적 정계구도가 가는 것이 바람직하며, ④ 정치인의 부정·부패방지를 위한 입법적 보완이 필요하고, ⑤ 무엇보다도 정당민주화와 이를 가능하게 하는 국민의 성숙한 의식과 이를 바탕으로 하는 건전한 정치·경제적 문화가 조성되어야 한다.

제5장 결 론

위와 같이 의원내각제를 나라별로 비교 헌법적으로 검토해 보았다. 먼저 각국의 의원내각제를 그 특징을 중심으로 정리해보면 다음과 같다.

영국의 의원내각제는 수많은 시행착오와 경험을 바탕으로 성립·발전된 역사적 산물이다. 의회가 국정의 주도권을 잡게 되자 의회의 의사를 효율적으로 국정에 반영하기 위해 내각의 중요성이 부각되었다. 오늘날에는 정당정치의 발전과 선거권의 확대에 따라 내각이 의회에 우월적 위치에 있는 내각책임제로 발전하게 되었으며, 내각의 수반인 수상의 지위가 극대화된 수상책임제로 변질되었다. 영국 의원내각제의 특징은 다음과 같다.

첫째, 수상은 의회에 대한 내각의 우위 및 수상의 강력한 권한 등 실질적으로 내각을 구성하는 권능과 정부주요보직의 인사권을 장악하고 있다. 의회에 대한 해산권을 가지고 외국에 대하여 국가를 대표하는 등 집행부의 수반은 물론 의회 내 다수당의 총수와 국가정상의 위치를 차지하고 있다.

둘째, 양당제의 확립이다. 헌정사와 더불어 발전된 영국의 정당제도는 왕당파와 의회파, 토리당과 휘그당, 보수당과 자유당, 보수당과 노동당 등 2개의 대정당이 주도해 왔으며, 이러한 현상은 앞으로도 계속될 것으로 보인다.

셋째, 선거가 정당에 대한 국민투표적인 특징을 나타내고 있다. 정당에 뿌리를 두고 있는 내각의 입장에서는 하원에 대한 의존보다는 여론과 유권자에 많이 의존하고 있으며, 내각과 국민은 보다 직접적인 연대관계를 형성하고 있다.

그리고 양당제의 정착으로 정권교체의 가능성이 제도적으로 보장되어 야당은 예비내각을 구성하여 효과적인 여당견제를 하며, 국민들에게 차기내각의 면면을 공개함으로써 미리 그 자질을 심판받고, 유권자인 국민들이 간접적으로 정부구성에 참여할 수 있는 길을 제도적으로 뒷받침하고 있다.

프랑스의 정부형태는 19세기 이후부터 영국의 원내각제의 영향을 받아 오다가 1875년 제3공화국 헌법에 의해서 비로소 의회우위의 의원내각제가 확립되었다. 프랑스 제3공화국 헌법은 극도의 간결성, 헌법적 관습을 통한 보충, 체계성의 부재, 원칙의 부재, 타협의 산물이라는 특징을 가진다. 또한 집행권의 이원성(공화국 대통령과 국무회의)과 양원제를 그 기본구조로 한다.

이러한 프랑스 제3공화국 헌법의 기본구조는 5월 16일 사건을 통한 국민의 주권적 의사표현을 위정자들이 수용하여 일원적 의원내각제로 변용되었으며, 이는 제3공화국 헌법이 효력을 발생하는 동안 하나의 체제로 정착되었다.

그러나 프랑스의 의원내각제는 성공을 위해서 꼭 필요한 것으로 여겨지는 정치적 안정, 양당제를 확립하지 못했다. 의회는 다수의 군소정당으로 난립되었기 때문에 단일의 정당이 단독내각을 구성할 수 없었다. 집행부는 항상 여러 다수 정당의 연립내각에 의존 할 수밖에 없었으며, 중요한 문제가 발생할 때마다 빈번하게 교체되고 말았다.

프랑스 제4공화국 헌법도 의회의 우위, 집행권의 약화, 집행권으로서의 수상의 권력 강화 및 내각의 불안전성에 대한 배려를 특징으로 하고 있으며, 헌법 제정 4개월 만에 인지정책을 비롯한 대외정책 및 사회정책에 대한 의견의 대립으로 연립내각은 붕괴되고 말았다. 그 결과 의회의 다수를 확보하기 위해서 내각은 이합집산을 해야 했으며, 다양한 성향을 가지는 군소정당이 서로 연립할 수밖에 없었다. 제4공화국에 있어서 내각의 평균 수명은 제3공화국시대에 있어서와 같이 7개월 반을 넘지 못했다.

독일에서의 의원내각제는 영국 또는 프랑스에서와는 달리 특별한 의회정치의 전통이나 경험이 없었다. 바이마르공화국 의원내각제에 대해서 다양한 표현들이 사용되고 있지만 학자들의 공통된 의견은 전통적인 순수한 형태의 의원내각제로 볼 수는 없다는 점이다. 현재 독일의 의원내각제는 바이마르공화국의 정부형태를 바탕으로 그 제도적인 모순과 결함을 시정한 것으로서 바이마르의 제도적 경험이 그 바탕이 되고 있다.

독일의 의원내각제는 다음과 같은 특징을 가진다.

첫째, 연방수상을 중심으로 하는 집행부가 의회에 우위를 가진다. 수상은 국가중요 정책의 전반을 결정하고 의회에 대하여 책임을 질 뿐 아니라, 각료임명에 있어서도 제청권을 가지며 대통령은 이 제청에 구속된다.

둘째, 독일 의원내각제는 바이마르헌법상의 파괴적 불신임제 대신에 건설적 불신임제를 채택하고 있다. 수상에 대한 의회의 불신임권 행사는 연방의회가 재적의원 과반수로 후임자를 선출하고 연방대통령에게 현직수상의 해임을 건의함으로써만 가능하도록 하여, 수상의 지위 강화와 정국의 안정을 도모하고 있다. 정부의 의회해산권 행사도 두 가지 경우에 한정함으로써 정부가 의회에 의존하도록 하고 있다.

그리고 자유민주적 기본질서, 연방국가적 구조, 헌법재판소, 선거제도 등이 조화를 이루어 독일의 헌법질서를 유지하고 있다. 이들 여러 헌법상의 원리 내지 제도와 정부형태가 서로 기능적으로 보완효과를 냄으로써 오늘의 정치적 안정과 성공의 틀을 제공한 것으로 평가되고 있다.

일본은 내각에 강력한 영향력을 행사할 수 있는 내각총리대신은 국회의원 중에서 국회가 선출하며, 내각을 구성하는 국무대신들은 내각총리대신에 의하여 임명되고, 그 과반수는 국회의원이어야 한다. 의원내각제의 본질적 내용에 해당하는 중의원의 내각불신임권과 내각의 중의원해산권이 인정되고 있다. 그러므로 일본의 의원내각제는 영국형의 의원내각제라고 할 수 있으며, 그 특징을 요약하면 다음과 같다.

첫째, 행정권의 이원화이다. 천황은 국가원수로서 형식적·의례적 권한만을 가지며 정치적으로 책임을 지지 않는다. 행정에 관한 실질적 권한은 수상이 가진다. 내각은 행정권을 담당하는 최고의 합의제로서 헌법상 중추적 기관이다. 내각총리대신은 국회의원 중에서 국회의 의결로 지명된 인물을 천황이 임명하고, 그 이외의 각료는 내각총리대신이 임명하며 그 과반수는 국회의원이어야 한다. 내각이 행정권의 주체로서 행정권을 담당하며, 내각은 국회에 대하여 연대책임을 지며, 하원 해산을 결정할 수 있다.

둘째, 양원제의 국회를 가지고 있다. 상원의 합의가 없어도 하원의 의결만으로 국회의 의결효력을 가질 수 있게 하여 하원에 상원보다 우월적 지위를 부여하고 있다. 또한 내각불신임에 있어서는 하원에 전권을 인정하고 있다.

셋째, 입법부·행정부의 관계에서는 원칙적으로 양 기관이 정당을 통하여 밀접한 관계를 가지고 내각의 구성에 있어 의회의존관계, 기능면에 있어서 상호협조와 견제관계에 있다. 내각은 국회에 대하여 연대책임을 지고, 특히 하원에 내각불신임권을 인정하고 내각에는 하원의 해산을 결정할 수 있다.

위와 같이 일본의 의원내각제가 영국의 의원내각제와 유사하나 영국과 다른 특징은 전통적으로 파벌정치, 야당과 여당모두 정당내의 정당이라 할 수 있는 파벌에 의한 통치라는 특색을 가진다.

이와 같이 각국의 의원내각제의 특징을 요약·정리해 보았다. 역사적으로 성립·발전된 의원내각제와는 달리 대통령제는 권력분립사상을 바탕으로 이론적·체계적으로 창조된 것이다. 이를 바탕으로 처음부터 조직적인 운영이 가능했고 이것이 오늘날의 미국식 대통령제를 가능하게 했다. 그러나 미국을 제외한 대부분의 나라에서는 많은 시행착오를 겪고 있다. 우리나라도 최고 권력자의 1인 독재 등 문제점을 경험하였다. 현행 헌법에는 유신헌법이나 제5공화국 헌법에서와 같은 비민주적인 요소는 제거되고 대통령의 권한 축소와 입법부·사법부의 권한 강화 등을 이루기는 하였으나, 현실은 여전히 헌법전의 이상을 따라가지 못하고 있다.

이러한 대통령제에 대한 회의적인 한계감의 증대와 함께 한반도를 둘러싼 긴장감 높은 국제정세 및 남북한의 통일을 위한 다양성을 포괄할 수 있는 정치체제로의 변경이 불가피하다. 의회주의와 대의정치의 이념에 입각한 책임정치의 실현과 의회와 내각의 상호협조와 연대책임으로 신속하고도 능률적인 정국운영, 그리고 국가기관 구성에 있어서의 효율성의 제고 및 정치적 지역구도의 해소 등을 위해 의원내각제로의 정부형태의 변경이 요청된다. 이와 같은 의원내각제로의 정체변경과 이의 성공을 위해서는 다음의 몇 가지 요건이 충족되어야 할 것이다.

첫째, 선거제도의 변화가 필요하다. 선거는 공정해야 할 뿐만 아니라 합리적으로 운영되어야 한다. 선거제도를 대의정치의 성패와 함께 국가통치기관의 민주적 정당성에 대한 판단의 척도가 된다. 양당제를 위해 현재의 소선거구제를 바탕으로 하되 현재 완화되고 있는 지역주의를 파타할 수 있는 제도적 보완이 필요하다.

둘째, 의원내각제의 성공적인 정착·운영을 위해서는 기존의 대통령에 대한 강력한 권력집중현상을 최소화하여야 하며, 대통령의 지위를 의례적·명목적인 지위로 축소할 필요성이 있다.

셋째, 의원내각제적 정치구조에서 의회는 상원과 하원으로 구성되어지는 양원제를 두는 것이 보편적이라 할 것이나, 현재의 우리나라와 같이 단일국가 상황에서는 양원간의 정치적 대립의 발생가능성과 그에 따른 부작용, 증가가 예상되는 의원수에 대한 국민 다수의 거부감과 정치기능의 비효율성을 고려해 볼 때 양원제가 아닌 단원제가 타당하다.

넷째, 의원내각제에서 발생할 수 있는 잦은 불신임으로 인한 정치적 불안정을 최소화하고 보다 더 합리적인 정치풍토를 정착시키기 위해서는 독일에서와 같은 건설적 불신임제도를 도입하여야 한다. 이를 통해 의회를 소모적 논쟁의 장이 아닌 성숙한 토론의 장으로 만들 수 있어야 한다.

우리나라의 남북 분단의 현실과 시민의식 및 정치문화가 의원내각제를 도입하기에는 시기상조라는 주장이 있으나, 어떤 제도의 실시를 위해 그 사회의 문화가 만족할 만한 수준으로 올라오기를 기다려야 할 필요는 없다. 대통령제를 실시하는데도 의원내각제 실시에 필요한 만큼의 성숙된 문화가 필요하고 우리 사회의 문화가 대통령제에는 맞고 의원내각제에는 맞지 않는다고 할 수 없다. 하나의 제도시행에 따르는 문제점과 여건 미비가 있더라도 그것을 실시함으로써 얻는 장점이 단점을 상쇄하고도 남는다면 어떻게 하는 것이 현명한 것인지 간단명료해진다. 일반적으로 법은 보수적인 현실을 반영하는 것으로 평가하지만 헌법상 정부형태 채택의 문제에 있어서는 법이 현실을, 제도가 문화를 이끄는 것이 바람직하다. 올바른 제도를 만들어 국민의 공감을 이끌어 내는 것이 앞으로 우리가 해야 할 몫이다.

참 고 문 헌

1. 국내문헌

(1) 단행본

김기범 역, 현대헌법론, 교문사, 1973.
권영성, 헌법학원론, 법문사, 2010.
김철수, 한국 입헌주의의 정착을 위하여: 헌법개정·정치혁신·통일, 법서출판사, 2003.
______, 헌법학(하), 박영사, 2008.
김현우, 한국정당통합운동사, 을유문화사, 2000.
박철언, "의원내각제 개헌문제", 고시계, 1997. 5.
백영철, 제2공화국과 한국민주주의, 나남, 1996.
성낙인, 프랑스헌법학, 법문사, 1995.
______, 헌법학, 법문사, 2008.
신명순·조정관역, 내각제와 대통령제, 나남출판, 1995.
정만희, 헌법과 통치구조, 법문사, 2003.
______, 현대헌법과 의회주의, 법문사, 1995.
정종섭, 한국 대통령제의 성공을 실현하기 위한 운영 모델, 헌법연구 4, 박영사, 2003.
______, 한국의 대통령제 정부형태: 그 제도와 현실, 헌법연구 3, 박

영사, 2001.

진영재, 한국 권력구조의 이해, 나남, 2004.

______, 한국 권력구조의 이해, 나남, 2004.

한태연, 헌법과 정치체제, 법문사, 1987.

______, 헌법학, 법문사, 1983.

함성득, 미국정부론, 나남, 2002.

허 영, 한국헌법론, 박영사, 2010.

______, 헌법이론과 헌법(하), 박영사, 1987.

황태연·박명호, 분권형 대통령제 연구, 동국대출판부, 2003.

헌법연구자문위원회, 헌법연구 자문위원회 결과보고서, 2009.

(2) 논문 및 학술지

구병삭, "의원내각제의 동태에 관한 연구 Ⅰ - 영국의 동태를 중심으로-", 고려대학교 법학논집 제25집, 1987. 12.

김도협 "독일의원 내각제에 관한 연구" 단국대 박사학위논문, 1999.

김백유, "수상제민주주의(Ⅱ):의원내각제하 수상의 '신임 질의권'", 한성대논문집 제21집, 1997.

김영일, "대통령제와 의원내각제의 비교연구", 단국대학교 대학원 학술논총 제14집, 1990.

김재한, "한국의 권력구조 선호", 한국의 권력구조 논쟁, 국제평화전략연구원, 풀빛, 1997.

김철수, "한국헌법 60주년과 헌법개정문제", 공법연구 제37집 제2호, 한국공법학회, 2008.

______, "헌법개정의 기본방향", 헌법학연구 제10권 제1호, 한국헌법학회, 2004.

민경식, "우리나라 대통령제의 현실과 전망", 한국헌법학회 학술발표논문 제7집, 1997.

서주실, "영국의 수상정부제", 공법연구 제4집, 1976.

______, "영국수상의 제도상 지위와 현대적 기능에 관한 연구", 부산대학교 박사학위논문, 1976.

윤대규, "왜 대통령제를 선호 하는가", 법과 사회 제 15호, 창작과 비평사 1997.

이강혁, "정부형태에 관한 연구" : 의원내각제를 중심으로 "공법연구, 제 24집 제4호, 한국공법학회, 1996.

이상윤, "일본국헌법상의 의원내각제에 관한 연구", 동아대학교 대학원, 박사학위논문, 2000.

이종상, "통치구조상 의원내각제의 위상", 헌법학연구 제2집, 헌법학회, 1996.

장석권, "영국 의원내각제의 특징", 토지공법연구 제3집, 한국토지공법학회, 1996.

정만희, "영국의 의원내각제", 동아법학 제13호, 동아대학교 법학연구소, 1992.

______, "의원내각제 원리와 현대적 특질과 과제: 일본 헌법상의 의원내각제를 중심으로", 공법학연구 제3권 제1호, 한국비교공법학회, 2001.

______, "현행헌법상 정부형태의 의원내각제적 요소에 대한 검토", 동아법학 제44호, 동아대학교 법학연구소, 2009.

______, "정부형태에 관한 헌법개정의 방향", 헌법학연구 제14권 제4호, 한국헌법학회, 2008.

정영국, "내각제 개헌을 해서는 안되는 7가지 이유", 사회비평 제20호, 나남출판, 1999.

정종섭, "대의제에 관한 비판적 연구", 연세대학교 대학원, 박사학위논문, 1989.

______, "한국헌법상 대통령제의 과제", 헌법학연구, 제5집 제1호, 한국헌법학회, 1999. 5.

조병윤, "서독의 건설적 불신임투표제도", 「공법연구」, 한국공법학회, 1978. 7.

한동훈, "프랑스 제3공화국 헌법과 헌정실제", 헌법학연구 제15권 제2호, 한국헌법학회, 2009. 6.

______, "프랑스 제3공화국 헌법체제의 정리과정에 관한 연구", 서울대학교 박사학위논문, 2008.

2. 외국문헌

(1) 영미

Bagehot, Walter, The English Constitution, Collins: London, 1963.

Jennings, Ivor, Cabinet Government, Cambridge University Press: Cambridge, 1959.

Lowell, Lawrence, The government of England, The Macmillan Company: New York, 1924.

Loewenstein, Karl, British Cabinet Government, Oxford University Press: London, 1967.

Marshall, Geoffrey, Constitutional Theory, Oxford University Press: London, 1980.

Maitland, Frederic William, The Constitutional History of England, London: Cambridge University Press, 1961,

Ogg, Frederik Austin, English Government and Politics, 9th ed, The Macmillan Company: New York, 1957.

Pollock, Frederick, History of the Science of Politics, Macmillan: London, 1930.

Strong, Charles Frederick, Modern political constitutions, Sidgwick and Jackson, 1952.

(2) 독일

Degenhart, Christoph, Staatsrecht I, 13. Aufl., Mueller C. F., 1997.

Stern, Klaus, Das Staatsrecht der Bundesrepublik Deutschland, Deutschland, Bd. 2, C. H. Beck: München, 1994.

Loewenstein, Karl, Verfassungslehre, 2. Aufl., Mohr: Tübingen, 1969.

__________, Verfassungslehre, 3. Aufl., Mohr: Tübingen, 1975.

Jellinek, Georg, Allgemeine Staatslehre, 3. Aufl., O. Häring: Berlin, 1976.

Badura, Peter, Staatsrecht, C. H. Beck: München, 1986.

Munch, Fritz, Die Bundesregierung, Frankfurt, 1954.

Baumlin, R., Die Kontrolle des Parlaments uber Regierung und Verwaltung, in: Referate und Mitteilungen des Schweizerischen Juristenvereins 100, 1966.

Zippelius, Reinhold, Deutsches Staatsrecht, 26. Aufl., C. H. Beck: München, 1985.

Krause, Peter, Freies Mandat und Kontrolle der Abgeordnetentätigkeit, Die Öffentliche Verwaltung, 1974.

Andersen, Uwe/Woyke, Wichard, Handworterbuch des politischen Systems der Bundesrepublik Deutschland, 3. Afl., 1997.

Kottgen, Arnold, Der Einflub des Bundes auf die deutsche Verwaltung und die Organisation der bundeseigenen Verwaltung, Jahrbuch des offentlichen Rechts Neue Folge 3, 1954.

Hennis, Wihelm, Richtlinienkompetenz und Regierungstechnik, Mohr: Tübingen, 1964.

Hesse, Konrad, Grundzuge des Verfassungsrechts der Bundesrepublik Deutschland, 20. Aufl., 1995.

Stein, Ekkehart, Statsrecht, 15. Aufl. Tübingen, 1995.

Friesenhahn, E., Parlament und Regierung im modernen Staat, Veroffentlichungen der Vereinigung der Deutschen Staatsrechtslehrer 16, 1958.

Kröger, Klaus, Die Ministerverantwortlichkeit in der Verfassungs-ordnung der Bundesrepublic Deutschland, Athenäum:

Frankfurt, 1972.

Laux, Eberhard, Personalplanung in öffentlichen Dienst, in: Die Verwaltung, Heft 2. 1976.

Kolb, Eberhard, Die Weimarer Republic, 3. Aufl., Oldenbourg: München, 1993.

Schwabe, Jürgen, Entscheidungen des Bundesverfassungsgerichts, 6. Aufl., 1994.

Schneider, H., Kabinettsfrage und Gesetzgebungsnotstand, Veroffe- ntlichungen der Vereinigung der Deutschen Staats- rechtslehrer 8, 1950.

(3) 프랑스

Morabito, Marcel, Histoire constitutionnelle de la France(1789-1958), Montchrestien: Paris, 2004.

Barthélemy, Joseph/Duez, Paul, Traité de droit constitutionnel, Pan- théon Assas(ED): Paris, 2004.

Rémond, René, La vie politique en France depuis 1789, Tome II (1848-1879), Fayard: Paris, 2002.

Lejeune, Dominique, La France des débuts de la III République 1870-1896, Armand Colin: Paris, 1994.

Hanotaux, Gabriel, Histoire de la France Contemporaine(1871-1900) IV - La République Parlementaire, Ancienne Libraire Furne: Paris, 1908.

Burdeau, François, La troisième République, Montchrestien: Paris, 1996.

(4) 일본

小林直樹, 憲法講義(下), 東京大學出版會, 1973.
長谷部恭男, 憲法, 新世社, 1997.
野中俊彦・中村睦男・高橋和之・高見勝利, 憲法Ⅱ, 有斐閣, 1999.
杉原泰雄, 憲法Ⅱ, 有斐閣, 1989.
清宮四郎, 憲法Ⅰ, 有斐閣, 1967.
伊藤正己, 憲法, 弘文堂, 1997.
宮澤俊義, 內閣總理大臣の權限の强化, 日本憲政史の研究, 岩波書店, 1968.
小高章, 內閣總理大臣の權限, 自治硏究 第72巻 第8号, 1996.
新正幸, 憲法と立法過程, 創文社, 1988.
點名雪健二, 內閣總理大臣の地位と權限, 東洋法學 第33巻 第1号, 1989.
今井 威, 議員內閣制の硏究, 大學敎育社, 1980.
_______, 議員內閣制, ブレーソ出版, 1991.
清宮四郎・佐藤功 編, 憲法講座3, 有斐閣, 1963.
法學協會 編, 註解日本國憲法(下), 有斐閣, 1968.
宮澤俊義・芦部信喜, 日本國憲法, 日本論評社, 1978.
佐藤功, 憲法(下), 有斐閣, 1984.
法學協會 編, 註解日本國憲法(下), 有斐閣, 1968.
宮井清暢, 內閣の責任と國務大臣の責任, 憲法의の爭點, 有斐閣, 1999.

杉原泰雄, 憲法Ⅱ, 有斐閣, 1989.

________ , 內閣の責任と國務大臣の責任, 憲法의の爭點, 有斐閣, 1985.

吉田榮司, 內閣の對國會責任について, 法學論集 第37卷 제2・3合併号, 關西大學法學會, 1987.

淺井清, 日本國憲法講話, 巖松堂, 1947.

今野或男, 內閣に對する信任・不信任または問責の決議案について, ジュリスト, 第1023号 1993.

大西邦敏, 比較憲法の基本問題, 成文堂, 1968.

樋口陽一・佐藤辛治・中村睦男・浦部法穗, 注釋日本國憲法(上卷), 青林書院, 1984.

佐藤　功, 憲法解釋の諸問題, 有斐閣, 1964.

稻田正次, 議院內閣制と改正の問題, 法律タイムズ 제21号

入江俊郎, 解散と憲法の規定(一), 法律時報 第21卷 第12号 1949.

中村睦男, 憲法三O講, 青林書院, 1984.

淸官四郎, わが憲法上の理論, 有斐閣, 1969.

野中俊彦・中村睦男・高橋和之・高見勝利, 憲法Ⅱ(新版), 有斐閣, 1999.

小嶋和司, 解散權の限界, 法學セミナー 第45号, 1959.

高見勝利, 解散制度と國民主權, 奧平康弘・杉原泰雄 編, 憲法學4, 有斐閣, 1976.

吉田善明, 衆參同日選擧, ズユリスト 第900号.

近藤　敦, 衆參同日選擧事件, 法政硏究 第55卷 第1号, 1998.

小平修, "議院內閣制の發生史的考察", 產大法學(京都產大), 第1劵 第2号, 1965.

꧁ Abstract ꧂

The comparative constitutional study on the Parliamentary Government

by Kang, Ju-Hun

Dept. of Law
Graduate of School Changwon National University

As a whole, a form of government of modern liberal democracy can be classified roughly into three types of representative Parliamentary Government by England, Presidential System of America and French Double Executive

Actually, Parliamentary Government and Presidential System can be formed the main. Parliamentary Government generally keep up equality and balance walk out with two form separation of powers for legislation and administration, In the other side, It mean a form of government that keep up each other intimate universal harmony connection. or It is adopting to institutional the superiority for different power structure in the majority of liberal democracy nation. Therefor, the present a thesis is willing to study the principle and truth for Parliamentary Government.

The purpose of this study is to understand the history and trait of parliamentary government speculated in constitution, England, Germany and Japan and to suggest its' modern question.

The British parliamentary system and parliamentarism have been grown along with the development of English history. The early form of parliament King convoke for taxation was characterized by Assembly of the three Estates. It is soon bisected into House of Lords and House of Commons.

Cabinet dates from Privy Council has started as King's counsellor, but developing into the central office from Walpole's government in Hanovers at 1792. It shall be formed with confidence of the parliament and born a political joint responsibility towards the parliament. Afterwards, the power of cabinet having strengthened more and more than that of parliament, so the original parliamentary system haver transformed into the Cabinet Government.

Primé minister, the head of cabinet, is simultaneously the chief of a majority and the leader of the party in power. So the power of the prime minister of the British parliamentary systems is still more mightier than any other, and now the Cabinet Government transform into the Prime Ministrer Government. In this way, we are seriously worried the ultra-powerful prime minister becoming dictatorship.

And the customary two-party system in England is most characteristic because numbers of States have multiparty system. This system could be stable and firm in constitutional situation, but difficult to entirely reflect public opinion in policy.

The Germany parliamentary system and parliamentarism haven't origin from other country, example British, France, ect. its' parliamentarism system haver been grown along with the development of Germany history of constitution, Weimar, Bonn.

According to the constitution of Germany, the president is elected by parliament, representation of nation, and the president have the power of dissolved of assembly.

Prime minister, practically the head of cabinet, is simultaneously the chief of a majority and the leader of the party in power. generally Prime minister is elected by assembly and than approved by president.

the constitution of Japan firmly established parliamentary government based on the sovereignty of the people and party politics. according to the constitution of Japan, the Cabinet, in the exercise of executive power, shall be collectively to the Diet.

The prime Minister shall be designated from among the members of the Diet by a resolution of the Diet. a majority of the Minister of State number must be chosen form among the members of the Diet. If the House of Representatives passes a non-confidence resolution, or rejects a confidence resolution, the Cabinet shall resign en masse, unless the House of Representatives is dissolved within tend days.

So according to the constitution of Japan. the Cabinet and the Diet takes joint responsibility each other, designation of prime minister by the decision of the Diet, House of representative's right to want of confidence in the Cabinet and the Cabinet's right to the dissolution of the House of representative is expressly provided within it.

According to the constitution of Japan, Prime minister is

demonstration powerful leadership through the Cabinet and the Diet as a leader of the ruling party, The Cabinet can dissolve the House of representative at its' will by advice and approval of emperor's acts in matter of state. In this respect, the Cabinet can be said to has controlling power over the diet.

Thus, the parliamentary government in Japan belongs to parliamentary government where the Cabinet is predominate over the Diet and relatively separated form the Diet which has a strong resemblance to the Cabinet government in England which is fairly free from restraints of decision on dissolution of the House of representative.

❖ **Key Word**: Parliamentary Government, Parliamentarism, Cabinet, Prime Minister, Two-party System. Constitution.

부 록

영국 헌법

1. 권리청원
2. 인신보호법
3. 권리장전

프랑스 헌법

독일 헌법

일본 헌법

영국 헌법

권리청원(Petition of Right, 1628)

1628년 의회가 찰스 1세에게 승인시킴

'이 국회에 소집된 승속의 귀족원의원 및 중의원의원에 의하여 국왕폐하께 봉정되고, 그에 대하여 폐하께서 국회전체에 칙답을 내리신 청원' 지존하신 국왕폐하께

제1조

우리의 지존하신 주의 국왕폐하께 국회에 소집된 승속의 귀족원의원 및 중의원의원은 삼가 다음과 같이 상주한다. '에드워드'1세의 치세 시대에 통상 '승인 없는 과세에 관한 법률'이라고 불리는 제정법에 따라 대주교, 주교, 백작, 남작, 기사, 시민 기타, 서민 중 자유민의 찬성과 동의가 없이 국왕 및 그의 계승자는 세금 혹은 현금을 부과 징수해서는 안된다고 선언, 규정하고 있다. 또한 '에드워드'3세 치세 제25년에 소집된 국회에서 장래 어느 누구도 자기 의사에 반하여 국왕에 대해 대부하도록 강제되지 않으며 그러한 강제는 도리와 법의 정당한 절차에 반한다고 선언, 규정되었다. 그리고 국왕의 다른 법에 의하여 어느 누구도 공과금이라고 불리는 과세금이나 부과금 또는 이와 유사한 과세금을 부과하지 않는다고 규정되어 있다. 또한 전술한 여러 제정법과 왕국의 기타의 정당한 법

및 제정법에 의하여 폐하의 신민은 국회에서의 만장일치의 승인에 따라 결정된 것이 아니면 어떠한 조세, 공세, 헌금 기타 부과금의 납입을 강요당하지 않을 자유를 갖는다.

제2조

그럼에도 불구하고 최근 주의 각종 관리들에게 여러 가지 훈령수권장이 발부되고, 그로 인해 폐하의 신민들이 각지에 집합하도록 하명되어 일정액의 금전을 폐하께 대여 하도록 요청되었다. 더욱이 그를 거부할 경우 우리 왕국의 법률이 인정하지 않는 선서가 강제되고 폐하의 추밀원이나 기타 장소에 출두해야 할 의무가 지어졌다. 또한 그러한 이유로 구금, 구류 기타의 방법으로 고난을 받아 정신적인 평정를 잃는 자도 있다. 그 밖에도, 우리 왕국의 법률과 자유로운 관습에 반하여 주지사, 부지사, 검열관, 치안판사 및 기타 관리들이 폐하나 추밀원의 명령과 지시로 기타의 각종 부담을 폐하의 신민들에게 부과하고 있다.

제3조

또한 '잉글랜드의 자유대헌장'이라고 불리는 법률(마그나 카르타)에 따라 자유인은 그들 동료의 적법한 판결에 의하거나 정당한 법의 절차에 의하지 않으면 체포, 구금되지 않으며 그의 자유소유지, 자유 또는 자유로운 관습과 법익을 박탈당하지 않고 추방당하지 않으며 기타 어떠한 수법에 의하여도 침해당하지 않는다고 규정되었다.

제4조

또한 '에드워드'3세 치세 제28년 국회에 의해서 신분이나 지위를 불문하고 어느 누구도 법의 정당한 절차에 따라 답변할 수 있는 기회가 부여됨이 없이 그의 토지 혹은 소유지에서 추방되거나 체포, 구금되지 않으며 상속권이 부인되거나 또는 살해되지 않는다고 선언, 규정되었다.

제5조

그럼에도 불구하고 전술한 여러 제정법과 기타 위와 같은 목적으로 규정된 폐하 왕국의 정당한 법과 제정법의 취지에 반하여, 최근 폐하의 많은 신민이 아무런 이유도 제시되지 않은 채 구금되었다. 더욱이 폐하의 인신보호명장에 의하여 법원의 명에 따라 석방 여부를 결정코자 폐하의 재판관 앞에 출두하고 재판관이 그 신병구속자에게 구속이유를 명시하라고 명한 경우에도 폐하의 추밀원의 고문관들이 서명한 폐하의 특명에 의해 구금되었다. 그들은 또한 그밖에 어떠한 이유가 명시되지 못했음에도 불구하고 법에 따라 답변할 수 있는 기회도 주지 않고 감옥으로 송환되었다.

제6조

또, 최근 육해군의 대부대가 여러 주에 파견되었으며 왕국의 법과 관습에 반하여 주민은 불편을 무릅쓰고 부득이 그들을 자기 가택에 받아들여 숙영시키도록 강요되고 있어 인민들이 막심한 고통을 겪고 있다.

제7조

또한, '에드워드'3세 치세 제25년 국회에 의해서 어느 누구도 대헌장과 국법의 규정에 반하여 생명이나 지체를 재판에 의해 박탈당하지 않는다고 선언되고 규정되었다. 그리고 대헌장과 기타 폐하의 왕국법률에 따라서 우리 왕국의 관습이나 국회의 제정으로 확립된 왕국의 법에 의하지 않고는 사람을 사형에 처할 수 없다고 규정되었다. 또한 어떤 종류의 범법자에게도 폐하의 왕국법률에 따라 적용되어야 할 소송절차에서 제외되지 않으며 폐하의 왕국법률에 따라 과해야 할 형벌 이외의 것을 받지 않도록 되었다. 그럼에도 불구하고 최근 폐하의 국새가 날인된 각종 수권장이 발부되어 혹자들이 다음과 같은 권능과 권한을 갖는 관리로 지명되고, 임명되었다. 그 권능과 권한이란 살인죄, 강도죄, 중죄, 반역죄, 기타 모든 비행과 경범죄를 범한 육해군 병사 및 그들과 행동을 같이한 다른 비행자에 대하여 국법에 따라 소추하고, 전시중의 군법이 인정한 약식절차와 약식명령에 따라 그들을 재판하고 유죄를 선고하며 사형을 집행하는 것이다.

제8조

전기 수권장으로 말미암아 폐하의 여러 신민들이 전술한 일부 관리들에 의해 살해되었다. 이러한 경우 만약 그들이 우리 왕국의 법률에 의해서도 사형에 처해져야 할 자들이었다면 '나라'의 법률에 따라 재판받고 처형되어야 마땅할지언정 다른 규정에 따라서 재판되고 처형되어서는 안되는 것이었다.

제9조

또한, 각종 포악한 범법자가 이 수권장을 구실로 예외를 요구하고 폐하의 왕국법률에 따라서 당연히 받아야 할 형벌을 면하고 있다. 이는 폐하의 관리나 사법관이 부당하게도 그러한 범법자가 군법에 의해 전술한 수권장만을 근거로 할 수 있다는 구실을 세워 폐하의 왕국법률에 따라 소추하는 것을 거부하거나 보류하기 때문이다. 이러한 수권장이나 기타 그와 유사한 성질을 가진 것은 모두 폐하의 왕국법률과 전적으로 상반되는 것이다.

제10조

따라서 국회에 소집된 승직, 귀족원의원, 세속 귀족원의원 및 중의원의원은 지존한 폐하께 삼가 다음과 같이 탄원한다. 즉, 금후 어느 누구도 국회의 제정법에 의한 만장일치의 승인이 없이는 어떠한 증여, 대부, 공납금, 세금 또는 기타 유사한 부과금을 납부하도록 강제당하지 않을 것, 어느 누구도 이와 관련해서나 또는 그를 거부한 것과 관련하여 답변, 선서, 출두요구, 구류당하는 일이 없을 것, 이미 기타 각종 방법으로 고통을 받아 정신적인 평정을 박탈당하는 일이 없을 것, 자유인은 전술한 것과 같은 방법으로(제5조를 가리킴) 구금이나 억류당하지 않을 것, 폐하가 황공하게도 전기 육해군 병사들을 이동시켜 폐하의 신민이 장래 그러한 고통을 받지 않게끔 할 것, 군법에 의한 재판을 명하는 전기와 같은 수권장이 철회되고 무효화될 것, 금후 그와 유사한 성질을 갖는 수권장이 전술한 바와 같이 집행될 것을 목적으로 발부되는 일 - 그것이 어떠한 사람에 대해서건 - 이 없을 것, 이는 그를 구실로 폐하의 신민이 왕국의 법률과 특권에 반하여 가해당하거나 살해당하지 않게끔 하기 위해서이다.

제11조

이 모든 것들이 왕국의 법률에 따라 그들의 권리와 자유임을 삼가 지존하신 폐하께 탄원한다. 또한, 전기한 여러 사항들에 관련되고 아울러 폐하의 백성들에게 해가 될 재정, 행위 및 수속을 앞으로는 실행하지 않을 것이며 또한 선례로 삼지 않는 다는 것을 폐하계서 선서하시도록 삼가 탄원한다. 또한, 폐하의 백성들을 한층 더 안락하고 안전하게 하기 위하여 전기한 여러 사랑들에 대해 폐하의 관리와 가신들이 폐하의 영예와 이 왕국의 번영을 존중하고 왕국의 법률에 따라 폐하를 위해 근무하도록 폐하의 성지를 선포하여 주실 것을 삼가 탄원한다. 이 청원은 1628년 6월 2일 국왕에 제시되었고, 이에 대해 다음과 같은 칙답이 있었다.

국왕은 우리나라의 법률과 관습에 따라 정의가 이루어지기를 바라며, 또한 국왕의 신민이 그의 정당한 권리와 자유에 반하여 부정이나 압제를 받았다고 호소하는 원칙이 될 일이 전혀 없도록 법률이 정당하게 집행되기를 바란다. 국왕은 그와 같은 신민의 정당한 권리와 자유의 보유에 대해 국왕의 대권보유와 동등한 의무를 느끼고 있다. 6월 7일 관례의 방식에 따라 칙답을 내렸다. 즉, '재가'(자의대로는 '희망한대로 할 것')

인신보호법(Habeas Corpus Act, 1679)

신민의 자유를 보다 잘 보장하고 해외에서의 구금을 방지하기 위한 법률

제1조

형사사건-근거가 있건 없건-으로 국왕의 신민을 수감한 주장, 형리 또는 기타 관리가 그들의 의무와 주지하는 국법에 반하여 제2, 제3 인신보호영장이나 때로는 그 이상 회수의 영장에 승복하지 않고 그 영장에의 승복을 회피하기 위한 여러 수단을 사용하여 인신보호영장에 대한 답변을 몹시 지연시키고 있다. 이로 인해 국왕의 많은 신민들이 이제까지 법률적으로 보석이 가능한 경우에도 장기간 구치소에 안치되어 왔으며 앞으로도 그러할 가능성이 있다. 이러한 사실은 그들 신민에게 막중한 부담과 고통이 되고 있다.

제2조

이러한 일을 방지하고 또한 그와 같은 형사사건-근거가 있건 없건-으로 구속된 모든 자들에게 보다 신속한 구제를 주기 위해서 국회에 소집된 승속의 귀족원의원과 중의원의원의 조언 및 승인에 따라 지존한 국왕폐하에 의하고 국회의 권위에 의해 다음과 같이 정한다. 1인 또는 수인의 주장, 형리, 가신 및 기타인에 의해서 수감된 자를 위한 인신보호영장이 어느 누구에 의해서건 전기한 관리에게 제시되고 송달되어 그 교도소나 구치소에 있는 전기 관리나 구치자의 하수인 또는 대리인에게 위탁된 경우에는 반역죄와 중죄로 인한 수감으로서 그 이유가 수감장에 특정적

으로 명시되어 있지 않는 한 전기 관리, 그의 하수인 또는 대리인은 영장송달 후 3일 이내에 동 영장에 대하여 답변을 해야 하며 구속된 당사자의 신병을 동영장이 명하는 바에 따라 대법관이나 잉글랜드국서, 혹은 동 영장을 발급한 재판관 앞에 송치하거나 또는 동 영장이 지정한 보고대상자 앞에 송치하여 구인 구금한 진정한 이유를 명시해야 한다. 이에 앞서 동영장을 발급한 재판관이나 재판소는 1마일 12펜스를 초과하지 않는 범위 안에서 전기 재감자의 송치비용을 확정하고 동 영장에 이서된 금액이 지불되었거나 제공되고 아울러 본법의 취지에 따라 재감자가 송치될 재판관 또는 재판소에 의해서 그가 재구류될 경우 그를 교도소로 환송하는 데 필요한 비용을 지불한다는 보증과 그 재감자가 송치 또는 연행 중 도주하지 않는다는 보증이 영장청구자의 날인 금전채무증서로 이루어져야 한다. 단, 전기 당사자가 수감되어 있는 장소가 당해 재판소 또는 재판관의 주소지로부터 20마일이 초과하는 경우 20마일 이상 100마일이하일 때는 영장교부 후 10일 이내에, 100마일을 초과할 때는 그 후 20일 이내에 전기한 조치가 취해져야 한다.

제3조

주장, 전옥 및 기타 자가 이러한 인신보호영장의 취지를 모르는 척 할 수 없도록 하기 위해 전술한 권위에 의해 다음과 같이 정한다. 이러한 인신보호영장은 모두 '찰스2세의 치세 제31년의 법률에 의해서'라고 기입하고 그를 발급한 자가 서명해야 한다. 중죄나 중죄의 혐의로 구금되고 그것이 영장에 명시되어 있는 경우 이외에는, 휴정기간 중에 구속되어 있는 자 (합법적인 수속에 따라 유죄판결을 받았거나 형의 집행을 받고 있는 자는 제외) 또는 그의 대행인이 대법관, 국상서, 왕좌재판소나 민소재판소의 재판관 또는 상급법정 변호사의 지위를 가진 재무재판소의 재판관에게 호소하는 것을 적법하다. 전기 대법관, 국상서, 1인 또는 수인의 재판관은 수감장과 구속영장의 등본을 열람하고, 구속집행인이 그러한 등본 발부를 거부했다는 선서에 따라 구치자나 그의 대행인이 작성하고 입회인 2인이 서명하여 증명을 갖춘 서면청구에 의해 인신보호 영장을 발부할 수 있는 권한이 주어지며 또한 그렇게 하도록 요구된다. 이 인신보호영장은 그를 발급하는 재판관이 속한 재판소의 관인이 날인되어야 하고 당사자를 수감하고 있는 1인 또는 수인의 관리에게 송달되어야 하며 전기한 대법관, 국상서, 또는 전기 여러 재판소의 재판관-재무재판소의 재판관은 상급 법정 변호사의 지위를 가진 자-앞에서 그에 대한 답변이 즉시 이루어져야 한다. 이 영장이 전술한 바와 같이 송달되었을 때는 당사자를 구인하거나 구금하고 있는 1인 또는 수인의 관리, 그의 하수인, 구치자의 하수인 및 대리인은 각각 지정된 기간내에 답변의 대상자인 전기 대법관, 국상서, 1인 또는 수인의 재판관-피지정인이 없을 때는 다른 재판관도 가하거나 그전에 구치자를 연행하고 영장에 대해 답변해야 하며 수강 및 구속의 진정한 이유를 진술해야 한다. 구치자의 연행을 받은 전기 대법관 국상서 또는 재판관은 그 사건의 성질에 따라 왕좌재판소의 차기 개정기, 수감이 집행되고 있거나 또는 범죄가 발생된 주, 혹은 시에 있을 차기 순회재판, 치안재판소, 일반구치자 석방순회재판 또는 그 범죄를 심리할 수 있는 권한이 있는 기타 재판소에 출두할 것을 1인 또는 수인의 보증인을 세워 재판관이 그의 재량에 따라 재감자의 성격과 범죄의 성질을 고려하여 결정한 금액을 담보하고 동 재감자에게 서약시킨 후 연행 받은 날로부터 2일 이내에 그를 석방한 다음 영장에 대한 답변과 전기 서약을 첨부하며 동 영장을 전기 재판소에 보고해야 한다. 단, 수감당사자가 법률상 보석이 허용되지 않은 사항이나 범죄혐의로 형사사건의 관할권이 있는 재판소의 합법적인 절차와 명령 및 영장에 의해서 구속되었거나 혹은 전기 재판관 또는 치안 판사가 서명 날인한 영장에 의해서 구속되었다는 사실이 전기 대법관, 국상서, 1인 또는 수인의 재판관에 의해서 명백해졌을 때는 예외로 한다.

제4조
감금 후 만2개정기 동안 석방을 요구하는 인신보호영장의 발급을 고의로 탄원하지 않은 자는 본법에 의하여 휴정기에 인신보호영장을 받을 수가 없다.

제5조
1인 또는 수인의 관리, 그의 하수인, 구치자의 하수인, 또는 대리인이 전술한 지정기간 내에 답변할 것을 태만하거나 거부하고 혹은 전기 영장의 영에 따른 재감자의 신병연행을 태만하거나 거부한 경우 재감자나 그 대행인의 요구가 있음에도 본법이 요청하는 당해 재감자에 관한 수감 또는 구속영장의 정확한 등본교부를 거부하거나 혹은 요구 후 6시간 이내에 교부하지 않은 경우에는 그 구치소의 소장과 구치관장 및 재감자를 구속하고 있는 자는 한 사람도 남김없이 초범에는 100파운드, 재범에게는 200파운드의 금액을 재감자나 피해자에게 몰수당하며 아울러 본법에 의해 그가 관직에 재임하여 직무를 수행할 자격을 상실하도록 한다. 그러한 벌금은 재감자나 피해자 혹은 그의 유언집행자 및 유산관리인이 그 범죄인이나 그의 유언집행인 또는 유산관리인에 대해 금전채무소송과 기타 소송을 웨스트민스터 국왕재판소 중의 어느 한 재판소에 제기하여 받는다. 이 소송에서는 불출석이유신청, 보호영장, 특권영장, 금지명령, 서원선서이후불기소처분 또는 기타 이유에 따른 소추 중지가 허가 내지 허용되지 않으며 답변의 연기는 1회에 한한다. 피해자중의 1

인이 제기한 소송으로 전기 금액의 취득이 이루어지거나 유죄판결이 있으면 초범인 가해자는 완전한 유죄판결이 있었던 것으로 인정하며 따라서 최초 판결 후에 있은 범죄의 피해자가 제기한 소송에서 금액취득이 이루어지거나 유죄판결이 이루어져야 할 때는 당해 관리나 기타자에게 재범의 경우에 대한 벌금을 과할 수 있다.

제6조

동일한 범죄혐의로 반복 수감되어 불공정한 고통이 가해지는 것을 방지하기 위해 국회의 권위에 의해서 다음과 같이 정한다. 인신보호영장에 의해서 해금되거나 자유롭게 된 자는 그 이후 어떠한 자에 의해서도 동일한 범죄혐의로 재감금되거나 재수감되지 않는다. 단, 그가 출두의무를 서약한 재판소, 또는 그 사건에 대한 관할권을 가진 재판소의 적법한 명령과 소환장에 의한 경우는 예외로 한다. 만약 전술한 바와 같이 해금되었거나 자유로워진 자를 본법에 반하여 고의적으로 동일한 범죄혐의로-근거가 있건 없건-재수감 또는 재감금하거나 고의적으로 그에 협조한 자는 재감자나 피해자에 의해서 500파운드의 금액을 몰수당한다. 수감장에 그럴 듯한 구실과 예외가 마련되어 있다 할지라도 전기 금액을 전술한 바와 같이 취득할 수 있다.

제7조

수감장에 특별히 명시된 대역죄나 중죄의 혐의로 수감된 자가 개정 시기의 최초의 1주간 혹은 순회재판이나 일반재감자 석방순회재판의 개정기 최초일에 공개법정에서 심리받기를 탄원 혹은 청원했음에도 수감 후 다음 개정기나 순회재판소와 일반재감자 석방순회재판 개정기중에 소추되지 않은 경우에는 개정기 최후일의 공개법정에 제출한 재감자 또는 그의 대행인의 신청에 따라 왕좌재판소재판관이나 순회재판 또는 일반재감자 석방순회재판소의 재판관이 재감자를 보석하는 것이 적법하며 또한 그렇게 하도록 요청된다. 단, 선서를 갖춘 증언에 의하여 국왕 측의 증인이 그 개정기간 중에 제출할 수 없었다는 사실을 재판관이 인정한 경우는 예외로 한다. 또한 전술한 이유로 수감된 자가 개정기의 최초주나 순회재판 또는 일반재감자 석방순회재판의 개정최초일에 공개법정에서 심리받기를 탄원 또는 청원하였음에도 수감 후 2회 때의 개정기나 순회 재판 또는 일반재감자 석방순회재판의 개정기중에 소추 심리되지 않은 경우, 혹은 심리에 의해서 석방이 결정된 경우에는 감금을 해제하여 한다.

제8조

본법중의 규정이 금전채무소송이나 기타 민사소송의 피고, 또는 민사사건의 소장을 송달받은 자를 감옥에서 석방하도록 하는 것은 아니다. 이러한 자가 형사범죄의 혐의에 따른 감금에서 석방된 경우에는 그와 같은 타 사건에 관한 법에 따라 구속된다.

제9조

우리 왕국의 식민으로서 형사사건-그것이 근거가 있건 없건-으로 감옥에 수감되거나 혹은 1인 또는 수인의 관리에 의해 구속된 자가 당해 감옥이나 구속에서 다른 1인 또는 수인의 관리에 의한 구속으로 이전되어서는 안된다. 단, 인신보호영장이나 기타 적법한 영장에 의한 경우, 재감자를 다른 일반 감옥에 이송하기 위해 경관이나 기타 하급관리에게 신병을 인도하는 경우, 순회재판이나 치안 판사의 명령에 따라 일반 빈민원 또는 교정원에 이송되는 경우, 타당한 법절차에 따라 심리하거나 석방하기 위해 동일주내의 감옥이나 장소로 이감하는 경우, 또는 돌발적인 화재, 전염병의 만연 등 긴급한 경우는 예외로 한다. 만약 수감 후 본법의 규정에 반하여 전술한 바와 같은 이감을 위해 영장을 제작하고 그에 서명하거나 부서한 자는 그 영장을 집행한 자와 함께 본법이 정한 입법에 따라 피해자에 의해 벌과 몰수가 과해진다.

제10조

전술한 바와 같은 재감자가 왕좌재판소나 민사재판소에 신청하여 인신보호영장을 발부받는 것을 적법하며 또한 대법관부재판소나 재무재판소에 신청하여 발부받는 것도 적법하다. 만약 대법관, 국상서, 또는 전기한 각급 재판소의 재판관, 재무재판관은 상급법정 변호사의 자격이 있는 자가 휴정기간 중에 전술한 신청을 받은 후 수감장이나 구속장의 등본을 열람하고 아울러 그러한 등본의 발급이 거부되었다는 선서를 받음으로써 본법에 따라 인신보호영장을 발부하지 않으면 안될 경우에도 그 발부를 거부하면 전술한 방법으로 피해자에 의해 500파운드의 금액을 몰수한다.

제11조

본법의 진정한 목적과 취지에 따르면, 이에 상반되는 법률과 관습이 있다 할지라도 인신보호영장은 왕권주, 오항(五港), 웰즈령 튀드하반 베뤼크, 저지도 및 건지도에 대해서도 송달할 수 있으며 그 지역에 대해서도 효력이 미친다.

제12조

해외의 감옥에서 위법적인 감금이 행해지는 것을 방지하고자 국회의 권위에 의해 다음과 같이 정한다. 현재나 장래 우리 잉글랜드왕국, 웰즈령, 튀드하반 베뤼크의 거주민으로서 우리 왕국의 신민인 자는 재감자로서 스코틀랜드, 아일랜드, 저지도, 건지도 및 탄질에 이송되지 않을 것이며, 현재나 장래 국왕폐하와 그 상속인 또는 계승자의 영토내외의 해외항, 주둔지, 도서 및 기타지역에 이송되지 않는다. 이에 그러한 수감은 위법인 것으로 정하며 그 뜻을 선언하는 바이다. 전기한 신민 중에 현재 그렇게 감금된 자와 장래 그렇게 감금된 자는 본법에 따라서 그러한 감금에 관해 본법의 취지에 반하여 그를 수감, 구속, 감금하고, 해외에 이송 또는 유형에 의한 자와 그러한 일을 위해 영장을 기재작성하고 날인, 부서한 자와 그에 방조한 자에 대해서 남김없이 폐하의 기록재판소에 불법감금의 소를 제기할 수 있다. 이러한 소송에서 원고는 500파운드 이상의 손해배상액 외에 소송비용의 3배에 해당하는 금액의 지불을 피고에 명하는 판결을 받게 되어야 한다. 이러한 소송에서는 결정, 명령, 소송지휘에 의한 소송절차의 지연, 중지, 중단, 또는 일체의 금지명령, 보호영장, 특허장 혹은 1회를 초과하는 답변연기기간이 인정되지 않는다. 단, 소송계류재판소의 공개법정에서 있는 결정으로 그 결정 중에 제시된 특별한 사유에 의해 정의에 의해 필요하다고 고려되는 것은 예외로 한다. 또한 고의로 그러한 수감, 구속, 감금 또는 유형을 위한 영장을 제작하고 발급하기도 하고 서기, 날인, 부서한 자로서 혹은 본법에 반하여 사람을 그렇게 수감, 구속, 감금 또는 하반유형하고 그를 교사, 방조한 자로서 적법한 처벌을 받은 자는 이후 잉글랜드왕국, 웰즈령, 튀드하반 베뤼크 및 그에 속하는 도석, 영지, 영토 내에서 책임 있는 관직이나 유급관직에 보임될 수 있는 능력이 박탈된다. 또한 그들은 리처드 2세 치세 제16년에 제정된 성직서임 및 교황존신죄에 관한 법률에 규정된 벌, 형 및 몰수를 당하며 그들에 대한 몰수, 손해 또는 능력박탈에 대해서는 왕국이나 그의 상속자 또는 계승자로부터 특사를 받을 수 없다.

제13조

본법중의 규정은 상인, 식민지의 대농원주, 기타 모든 자와의 서면계약에 의해 해외의 어떤 장소에 수송할 것을 동의하고 수부금을 받는 자에 대해 계약이 파기된 경우에도 이익을 주지 않는다.

제14조

중죄로 인해 적법하게 유죄판결을 받은 자가 공개법정에서 해외에 유배되기를 간원하고 재판소가 그를 유형감옥에 수감하는 것이 적당하다고 인정한 경우에는 본법 또는 본법중의 규정에 반할지라도 그 자를 해외에 유배할 수 있다.

제15조

본법의 규정은 본법에 상응되는 규정이 있을지라도 1679년 6월 1일 이전에 집행된 감금이나 또는 그러한 감금과 관련하여 조언하고 초치된 일에 대해 효력이 미치는 것으로 간주, 해석 또는 양해될 수 없다.

제16조

언제든지 우리 왕국에 거주하는 자가 스코틀랜드, 아일랜드 또는 국왕과 그의 상속인이나 계승자에 속하는 도서나 해외의 식민지에서 사형에 처해질 범죄를 범하고 그 당지에서 재판될 경우에는 본법 중에 반대의 규정이 있을 지라도 그 자를 본법제정이 전과 같은 방법으로 재판하기 위해 당지에 이송할 수 있다.

제17조
본법에 반하는 범죄에 대해서는, 피해자가 수감되어 있지 않은 경우 범죄가 있는 때부터 2년 이내에 피해자가 수감중이면 재감자의 사망이나 석방 중 빠른 것에서부터 2년 이내 가해자가 소추되지 않으면 어느 누구도 그로 인해 소추되거나 고통받거나 괴로움을 당하지 않는다.

제18조
순회재판 전에 심리를 받기 위해 송환시키기가 불가능한 때 타지방으로 이송해 버림으로써 순회재판이나 일반재감인 석방순회재판을 면하는 일이 없도록 하기 위해 다음과 같이 정한다. 재감인가 구속되어 있는 중 대해 순회재판의 개정이 공표된 후에는 본법에 따라 발부되는 인신보호영장에 따라 어느 누구도 일반감옥에서 이송될 수 없다. 인신보호영장의 제시를 받은 자는 공개법정에서 순회재판의 재판관 앞에 연행되고 그 재판관이 정의에 따라서 심판하도록 한다.

제19조
그러나 순회재판종료 후에는 구속된 자가 본법의 지시와 취지에 따라 인신보호영장을 발부 받을 수 있다.

제20조
본법에 반하여 범해지고 또는 범해질 범죄에 한해 약식기소나 소송이 제기된 경우 피고가 일반답변으로 무죄임과 지불의무를 지지 않는다는 뜻의 답변을 하였음에도 그 일반답변이 인정되지 않았을 때는 그것이 최초의 답변이었으면 전기 약식기소나 소송에서 피고를 승소하게끔 하기에 법률적으로 충분하고도 적절하였을 것으로 보이는 특별사항을 당해 소송심리를 맡은 배심에 증거로서 제출할 수 있으며 그것은 적법하다. 이 경우 피고는 약식기소나 소송심리를 맡은 배심에 적법적인 증거로 제출할 수 있다. 이 경우에 피고는 약식기소나 소송을 각하하거나 승소판결을 받기 위해, 그러한 사항을 충분히 답변, 진술, 주장하는 등 모든 점에서 이용할 수 있다.

제21조

혐의에만 입각해서 소반역죄, 중죄, 또는 그 종범의 혐의로 사람들이 수감되고 있을 경우 보석 가능 여부를 그 자를 수감하고 그를 심문한 치안판사나 주내의 타 치안판사가 가장 잘 알고 있을 것이며, 아울러 혐의의 기초가 될 여러 정황에 의하는 것이므로 다음과 같이 정한다. 재판관이나 치안판사에 의해서 수감되어 소반역죄나 중죄의 사전종범 또는 그 혐의의 일종으로 소추된 자의 경우나, 소반역죄나 중죄-이러한 소반역죄나 중죄는 수감장에 특정적으로 명시되어야만 한다-의 일종으로 소추된 자는 본법을 근거로 하거나 혹은 기타 본법 제정전과 상이한 방법으로 이감되거나 보석되어서는 안된다.

권리장전(Bill of Right, 1689)

신민의 권리 및 자유를 선언하며 왕위계승을 정한 법률

제1조

웨스트민스터에 소집된 승속의 귀족원의원과 중의원은 우리 왕국의 인민의 모든 신분을 적법, 완전 또한 자유롭게 대표하여 1688년 2월 13일(그레고리력으로 고치면 1689년 2월 13일)에 당시 '오렌지'공과 여공 '윌리엄'과 '메어리'라는 이름과 칭호를 알려져 있는 - 정식으로 임석하여 오신 양폐하에게 상기 귀족원의원과 중의원의원에 의해 제정된 선언문을 봉정했다. 그 문언은 다음과 같다.

전왕 제임스 2세는 그가 채용한 여러 사악한 고문관, 재판관 그리고 대신의 보좌에 의해 프로테스탄트 신교와 우리 왕국의 법률과 자유를(다음과 같은 수단으로) 전복·파괴하려고 기도했다.

즉,

1. 국회의 동의 없이 법률을 무시하며 법률을 집행하지 않는 권한과 법률(의 효력)을 정지하며 법률의 집행을 정지하는 권한을 가장하고 행사했던 것으로
2. 앞의 가장한 권한에 동조하는 것을 허락받고자 정중하게 탄원했다는 이유로 많은 덕망있는 고위 성직자를 수감하고 소추한 사실로
3. 교회와 관련된 사건처리를 위해 종교재판소(Court of Commissioners)라고 불리는 재판소를 창설하기 위하여 국새를 찍은 수권장을 발급하여 이를 시행한 사실로써

4. 대권의 이름을 빌어 국회의 승인을 받은 것과 다른 때에 다른 방법으로 국왕에게 소요되는 금전을 부과함으로써
5. 국회의 동의 없이 평시에도 상비군을 징집하여 이를 유지하며 또한 법에 반하여 병사를 민가에 숙박케 함으로써
6. 구교도가 법에 반하여 무장을 하고 용병을 꾸리는 동시에 많은 선량한 신교를 신봉하는 신민의 무장을 해제시킨 사실로써
7. 국회의원의 선거의 자유를 침해한 사실로써
8. 국회에만 승인된 사항을 왕좌재판소에 소추를 한 사실과 그 밖의 여러 가지 전단적이며 위법적인 수속을 취한 사실로써
9. 최근의 심리사건에서 불공평하고 부패하며 자격없는 자를 배심원에 복직시켰으며 특히 대역죄의 심리에 있어서는 자유토지보유자 아닌(따라서 대역사건의 배심원이 될 자격이 없는)자가 많았으므로
10. 형사사건으로 수감된 사람에 대해 신민의 자유를 위해 제정된 법률의 이용을 막기 위해 과대한 보석금을 요구하고
11. 과다한 벌금이 부과되고, 불법적이며 잔혹한 형벌이 가해졌다.
12. 유죄의 결정 또는 판결이 있기 전에 당사자에게 부과될 벌금 또는 몰수에 관하여 일정한 권리의 부여와 약속을 했다. 이들 모든 것은, 우리나라의 이미 알려져 있는 법률과 자유와는 완전히 또한 직접적으로 상반되는 것이다. 또 전기 국왕 '제임스'2세는 정무를 방기하고 그 때문에 왕위는 궐위되었으므로 (전능하신 신이 이 왕국을 구교의 전단적으로 권력으로부터 해방시켜 영광스러운 기관이 되게 하려고 하신) '오렌지'공 전하는(승속의 귀족원의원과 중의원의원중 지도자들의 조언에 의해) 신교도인 승속의 귀족원의원에게서 서한을 뺏고 일부 서한을 다른 많은 주와 시, 대학 자치읍 그리고 5항(영국 동남해안의 5개의 항구)에 보냈다. 이것은 그들의 종교 법률 및 자유가

다시 파괴되는 위험에 빠지지 않도록 확립하기 위하여 구력 1688년 1월 22일에 웨스트민스터에 소집되어 개회된 국회에 그들을 대표하여 출석할 권한을 가진 대표자를 선출시키기 위함이었다.

그 서한에 입각하여 선거가 행해진 그 결과, 전기한 승속의 귀족원의원과 중의원의원은 이 국민의 완전하고 자유로운 대표자로서 여기에 소집되어 상기 목적의 달성을 위한 최선의 수단에 관하여 가장 진지하게 고려하고(그 결과) 제일 먼저 (이러한 경우에 왕년에 선조들이 행한 바와 같이) 그들이 종래의 권리 및 자유를 옹호하고 또 주장하기 위하여 다음과 같이 선언하였다. 즉,

1. 국왕은 왕권에 의해 국회의 승인 없이 법률(의 효력)을 정지하며 혹은 법률의 집행을 정지할 수 있는 권한이 있다는 주장은 위법이다.
2. (국왕은) 왕권에 의해 법률을 무시하며 혹은 법률을 집행하지 않을 수 있는 권력이 있는 것처럼 그 권력을 행사하면 이는 위법이다.
3. 교회 관계의 사건을 처리하기 위하여 현재의 종교재판소를 확립하기 위한 위임장 및 이와 유사한 성질의 위임장 및 재판소 설립은 모두 위법이며 유해한 것이다.
4. 대권의 이름을 빌려 국회의 승인없이(국회가) 승인하는 또는 승인하려는 것과는 다른 별개의 방법으로 국왕에게 소요되는 금전을 징수하는 것도 위법이다.
5. 국왕에게 청원하는 것은 신민의 권리이다. 청원을 했다는 이유 때문에 수감 혹은 소추를 함은 위법이다.
6. 평시에 국회의 승인을 받지 않고 국내에서 상비군을 징집하여 이를 유지하는 것은 위법이다.
7. 신교도인 신민은 그 상황에 따라 법이 허락하는 (범위 내에서 자위를 위한 무기를 소유할 수가 있다.

8. 국회의원의 선거는 자유롭게 않으면 안된다.
9. 국회에서의 언론의 자유와 토의 또는 의사절차의 자유는 국회 이외의 어떠한 법원 또는 다른 장소에서도 이를 비난하거나 문제로 삼아서는 안된다.
10. 과다한 보석금을 요구해서는 안된다.
11. 배심명부에 등재되는 자는, 저당한 방법으로 선출되지 않으면 안되며 (그 중에서) 배심원은 정당한 방법으로 선출되지 않으면 안된다. 또한 대역죄로 소추된 자의 심리를 맡는 배심원은 자유토지 보유자에 한한다.
12. 유죄의 판결이 있기 전에 그 자에게(과해질) 벌금 혹은 몰수에 관해서 권리를 주거나 약속을 하는 것은 모두 위법이며 무효이다.
13. 또한 일체의 불평을 구제하기 위해 또한 법률을 수정하고 강화하며 또한 보전하기 위해 국회는 자주 개최되어야 한다.

전기한 승속의 귀족원의원과 중의원의원은, 전기 여러 조항의 하나하나를 전부 요구하고 주장하는 바이다. 또한 전기 각 조항은 인민에게 해가 될 수 있는 선언, 판결, 행위 또는 절차를 어떤 의미로도 유효화하거나 또는 전례로 삼아서는 안된다.

위의 권리를 주장함에 있어, 전기한 승속의 귀족원의원과 중의원의원은 특히 '오렌지'공 전하의 선언이 이러한 점에 있어서의 완전한 시정과 구제를 얻게 해 준 유일한 수단으로 생각하며 특히 고무되었다.

따라서 전기 '오렌지'공 전하가 지금까지 추진해온 해방(산업)을 완정하여 전기한 승속의 귀족원의원과 중의원의원은 여기에 주장된 제권리의 침해 및 종교상 권리 자유를(침해하려고 하는)모든 기도로부터 이를 지킬 것에 전폭적인 신뢰를 갖고,

제2조

웨스트민스터에 소집된 전기 승속의 귀족원의원과 중의원의원은 다음과 같이 결의한다. 즉 오렌지공 윌리암과 여공 메어리는 잉글랜드, 프랑스, 아일랜드 및 그에 속하는 제영지의 국왕과 여왕이 되며 그들의 생존중이나 혹은 일방이 사망한 후에는 일방의 생존 중 전기 제왕국과 제영지의 왕관과 왕위를 보유하는 것으로 하고 이 뜻을 선언한다. 왕권은 공과 공주 쌍방의 생존중에는 왕권이 공과 공주의 이름으로 전기 오렌지공이 단독으로 또한 완전히 행사하는 것으로 하며 공과 공주의 사후에는 전기의 제왕국과 제영지의 왕관과 왕위는 공주의 자연혈족인 직계비속의 상속인에게 양도되며, 직계비속이 없는 경우에는 덴마크의 앤여공과 그의 혈족인 직계비속의 상속인에게 또 이와 같이 직계존속이 없는 경우에는 전기 오렌지공의 혈족인 직계비속의 상속인에게 전하여지는 것으로 한다.
따라서 승속의 귀족원의원과 주의원의원은 전기공과 여공이 이상의 사실을 수락하여 줄 것을 간청하는 것이다.

제3조

종래의 법에 의하여 「충성 및 국왕지상권 승인의 선서」를 하여야 하던 자는 앞으로는 다음과 같은 선서를 하여야 한다.
「나는 윌리암국왕폐하 및 메어리여왕폐하에 대하여 성실하고 진실한 충성을 다할 것을 충성심으로 약속하고 선서하며, 신에게 이를 맹세한다.」
「나는 교황 또는 로마교황청 당국에 의해 파문 혹은 폐위된 군주는 그 신민과 그 밖의 누구라도 이를 퇴위시키거나 살해해야 한다고 하는 저주스러운 교의와 견해를 사악하고 이단적인 것으로 보아 마음으로부터 혐오하고 증오하며 배격할 것을 선서한다.
또 외국의 군주, 요인, 고위성직자, 고위인사 EH는 권력가는 우리나라에서 어떠한 재판권 권력 최고성 우월성 및 교회나 종교에 관한 권한을 가지지 못하며 또한 가져서는 아니됨을 선서한다.」

제4조

전기한 간청에 의해서 양폐하는 전기선언에 표명된 결의 및 희망에 따라 잉글랜드, 프랑스, 아일랜드 및 그에 속하는 제영지의 왕관과 왕위를 수납하셨다.

제5조

또한 전기 간청에 의해서 황공하옵게도 양폐하는 국회의 양원을 이루는 전기 승속의 귀족원의원과 중의원의원이 계속하여 회의를 진행하고, 양폐하의 재가를 얻어 우리나라의 종교, 법률 및 자유가 두 번 다시 파괴될 위험에 처해지는 일이 없도록 확립하기 위해 효과적인 결정을 내려야 한다고 하셨다. 전기한 승속의 귀족원의원 및 중의원의원은 폐하의 배려에 찬동하고 그에 따라서 행동하기 시작했다.

제6조

전기한 선언과 해당 조항 및 사항은 국회의 권능에 의해서 정당한 방법으로 제정된 법률이므로, 국회에 소집된 전기 승속 귀족원의원과 중의원의원은 전기 제조항에 입각하여 동 선언을 정립하고 확인하며 확립하기 위해 다음과 같이 선언되고 규정될 것을 이에 청원하는 바이다. 즉, 전기 선언중에 주장되고 요구된 권리와 자유는 그 하나가 모두 예로부터 전래되었으며 의심할 여지가 없는 진정한 우리 국민의 권리와 자유로서 평가되고 승인되며 판단, 사유되며 이해되지 않으면 안된다고 선언한다. 전술한 제조항은 그 하나하나가 모두 전기 선언 중에 표명된 바와 같이 확고하고 엄격하게 유지되고 준수되지 않으면 안된다고 선언한다. 또한 어떠한 관리나 신하라도 앞으로 영구히 이 선언에 따라서 양폐하와 그 외 승계자에 봉사함을 선언한다.

제7조

아울러 전기한 승속의 귀족원의원과 중의원의원은 지극히 다행하게도 양폐하의 옥체가 조상의 옥좌를 받아 우리들을 통치할 수 있도록 마련되고 보전되었다는 것이 전능하신 신의 찬양할만한 섭리와 우리 국민에 대한 자비 깊은 호의의 뜻이 있었음을 진심으로 받들어서 신의 뜻에 마음속으로부터 공경과 감사와 찬미를 드리면서 진정으로 확고하게 확신을 갖고 또한 성심성의를 다해 다음과 같이 생각하며 그를 승인하고 인정하며 선언한다. 즉, 국왕 '제임스'2세는 정무를 방기하고 양폐하가 전술한 왕위와 왕관을 수납하였으므로 양폐하는 우리들의 지고하신 군주, 즉 잉글랜드, 프랑스, 아일랜드 및 그에 속하는 제영지의 국왕과 여왕이 되셨으며 현재 그 지위에 계시며 또한 우리나라의 법률에 따라 당연히 그 지위에 계셔야 한다고 선언한다. 전지 제왕국의 옥좌, 왕관 및 왕위는 그에 소속되고 부속된 일체의 영예, 칭호, 왕의 특권, 대권, 권력, 재판권 및 권위와 함께 양폐하의 옥체에 가장 완전무결하고도 정당하게 부여되며 체현되고 통합되고 소속된다고 선언한다.

제8조

왕위에 오를 권리가 없음에도 그를 주장하는 자가 있어 그로 인해 우리 국내에 여러 가지 문제와 의견의 분열이 야기되는 것을 방지하기 위해, 그리고 신의 은총에 따라 우리 국민의 통일, 평화, 안녕 및 안전이 전적으로 의존하고 있는 왕위계승의 확실성을 보장하기 위해 전기한 승속의 귀족원의원과 중의원의원은 폐하께 다음의 사항들을 제정하고 확립하며 선언하시도록 간청하는 바이다. 즉, 전기한 제왕국 및 그에 속하는 제영토의 왕위와 왕정은 그에 소속되고 부속된 전기 각 항의 규정에 따라 양폐하께 있으며 양폐하 중 한분만 재세할 때는 오래 재세하신 폐하께 있다는 것. 왕위와 왕정은 양폐하의 재세시는 양폐하의 어명으로 국왕폐하에 의해서만 완전무결하게 해사되어야 한다는 것. 양폐하가 모두 붕어하신 경우에는 전기 왕위 및 제사항이 여왕폐하의 자연혈족으로서 직계비속인 상속인에게 귀속할 것. 그러한 직계비속이 없을 경우에는 덴마크의 앤여왕 전하 및 그의 자연혈족으로서 직계비속인 상속인에게 귀납할 것. 또한 앤여왕의 직계비속이 없을 경우에는 국왕폐하의 자연혈족으로서 직계존속인 상속인에게 귀속할 것. 귀족원의원과 중의원의원은 전술한 국민 전체의 이름으로 삼가 성실하게 그들 자신과 상속인 및 그의 자자손손에 이르기까지 영구히 이에 따를 것을 약속한다. 또한 의원들은 전기 양폐하와 여기에 명기포함된 왕위의 한정과 승계를, 그에 반하는 행위를 기도하는 일체의 사람들로부터 모든 힘과 생명재산을 바쳐 유지하고 보호하며 방위할 것을 성실히 약속한다.

제9조

또한 카톨릭교의 군주나 카톨릭교도를 배우자로 하는 국왕 또는 여왕에 의해서 퇴치되는 일은 신교단의 안전과 복지에 반한다는 사실이 경험에 의해서 명백해졌기 때문에 전기 승속의 귀족원의원과 주의원의원은 규정을 다음과 같이 고칠 것을 간청한다. 즉, 교황청이나 로마교회와 융화하거나 영직 교섭을 갖는 자, 카톨릭교의 신앙을 표명하는 자, 또는 카톨릭교를 배우자로 하는 자는 모두 우리 왕국 및 아일랜드와 그에 속하는 제영지나 그 부속 영토에 대해서도 왕관과 정권의 계승, 점유, 향수 또는 왕으로서의 권력, 권위, 재판권의 소유 및 행사에서 배제되며 아울러 영원히 그러한 능력이 없는 자로 할 것. 이 경우에 언제나 이를 제왕국의 국민이 이 규정에 따라 충성의 의무를 면제받을 것. 전기한 바와 같이 교황청과 융화하고 영적 교섭을 가지며 카톨릭교의 신앙을 표명하고 카톨릭교도를 배우자로 한 자가 이미 사망한 경우에는, 왕관과 정권이 본래 그를 계승하고 향수해야 할 신교도에게 세세 계승되고 향수되어야 한다는 것.

제10조

앞으로 우리나라의 왕위에 우르거나 이를 계승하는 우리 왕국의 국왕이나 여왕은 그 즉위 후 최초로 개원되는 국회의 첫날에 귀족원의 옥좌에 앉아 그 자리에 모인 귀족원의원 및 중의원의원 앞에서 혹은 국왕이나 여왕의 대관식의 선서를 집행하는 자 앞에서 최초의 선서를 할 때 '찰스'2세 치세 제13년에 제정된 '로마 구교도의 국회양원 출석권을 박탈하고 옥체와 정치를 한층 더 효과적으로 보전코자 하는 법률'이라는 표세의 법률에 기재된 선언을 행하고 서명해야 하며 또한 알아들을 수 있도록 구두로 그를 반복하지 않으면 안된다. 그러나 국왕이나 여왕이 우리나라의 왕관을 계승할 때의 나이가 12세에 미달할 경우에는 대관식이나 최초의 국회소집 첫날에 행해야 할 전기 선언은 그가 12세에 달한 후의 해당일에 선서를 하고 서명하며 아울러 알아들을 수 있도록 구두로 그를 반복해야 한다.

제11조

이 모든 것은 양폐하가 그를 만족히 여기시고 받아들인 것으로서 본국회의 권위에 의해 선언, 제정, 확정되어 장차 영구히 우리 왕국의 법으로 유지, 존속하고 존재하여야 한다. 국회에 소집된 승속의 귀족원의원과 중의언의원의 조언과 승인에 따라서 또한 국회의 권위에 따라서 전기 양폐하에 의해 선언되고 제정되며 확정된다.

제12조

또한 국회의 권위에 따라서 다음과 같이 선언되고 제정된다. 즉, 본국회의 회기 이후에는 어떠한 법률이나 법률의 일부에 대해서도 국왕의 특별허가에 의한 치외법권이 허용되지 않는다. 위의 치외법권은 무효이며 그 효력이 발생하지 않는 것으로 해야 한다. 단, 당해 법률 중에 치외법권이 허용된 경우와 본국회의 회기중에 가결될 하나 또는 그 이상의 법안중에 명시적으로 규정되어 있는 경우는 예외로 한다.

제13조

1689년 10월 23일 이전에 허용된 특허장, 권리부여 또는 특사는 이 법률에 의해서 어떠한 의미로든 문제화되거나 무효화됨이 없이 법률적으로 동일한 효력과 효과를 가지며 이 법률이 제정되지 않는 것과 같은 것으로 간주한다.

프랑스 헌법

전 문

프랑스 국민은 1789년 인간과 시민의 권리선언에서 규정되고 1946년 헌법 전문에서 확인·보완된 인권과 국민주권의 원리, 그리고 2004년 환경헌장에 규정된 권리와 의무에 대한 애착을 엄숙히 선언한다. 공화국은 이 원리 및 국민들의 자유로운 결정의 원리에 의거하여 공화국에 결합하는 의사를 표명한 해외영토에 대하여 자유, 평등 및 박애라는 공동이념에 기초를 두고 그 민주적 발전을 위하여 구상된 새로운 제도를 제공한다.

제1조

① 프랑스는 비종교적·민주적·사회적·불가분적(indivisible) 공화국이다. 프랑스는 출신·인종·종교에 따른 차별 없이 모든 시민이 법률 앞에서 평등함을 보장한다. 프랑스는 모든 신념을 존중한다. 프랑스의 조직은 지방분권이다.

② 법률은 여성과 남성간의 선거와 관련된 직무와 선거에 의한 지위 그리고 직업적·사회적 책임에 대한 동등한 접근을 촉진한다.

제1장 주 권

제2조

① 프랑스 공화국의 국어는 프랑스어이다.
② 국가상징은 청·백·적의 삼색기이다.
③ 국가(國歌)는 라 마르세이예즈(La Marseillaise)이다.
④ 프랑스 공화국은 자유·평등·박애를 국시로 한다.
⑤ 프랑스 공화국은 국민의, 국민에 의한, 국민을 위한 정부를 원칙으로 한다.

제3조

① 국가의 주권은 국민에게 있고, 국민은 그 대표자와 국민투표를 통하여 그 주권을 행사한다.
② 특정인이나 일부 국민이 주권을 배타적으로 보유·행사할 수 없다.
③ 선거는 헌법에서 정하는 바에 따라 직접 또는 간접 선거로 할 수 있다. 모든 선거는 항상 보통·평등·비밀 선거로 시행된다.
④ 시민적·정치적 권력을 향유하는 성년의 프랑스 국민은 법률에서 정하는 바에 따라 선거권을 가진다.

제4조

① 정당 및 정치단체는 선거에 협력한다. 정당 및 정치단체는 자유롭게 결성하고 활동한다. 정당 및 정치단체는 주권 및 민주주의의 원리를 준수해야 한다.
② 정당 및 정치단체는 법률이 정하는 바에 따라 제1조 제2항에서 정한 원칙의 실현에 기여하여야 한다.
③ 법률은 국민의 민주생활에서 사상의 다원적 표현과 정당과 정치단체

의 공평한 참여를 보장한다.

제2장 공화국 대통령

제5조

① 공화국 대통령은 헌법이 준수되도록 감시한다. 공화국 대통령은 그의 중재에 의하여 공권력의 정상적 기능과 국가의 영속성을 보장한다.

② 공화국 대통령은 국가의 독립, 영토의 보전 및 각종 조약의 준수를 보장한다.

제6조

① 공화국 대통령은 직접·보통 선거에 의해 5년 임기로 선출된다.

② 누구도 2회 이상 연임할 수 없다.

③ 본 조의 시행방법은 조직법률로 정한다.

제7조

① 공화국 대통령은 유효투표의 절대 과반수 획득에 의하여 선출된다. 제1차 투표에서 절대 과반수를 획득한 후보자가 없을 경우에는 그로부터 14일후 제2차 투표를 실시한다. 제1차 투표에서선순위로 득표한 후보가 사퇴한 경우에는 후순위로 득표한 후보를 포함하여 최다 득표한 2인의 후보자만 제2차 투표에 참가할 수 있다.

② 선거는 정부의 공고에 의해 실시된다.

③ 후임 대통령은 현대통령의 임기 만료 35일 내지 20일 이전에 선거한다.

④ 어떠한 이유로 공화국 대통령이 궐위되거나 정부의 제소에 의해 헌법위원회가 재적위원 절대 과반수로 공화국 대통령이 직무를 수행할 수 없다고 확인한 경우에는, 제11조 및 제12조에서 정한 직무를 제외

하고 상원의장이 공화국 대통령의 직무를 임시로 대행하며, 상원의장도 그 직무를 수행할 수 없는 경우에는 정부가 대행한다.

⑤ 공화국 대통령이 궐위되거나 헌법위원회가 대통령이 직무를 수행할 수 없다고 최종적으로 선언한 경우에는, 그 후임자를 선출하기 위한 선거는 헌법위원회에서 불가항력적인 사유를 인정한 경우를 제외하고 궐위가 시작되거나 직무수행불능이 최종적으로 선언된 날로부터 20일 내지 35일 이내에 실시된다.

⑥ 입후보등록 마감 전 30일 내에 입후보를 공개선언했던 후보자가 입후보등록 마감 전 7일 이내에 사망하거나 장해가 발생한 경우에 헌법위원회는 선거의 연기를 결정할 수 있다.

⑦ 제1차 투표 전에 후보자중 1인이 사망하거나 장해가 발생한 경우 헌법위원회는 선거의 연기를 선언한다.

⑧ 제1차 투표의 최다득표자 2인중 1인이 사퇴한 경우는 제외하고, 그 2인중 1인이 사망하거나 장해가 발생한 경우에 헌법위원회는 재선거를 선언한다. 제2차 투표의 후보자로 새로 정해진 2인중 1인이 사망하거나 장해가 발생한 경우에도 같다.

⑨ 모든 경우는 제6조의 조직법의 후보자 출마에 관한 조항 또는 제61조 제2항에 따라 헌법위원회에 회부된다.

⑩ 헌법위원회는 선거가 헌법위원회의 결정이 있은 날로부터 35일 이내에 실시되는 범위 내에서 제3항 및 제5항에서 정한 기한을 연장할 수 있다. 본 항의 적용으로 인해 선거가 현대통령의 임기만료 이후에 실시되는 경우에는 현대통령이 그 후임자가 공포될 때까지 직무를 수행한다.

⑪ 공화국 대통령이 궐위되거나 장해가 최종적으로 선언되어 그 후 임자를 선출하는 기간 동안에는 제49조·제50조·제89조가 적용되지

아니한다.

제8조

① 공화국 대통령은 수상을 임명한다. 수상이 정부의 사퇴서를 제출하면 공화국 대통령은 수상을 해임한다.

② 공화국 대통령은 수상의 제청에 따라 다른 정부구성원국무위원을 임면한다.

제9조

공화국 대통령은 국무회의를 주재한다.

제10조

① 공화국 대통령은 최종적으로 가결되어 정부에 이송된 법안을 이송일로부터 15일 이내에 공포한다.

② 공화국 대통령은 이 기한이 만료되기 전에 의회에 대하여 당해 법률 또는 일부 조항의 재심의를 요구할 수 있다. 이 재심의 요구는 거부될 수 없다.

제11조

① 의회의 회기 중에 정부가 제안하거나 양원이 합동으로 제안하여 관보에 개재하는 경우 공화국 대통령은 공권력의 조직, 경제·사회·환경정책개혁 및 공공서비스, 헌법에 위배되지는 않으나 제도의 운영에 영향이 있을 조약의 비준동의에 대한 정부제출 법률안에 대한 국민투표를 시행할 수 있다.

② 정부의 제안에 따라 국민투표가 결정되면, 정부는 각 원에서 국민투

표를 선언하고 토론한다.

③ 제1항에서 언급된 목적을 위한 국민투표가 선거인명부상에 등록된 유권자의 1/10의 지지를 받는 의회구성원의 1/5의 발의로 조직될 수 있다. 이 발의는 의원발의법률안의 형식을 취하며, 공포된 지 1년 미만인 법률의 폐지를 목적으로 할 수 없다.

④ 발의의 제출조건과 헌법위원회가 전항의 준수를 통제하는 조건은 조직법률에 의해 정해진다.

⑤ 만약 위의 의원발의법률안이 양원에서 조직법률에 의해 정해진 기간 내에 검토되지 않을 경우, 공화국 대통령은 위의 의원발의 법률안을 국민투표에 회부한다.

⑥ 위의 의원발의법률안이 프랑스국민에 의해 채택되지 않을 경우, 동일한 주제의 어떤 새로운 의원발의법률안에 따른 국민투표는 국민투표일 후 2년이 경과되기 전에 제출될 수 없다.

⑦ 국민투표를 통해 정부제출법률안이나 의원발의법률안이 가결되면, 공화국 대통령은 투표결과가 공표된 날로부터 15일 이내에 법률을 공포한다.

제12조

① 공화국 대통령은 총리, 양원의 의장과 협의한 후 국민의회의 해산을 선포할 수 있다.

② 총선거는 국민의회 해산 후 20일 내지 40일 이내에 실시된다.

③ 국민의회는 선거 후 두 번째 목요일에 당연히 소집된다. 정기회기간 외에 소집되는 경우에는 15일간의 회기가 당연히 개회된다.

④ 선거가 실시된 후 1년이 지나기 전에는 다시 국민의회를 해산할 수 없다.

제13조

① 공화국 대통령은 국무회의에서 심의된 법률명령(ordonnances)과 데크레(décrets)에 서명한다.

② 공화국 대통령은 국가의 일반공무원 및 군공무원을 임명한다.

③ 국사원(Conseil d'tat) 위원·레지옹도뇌르(Légion d'onneur) 상훈국 총재·대사·특사·회계감사원(Cour des Comptes) 감사관·지사(préfet)·제74조에서 규정한 해외영토 및 뉴칼레도니 파견 정부대표·군 장성·지역별 대학총괄회의 장(recteurs des académies)·중앙 행정조직의 장은 국무회의에서 임명한다.

④ 국무회의에서 임명하는 여타 직위 및 공화국 대통령이 임명권을 위임할 수 있는 요건에 대해서는 조직법으로 정한다.

⑤ 조직법률은 제3항에서 언급한 직책 이외에, 국민의 권리와 자유의 보장 또는 사회·경제적 삶과 관련된 중요성을 고려하여 각원의 관계 상임위원회의 공개적 의견제시후에 공화국 대통령이 임명권을 행사하는 직위와 직무를 정한다. 공화국 대통령은 각 위원회에서의 반대표의 합계가 2개의 위원회에서 표현된 투표의 최소 3/5일 경우 지명할 수 없다. 법률은 관련되는 직위와 직무에 따라 관계상임위원회를 정한다.

제14조

공화국 대통령은 외국에 파견하는 대사·특사에게 신임장을 수여하고, 외국의 대사·특사의 신임장을 접수한다.

제15조

공화국 대통령은 군의 통수권자이다. 대통령은 국방최고회의 및 국방최고위원회를 주재한다.

제16조

① 공화국의 제도·국가의 독립·영토의 보전·국제협약의 집행이 심각하고 직접적으로 위협받고, 헌법에 의한 공권력의 정상적인 기능이 정지되는 경우에 공화국 대통령은 총리·양원의 의장·헌법위원회 위원장과 공식협의를 거친 후 필요한 조치를 취한다.

② 공화국 대통령은 교서를 통해 국민에게 알린다.

③ 이러한 조치는 헌법에 기초한 공권력이 그 직무를 완수할 수 있는 수단을 최단기에 확보하는 것을 목적으로 하여야 한다. 이와 관련하여 헌법위원회와 협의한다.

④ 의회는 당연히 소집된다.

⑤ 국민의회는 비상권한의 발동기간 중에는 해산될 수 없다.

⑥ 비상권한 발동기간이 30일이 지나면 국민의회의장, 상원의장, 60인의 국민의회의원 혹은 60인의 상원의원은 제1항에서 명시된 조건들이 여전히 충족되었는지에 대한 평가를 헌법위원회에 제기할 수 있다. 헌법위원회는 최단기간내에 의견을 공표한다. 헌법위원회는 비상권한이 발동된 후 60일이 되면 당연히 이와 같은 검토에 착수하며 동일한 조건으로 의견을 제시하며, 60일이 지나면 언제든지 할 수 있다.

제17조

공화국 대통령은 특별 사면권을 가진다.

제18조

① 공화국 대통령은 양원에 교서를 전달하여 낭독하게 함으로써 의회와

연락하고, 당해 교서는 어떠한 토론의 대상도 되지 아니한다.

② 공화국 대통령은 이와 같은 목적으로 양원합동회의로 소집된 국회에서 연설할 수 있다. 이 연설은 공화국 대통령의 불참하에 토론될 수 있으나, 표결로 이어지지 않는다.

③ 의회의 회기가 아닌 경우에는 당해 목적을 위해 특별하게 의회의 모임이 소집된다.

제19조

제8조(제1항)・제11조・제12조・제16조・제18조・제54조・제56조・제61조에서 정한 공화국 대통령의 (통치)행위 이외에 대해서는 총리가 부서하고, 경우에 따라 주무장관도 부서할 수 있다.

제3장 정 부

제20조

① 정부는 국가의 정책을 결정하고 추진한다.

② 정부는 행정조직과 군 조직으로 구성된다.

③ 정부는 제49조・제50조에서 정한 요건 및 절차에 따라 의회에 대하여 책임을 진다.

제21조

① 수상은 정부의 활동을 지휘한다. 수상은 국방에 대한 책임을 가진다. 수상은 법의 집행을 보장한다. 제13조에 따라 수상은 행정입법제정권을 행사하며, 일반공무원 및 군공무원을 임명한다.

② 수상은 그 권한의 일부를 장관에게 위임할 수 있다.

③ 수상은 공화국 대통령을 대리하여 제15조에서 규정된 국방최고회의

와 국방최고위원회를 주재할 수 있다.

④ 수상은 명시적인 위임을 받아 특정한 의사일정에 한하여 예외적으로 공화국 대통령을 대리해서 국무회의를 주재할 수 있다.

제22조

총리의 행위에 대해 그 집행을 담당하는 장관이 부서할 수 있다.

제23조

① 국무위원은 의원직 · 전국적인 직능대표 · 공직 · 직업활동을 겸할 수 없다.

② 이러한 직무 · 기능 · 직위의 대리에 대한 요건은 조직법률로 정한다.

③ 의원직의 대리는 제25조에서 정하는 바에 따른다.

제4장 의 회

제24조

① 의회는 법률을 표결한다. 의회는 정부의 행위를 통제한다. 의회는 공공정책을 평가한다.

② 의회는 국민의회와 상원을 포함한다.

③ 국민의회의원의 수는 577인을 넘을 수 없으며, 직접선거에 의해 선출된다.

④ 상원의원의 수는 348인을 넘을 수 없으며, 간접선거로 선출된다. 상원은 공화국의 지방자치단체의 대표성을 보장한다.

⑤ 재외 프랑스인들은 국민의회와 상원에서 대의된다.

제25조

① 각 원의 임기·의원의 정수·세비·피선거 자격요건·피선거권상실·겸직금지에 대하여서는 조직법으로 정한다.

② 상원 또는 국민의회에 결원이 발생할 경우 해당 의원이 소속된원의 개선 또는 총선이 실시될 때까지 그 직을 대리하거나, 의원들이 정부 직책을 수락할 경우 임시로 그 직을 보충할 의원을 선출하는 요건에 대하여서도 조직법으로 정한다.

③ 법률이 그 구성과 조직 및 기능의 규칙을 정하는 독립위원회는 국민의회의원선거의 선거구의 범위를 정하거나, 상원의원과 국민의회의원의 의석수의 배분을 변경하는 정부제출법률안 및 의원제출법률안에 대해 공개적 의견을 공표한다.

제26조

① 의회의 의원은 직무 수행중의 발언 및 표결과 관련하여 소추·수색·구금·재판을 받지 아니한다.

② 해당의원이 소속된 원의 의장단(Bureau)의 동의 없이 범죄 또는 위법행위와 관련하여 체포되거나 자유를 박탈 또는 제한받지 아니한다. 단, 현행범이나 최종판결이 선고된 경우는 예외로 한다.

③ 해당의원이 소속된 원의 요구에 따라 회기 중에는 의원에 대한구금·자유의 박탈 또는 제한·소추가 중단된다.

④ 해당 원은 전 항의 적용을 위해 추가회의를 당연히 소집한다.

제27조

① 모든 강제위임은 무효이다.

② 표결권은 각 의원에게 있다.

③ 조직법률에 따라 예외적으로 위임에 의한 대리투표를 할 수 있다. 이 경우에 어느 의원도 1인 이상의 의원의 위임을 받아 대리투표를 할 수 없다.

제28조

① 의회의 정기회는 10월 첫 번째 평일에 개회하고, 6월 마지막 평일에 폐회한다.

② 각 원의 정기회기중 개의일수는 각각 120일을 초과할 수 없다. 회의 주간은 각 원에서 정한다.

③ 수상은 해당 원의 의장과 협의한 후 추가회의를 소집할 수 있다. 해당 원의 과반수 의원의 요구에 의해서도 추가회의를 소집할 수 있다.

④ 개의일수 및 개의시간은 각 원의 의사규칙으로 정한다.

제29조

① 수상 또는 국민의회 재적의원 과반수의 요구에 따라 특정한 의사일정을 처리하기 위한 의회의 임시회가 소집된다.

② 국민의회의 요구에 의해 임시회가 소집된 경우 당해 회의를 소집한 의사일정이 종료하면 개회일로부터 최대 12일 이내에 폐회명령을 발한다.

③ 폐회명령이 발하여진 후 총리만이 1개월이 지나기 전에 새로운 임시회의 소집을 요구할 수 있다.

제30조

의회가 당연 소집되는 경우이외의 임시회는 대통령의 명령에 의해 개회 및 폐회된다.

제31조

① 국무위원은 양원에 출석할 수 있다. 의회에서 요구하면 발언할 수 있다.

② 국무위원은 정부위원의 보좌를 받는다.

제32조

국민의회의장은 당해 입법회기의 기간을 임기로 하여 선출된다. 상원의장은 개선이 이루어질 때마다 선출된다.

제33조

① 양원의 회의는 공개한다. 전문(全文)회의록은 관보에 게재된다.

② 각 원은 수상 또는 소속의원의 10분의 1의 요구에 따라 회의를 공개하지 아니할 수 있다.

제5장 의회와 정부의 관계

제34조

① 법률은 다음 사항을 규정한다.

- 시민적 권리 및 공적 자유의 행사를 위해 시민에게 부여된 기본적 보장 자유, 다원주의, 미디어의 독립 국방을 위해 시민에게 과하여진 신체 및 재산상 의무.
- 국적, 개인의 신분 및 법적 능력, 부부재산제, 상속 및 증여.
- 중죄 및 경죄 및 위법행위의 결정과 그에 대한 형벌. 형사소송절차, 사면, 새로운 심급의 법원 설치와 사법관의 지위에 관한 규정.
- 모든 조세의 과세기준·세율·징수방식, 화폐발행제도.

② 법률은 다음 사항에 대해서도 규정한다.

- 의회, 지방의회, 재외프랑스인의 대표부, 지방자치단체의 심의회 구성

원의 선거위임과 선거기능의 행사조건.

- 공공기관의 설립.
- 국가의 일반공무원 및 군공무원의 신분보장.
- 기업의 국유화 및 공기업의 민영화.

③ 법률은 다음사항의 기본원칙을 정한다.

- 국방조직.
- 지방자치단체의 자유행정 · 권한 · 재원.
- 교육.
- 환경보존.
- 재산권 · 물권 · 민간채권 · 상업채권.
- 노동권 · 노동조합권 · 사회보장권.

④ 재정법률은 조직법에서 정한 요건과 그 유보조항에 따라 국가의 재원과 및 부담을 정한다.

⑤ 사회보장 자금조달법률은 조직법에서 정한 요건과 그 유보조항에 따라 균형재정에 대한 일반적인 요건을 정하고, 예상수입을 감안하여 지출의 용도를 정한다.

⑥ 프로그램적 법률은 국가활동의 목적을 정한다.

⑦ 공공재정의 다년간의 방향설정은 프로그램적 법률에 의해 정해진다. 공공재정의 다년간의 방향설정은 공공행정의 회계균형이라는 목적에 포함된다.

⑧ 본 조항은 조직법률로 구체화되고 보완될 수 있다.

제34-1조

① 의회는 의회규칙이 정하는 조건에 따라 결의를 의결할 수 있다.

② 정부가 결의의 채택이나 거부가 정부의 책임을 문제삼거나 그와 같

은 관점으로 명령이 포함되어 있다고 판단하는 결의의 안은 수리될 수 없거나, 의사일정에 등록될 수 없다.

제35조

① 전쟁선포는 사전에 의회에서 승인한다.
② 정부는 해외에서 군대를 개입시키는 결정을 늦어도 개입개시후 3일 내에 의회에 통지한다. 정부는 군대개입의 목적을 분명히 한다. 정부의 통지는 토론의 대상이 될 수 있지만, 표결로 이어지지 않는다.
③ 군대개입의 기간이 4개월을 초과할 때, 정부는 의회에 군대개입연장의 승인을 구한다. 정부는 국민의회에 최종결정을 요구할 수 있다.
④ 만약 4개월의 기한이 만료시에 의회가 회기중이 아닐 경우, 결정은 다음 회기에 내려진다.

제36조

① 비상계엄령은 국무회의에서 발한다.
② 계엄기간이 12일을 초과하는 경우 의회에서만 그 연장을 승인할 수 있다.

제37조

① 법률의 소관사항 이외의 사항은 행정입법의 성격을 가진다.
② 행정입법의 소관에 속하는 사항에 대한 법률은 국사원의 의견청취 후 명령을 발하여 개정할 수 있다. 헌법위원회가 본 헌법의 발효 이후에 제정된 법률이 전 항의 규정에 의해 행정입법의 소관사항에 속한다고 선언하는 경우에 한해 명령으로써 개정할 수 있다.

제37-1조

법률과 행정입법은 제한된 목적과 기간에 한하여 실험적인 조항을 포함할 수 있다.

제38조

① 정부는 국정수행을 위하여 법률의 소관사항에 속하는 조치를 일정한 기간 동안 법률명령으로써 행할 수 있도록 승인해줄 것을 의회에 요구할 수 있다.

② 법률명령은 국사원의 의견청취 후 국무회의에서 발한다. 법률명령은 공포 즉시 발효된다. 그러나 수권법률에서 정한 기한 내에 이를 승인하는 법안이 의회에 제출되지 아니하면 폐기된다.

③ 본 조의 제1항의 기한이 만료되면 법률명령의 법률 소관사항은 법률에 의해서만 개정될 수 있다. 법률명령은 명시적인 방법으로만 비준될 수 있다.

제39조

① 의회 의원들과 수상은 법안 발의권을 가진다.

② 정부제출 법안은 국사원의 의견을 청취하고 국무회의에서 심의한 후 양원 중 한 원에 제출된다. 재정법률 및 사회보장자금조달법률 국민의회에 먼저 제출된다. 제44조 제1항과 별도로 지방자치단체의 구성을 주목적으로 하는 정부발의법안은 상원에 먼저 제출된다.

③ 국민의회 또는 상원에 제출된 정부제출법률안의 소개는 조직법률에 의해 정해진 조건에 따른다.

④ 처음 법률안을 제출받은 원의 의장들의 회의가 조직법률에 의해 정해진 규칙이 지켜지지 않았다고 인정한다면, 정부제출법률안은 의사

일정에 등록될 수 없다. 의장들의 회의와 정부간에 의견이 일치하지 않는 경우 해당의회의장 또는 수상은 헌법위원회에 제소할 수 있으며, 헌법위원회는 8일내에 결정을 내린다.

⑤ 양원의장은 법률에 정해진 조건에 따라 각 원의 구성원 중의 하나에 의해 제출된 의원발의법률안을 위원회의 검토에 앞서 각원이 반대하지 않는 한 국사원에 제출하여 의견을 구할 수 있다.

제40조

공공재원의 감소 또는 공공부담의 신설 내지 증가를 수반하는 의원발의 법안·개정안은 접수될 수 없다.

제41조

① 정부 또는 법률안을 제출받은 의회의 의장은 입법절차 중에 법안 또는 개정안이 법률의 소관사항이 아니거나, 제38조에서 위임한 바에 위배된다고 판단되는 경우 그 접수를 거부할 수 있다.

② 정부와 해당 원의 의장 사이에 이견이 있을 경우, 어느 한 편의제소에 따라 헌법위원회가 8일 이내에 이에 대해 재결한다.

제42조

① 회기 중 정부제출법률안과 의원발의법률안에 대한 토론은 제43조의 적용에 따라 지정된 위원회가 채택한 법률안을 대상으로 하고 그렇지 않을 경우 의회에 제출된 법률안을 대상으로 한다.

② 그러나, 헌법개정안, 재정법률안, 사회보장제도 자금조달법률안의 경우 양원 중 처음 제출된 원의 1차독회에서는 정부가 제출한 법률안에 대해 토론하고, 다른 독회에서는 타원에서 이송된 법률안에 대해

토론한다.

③ 회기 중 법률안에 대한 제1차 독회에서의 토론은 법률안 제출일로부터 6주의 유예기간이 지난 후에야 제출된 원에서 시작될 수 있다. 다른 원으로 법률안이 회부되면 그 회부일로부터 4주가 지난 후에 토론이 행해질 수 있다.

④ 전항은 헌법 제45조에서 규정한 조건에 따라 가속된 절차가 시작되는 경우에는 적용되지 않는다. 또한 재정법률, 사회보장제도자금조달법률 및 위기상황에 관한 법률에도 적용되지 않는다.

제43조

① 정부제출법률안과 의원발의법률안은 검토를 위하여 그 수가 각 원내에서 8개로 제한되어 있는 상임위원회 중 하나의 상임위원회에 이송된다.

② 정부 또는 법률안을 제출받은 의회의 요구로 정부제출법률안 또는 의원발의법률안은 검토를 위하여 특별히 조직된 위원회로 이송된다.

제44조

① 의회 의원들과 수상은 개정권을 가진다. 이 권리는 조직법률이 정하는 범위내에서 양원규칙에 의해 정해진 조건에 따라 본회의 또는 위원회에서 행사된다.

② 일단 토론이 개시되면 정부는 사전에 위원회에 제출되지 아니한 모든 개정안의 심사를 거부할 수 있다.

③ 개정안을 심의중인 원은 정부의 요구에 따라 정부에서 제출하거나 수락한 개정안에 한해 그 전문 또는 일부에 대해 일괄투표한다.

제45조

① 동일한 법률을 채택하기 위해 모든 정부제출 법률안 및 의원발의 법률안은 양원에서 차례로 심의한다. 제40조와 제41조의 적용과 관계없이 모든 수정안은 비록 간접적이라도 제출된 또는 이송된 법률안과 관련성을 가지는 경우 제1독회에서 수리될 수 있다.

② 양원간의 이견으로 인하여 정부제출 법안 또는 의원발의 법안이 각 원에서 2차 독회를 거친 후에도 채택되지 아니하거나, 또는 각 원의 1차 독회후 양원의장회의가 공히 반대하지 않고 가속된 절차를 개시하기로 결정하였을 때 수상 또는 의원발의법률안의 경우 공동으로 행동하는 양원의장은 토의중인 조항에 대한법안제출을 담당할 양원동수위원회를 소집할 권한을 갖는다.

③ 정부는 각 원에 양원동수위원회에서 작성된 의안을 채택하도록 부의할 수 있다. 정부의 동의 없이 어떠한 개정안도 접수될 수 없다.

④ 양원동수위원회가 공동의안을 채택하지 못하거나 그 의안이 전항에서 정하는 바에 따라 가결되지 아니하면, 정부는 상원과 국민의회에서 각기 다시 독회를 한 후 국민의회에서 최종적으로 의결할 것을 요구할 수 있다. 이 경우에 국민의회는 양원동수위원회에서 작성한 의안 또는 국민의회에서 의결한 의안을 경우에 따라서는 상원에서 채택된 1개 또는 수개의 개정안으로 수정하여 재심의할 수 있다.

제46조

① 헌법에서 조직법률의 성격을 부여하는 법률들은 다음 요건에서 의결되고 개정된다.

② 정부제출법률안이나 의원발의법률안은 제42조 제3항에서 지정한 유예기간이 지났을 때에만 1차독회에서 토의나 표결에 넘겨질 수 있다.

그러나 제45조에 정해진 조건하에 가속화된 절차가 개시된 경우에는 정부제출법률안이나 의원발의법률안은 법률안이 제출된 날부터 15일이 경과하기전 처음 제출된 원의 토의에 넘겨질 수 있다.

③ 제45조의 절차를 준용할 수 있다. 단, 양원 간에 이견이 있을 경우에는 하원의 최종독회에서 재적의원 절대 과반수의 찬성에 의해서만 법안이 채택될 수 있다.

④ 상원에 관한 조직법률은 양원에서 동일한 조문으로 의결되어야 한다.

⑤ 조직법률은 헌법위원회의 합헌결정이 있은 이후에만 공포할 수 있다.

제47조

① 의회는 조직법률에서 정하는 바에 따라 재정법률안을 의결한다.

② 국민의회에 정부제출 법률안이 제출된 날로부터 40일 이내에 제1차 독회를 통해 의결하지 아니하면 정부는 이를 상원에 부의하고, 상원은 이를 15일 이내에 의결하여야 한다. 그 다음은 제45조에 따른다.

③ 의회가 70일 이내에 의결하지 않으면, 정부제출 법률안은 법률명령으로써 발효될 수 있다.

④ 한 회계연도의 재원 및 부담을 정하는 재정법률이 당해 회계연도가 개시되기 전에 공표될 수 있는 기한 내에 제출되지 아니한 경우에 정부는 의회에 대하여 조세징수의 승인을 긴급요구하고, 명령으로써 의결된 항목에 대한 지출을 개시한다.

⑤ 의회가 회기 중이 아닌 때에는 본 조에서 정하는 기간이 중단된다.

제47-1조

① 의회는 조직법률에서 정하는 바에 따라 사회보장자금조달법률을 의결한다.

② 국민의회에 정부제출 법률안이 제출된 날로부터 20일 이내에 제1차 독회를 통해 의결하지 아니하면 정부를 이를 상원에 부의하고, 상원은 이를 15일 이내에 의결하여야 한다. 그 다음은 제45조에 따른다.
③ 의회가 50일 이내에 의결하지 않으면, 정부제출 법률안은 법률명령으로써 발효될 수 있다.
④ 의회가 회기 중이 아니거나 제28조 제2항에 의해 각 원에서 휴회결정을 한 주간에는 본 조에서 정하는 기간이 중단된다.

제47-2조

① 회계감사원은 의회의 정부활동의 통제를 보좌한다. 회계감사원은 의회와 정부가 재정법률의 실행과 사회보장 자금조달법의 적용에 대한 통제 그리고 공공정책에 대한 평가를 하는데 보좌한다. 회계감사원은 공적인 보고서를 통하여 시민들에게 정보전달을 하는데 기여한다.
② 공공행정의 회계는 정당하고, 성실하다. 공공행정의 회계는 그 운영, 자산, 재정적 상황으로부터 충실한 평판을 준다.

제48조

① 의회의 의사일정은 제28조의 마지막 3개항(제2항·제3항·제4항)과 별도로, 양원이 각각 결정한다.
② 4주의 회기 중 2주는 정부가 정한 순서에 따라 정부가 의사일정에 등록을 요구하는 법안의 검토와 토의에 우선적으로 할애된다.
③ 또한, 재정법률안과 사회보장제도 자금조달법률안, 다음항의 규정의 유보하에 다른 원에서 회부된지 최소한 6주 이상된 법안, 위기상황과 관련된 법률안 및 제35조에서 관련된 허가요구는 정부의 요구가 있을 시 우선적으로 의사일정에 등록된다.

④ 4주의 회기중 한 주는 각각의 원에 의해 정해진 순서에 따라 정부행동의 통제와 공공정책의 평가에 우선적으로 할애된다.

⑤ 한 달 중의 하루의 회기는 관련된 의회의 반대그룹, 소수파그룹의 발의로 각각의 원에 의해 결정된 의사일정에 할애된다.

⑥ 제29조에 정해진 임시회기를 포함하여 최소한 매주 1회의 회기는 의회구성원의 질문과 정부의 답변에 우선적으로 할애된다.

제49조

① 수상은 국정운용계획 또는 일반정책선언과 관련하여 국무회의의 심의를 거친 후 하원에 대해 정부의 책임을 진다.

② 국민의회는 불신임 동의안 표결을 통해 정부의 책임을 추궁한다. 불신임 동의안은 하원 재적의원의 10분의 1이 서명하여야만 수리할 수 있다. 불신임 동의안이 제출되면 그로부터 48시간이 경과한 후에만 표결할 수 있다. 불신임 동의안에 찬성하는 투표만 집계되며, 국민의회 재적의원의 과반수 이상의 찬성이 있을 경우에만 가결된다. 다음 항에서 정하는 경우를 제외하고 각 의원은 동일한 정기회기 중에 3개 이상, 동일한 임시회기 중에 1개 이상의 불신 임 동의안에 서명할 수 없다.

③ 수상은 정부제출 예산법률안 또는 사회보장제도 자금조달법률안의 표결과 관련하여 국무회의의 심의를 거친 후 국민의회에 대해 책임을 진다. 정부제출법률안 제출 후 24시간 이내에 전항에서 정하는 요건에 따라 이에 대한 불신임 동의안이 가결되지 아니하는 한 그 의안은 채택된 것으로 간주한다. 또한 수상은 회기마다 다른 하나의 정부제출법률안 또는 의원발의법률안에 대해서도 이 절차를 사용할 수 있다.

④ 수상은 상원에 대하여 일반정책선언에 대한 승인을 요구할 권한을 가진다.

제50조

국민의회가 불신임 동의안을 가결하거나 정부의 국정계획 또는 일반정책선언을 부결하는 경우에, 총리는 대통령에게 정부의 사퇴서를 제출하여야 한다.

제50-1조

양원에 대하여 정부는 정부 자신의 발의 또는 제51-1조의 의미에서의 의회그룹의 요구로 정해진 문제에 대하여 토의를 야기하는 선언을 할 수 있으며, 정부가 선언을 하기로 결정한 경우 정부의 책임을 개입시키지 않고 투표를 하도록 할 수 있다.

제51조

정기회 또는 임시회의 폐회는 경우에 따라 제49조 규정의 적용을 인정하기 위하여 당연히 연기된다. 이를 위하여 추가 회의가 당연히 개의된다.

제51-1조

양원의 규칙은 각 원내부에 구성된 의회그룹의 권리를 정한다. 양원의 규칙은 관련의회의 반대그룹과 소수파그룹에게 구체적인 권리를 인정한다.

제51-2조

① 제24조 제1항에 규정된 통제와 평가임무를 수행하기 위하여 조사위원회가 각각의 원내에 창설되어 법률에 의해 정해진 조건에 따라 정

보자료를 수집한다.

② 법률은 조사위원회의 조직과 기능규칙을 정한다. 조사위원회의 창설 조건은 각원의 규칙으로 정해진다.

제6장 국제조약 및 국제협정

제52조

① 대통령은 조약들을 협상하고 비준한다.

② 대통령은 비준을 요하지 아니하는 국제협정의 체결과 관련한 협상에 대해 보고를 받는다.

제53조

① 평화조약, 통상조약, 국제기구와 관련한 조약 또는 협정, 국가의 재정부담, 법률의 개정, 개인의 신분변화, 영토의 할양·교환·병합을 야기하는 조약 또는 협정은 법률에 의해서만 비준 또는 승인할 수 있다.

② 조약 또는 협정은 비준 또는 승인되어야만 효력을 발휘한다.

③ 관련 국민들의 동의 없이 이루어지는 모든 영토의 할양·교환·병합은 무효이다.

제53-1조

① 공화국은 망명·인권보호·근본적 자유라는 동일한 이념으로 연계된 유럽국가들과 해당국에 제출된 망명요청을 심사할 수 있는 권한에 대한 협정을 체결할 수 있다.

② 단, 상기의 협정에 따라 망명요청이 자국의 권한에 속하지 아니할지라도 공화국은 자유를 위한 활동을 이유로 박해받거나 그 외의 다른 이유로 공화국의 보호를 필요로 하는 모든 외국인에게 망명을 허가

할 수 있다.

제53-2조
공화국은 1998년 7월 18일에 체결된 조약에 따라 국제형사재판소의 재판권을 인정할 수 있다.

제54조
대통령・수상・양원 중 한 원의 의장・60인의 국민의회의원・6인의 상원의원이 제소한 헌법위원회에서 특정한 국제협약이 헌법에 위배되는 조항을 포함한다고 선언하면, 당해 국제협약의 비준 또는 승인은 헌법개정 이후에만 허가될 수 있다.

제55조
적법하게 비준 또는 승인된 국제조약이나 국제협정은 각기 상대국에서도 시행된다는 유보 하에 공포하는 즉시 법률에 우선하는 권한을 가진다.

제7장 헌법위원회

제56조
① 헌법위원회는 9명의 위원으로 구성되고, 그 임기는 9년이며 연임할 수 없다. 헌법위원회는 3년마다 3분의 1이 갱신된다. 공화국대통령・국민의회의장・상원의장이 각각 3인의 위원을 임명한다. 제13조의 마지막 항에 규정된 절차는 헌법위원회위원의 임명에 적용된다. 각 원의 의장이 결정한 임명은 해당의회의 소관상임위원회의 의견에만 구속된다.
② 상기의 9인의 위원 외에 전임 대통령들은 당연직 종신회원이 된다.

③ 헌법위원장은 대통령이 임명한다. 헌법위원장은 가부동수인 경우 재결권을 가진다.

제57조

헌법위원회 위원은 정부 각료직 또는 의원직을 겸할 수 없다. 기타 겸직 금지에 대해서는 조직법으로 정한다.

제58조

① 헌법위원회는 공화국 대통령선거의 적법성을 감시한다.
② 이의가 있을 경우 이를 심사하고, 투표결과를 공표한다.

제59조

이의가 있을 경우 헌법위원회는 국민의회의원·상원의원 선거의 적법성 여부를 재결한다.

제60조

헌법위원회는 제11조·제89조·제15장에서 규정하는 국민투표의 적법한 시행을 감시한다.

제61조

① 조직법은 공포되기 전에 국민투표에 부쳐지기 전의 제11조에서 언급된 의원발의법률안, 의회 의사규칙은 시행되기 전에 헌법위원회에 회부되어 그 합헌성에 대한 재결을 받아야 한다.
② 동일한 목적으로 공화국 대통령·총리·국민의회의장·상원의장·60인의 국민의회의원·60인의 상원의원은 법률을 공포하기전에 헌법위

원회에 회부할 수 있다.

③ 상기의 두 항에서 정하는 경우에 헌법위원회는 1개월 이내에 재결하여야 한다. 단, 긴급한 경우에는 정부의 요구에 따라 그 기간이 8일로 단축된다.

④ 헌법위원회에서 심의하는 경우 공포기간은 중단된다.

제61-1조

① 법원에 하나의 소송이 계속 중에 어떤 하나의 법률조항이 헌법이 보장하는 권리와 자유를 침해한다는 주장이 제기될 때, 정해진 기간내에 스스로 판결을 내리는 국사원 또는 파기원의 이송에 의거하여 헌법위원회에 이 문제는 제소될 수 있다.

② 하나의 조직법률이 본 조항의 적용요건을 정한다.

제62조

① 제61조에 근거하여 위헌적이라고 선언되는 조항은 공포되거나, 적용될 수 없다.

② 제61-1조에 근거하여 위헌적이라고 선언되는 조항은 헌법위원회의 판결이 공표되는 날로부터 혹은 이 판결이 정하는 이후의 날짜로부터 폐지된다. 헌법위원회는 그 조항이 발생시킨 효과들이 재검토될 수 있는 조건과 제한들을 결정한다.

③ 헌법위원회의 결정에 대해서는 일체의 상소를 할 수 없다. 헌법위원회의 결정은 공권력 및 모든 행정권·사법권에 우선한다.

제63조

헌법위원회의 구성 및 운영에 대한 규칙·심의절차·특히 이의제기 기간은 조직법률로 정한다.

제8장 사법권

제64조

① 대통령은 사법권의 독립을 보장한다.
② 대통령은 사법최고회의의 보좌를 받는다.
③ 사법관의 신분은 조직법으로 정한다.
④ 판사는 파면되지 아니한다.

제65조

① 사법최고회의는 재판관분과위원회와 검찰관분과위원회로 구성된다.
② 재판관분과위원회는 파기원 제1재판장이 주재한다. 또한 재판관분과위원회는 재판관 5인, 검찰관 1인, 국사원에 의해 지명된 위원1인, 변호사 1인, 그리고 의회, 사법부, 행정부에 속하지 않는 자격 있는 6인으로 구성된다. 공화국 대통령, 국민의회의장, 상원의장은 각각 자격 있는 2인을 지명한다. 제13조 마지막 항에서 규정된 절차는 자격 있는 인물의 지명에 적용된다. 국민의회와 상원의 의장에 의해 행해진 지명은 해당의회의 관계상임위원회의 의견에만 구속된다.
③ 검찰관분과위원회는 파기원소속의 검찰총장이 주재한다. 또한 검찰관분과위원회는 검찰관5인, 재판관 1인, 그리고 제2항에서 언급한 국사원위원, 변호사, 자격 있는 6인으로 구성된다.
④ 사법최고회의는 파기원 재판관, 항소법원의 제1재판장, 지압법원의 재판장의 임명을 제청한다. 이외의 재판관은 재판관분과위원회의 동의로 임명된다.
⑤ 사법최고회의의 검찰분과위원회는 검찰관의 임명에 관한 의견을 제

시한다.

⑥ 사법최고회의의 재판관분과위원회는 재판관의 징계위원회로서 결정을 내린다. 사법최고회의의 재판관분과위원회는 제2항에서 정한 구성원외에 검찰관분과위원회에 속하는 재판관을 포함한다.

⑦ 사법최고회의의 검찰관분과위원회는 검찰관의 징계조치에 대한의견을 제시한다. 사법최고회의의 검찰관분과위원회는 제3항에서 정한 구성원외에 재판관분과위원회에 속하는 검찰관을 포함한다.

⑧ 사법최고회의는 제64조에 따른 공화국 대통령의 의견요구에 답하기 위하여 전체회의가 소집된다. 사법최고회의는 전체회의에서 사법관의 윤리에 관한 문제와 법무부장관이 제기하는 재판의 기능에 관련된 모든 문제에 대해 의견을 표명한다. 전체회의는 제2항에서 언급한 5명의 재판관중 3명, 제3항에서 언급한 5명의 검찰관중 3명, 그리고 제2항에서 언급한 국사원위원, 변호사, 자격있는 6명으로 구성된다. 전체회의는 파기원의 제1재판장이 주재하며, 파기원의 검찰총장이 대신할 수 있다.

⑨ 징계문제를 제외하고 법무부장관은 사법최고회의의 회의에 참석할 수 있다.

⑩ 사법최고회의는 조직법률에 의해 정해진 조건에 따라 소송당사자에 의해 제소될 수 있다.

⑪ 조직법률은 본 조항의 적용조건을 정한다.

제66조

① 어느 누구도 임의적으로 구금될 수 없다.

② 개인의 자유를 보장하는 사법당국은 법률이 정하는 따라 이 원칙을 준수한다.

제66-1조

어느 누구도 사형이 선고되지 않는다.

제9장 고등법원

제67조

① 공화국 대통령은 제53-2조와 제68조의 유보하에 공화국 대통령으로써 행한 행동에 대해서는 책임지지 않는다.

② 공화국 대통령은 임기 중 프랑스의 어떤 재판권과 행정권에 대해서도 증언하거나, 소송, 증인신문행위, 예심 또는 소추의 대상이 되지 않는다. 모든 시효기간 또는 소권상실기간은 정지된다.

③ 공화국 대통령에 대해 정지된 소송과 절차는 공화국 대통령임기만료한 달 후부터 재개된다.

제68조

① 공화국 대통령은 공화국 대통령의 위임의 행사와 관련하여 공화국 대통령의 의무를 명백히 위반하였을 경우에만 면직된다. 공화국대통령의 면직은 고등법원으로 구성된 양원합동회의에서 선언된다.

② 양원합동회의 중 하나의 의회에서 채택된 고등법원소집을 위한제안은 15일 내에 이에 대해 의견을 표명하는 다른 원에 곧바로 이송된다.

③ 고등법원은 국민의회의장이 주재한다. 고등법원은 한 달 내에 비밀투표로 공화국 대통령의 면직에 대해 결정한다. 고등법원의 결정은 즉시 효력을 가진다.

④ 본조항의 적용에 따른 결정은 관련의회 또는 고등법원을 구성하는 구성원 2/3의 다수로 이루어진다. 투표권의 양도는 일체 금지된다. 고등법원의 소집제안 또는 면직에 찬성하는 투표만이 조사된다.

⑤ 조직법률은 본 조항의 적용조건을 정한다.

第10장 정부구성원의 형사책임

제68-1조

① 정부구성원은 그 직무수행상의 행위에 대해 형사적 책임을 가지고, 그 행위가 행하여지는 순간에 범죄 또는 위법행위에 해당하는 지 여부가 결정된다.
② 정부구성원은 공화국법원에서 재판한다.
③ 공화국법원은 법률이 정하는 바에 따라 범죄・위법행위・처벌을 결정한다.

제68-2조

① 공화국법원은 15인의 재판관으로 구성된다. 국민의회・상원의총선・개선 후 동수로 선출된 의원 12인・대법원 재판관 3인으로 구성되며, 그 대법원 재판관 중 1인이 주재한다.
② 정부구성원이 직무수행과 관련하여 범한 범죄・위법행위로 인해 침해받았다고 주장하는 자는 심리위원회에 제소할 수 있다.
③ 심리위원회는 공소기각을 명하거나 파기원 검사장에게 이송하여 공화국법원에의 제소를 명한다.
④ 심리위원회의 동의하에 파기원 검사장도 공화국법원에 자동 제소할 수 있다.
⑤ 본 조의 시행방법은 조직법으로 정한다.

제68-3조

본 장의 조항은 그 발효 이전에 범하여진 사안에 대해 소급적용할 수 있다.

제11장 경제・사회 및 환경위원회

제69조

① 정부의 요구에 따라 경제・사회 및 환경위원회는 정부제출 법안・법률명령안・명령안 및 경제・사회 및 환경위원회에 회부된 의원발의 법안에 대한 의견을 개진한다.

② 경제・사회 및 환경위원회는 그 구성원 1인을 지명하여 의회에서 이 사회에 회부된 정부제출 법안・의원발의 법안에 대한 의견을 개진할 수 있다.

③ 조직법률이 정하는 조건하에서 청원의 방법으로 경제・사회 및 환경위원회에 제소할 수 있다. 동 위원회는 청원을 검토한 다음 정부와 의회에 동 위원회가 제안하는 후속조치를 통고한다.

제70조

정부와 의회는 경제, 사회 또는 환경과 관련된 모든 문제에 대해 경제・사회 및 환경위원회에 자문을 구할 수 있다. 또한 정부는 공공재정의 다년간의 방향을 정하는 프로그램적 법률안에 대해 경제・사회 및 환경위원회에 자문을 구할 수 있다. 경제・사회 또는 환경과 관련된 모든 계획 또는 모든 프로그램적 법률안은 경제・사회 및 환경위원회에 회부하여 의견을 얻는다.

제71조

경제・사회 및 환경위원회의 구성인원의 수는 233명을 넘지 않으며, 그 구성 및 운영규칙은 조직법으로 정한다.

제11의 2장

시민권리 수호자

제71-1조

① 권리수호자는 국가행정, 지방자치단체, 공공시설과 공공서비스의 임무를 가지거나 조직법률이 권한을 부여하는 모든 조직체의 권리와 자유의 존중을 감시한다.

② 조직법률에 의해 규정된 조건에 따라 공공서비스의 기능 또는 전항에서 정한 조직체에 의해 침해를 받았다고 생각하는 모든 사람들은 권리수호자에게 제소할 수 있다. 권리수호자는 직권으로 제소할 수 있다.

③ 조직법률은 권리수호자의 권한과 개입방식을 규정한다. 조직법률은 권리수호자의 어떤 권한의 행사를 위해 어떤 하나의 기관으로부터 권리수호자가 도움을 받는 조건을 정한다.

④ 권리수호자는 제13조의 마지막 항에 규정된 절차의 적용에 따라 공화국 대통령에 의해 연임이 불가능한 6년의 임기로 임명된다. 권리수호자의 직무는 정부와 의회의 구성원의 직무와 겸직할 수 없다. 그 외의 겸직금지에 대해서는 조직법률로 정한다.

⑤ 권리수호자는 공화국 대통령과 의회에 자신의 활동에 대해 보고한다.

제12장 지방자치단체

제72조

① 공화국의 지방자치단체는 꼬뮌(communes)·도(départements)·광역지방(régions)·특별지방자치단체(collectivités à statut particulier)·제74조의 해외령(collectivités d'utre-mer)으로 구성된다. 이 외의 지

방자치단체는 법률로 설치하며, 경우에 따라 본 항에서 명시한 1개 또는 수개의 지방자치단체들을 대체하여 설치될 수 있다.

② 지방자치단체는 그 차원에서 가장 잘 시행될 수 있는 소관사항에 대한 권한 전반에 대해 결정하여야 한다.

③ 법률에서 정하는 바에 따라 지방자치단체는 지방의회(assembléedélibérante)를 통해 자율적으로 행정권을 행사하며, 그 권한을 행사하기 위한 행정입법권을 가진다.

④ 공적 자유의 행사를 위한 기본 요건 또는 헌법에서 보장하는 권리에 반하는 경우를 제외하고, 지방자치단체·지방자치단체연합은 조직법·경우에 따라 법률 또는 규칙에서 정하는 바에 따라 제한된 목적과 기간에 한하여 실험적으로 그 권한에 대한 법률·행정입법의 조항을 위반할 수 있다.

⑤ 어떠한 지방자치단체도 다른 지방자치단체에 영향력을 행사할 수 없다. 단, 특정한 권한이 수개의 지방자치단체의 협조를 요하는 경우에 법률은 그 중 1개의 지방자치단체 또는 지방자치단체연합이 공동활동의 방식을 정할 수 있도록 허용할 수 있다.

⑥ 공화국의 지방자치단체에서 정부의 각 구성원을 대표하는 정부대표는 국익·행정감독·법률의 준수에 대한 책임을 가진다.

제72-1조

① 각 지방자치단체의 유권자들이 해당 지방의회에 그 소관에 속하는 사항을 의사일정에 포함할 것을 요구하는 청원권 행사에 대하여서는 법률로써 정한다.

② 조직법에서 정하는 바에 따라 지방자치단체는 그 소관에 속하는 결정안·계획안을 주민투표로 결정할 수 있다.

③ 법률에서 정하는 바에 따라 특별지방자치단체 설치 또는 그 조직의 변화를 추진하는 경우에 해당 지방자치단체들에 등록된 유권자들의 자문을 구할 수 있다. 지방자치단체들의 경계를 변경하는 경우에도 법률에서 정하는 바에 따라 주민투표를 시행할 수 있다.

제72-2조

① 지방자치단체들은 법률에서 정하는 바에 따라 자유롭게 지출할 수 있는 재원을 가진다.
② 지방자치단체들은 각종 세금의 전부 또는 일부를 징수할 수 있다. 지방자치단체들은 법률이 정하는 범위 내에서 그 과세기준·세율을 정할 수 있다.
③ 지방자치단체들의 세입 및 기타 고유의 재원은 각 지방자치단체의 재원의 결정적 부분을 형성한다. 이러한 규칙의 시행방법은 조직법으로 정한다.
④ 국가와 지방자치단체간의 모든 권한이양은 그 권한의 행사에 조달되었던 재원의 이양을 수반한다. 지방자치단체의 지출을 증가시키는 모든 권한의 신설 또는 확대는 법률에서 정하는 재원을 수반한다.
⑤ 법률에 지방자치단체간 평등을 촉진하기 위한 조정조항을 둔다.

제72-3조

① 공화국은 자유·평등·박애의 보편적 이념에 입각하여 해외령 주민을 프랑스 국민으로 인정한다.
② 과데루프島(la Guadeloupe)·귀얀난島(la Guyane)·마르티니끄島(la Martinique)·레유니옹島(la Réunion)·마이요트島(Mayotte), 생-바르뗄레미(St. Barthélemy)·생 마르땡(St. Martin)·생피에르-에-미

끄롱群島(Saint-Pierre-et-Miquelon)·왈리스 후투나난島(les îles de Wallis et Futuna)·프랑스령 폴리네시아群島(la Polynésie française)는 제73조에 의한 해외 도·지역 및 제73조 마지막 항에 의해 설치된 지방자치단체로 규정하고, 그 외의 지방자치단체는 제74조로 규정한다.

③ 뉴칼레도니아(Nouvelle-Calédonie)의 지위는 제13장에서 규정한다.

④ 프랑스 남방남극령(Terres australes et antactiques française) 및 끌리페르통(Clipperton)의 법제와 특수한 조직은 법률로써 정한다.

제72-4조

① 제72-3조 제2항의 지방자치단체들 중 한 지방자치단체 또는 그 일부는 다음 항에 따라 사전에 그 지방자치단체의 유권자 또는 상대 지방자치단체의 동의가 없는 한 제73조·제74조에서 정한한 지위를 변경할 수 없다.

② 의회의 회기 중에 정부가 요청하거나 양원이 합동으로 요청하여 이를 관보에 게재하는 경우 대통령은 해외지방자치단체의 조직·권한·입법제도에 대한 주민투표를 시행할 것을 결정할 수 있다. 정부의 제청에 따라 전 항의 지위변경에 관한 주민투표가 시행되는 경우, 정부는 각 원에서 이를 선언하고 토론한다.

제73조

① 법률과 규칙들은 해외 도·지역(주)에서도 자동적으로 적용된다. 법률·행정입법들은 지방자치단체들의 특성과 제약에 따라 번안할 수 있다.

② 지방자치단체들은 경우에 따라 법률(la loi)또는 규칙(le règlement)에 의해 부여한 권한에 따라 그 소관사항에 해당하는 법률·행정입

법들을 번안할 수 있다.

③ 각 지방자치단체들의 특성을 감안하기 위해 제1항의 예외로써, 본 조에서 규정하는 지방자치단체들은 경우에 따라 법률 또는 규칙에 의해 정하는 바에 의해 법률 또는 규칙의 소관사항 중 일정한 사항에 대해 해당지역 내에서 적용되는 규칙을 제정할 수 있다.

④ 국적・시민권・공적 자유의 보장・개인의 신분 및 능력・사법조직・형법・형사소송절차・외교・국방・치안・공공질서・화폐・차관・외환・선거법에 대한 조례는 제정될 수 없다. 제외대상은 조직법으로 구체화되고 보완될 수 있다.

⑤ 상기의 2개 항은 레유니옹島에서는 적용되지 아니한다.

⑥ 제2항・제3항의 권한은 조직법에서 정하는 요건과 그 유보조항에 따라 해당 지방자치단체의 요구에 의해 부여된다. 이러한 권한이 공적 자유・헌법상 보장된 권리의 행사를 근원적으로 침해하는 경우에는 부여되지 아니한다.

⑦ 제72-4조에서 정하는 바에 따라 해당지역 유권자들의 사전 동의 없이 법률로써 해외 도・지역을 지방자치단체로 대체하여 설치하거나 이 두 지방자치단체를 관할하는 단일 지방의회를 설립할 수 없다.

제74조

① 본 조에서 규정하는 지방자치단체들은 공화국내에서 각각의 고유한 이익을 감안한 지위를 가진다.

② 지방자치단체의 지위는 지방의회의 의견개진 후 채택된 다음의 조직법으로 정한다.

- 법률・행정입법의 적용 요건.
- 지방자치단체의 권한. 이미 해외 지방자치단체에 이양된 권한외에, 국

가는 조직법으로 구체화되고 보완되는 제73조 제4항에 열거된 권한을 이양할 수 없다.

- 지방자치단체들의 조직 · 제도운영에 관한 규칙, 지방의회 선거제도.
- 지방자치단체 관련 조항을 포함한 정부제출 법안 · 의원발의 법안 · 법률명령안 · 명령안. 소관사항과 관련 있는 국제협약의 비준 · 승인.

③ 조직법은 자치권을 가진 지방자치단체의 다음 권한도 규정할 수 있다.

- 국사원은 법률의 소관사항에 해당하는 지방의회의 조례에 대한 사법권을 행사한다.
- 특히 지방자치단체가 제소한 헌법위원회가 지방자치단체의 지위가 발효된 이후에 공포된 법률이 해당 지방자치단체의 소관사항에 해당한다고 재결하면 지방의회에서 이를 개정할 수 있다.
- 지방자치단체는 지역적 필요에 따라, 그 주민을 위한 취업 · 창업 · 택지보호의 조치를 취할 수 있다.
- 국가의 감독 하에 지방자치단체는 전국적인 공적 자유의 보장을 준수하면서 그 권한을 행사할 수 있다.

④ 본 조와 관련된 여타 지방자치단체의 특수한 구성방식은 해당 지방의회와 협의한 후 법률로써 규정되고 개정된다.

제74-1조

① 제74조에서 정한 해외지방자치단체와 누벨깔레도니에서 정부는 국가의 권한에 속하는 분야에서 본국에서 발효중인 법적 성격을 가진 조항들을 필요한 변형을 하여 법률명령(ordonnance)의 형식으로 확장하거나, 해당지방자치단체의 특정한 조직에서 발효중인 법적 성격을 가진 조항을 적합하게 할 수 있다. 다만, 법률이 문제되는 조항에 대해서 명시적으로 이와 같은 절차를 사용하는 것을 금지하지 않아야

한다.

② 법률명령은 관련 지방의회 및 국사원의 의견청취 후 국무회의에서 발한다. 법률명령은 게재 즉시 발효된다. 게재 후 18개월 이내에 의회에서 비준되지 아니하면 그 법률명령은 폐기된다.

제75조

제34조에서 규정한 보통법상의 시민의 지위를 가지지 아니한 공화국의 시민은 그가 포기하지 않는 한 개인의 신분을 가진다.

제75-1조

지역언어는 프랑스의 유산이다.

제13장 뉴칼레도니아 관련 과도적 조항

제76조

① 뉴칼레도니아 주민들은 1998년 5월 5일 뉴메아(Nouméa)에서 체결되고 1998년 5월 27일에 프랑스 공화국 관보에 게재된 협정에 대해 1998년 12월 31일 이전에 투표하여야 한다.

② 1998년 11월 9일 법률 제88-1028호 제2조의 조건을 충족시키는 자는 투표에 참가할 수 있다.

③ 투표조직과 관련한 조치들은 국무회의에서 심의된 후 국사원의 명령으로 발한다.

제77조

① 제76조의 투표에서 협정이 승인되면, 뉴칼레도니아가 본 협정에서 정하는 방침을 준수하며 그 시행에 필요한 방식에 의거하여 발전할 수

있도록 해당 지방의회의 의견을 청취한 후 조직법으로써 다음 사항을 정한다.

- 국가로부터 뉴칼레도니아에 완전 이양될 권한. 이양의 시기 및 방식, 비용분담.
- 뉴칼레도니아의 조직 및 제도운영에 관한 규칙. 지방의회에서 가결된 조례가 공포 전에 헌법위원회의 심의의 대상이 되는 경우.
- 시민권, 선거제도, 고용, 관습법에 의한 시민의 지위.
- 뉴칼레도니아 주민들이 완전주권 달성에 대한 투표를 시행하는 요건 및 기한.

② 제76조의 협정을 시행하기 위한 기타 요건은 법률로써 정한다.

제78조~제86조

삭제

제87조

프랑스 공화국은 프랑스어를 공유하는 국가와 국민간의 연대와 협력을 개발하는 데 참여한다.

제14장 프랑스 공용어권과 연합협정

제88조

프랑스는 그 문명을 발전시키기 위해 공화국에 제휴하기를 희망하는 국가들과 협정을 체결할 수 있다.

제15장 유럽공동체 및 유럽연합

제88-1조

① 공화국은 유럽공동체 및 유럽연합을 창설한 조약에 따라 일정한 권한을 공동으로 행사할 것을 자유롭게 선택한 국가들로 구성된 유럽공동체 및 유럽연합에 참여한다.

② 공화국은 2004년 10월 29일에 체결된 유럽헌법조약에서 정한 바에 따라 유럽연합에 참여할 수 있다.

제88-2조

① 상호주의원칙과 1992년 2월 7일에 체결된 유럽연합조약에서 정한 방식에 따라, 프랑스는 유럽경제·통화연합 구축에 필요한 권한 이양에 동의한다.

② 상호주의원칙과 1997년 10월 2일에 체결된 조약으로 개정된 유럽공동체 창설조약에 따라 사람의 자유로운 이동 및 유관 분야에 대한 규정(règles)을 제정하기 위한 권한이양에 동의한다.

③ 유럽연합조약에 입각한 법령에 따라 범유럽 체포영장제도에 관한 규정을 법률로써 정한다.

제88-3조

상호주의원칙 및 1992년 2월 7일에 체결된 유럽연합조약에서 정한 방식에 따라 지방자치단체의 선거권·피선거권은 프랑스 내에 거주하는 회원국 시민에게만 부여된다. 단, 회원국 시민들은 시장·부시장직을 수임할 수 없고, 상원의원 선거인단 지명·상원의원 선거에 참여할 수 없다. 본조의 시행방법은 양원에서 동일한 조문으로 가결된 조직법으로 정한다.

제88-4조

① 정부는 유럽연합이사회에 정부제출 및 의원발의의 유럽공동체법령안 및 유럽연합 법령안을 이송하는 즉시 국민의회와 상원에 이를 제출한다.

② 각 원의 규칙이 정하는 바에 따라, 필요한 경우 회기중이 아니라도 유럽연합결의는 제1항에서 언급된 법률안과 유럽연합의 기구에서 나오는 모든 문서에 대해서 채택될 수 있다.

③ 상원과 국민의회내에 유럽연합업무를 담당하는 위원회가 설치된다.

제88-5조

① 한 국가의 유럽연합 및 유럽공동체 가입에 관련된 조약의 비준을 허가하는 모든 법률안은 공화국 대통령에 의해 국민투표에 제출된다.

② 그러나 동일한 조문에 대해 각각의 원의 3/5의 다수로 채택된 발의투표를 통해 국회는 제89조 제3항에서 규정된 절차에 따라 법률안의 채택을 허가할 수 있다.

제16장 개 정

제89조

① 총리의 제안에 따른 대통령과 의회가 공동으로 헌법개정안의 발의권을 가진다.

② 정부제출 또는 의원발의 헌법개정안은 동일한 내용으로 양원에서 제42조 3항에 정해진 기간에 대한 조건에 따라 검토된다. 국민투표에서 승인되면 헌법개정이 확정된다.

③ 단, 대통령이 헌법개정안을 양원합동회의(Congrès)에 제출할 것을 결정하면 이에 대한 국민투표는 시행되지 아니한다. 이 경우에 개정안

은 유효투표의 5분의 3이상을 획득해야 가결된다. 하원의 의장단이 양원합동회의의 의장단이 된다.

④ 영토의 보전을 침해하는 개정절차는 일체 착수·추진될 수 없다.

⑤ 공화정체는 개정의 대상이 될 수 없다.

독일 헌법

1990년 독일 통일 당시 새로운 통일 헌법 제정이 추진되었으나 결국 동독의 인민 의회가 동독의 5개주를 독일연방(서독)에 가입하는 것으로 결정하여 통일 독일의 헌법이 되었습니다.

전 문

독일 국민은 신과 인간에 대한 책임을 자각하고 합일된 유럽의 동등한 권리를 갖는 구성원으로서 세계평화에 기여할 것을 다짐하며 헌법제정 권력에 의해서 이 기본법을 제정하였다.

바덴-뷔템베르크 · 바이에른 · 베를린 · 브란덴부르크 · 브레멘 · 함부르크 · 헷센 · 메클렌부르크-포어포메른 · 니이더작센 · 노르트라인-베스트팔렌 · 라인란트-팔쯔 · 자아르란트 · 작센 · 작센-안할트 · 슐레스비히-홀스타인 · 튀링엔의 각 州의 독일국민은 자유로운 자기결정에 따라 독일의 통일과 자유를 성취하였다. 이에 따라서 이 기본법은 전체 독일국민에 적용된다.

제1장 기본권

제1조 【인간존엄의 보호】

① 인간의 존엄은 불가침이다. 존중하고 보호하는 것은 모든 국가권력의 의무이다.

② 따라서 독일국민은 불가침·불가양의 인권을 세계의 모든 인간공동체, 평화 그리고 정의의 기초로서 인정한다.

③ 이하의 기본권은 직접 효력을 갖는 권리로서 입법·집행 및 사법을 구속한다.

제2조 【일반적 인격권】

① 누구든지 타인의 권리를 침해하지 않고 헌법질서나 도덕률에 반하지 않는 한 자신의 인격을 자유로이 발현할 권리를 갖는다.

② 누구든지 생명권과 신체를 훼손당하지 않을 권리를 갖는다. 신체의 자유는 불가침이다. 이 권리들은 법률에 근거하여서만 침해될 수 있다.

제3조 【법률 앞에서의 평등】

① 모든 인간은 법률 앞에서 평등하다.

② 남자와 여자는 동등하다. 국가는 남녀평등의 실질적 실현을 촉진하고 현존하는 불이익의 제거에 노력하여야 한다.

③ 누구든지 성별·가문·종족·언어·출신지와 출신·신앙·종교적 또는 정치적 견해 때문에 불이익을 받거나 특혜를 받지 아니한다. 누구든지 장애를 이유로 불이익을 받지 아니한다.

제4조 【신앙, 양심과 고백의 자유, 병역거부】

① 신앙과 양심의 자유 그리고 종교적·세계관적 고백의 자유는 불가침이다.

② 종교행사를 방해받지 않을 자유는 보장된다.

③ 누구도 양심에 반하여 집총병역을 강요당하지 아니한다. 상세한 내용은 연방법률로 정한다.

제5조 【자유로운 의사표현의 권리】

① 누구든지 말, 글 그리고 그림으로써 자유로이 의사를 표현하고 전파하며 일반적으로 접근할 수 있는 정보원으로부터 방해를 받지 않고 정보를 얻을 권리를 갖는다. 신문의 자유와 방송 및 필름을 통한 보도의 자유를 보장된다. 검열은 행하여지지 아니한다.

② 이 권리들은 일반법률의 조항과 소년보호를 위한 법률규정에 의해서 그리고 개인적 명예권에 의해서 제한된다.

③ 예술과 학문 연구와 교수는 자유이다. 교수의 자유는 헌법에 대한 충성으로부터 벗어나지 못한다.

제6조 【혼인, 가족, 사생아】

① 혼인과 가족은 국가질서의 특별한 보호를 받는다.

② 자녀의 부양과 교육은 양친의 자연적 권리이고 일차적으로 그들에게 부과된 의무이다. 그들의 활동에 대하여 국가는 감시한다.

③ 교육권자가 의무를 태만히 하거나 또는 그 밖의 이유로 자녀가 방치될 우려가 있을 때에는 그 자녀는 법률에 근거하여서만 교육권자의 의사에 반하여 가족과 분리될 수 있다.

④ 어머니는 누구든지 공동체의 보호와 부조를 청구할 권리를 갖는다.

⑤ 사생아의 육체적 정신적 성장과 사회적 지위에 관하여는 입법을 통하여 적자와 동일한 조건이 마련되어야 한다.

제7조 【학교제도】

① 모든 학교제도는 국가의 감독을 받는다.

② 교육권자는 자녀의 종교교육 참가에 대한 결정권을 갖는다.

③ 종교교육은 종교와 관계가 없는 학교를 제외한 공립학교에서는 정규

교과목이 된다. 종교교육은 국가의 감독권을 침해하지 않은 범위에서 종교단체의 교리에 따라 행해진다. 어떤 교사도 자기의 의사에 반하여 종교교육을 행할 의무를 지지 않는다.

④ 사립학교를 설립할 권리는 보장된다. 공립학교를 대신하는 사립학교는 국가의 인가를 필요로 하며 州 법률에 따른다. 사립학교는 그 교육목적, 설비 및 교사의 학력에 있어 공립학교에 뒤지지 않고 학부모의 자산상태에 따라 학생을 차별하지 않는 한 인가되어야 한다. 교사의 경제적 및 법적 지위가 충분히 보장되지 않을 때에는 인가가 거부되어야 한다.

⑤ 사립초등학교는 교육청이 특별한 교육학적 이익을 인정하는 경우, 교육권자들의 신청에 따라 사립초등학교가 교단의 구별이 없는 연합학교, 특정 교단이 설립한 학교 또는 세계관학교로서 설립되어야 할 경우 그리고 이러한 성격의 공립초등학교가 그 지방자치단체에 없는 경우에만 인가되어야 한다.

⑥ 예비학교는 폐지된다.

제8조 【집회의 자유】

① 모든 독일인은 신고나 인가없이 평화로이 무기를 휴대하지 않고 집회할 권리를 갖는다.

② 옥외집합의 경우에는 법률에 의해서 또는 법률에 근거하여 이 권리가 제한될 수 있다.

제9조 【결사의 자유】

① 모든 독일인은 단체와 조합을 결성할 권리를 갖는다.

② 그 목적이나 활동이 형법에 위반되거나 헌법질서 또는 국제이해의

사상에 반하는 단체는 금지된다.

③ 노동조건과 경제조건의 유지와 개선을 위하여 단체를 결성할 권리는 누구에게나 그리고 모든 직업에도 보장된다. 이 권리를 제한하거나 방해하려는 협정은 무효이며 목적으로 하는 조치는 위법이다. 제12a조, 제35조 2항 및 3항, 제87a조 제4항과 제91조에 의한 조치는 1문의 의미에서의 단체가 노동조건과 경제조건의 유지와 개선을 위해서 하는 노동쟁의에 대하여 취해질 수 없다.

제10조 【서신, 우편 및 전신의 비밀】

① 서신의 비밀과 우편 및 서신의 비밀은 불가침이다.

② 그 제한은 오로지 법률에 근거하여서만 행해질 수 있다. 그 제한이 자유민주적 기본질서나 연방 또는 어떤 州의 존립 또는 안전의 보호에 도움이 될 때에는 그 제한을 관계자에게 통지하지 않는다는 것과 쟁송수단 대신 의회가 임명하는 기관과 보조기관으로 하여금 심사하게 하는 것을 법률이 정할 수 있다.

제11조 【이전의 자유】

① 모든 독일인은 모든 연방지역에서 이전의 자유를 누린다.

② 이 권리는 법률에 의해서만 또는 법률에 근거하여서만 제한될 수 있다. 그리고 충분한 생활근거가 없고 이로 말미암아 일반에게 특별한 부담을 지우는 경우나 연방 또는 어떤 州의 존립이나 그 자유민주적 기본질서를 위협하는 위험을 방지하기 위하여 전염병의 위험·자연재해 또는 특별히 중대한 사고를 극복하기 위하여, 소년을 방치로부터 보호하기 위하여 또는 범죄행위의 예방을 위하여 필요한 경우에만 제한될 수 있다.

제12조 【직업의 자유】

① 모든 독일인은 직업·직장 및 직업훈련장을 자유로이 선택할 권리를 갖는다. 직업행사는 법률에 의해서 또는 법률에 근거하여 규제될 수 있다.

② 전통적으로 일반적이며 모든 사람에게 평등하고 공적인 역무의무를 제외하고는 누구도 특정한 노동을 강요당하지 않는다.

③ 강제노동은 법원이 명하는 자유박탈의 경우에만 허용된다.

제12a조 【병역의무】

① 만18세 이상의 남자에게는 군대, 연방국경수비대 또는 민방위대에 복무할 의무를 지울 수 있다.

② 양심상의 이유로 집총병역을 거부하는 자에게는 대체복무의 의무를 지울 수 있다. 대체복무의 기간은 병역의 기간을 초과할 수 없다. 상세한 내용은 법률로 정한다. 동 법률은 양심에 따른 결정의 자유를 침해할 수 없고 군대나 연방국경수비대와 무관한 대체복무의 경우도 규정해야 한다.

③ 제1항 및 제2항에 의한 복무를 위해 징집되지 아니한 병력의무자에게는 방위사태에 있어서 법률에 의해서 또는 법률에 근거하여 민간인의 보호를 포함한 방위목적을 위하여 노동관계를 갖도록 민간적 역무의 의무를 지울 수 있다. 공법상의 근무관계를 갖도록 의무를 지우는 것은 경찰임무의 수행을 위해서만 허용된다. 제1문에 의한 근로관계는 군대·군보급분야 및 공행정에서 설정될 수 있다. 민간인의 급양분야에서 근로관계를 갖도록 의무를 지우는 것은 민간인의 생활에 필요한 수요를 충족시키거나 그 보호를 확보하기 위해서만 허용된다.

④ 방위사태 민간의 보건시설과 의료시설 및 상주 야전병원에서의 민간 역무수요가 지원으로 충족 될 수 없는 때에만 만 18세 이상 55세까지의 여자를 법률에 의해서 또는 법률에 근거하여 징집할 수 있다. 여자는 어떤 경우에도 집총복무를 해서는 안 된다.

⑤ 방위사태 발생 이전에는 제3항의 의무를 제80a조 제1항에 따라서만 부과 될 수 있다. 특별한 지식과 숙련을 필요로 하는 제3항에 따른 역무에 대비하기 위하여 훈련행사에 참가할 의무가 법률에 의해서 또는 법률에 근거하여 부과 될 수 있다. 이 경우에는 제1문은 적용되지 아니한다.

⑥ 방위사태시 제3항 2문에 규정된 분야에서 노동력의 수요가 지원으로 충족될 수 없는 때에는 이 수요를 확보하기 위하여 법률에 의해서 또는 법률에 근거하여 직업행사나 직장을 포기할 수 있는 독일인이 자유가 제한 될 수 있다. 방위사태 발생이전에는 제5항 1문이 준용된다.

제13조 【주거의 불가침】

① 주거는 불가침이다.

② 수색은 법관에 의해서만 명해진다. 지체의 우려가 있는 경우에만 법률에 규정된 다른 기관에 의해서도 명하여지며 법률에 규정된 방식으로만 행해질 수 있다.

③ 그 밖에도 침해와 제한은 공동의 위험이나 개인의 위험을 방지하기 위해서만 법률에 근거하여 공공의 안전과 질서에 대한 급박한 위험을 방지하기 위해서 특히 주택난을 덜기 위해서 전염병의 위험을 극복하기 위해서 또는 위험에 처한 소년을 보호하기 위해서도 행해질 수 있다.

제14조 【재산권 상속권 및 공용수용】

① 재산권과 상속권은 보장된다. 그 내용과 한계는 법률로 정한다.

② 재산권은 의무를 수반한다. 그 행사는 동시에 공공복리에 봉사하여야 한다.

③ 공공수용은 공공복리를 위해서만 허용된다. 공공수용은 보상의 종류와 범위를 정한 법률에 의해서 또는 법률에 근거하여서만 행하여진다. 보상은 공공의 이익과 관계자의 이익을 공정하게 형량하여 정해져야 한다. 보상액 때문에 분쟁이 생길 경우에는 정규법원에 제소할 길이 열려 있다.

제15조 【사회화】

토지 자연자원 및 생산수단은 사회화를 목적으로 보상의 종류와 범위를 정한 법률에 의해서 공유재산 또는 다른 형태의 공동관리경제로 옮겨질 수 있다. 보상에 관하여는 제14조 제3항 3문과 4문이 준용된다.

제16조 【국적박탈, 인도, 망명자비호권】

① 독일인의 국적은 박탈당하지 아니한다. 국적의 상실은 법률에 근거하여서만 행해지고 이로 인하여 당사자가 무국적이 되지 않는 때에만 당사자의 의사에 반하여 국적이 상실될 수 있다.

② 어떤 독일인도 외국에 인도되지 아니한다.

제16a조 【망명권의 제한】

① 정치적 박해를 받는 자는 망명권을 갖는다.

② 유럽공동체를 구성하는 국가로부터는 입국하는 자 또는 난민의 법적 지위에 관한 조약과 인권 및 기본적 자유의 보장에 관한 조약이 적

용되는 기타의 제3국으로부터 입국하는 자는 제1항을 원용할 수 없다. 유럽공동체 이외의 국가는 제1문의 전제조건에 해당하는 경우에 연방참의원의 동의를 필요로 하는 법률로 정한다. 제1문의 경우에는 체류를 종료시키는 조치와 이에 대하여 중립적 법적 구제절차와는 별도로 수행할 수 있다.

③ 연방참의원의 동의를 요하는 법률로써 국가의 법적상태, 법적용 및 일반적 정치상황으로부터 정치적 박해도 행해지지 않고 잔혹하거나 모욕적인 처벌 혹은 처우도 행해지지 않는 국가임을 결정할 수 있다. 이러한 국가에 속한 외국인은 정치적으로 박해를 받고 있는 자라고 간주되지 않는다.

④ 제3항의 경우 및 명백히 증거가 없거나 또는 명백히 근거가 없는 것으로 보이는 기타의 경우에 체류를 종료시키는 조치의 수행은 그 조치의 적법성에 중대한 의문이 존재하는 경우에 법원에 의해서 이것이 정지된다. 심사의 범위는 제한될 수 있고, 지체하여 제출된 신청은 고려하지 않을 수 있다. 상세한 내용은 법률로써 정한다.

⑤ 제1항 내지 제4항은 유럽공동체구성상호간의 국제법상의 조약 및 체약국에 있어서 그 적용이 확보되어 있지 않으면 안되는 난민의 법적 지위에 관한 협정과 인권 및 기본적 자유의 보장에 관한 조약에 의거한 모든 의무를 준수하고 망명결정의 상호승인을 포함한 망명청원의 심사에 관한 규제를 행하는 제3국과의 국제법상의 조약체결을 방해하지 아니한다.

제17조 【청원권】

누구든지 단독으로 또는 다른 사람과 공동으로 문서의 방식으로 관할기관과 의회에 청원 또는 소원을 할 권리를 갖는다.

第17a조 【군인의 기본권제한】

① 병역과 대체복무에 관한 법률은 군대와 대체복무의 소속원에 대하여 병역 또는 대체복무 기간 중에는 말, 글 그리고 그림으로 자유로이 의사를 표현하고 전파할 기본권(제5조 제1항 1문 전단), 집회의 자유에 관한 기본권(제8조) 그리고 다른 사람과 공동으로 청원과 소원을 할 권리가 부여되는 경우에는 청원권(제17조)을 제한하도록 규정할 수 있다.

第18조 【기본권의 상실】

의사표현의 자유 특히 출판의 자유(제5조 제1항), 교수의 자유(제5조 제3항), 집회의 자유(제8조), 결사의 자유(제9조), 서신·우편 및 전신 전화의 비밀(제10조), 재산권(제14조) 또는 망명권(제16조 제2항)을 자유민주적 기본질서를 공격하기 위해 남용하는 자는 이 기본권들을 상실한다. 상실과 그 범위는 연방헌법재판소에 의해서 선고된다.

第19조 【기본권의 제한】

① 이 기본법에 따라 기본권의 법률에 의해서 또는 법률에 근거하여 제한될 수 있는 때에는 그 법률은 일반적으로 적용되어야 하고 개별적 경우에만 적용되어서는 안 된다. 그 법률은 또한 기본권의 해당 조항을 제시하여야 한다.

② 기본권의 본질적 내용은 어떤 경우에도 침해되서는 안 된다.

③ 기본권이 그 본질상 내국법인에 적용될 수 있는 경우에는 그들에게도 적용된다.

④ 공권력에 의해서 그 권리를 침해당한 자에게는 소송의 길이 열려있다. 다른 관할권이 입증되지 않는 한 정규소송이 인정된다. 제10조

제2항 2문에는 해당되지 아니한다.

제2장 연방과 주

제20조 【연방국가적 헌법, 저항권】

① 독일연방공화국은 민주적·사회적 연방국가다.

② 모든 국가권력은 국민으로부터 나온다. 그것은 국민에 의해서 선거와 투표를 통해서 행사되고, 입법·행정 및 사법의 특별기관에 의해서 행사된다.

③ 입법은 헌법질서에 구속되고, 집행권과 사법은 법률과 법에 구속된다.

④ 모든 독일인은 이러한 질서를 폐제하려고 기획하는 모든 자에 대하여 다른 구제수단이 없을 경우에는 저항할 권리를 갖는다.

제20a조 【자연적 생활기반의 보호】

국가는 장래의 세대에 대한 책임으로서 헌법질서의 범위 내에서 입법에 의거하거나 법률과 규범에 따른 행정과 판결을 통하여 자연적 생활기반을 보호한다.

제21조 【정당】

① 정당은 국민의 정치적 의사형성에 참여한다. 정당의 설립은 자유이다. 정당의 내부질서는 민주적 원칙에 부합해야 한다. 정당은 그 자금의 출처와 사용에 관하여 그리고 그 재산에 관하여 공개적으로 보고해야 한다.

② 그 목적이나 추종자의 행태에 있어 자유민주적 기본질서를 침해 또는 폐지하려 하거나 또는 독일연방공화국의 존립을 위태롭게 하려고 하는 정당은 위헌이다. 위헌성의 문제에 관하여는 연방헌법재판소가

결정한다.

③ 상세한 내용은 연방법률로 정한다.

제22조 【연방국기】

연방의 국기는 흑·적·황색이다.

제23조 【유럽연합을 위한 제원칙】

① 유럽연합을 실현시키기 위하여 독일연방공화국은 민주적·법치국가적·사회적 및 연방주의적 제원리와 함께 보충성의 원칙에 구속되며, 기본법에 실질적으로 대응하는 기본권보장에 필적하는 유럽연합의 발전을 위해 노력한다. 이를 위하여 연방은 연방참의원의 동의를 얻은 법률에 의해서 고권을 이양할 수 있다. 기본법이 그 내용상의 변경 또는 보충되거나 변경 또는 보충될 가능성이 있는 유럽연합의 창설과 그 조약에 따른 근거의 변경이 있으면 기본법 제79조 제2항 및 제3항이 적용된다.

② 연방의회는 유럽연합에 관계되는 사항에 협력하고 州도 연방참의원을 통하여 이에 협력한다. 연방정부는 연방의회 및 연방참의원에 대해 포괄적으로 또한 가능한 한 신속하게 보고하여야 한다.

③ 연방정부는 유럽연합의 입법행위에 협력하기에 앞서 연방의회에 태도결정의 기회를 준다. 연방정부 교섭에 즈음하여 연방의회의 태도결정을 고려한다. 상세한 내용은 법률로 정한다.

④ 연방참의원은 연방의 의사형성에 대한 국내적 조치에 협력해야 하거나 또는 각 州가 국내적으로 권한을 가지고 있는 경우에 그 한도에서 연방의 의사형성에 참가하여야 한다.

⑤ 연방이 전속적인 권한을 가지고 있는 영역에서 각 州의 영향을 미치

는 경우 또는 기타 연방이 입법의 권리를 가지고 있는 경우에는 그 한도에서 연방정부는 연방참의원의 태도결정을 고려한다. 각 州의 입법권한, 그 행정기관의 설치 또는 그 행정절차가 중요한 사항에 관계되어 있는 때에는 그 한도에서 연방의 의사형성에 즈음하여 연방참의원의 견해가 권위있는 것으로 고려된다. 이 경우에 연방전체의 국가적 책임이 유지되어야 한다. 연방의 세출증가 또는 세입감소로 될 가능성이 있는 사항에 관하여는 연방정부의 동의를 필요로 한다.

⑥ 각 州의 전속적인 입법권이 중요한 사항으로 되는 경우에는 유럽연합의 구성원으로서의 독일연방공화국에 귀속하고 있는 제권리의 주장은 연방으로부터 연방참의원이 지명하는 각 州의 대표에 이양되어야 한다. 이들의 권리의 주장은 연방정부의 참가와 또한 연방정부와의 의견조정을 통하여 성립되며, 이에 즈음하여 연방전체의 국가적 책임이 유지되어야 한다.

⑦ 제4항 내지 6항에 관하여 상세한 내용은 연방참의원의 동의를 요하는 법률로 정한다.

제24조 【집단안전보장체제】

① 연방은 법률에 의해서 국제기구에 고권을 이양할 수 있다.

① 각 州가 국가적 권능의 행사 및 국가적 임무를 수행하는데 권한을 가진 한도에서 각 州는 연방정부의 동의를 얻어서 인접한 여러국가기관에 고권을 이양할 수 있다.

② 연방은 평화의 유지를 위하여 상호집단안전보장체제에 가입할 수 있다. 이 경우 연방은 그 주권을 제한하거나 유럽 및 세계각국가간의 평화적·항구적 질서를 달성하고 보장하는데 동의한다.

③ 국제분야의 해결을 위하여 연방은 일반적·포괄적·의무적인 국제중

재재판에 관한 협정에 가입할 것이다.

제25조 【연방법의 구성부분으로서의 국제법】

국제법의 일반원칙은 연방법의 구성부분이다.

제26조 【침략전쟁의 금지】

① 국가간의 평화로운 공동생활을 교란시키기에 적합하고 그러한 의도로 행해지는 행동과 특히 침략전쟁수행의 준비는 위헌이다. 이러한 행위는 처벌되어야 한다.

② 전쟁수행용으로 지정된 무기는 연방정부의 허가를 얻어야만 제조·운송 그리고 거래될 수 있다. 상세한 내용은 연방법률로 정한다.

제27조 【상선단】

전 독일상선은 하나의 통일상선단을 구성한다.

제28조 【州헌법】

① 각 州의 헌법질서는 이 기본법에서 의미하는 공화적 · 민주적 및 사회적 법치국가의 제원칙에 부합하여야 한다. 州, 군(Kreis) 및 읍(Gemeinde)의 주민은 보통 · 직접 · 자유 · 평등 및 비밀 선거로 선출된 대표기관를 가져야 한다. 읍에서는 대표기관에 대신하는 읍회의를 도입할 수 있다. 군 및 읍의 선거에서는 유럽공동체 조약의 권리의 규정에 따라 유럽공동체 구성국의 국적을 가지는 자도 선거권과 피선거권을 갖는다.

② 읍은 법률의 범위 내에서 그 지역공동체의 모든 사항을 자기 책임하에 규율할 권리가 보장되어야 한다. 읍조합도 그 법률상의 임무영역의 범위 내에서 법률의 규정에 따라 자치권을 갖는다. 재정적 자기책

임의 기초하에 자치권은 보장된다.

③ 지방자치단체연합체도 법률에 따라 그 법률상의 과제의 범위에서 자치행정권을 갖는다.

④ 연방은 州의 헌법적 질서가 기본권과 본조 제1항 및 제2항의 규정에 부합하도록 보장한다.

제29조【연방영역의 재편성】

① 연방영역은 州가 그 크기와 능력에 따라 그들에 부과된 과제를 효과적으로 수행할 수 있도록 보장하기 위하여 새롭게 편성될 수 있다. 이 경우 향토적 결속, 역사적·문화적 관련, 경제적 합목적성, 공간규제와 州계획의 요청을 고려하여야 한다.

② 연방영역의 재편성 조치는 주민표결에 의한 확인을 요하는 연방법률에 의해서야 한다. 이때 관련된 州들의 협의를 거쳐야 한다.

③ 주민표결(Vollksentscheid)은 그 영역 또는 영역의 일부로부터 새로운 州가 형성되거나 州의 경계가 새로 구획되는 경우 그들 州에서 행해진다. 관련된 州가 지금까지와 마찬가지로 존속하느냐 아니면 새로운 州가 형성되거나 州의 경계가 새로이 구획될 것인가의 문제에 대하여 투표가 행해져야 한다. 새로운 州를 형성하거나 州의 경계를 새로이 획정하기 위한 주민표결은 그 州의 장래의 영역에서 그리고 州 소속이 동일하게 변경될 관련된 州의 영역이나 그 영역의 일부에서 다함께 각각 다수가 그 변경에 동의할 때에 성립된다. 주민표결은 관련된 州 들 중의 한 州의 영역에서 다수가 변경을 거부하면 성립되지 못한다. 그러나 그러한 거부는 관련된 州에의 소속이 변경될 영역 일부에서 3분의 2의 다수가 개정에 동의할 때에는 무시된다. 단 관련된 州의 전체영역에서 3분의 2의 다수가 변경을 거부할 때에는

예외이다.

④ 그 부분들이 여러 州에 걸쳐 있고 최소한 100만의 인구를 가지는, 관련은 되나 경계가 나누어지는 주거지역과 경제구역에서 그 연합의회 선거권자 10분의 1이 이러한 지역을 단일한 州소속으로 해줄 것을 주민발안(Volksbegehren)으로 요구하는 경우 州소속을 제2항에 따라 변경할지 여부를 결정하든지 관련된 州들에서 주민문의(Volksbefragung : 설명조사)를 실시하든지를 연방법률로 2년내에 결정하여야 한다.

⑤ 주민문의는 법률에서 제안된 州소속의 변경이 동의를 얻을 수 있는지 여부를 확인하는 것을 목적으로 해야 한다. 법률은 상이한 그러나 둘을 넘지 않은 제안을 주민문의에 제시할 수 있다. 제안된 州소속의 변경에 다수가 동의하면 州소속이 제2항에 따라 변경되는지 여부를 연방법률로 2년 이내에 결정하여야 한다. 주민문의에 제시된 제안이 제3항 3문과 4문의 법률에 따른 동의를 얻으면 주민문의에 의한 확인을 더 이상 요하지 않는 제안된 州의 형성에 관한 연방법률을 주민문의의 실시후 2년내에 제정하여야 한다.

⑥ 주민표결과 주민문의에 있어서의 다수란 그것이 적어도 연방의회선거권의 4분의 1을 포함하는 경우 투표자 과반수의 다수이다. 그 밖에 주민표결, 주민발안, 주민문의에 대한 상세한 내용은 연방법률로 정한다. 이 연방법률은 주민발안은 5년의 기간내에 반복될 수 없음을 규정할 수도 있다.

⑦ 州의 기존영역의 그 밖의 변경은 州소속이 변경되는 영역이 5만명 이하의 인구를 가지고 있는 경우에는 관련된 州간의 국가조약에 의해서 또는 연방참의원의 동의를 얻은 연방법률로 행해질 수 있다. 상세한 내용은 연방참의원의 동의와 연방의회의 재적과반수의 찬성을 요하는 연방법률로 정한다. 이 연방은 관련된 州, 군과 읍의 관계인

의 의견을 청취하는 청문규정을 두어야 한다.

⑧ 州는 제2항부터 제7항의 규정에도 불구하고 州간 조약으로 각각 그들이 포괄하는 영역 또는 그 부분영역에 관해 재편성할 수 있다. 이 경우 관계있는 군과 읍은 청문을 한다. 州간 조약은 참가하는 각 州의 주민표결에 의한 승인을 요한다. 州의 부분영역의 변경에 대한 州간 조약일 경우 승인은 당해 부분영역에서의 주민표결로 한정할 수 있다. 5문 후단은 이에 적용하지 아니한다. 주민표결에서 투표총수가 적어도 연방의회의 유권자수의 4분의1이상의 참여와 투표수의 과반수로 결정한다. 상세한 내용은 연방법률로 정한다. 州간 조약은 연방의회의 동의를 요한다.

제30조 【州의 기능】

국가적 기능의 행사와 국가적 임무의 수행은 이 기본법이 다른 규정을 두지 아니하거나 허용하지 않은 한 州의 사항이다.

제31조 【연방법의 우위】

연방법은 州법에 우선한다.

제32조 【외교관계】

① 외국과의 관계를 담당하는 것은 연방의 사항이다.

② 어떤 州의 특별한 사정에 관계되는 조약체결시에는 체결 전의 적당한 때에 그 州의 의견을 들어야 한다.

③ 州가 입법에 관한 권한을 갖는 한 州는 연방정부의 동의를 얻어 외국과 조약을 체결할 수 있다.

제33조 【국민으로서의 권리】

① 독일인은 누구나 어느 州에서나 국민으로서 동등한 권리와 의무를 갖는다.

② 독일인은 누구나 그의 적성·능력 및 전문적 업적에 따라 모든 공직에 취임할 평등한 권리를 갖는다.

③ 시민적·국민적 권리의 향유·공직취임의 허용 그리고 공적 직무상 취득하는 권리는 종교적 교파와는 무관하다. 누구도 어떤 신앙이나 세계관에 속하거나 속하지 않는다고 하여 불이익을 받아서는 안 된다.

④ 고권적 권한의 행사는 일반적으로 공법상의 근무관계와 충성관계에 있는 공직종사자에게 계속적 임무로서 위탁되어 있다.

⑤ 공직근무법은 직업공무원제의 전통적인 제원칙을 고려하여 규정하여야 한다.

제34조 【직무상의 의무위반에 있어서의 배상책임】

① 자기에게 위임된 공무의 수행중 제3자에 대한 그의 직무의무를 위반한 자는 국가나 그가 근무하는 단체에 대하여 원칙적으로 책임을 진다. 고의 또는 중과실의 경우에는 구상권이 유보된다. 손해배상청구권과 구상권에 대하여 정규소송이 배제되어서는 안 된다.

제35조 【법적 구조와 직무상의 지원】

① 연방과 州의 모든 관청은 상호간의 법적 지원과 직무상의 지원을 행한다.

② 공공의 안전과 질서의 유지나 회복을 위하여 한 州는 특별히 중대한 경우 경찰이 연방국경수비대의 힘과 시설의 지원 없이는 임무를 수행할 수 없거나 현저한 어려움하에서만 수행할 수 있는 때에는 경찰

에 대한 지원을 요청할 수 있다. 자연재해 또는 특히 중대한 사고의 경우 그 구호를 위하여 州는 다른 州의 경찰력 다른 행정청과 연방국경수비대 및 군대의 힘과 시설을 요청할 수 있다.

③ 자연재해나 사고가 한 州 이상의 영역을 위협할 때에 효과적인 극복에 필요한 한에서 연방정부는 州정부에게 다른 州의 경찰력을 사용하도록 지시할 수 있으며 또한 경찰력을 지원하기 위하여 연방국경수비대와 군대의 부대들을 투입할 수 있다. 1문에 따른 연방정부의 조치는 연방참의원의 요구가 있을 때는 항상 그리고 그 밖에도 위험이 제거된 후에는 지체없이 폐지되어야 한다.

제36조 【연방관청의 공무원】

① 연방최고관청의 공무원은 모든 州로부터 적당한 비율로 채용되어야 한다. 그 밖의 연방관청에 종사하는 사람들은 원칙적으로 그들이 근무하는 州에서 채용되어야 한다.

② 병역법도 연방이 각 州로 나누어 편성되어 있다는 것과 각 州의 특별한 향토적 상황을 고려해야 한다.

제37조 【연방강제】

① 州가 기본법이나 그 밖의 연방법률에 따라 부과된 연방의무를 이행하지 아니한 때에는 연방정부는 연방참의원의 동의를 얻어 연방강제의 방법으로 그 州로 하여금 그 의무를 이행하기 위한 필요한 조치를 취할 수 있다.

② 연방강제의 집행을 위하여 연방정부나 그 수임자는 모든 州와 그 관청에 대한 지시권을 갖는다.

제3장 연방의회

제38조 【선거】

① 독일 연방의회의 의원은 보통·직접·자유·평등 및 비밀선거에 의해서 선출된다. 그들은 국민전체의 대표자이고, 명령과 지시에 구속되지 않으며, 자신의 양심에만 따른다.

제39조 【집회와 의회기】

① 연방의회는 4년마다 선거된다. 의회기는 새 연방의회의 집회와 동시에 종료한다. 새로운 선거는 의회기 개시후 빨라도 45개월 이후 늦어도 47개월 이전에 실시된다. 연방의회가 해산된 경우에는 60일 이내에 새로운 선거가 실시된다.

② 연방의회는 늦어도 선거후 30일 이내 집회된다.

③ 연방의회는 회의의 종료와 재개를 정한다. 연방의회의장은 의회를 보다 일찍 소집할 수 있다. 또한 의장은 의원의 3분의 1, 연방대통령 또는 연방수상이 요구하면 연방의회를 소집해야 한다.

제40조 【의장, 의사규칙】

① 연방의회는 의장, 의장대리 및 사무총장을 선출한다. 연방의회는 의사규칙을 제정한다.

② 의장은 연방의회의 건물 내에서 가택권과 경찰권을 행사한다. 의장의 허가 없이는 연방의회의 내에서 수색이나 압수를 할 수 없다.

제41조 【선거심사】

① 선거심사는 연방의회의 사항이다. 연방의회는 연방의회의 의원이 그 자격을 상실했는가의 여부도 결정한다.

② 연방의회의 결정에 대하여는 연방헌법재판소에 대한 헌법소원이 허용된다.
③ 상세한 내용은 연방법률로 정한다.

제42조 【회의의 공개, 다수결원칙】
① 연방의회는 공개로 심의한다. 10분의 1 또는 연방정부가 제의하는 경우 3분의 2의 다수에 의해 공개가 배제될 수 도 있다. 이 제의에 대하여는 비공개회의에서 결정한다.
② 연방의회의 의결에는 이 기본법에 다른 규정이 없는 한 투표의 과반수가 필요하다. 연방의회에 의해서 행해지는 선거에 있어서는 의사규칙에 예외를 두는 것이 허용된다.
③ 연방의회와 그 위원회의 공개회의에서 행하는 진실한 보고는 어떤 책임도지지 아니한다.

제43조 【연방정부의 출석】
① 연방의회와 그 위원회는 연방정부의 어느 구성원의 출석이라도 요구할 수 있다.
② 연방참의원과 연방정부의 구성원 및 그 수임자는 연방의회와 그 위원회의 모든 회의에 출석할 수 있다. 그들의 의견은 언제라도 청취되어야 한다.

제44조 【조사위원회】
① 연방의회는 그 공개심의로 필요한 증거를 조사할 조사위원회를 설치할 권한을 가지며 의원의 4분의 1의 제의가 있으면 설치할 의무를 진다. 공개는 배제될 수 있다.

② 증거의 조사에는 형사소송에 관한 조항이 적절히 적용된다. 서신 우편 및 전신의 비밀에는 해당되지 않는다.
③ 법원과 행정관청은 법적 지원과 직무상의 지원을 할 의무가 있다.
④ 조사위원회의 의결은 사법적 심의의 대상이 되지 아니한다. 조사의 토대가 되는 사실의 평가와 판단에 있어 법원은 자유이다.

제45조 【유럽연합위원회】

연방의회는 유럽연합의 사무를 위하여 위원회를 설치할 수 있다. 연방위원회는 제23조에 따른 연방의회의 제권리를 연방정부에 대하여 주장하는 권리를 이 위원회에 부여할 수 있다.

제45a조 【외무위원회와 국방위원회】

① 연방의회는 외무위원회와 국방위원회를 설치한다.
② 국방위원회는 조사위원회의 권한도 갖는다. 그 구성원 4분의 1의 제의가 있으면 국방위원회는 일정한 사항을 조사대상으로 할 의무를 진다.
③ 제44조 제1항은 국방의 영역에는 적용되지 아니한다.

제45b조 【연방의회의 국방전권위원】

기본권을 보호하기 위하여 그리고 연방의회의 통제권 행사시의 보조기관으로서 연방의회의 국방전권위원이 임명된다. 상세한 내용은 연방법률로 정한다.

제45c조 【연방의회의 청원위원회】

① 연방의회는 제17조에 따라 연방의회에 제출된 청원과 소원을 다룰

청원위원회를 둔다.

제46조 【의원의 면책특권과 불체포특권】

① 의원은 연방의회나 그 위원회에서 행한 투표 또는 발언을 이유로 어떠한 경우에도 재판상 또는 직무상 소추를 받지 아니하며 연방의회의 외부에서 책임을 지지 아니한다. 이것은 중상적 모욕에는 적용되지 아니한다.

② 의원은 연방의회의 허락이 있는 경우에만 범죄행위를 이유로 책임을 지거나 체포될 수 있다. 단, 현행범인 경우나 그 익일중에 체포되는 경우에는 그러하지 아니하다.

③ 연방의회의 허락은 의원의 신체의 자유에 관한 모든 그 밖의 제한의 경우에 필요하며 또한 제18조에 따라 의원에 대한 소송절차를 개시하기 위해서도 필요하다.

④ 의원에 대해 행해지는 일체의 형사절차와 제18조에 따른 소송절차, 의원의 구금과 그 신체적 자유의 그 밖의 제한은 연방의회의 요구가 있으면 중지되어야 한다.

제47조 【의원의 증언거부권】

의원은 그의 의원으로서의 자격을 신뢰하여 그에게 사실을 밝힌 사람에 대하여 또는 그가 의원의 자격으로 사실을 밝힌 상대방 사람에 대하여 증언을 거부할 권리를 갖는다. 이 증언거부권이 미치는 한 서류의 압수도 허용되지 아니한다.

제48조 【의원의 청구권】

① 연방의회에서 의석을 획득하고자 하는 자는 그의 선거준비에 필요한

휴가를 청구할 수 있다.

② 누구든지 의원직의 취임과 행사를 방해받아서는 안 된다. 이러한 사유로 인한 해고의 통지와 해고는 허용되지 아니한다.

③ 의원은 독립성을 유지하기 위한 적절한 보수청구권을 갖는다. 의원은 모든 국유교통수단을 자유로이 이용할 권리를 갖는다. 상세한 내용은 연방법률로 정한다.

第49조 (삭제)

제4장 연방참의원

第50조 【임무】

州는 연방참의원을 통하여 연방의 입법과 행정과 함께 유럽연합의 사무에 협력한다.

第51조 【구성】

① 연방참의원은 州정부가 임명하고 해임하는 州정부의 구성원으로 이루어진다. 그들은 그 정부의 다른 구성원에 의해서 대리될 수 있다.

② 각 州는 최소한 3개의 의결권을 가지며, 200만 이상의 인구를 가진 州는 4개, 600만 이상의 인구를 가진 州는 5개, 700만 이상의 인구를 가진 州는 6개의 의결권을 갖는다.

③ 각 州는 표수와 동수의 구성원을 파견할 수 있다. 州의 투표는 통일적으로 행사되고 출석한 구성원이나 그 대리인에 의해서만 행사될 수 있다.

제52조 【의장, 의결】

① 연방참의원은 매년 그 의장을 선출한다.

② 의장은 연방참의원을 소집한다. 최소한 두 州의 대표자나 연방정부의 요구가 있으면 의장은 연방참의원을 소집해야 한다.

③ 연방참의원은 최소한 투표의 과반수로 의결한다. 연방참의원은 의사규칙을 제정한다. 그 심의는 공개되나 공개가 배제될 수도 있다.

③a 유럽연합의 사무를 위하여 연방참의원은 유럽심의회를 구성할 수 있고 유럽심의회의 의결은 연방참의원의 결정으로서의 효력을 갖는다. 제51조 제2항 및 제3항 2문은 준용한다.

④ 州정부의 다른 구성원이나 수임자는 연방참의원의 위원회에 소속할 수 있다.

제53조 【연방정부의 참가】

연방정부의 구성원은 연방참의원이나 그 위원회에 참가할 권리를 가지며 또한 요구가 있으면 참가할 의무를 진다. 연방정부의 구성원의 의견은 언제든지 청취되어야 한다. 연방참의원은 연방정부로부터 그 업무수행에 관하여 상시 보고를 받는다.

제4a장 합동위원회

제53a조 【합동위원회】

① 합동위원회는 연방의회 의원의 3분의 2, 연방참의원 구성원의 3분의 1로 구성된다. 의원은 교섭단체의 세력에 따라 연방의회에서 확정된다. 그들은 연방정부에 속해서는 안된다. 각 州는 州가 임명한 연방참의원 구성원에 의해서 대표된다. 이들 구성원은 지시에 구속되지 아니한다. 합동위원회의 구성과 그 절차는 연방의회에 의해 의결되고

연방참의원의 동의를 필요로 하는 의사규칙으로 정한다.

② 연방정부는 방위사태의 계획에 관해 합동위원회에 보고해야 한다. 제43조 제1항에 따른 연방의회와 그 위원회의 권한에는 해당되지 아니한다.

제5장 연방대통령

제54조 【연방의회에 의한 선거】

① 연방대통령은 연방회의(Bundesversammlung)에서 토의없이 선출된다. 연방의회 의원의 선거권을 갖는 만 40세 이상의 모든 독일인은 피선거권을 갖는다.

② 연방대통령의 임기는 5년이다. 연임은 1회에 한한다.

③ 연방회의는 연방의회 구성원과 비례선거의 원칙에 따라 각 州의 의회(Volksvertretung)가 선출한 동수의 구성원으로 구성된다.

④ 연방회의는 늦어도 연방대통령의 임기만료 30일전에, 임기전에 종료한 경우에는 종료시로부터 30일내에 집회한다. 연방회의는 연방의회 의장에 의해서 소집된다.

⑤ 의회기만료 후 제4항 제1문의 기간제한은 연방의회의 첫 집회일로부터 시작된다.

⑥ 연방의회 의원의 재적과반수의 투표를 얻는 자가 당선된다. 2차투표에서도 이 과반수를 얻는 후보자가 없을 때에는 3차투표에서 최다득표를 얻는 자가 선출된다.

⑦ 상세한 내용은 연방법률로 정한다.

제55조 【취업금지, 영리사업금지】

① 연방대통령은 연방이나 州의 정부 또는 의회에 속할 수 없다.

② 연방대통령의 그 밖의 어떠한 유급공직·영업 및 직업에 종사할 수 없으며, 영리를 목적으로 하는 이사회나 감사회에 속할 수 없다.

제56조 【취임선서】

연방대통령은 그 취임에 있어 연방의회와 연방참의원의 구성원 앞에서 다음과 같은 선서를 한다. "나는 독일 국민의 복리를 위하여 전력을 다할 것이며, 그 이익을 증진하며, 그 장해를 제거하며, 기본법과 연방의 법률을 보전하고 수호하며, 나의 의무를 양심껏 이행하고, 모든 사람에 대하여 정의를 행할 것을 선서한다. 나에게 신의 가호가 있기를" 선서는 종교적 서약 없이도 행하여질 수 있다.

제57조 【권한대행】

연방대통령의 권한은 유고시 또는 임기만료 전에 궐위된 경우에는 연방참의원 의장이 행사한다.

제58조 【부서】

연방대통령의 명령과 처분이 유효하기 위해서는 연방수상이나 소관 연방장관의 부서가 필요하다. 이것은 연방수상의 임면, 제63조에 의한 연방의회의 해산 및 제63조 제3항에 의한 요청에는 적용되지 아니한다.

제59조 【국제법상의 대표권】

① 연방대통령은 국제법상 연방을 대표한다. 그는 연방의 이름으로 외국과 조약을 체결한다. 그는 사절을 신임하고 접수한다.

② 연방의 정치적 관계를 규정하거나 연방의 입법사항과 관련을 갖는 조약은 연방법률의 형식으로 하되 그때마다 연방입법에 관한 권한을

가진 기관의 동의나 참여를 필요로 한다. 행정협정에 관하여는 연방행정에 관한 조항이 준용된다.

제59a조 (폐지)

제60조 【연방공무원과 군인의 임명】

① 연방대통령은 법률에 다른 규정이 없는 한 연방법관, 연방공무원, 장교 및 하사관을 임면한다.
② 연방대통령은 연방을 위하여 개별적인 경우에 사면권을 행사한다.
③ 연방대통령은 이 권한을 다른 관청에 이양할 수 있다.
④ 제46조 제2항에서 제4항까지는 연방대통령에 준용한다.

제61조 【연방헌법재판소에의 탄핵소추】

① 연방의회나 연방참의원은 기본법 또는 그 밖의 연방법률의 고의적 침해를 이유로 연방대통령을 연방헌법재판소에 탄핵소추 할 수 있다. 탄핵소추는 최소한 연방의회 재적의원의 4분의1 또는 연방참의원의 4분의1로 발의되어야 한다. 탄핵소추의 의결은 연방의회 재적의원의 3분의2 또는 연방참의원의 표수 3분의 2의 다수를 필요로 한다. 탄핵의 소추는 소추기관의 수임자에 의해서 행해진다.
② 연방헌법재판소가 연방대통령이 기본법 또는 그 밖의 연방법률을 고의로 위배한 책임이 있다고 확인하면 연방헌법재판소는 탄핵의 소추 후 가처분으로 연방대통령의 직무수행을 정지시키는 결정을 할 수 있다.

제6장 연방정부

제62조 【구성】

연방정부는 연방수상과 연방장관들로 구성한다.

제63조 【연방수상의 선출】

① 연방수상은 연방대통령의 제청으로 연방의회에 의해서 토의 없이 선출된다.

② 연방의회 재적의원의 과반수의 표를 획득한 자가 선출된다. 선출된 자는 연방대통령에 의해서 임명된다.

③ 제청된 자가 선출되지 않은 경우에는 연방의회는 투표 후 14일 이내에 재적의원의 과반수로써 연방수상을 선출할 수 있다.

④ 선출이 이 기한내에 이루어지지 않은 경우에는 지체 없이 새로운 투표가 실시되고 최다득표자가 선출된다. 선출된 자가 연방의회 재적의원의 과반수의 표를 획득한 때에는 연방대통령은 선거후 7일내에 그를 임명해야 한다. 선출된 자가 이 과반수를 획득하지 못한 때에는 연방대통령은 7일내에 그를 임명하거나 연방의회를 해산해야 한다.

제64조 【연방장관의 임명】

① 연방장관은 연방수상의 제청으로 연방대통령에 의해 임면된다.

② 연방수상과 연방장관은 취임에 있어 연방의회에서 제56조에 규정된 선서를 한다.

제65조 【책임】

연방수상은 정책계획을 결정하고 이에 대한 책임을 진다. 각 연방장관은 이 지침 내에서 그 소관사무를 자주적으로 그리고 자기책임하에서 처리한다. 연방장관간의 의견차이에 관하여는 연방정부가 결정한다. 연방수상은 연방정부가 의결하고 연방대통령의 재가를 얻은 직무규칙에 따라 사무를 처리한다.

第65a조 【군대의 명령권과 지휘권】

국방장관은 군대에 대한 명령권과 지휘권을 갖는다.

第66조 【취업금지, 영리사업금지】

연방수상과 연방장관은 다른 유급공직·영업 및 직업에 종사할 수 없으며, 영리를 목적으로 하는 기업의 이사회나 연방의회의 동의 없이는 그 감사회에도 속할 수 없다.

第67조 【불신임투표】

① 연방의회는 그 재적의원의 과반수로 후임자를 선출하고 연방대통령에게 연방수상의 해임을 요청하는 방법으로서만 연방수상에 대한 불신임을 표명할 수 있다. 연방대통령은 이 요청에 따라야 하고 선출된 자를 임명해야 한다.

② 동의와 선거에는 48시간의 간격이 있어야 한다.

第68조 【연방의회의 해산】

① 신임을 요구하는 연방수상의 동의가 연방의회 재적의원의 과반수의 찬성을 얻지 못하면 연방대통령은 연방수상의 제청으로 21일 내에 연방의회를 해산시킬 수 있다. 연방의회가 그 재적의원의 과반수로써 다른 연방수상을 선출하면 해산권은 즉시 소멸된다.

② 이 동의와 투표간에는 48시간의 간격이 있어야 한다.

제69조 【연방수상의 권한대행】

① 연방수상은 1인의 연방장관을 자기대리인으로 임명한다.

② 연방수상이나 연방장관의 직은 언제나 새로운 연방의회의 집회와 더불어 종료하며, 연방장관의 직도 연방수상의 직이 다른 이유로 끝날 때 함께 종료한다.

③ 연방수상은 연방대통령의 요청으로, 연방장관은 연방수상이나 연방대통령의 요청으로 후임자가 임명될 때까지 그 사무를 계속 처리할 의무를 진다.

제7장 연방의 입법

제70조 【연방과 州의 입법】

① 州는 이 기본법이 연방에 입법권한을 부여하지 않는 경우에는 입법권을 갖는다.

② 연방과 州간의 관할의 획정은 전속적 입법과 경합적 입법에 관한 이 기본법의 조항에 따라 정해진다.

제71조 【전속적 입법】

연방의 전속적 입법영역에 있어서는 연방법률이 명시적으로 권한을 위임한 경우에만 그리고 그 범위내에서만 州는 입법권을 갖는다.

제72조 【경합적 입법】

① 경합적 입법영역에 있어서는 연방이 법률로써 입법권을 행사하고 있지 않을 때 그 범위내에서 州가 입법권을 갖는다.

② 이 영역에서 연방은 연방영역에서의 동등한 생활관계의 확립 또는 국가전체의 이해에서 법적 동일성의 유지를 위하여 연방법률로 규율

할 필요가 있는 경우에 그 범위내에서 입법권을 갖는다.

③ 제2항의 필요성이 존재하지 아니하는 연방법률은 연방법률상의 규정을 州법으로 대체할 수 있음을 규정할 수 있다.

제73조 【전속적 입법사항】

연방은 다음 사항에 관하여 전속적 입법권을 갖는다.

1. 외교문제와 민간인보호를 포함한 국방
2. 연방에서의 국적
3. 이전의 자유, 여권제도, 국내외로의 이민 및 범인인도
4. 통화, 화폐 및 주화제도, 표준도량형과 표준시간
5. 관세구역과 통상구역의 통일, 통상조약과 항해조약, 상품교역의 자유, 관세와 국경보호를 포함한 외국과의 상품교역과 지불거래
6. 항공교통

6a. 연방철도의 노선건설 유지와 경영 그리고 철도노선의 이용에 대한 요금의 징수

7. 우편제도와 장거리 통신
8. 연방과 연방직속의 공법상의 단체에 근무하는 자의 법적 관계
9. 영업상의 권리보호, 저작권 및 출판
10. 다음 사항에 있어서의 연방과 州의 협력
 a) 범죄수사경찰
 b) 자유민주적 기본질서, 연방 또는 州의 존립과 안전의 보호(헌법보장)
 c) 폭력의 사용이나 그것을 목적으로 하는 표준행위로써 독일연방공화국이 대외적 이익을 위태롭게 하는 연방영역에서의 기도의 방지 그리고 연방범죄수사경찰관서의 설치와 국제적인 범죄진압
11. 연방용 통계

제74조 【경합적 입법사항】

① 경합적 입법은 다음 분야를 그 대상으로 한다.

1. 민법, 형법 및 행형, 법원조직, 재판절차, 변호사, 공증인 및 법률상담
2. 호적제도
3. 결사와 집회법
4. 외국인의 체류에 관한 법 및 정주에 관한 법

4a. 총포 및 화약류에 관한 법

5. 삭제
6. 망명자 및 추방된 자에 관한 사무

6a. 연방의 전부 또는 다수지분으로 되어 있는 철도의 교통, 이러한 궤도의 이용에 대한 요금의 인상과 같이 연방철도궤도의 경영과 유지, 건설

7. 공적부조사업
8. 삭제
9. 전쟁으로 인한 피해와 그 복구
10. 전상자와 전사자유족의 원호, 전쟁포로였던 자에 대한 부조

10a. 전몰자묘지와 전쟁희생자 및 폭력지배의 희생자묘지

11. 경제(광업, 공업, 동력산업, 수공업, 영업, 상업, 은행 및 주식제도・사법상의 보험제도)에 관한 법

11a. 평화적 목적을 위한 핵에너지의 생산과 이용, 위 목적을 위한 시설의 설치와 운영, 핵에너지의 자유화 또는 전리방사선에 의해서 야기되는 위험의 방지, 방사능 물질의 제거

12. 경영조직 근로보호 및 직업소개를 포함한 노동법과 실업보험을 포함한 사회보험제

13. 직업훈련지원규정과 학술적 연구의 진흥
14. 제73조와 74조의 사항영역에서 문제되는 공용수용에 관한 법
15. 토지, 천연자원 및 생산수단의 공유재산 또는 그 밖의 공동관리 경제형태로의 전환
16. 경제력의 남용예방
17. 농·휴업생산의 진흥, 식량의 확보, 농·수산물의 수출입, 원양어업과 연해어업 및 연안보호
18. 토지거래, 토지법(보상액에 관한 권리 제외) 및 농업상의 임차제도 이주 및 정착제도
19. 인간과 가축 모두에게 위험한 그리고 전염성이 있는 질병에 대한 조치, 의료업 및 그 밖의 치료업의 허가, 약품, 약제 및 마취제와 독극물의 거래

19a. 병원의 경제적 안전과 병원치료비의 규제

20. 식량, 기호품, 생활필수품, 사료 농·임업용의 종자 및 묘목의 거래의 보호, 식물의 병해로부터의 보호 그리고 동물의 보호
21. 원양과 근해항해 및 선로표지, 내수항행, 기상업무, 해수항로 및 일반운수에 이용되는 내수항로
22. 도로교통, 자동차제도, 장거리교통을 위한 州도로의 건설과 유지, 자동차에 의한 공로이용과의 징수와 분배
23. 연방철도가 아닌 산악철도 이외의 철도
24. 오물제거 대기정화 및 소음방지
25. 국가배상책임
26. 인공수정, 유전자정보(Erbinformation)의 연구와 인공적 변경, 장기이식의 규율

② 제1항 제25호에 관한 법률은 연방참의원의 동의를 요한다.

제74a조 【공직근무에 있어 급료와 급양에 관한 경합적 입법】

① 경합적 입법은 공법상의 근무 및 충성관계에 있는 공무원의 급료와 급양에 대하여는 제73조 8호에 따라 연방이 전속적 입법권을 갖지 않는 한 거기에도 미친다.

② 제1항에 의한 연방법률은 연방참의원의 동의를 필요로 한다.

③ 제73조 8호에 의한 연방법률도 그것이 직위의 평가를 포함하여 그 급료 및 급양의 구조 또는 규정에 관해 제1항에 의한 연방법률과 다른 기준 혹은 다른 최저 또는 최고액을 규정하고 있는 이상 연방참의원의 동의를 필요로 한다.

④ 제1항과 제2항은 州법관의 급료와 급양에 준용된다. 제98조 제1항에 의한 법률에는 제3항이 준용된다.

제75조 【대강규정】

① 연방은 제72조의 조건하에서 다음 사항에 관하여 대강규정을 제정할 권한을 갖는다.

1. 제74a조가 달리 규정하고 있지 않는 한 州, 州 자활단체 및 그 밖의 공법상의 단체에서의 공직근무에 있는 자들의 법률관계

1a. 대학제도의 일반원칙

2. 언론의 일반적 법률관계

3. 수렵제도, 자연보호 및 풍치조성

4. 토지분배, 공간정서 및 물의 관리

5. 신고제도 및 신분증명제도

6. 독일의 문화재의 해외유출로부터 보호

② 대강규정은 예외적인 경우에 한하여 개별적으로 적용되거나, 직접 효력규정을 허용한다.

③ 연방이 대강규정을 제정하는 경우 州는 법률로 규정된 적당한 기간내에 필요한 州法을 제정하여야 한다.

제76조 【법률안】

① 법률안은 연방정부, 연방의회 의원들 또는 연방참의원에 의해서 연방의회에 제출된다.

② 연방정부의 법률안은 우선 연방참의원에 이송되어야 한다. 연방참의원은 6주내에 이 법률안에 대하여 태도를 표명할 권한을 갖는다. 연방참의원이 중대한 이유로 인하여 특히 법률안의 범위를 고려하여 기간의 연장을 고려하는 경우 기간은 9주로 한다. 연방정부는 법률안을 연방참의원에 이송하는 경우에는 예외적으로 특별히 긴급을 요한다고 표시한 법률안일 때 3주 후에 또는 연방참의원이 3문에 관한 요구를 제출한 경우에는 6주 후에 연방참의원의 태도표명이 연방정부에 도달하지 않더라도 그 법률안을 연방의회에 이송할 수 있다. 연방정부는 연방참의원의 태도표명이 있으면 접수후 지체없이 그것을 연방의회에 이송하여야 한다. 이 기본법개정안과 제23조는 제24조에 관한 고권이양의 제안에 대하여는 태도 표명을 위한 기간은 9주로 하며 4문은 적용하지 아니한다.

③ 연방참의원의 법률안은 연방정부를 통하여 6주 이내에 연방의회에 이송되어야 한다. 이때에 연방정부는 자신의 견해를 제시해야 한다. 연방정부가 중대한 이유로 인하여 특히 법률안의 범위를 고려하여 기간의 연장을 요구하는 경우에는 그 기간은 3주로 하며 연방정부가 3문에 관한 요구를 제출한 경우에는 6주로 한다. 이 기본법 개정안과 제23조 또는 제24조에 관한 고권이양의 제안에 대하여는 기간을 9주로 하며 4문은 적용하지 아니한다. 연방의회는 적당한 기간내에

심의하고 의결하여야 한다.

제77조 【법률의결의 절차】

① 연방법률은 연방의회에 의해서 의결된다. 연방법률은 채택 후 지체없이 연방의회 의장에 의해 연방참의원에 송부되어야 한다

② 연방참의원은 의결된 법률안의 접수 후 3주내에 법률안의 합동심의를 위하여 연방의회와 연방참의원의 의원으로 구성되는 위원회가 소집되도록 요구할 수 있다. 이 위원회의 구성과 절차는 연방의회에 의해서 의결되고 연방참의원의 동의를 필요로 하는 의사규칙으로 정한다. 이 위원회에 파견된 연방참의원의 동의가 필요할 때에는 연방의회와 연방정부도 소집을 요구할 수 있다. 위원회가 의결된 법률의 변경을 제외하면 연방의회는 재의결해야 한다.

②a 법률이 연방참의원의 동의를 요하는 한 제2항 1문에 관한 요구가 제출되지 않거나, 양원협의절차가 법률의 수정의결을 제안하지 아니하고 종결된 경우에는 적당한 기간내에 동의를 의결하여야 한다.

③ 연방참의원의 동의를 필요로 하지 않는 법률인 경우에는 연방참의원은 제2항에 따른 절차가 종결되었을 때에는 연방의회에 의해 의결된 법률에 대해 2주내에 이의를 제기할 수 있다. 이의기간은 제2항 5문의 경우에는 연방의회에 의한 재의결의 접수와 동시에 시작되고 그밖의 모든 경우에는 제2항에 규정된 위원회의 위원장이 동위원회에서의 절차가 완결되었다고 하는 보고의 접수와 동시에 시작된다.

④ 전항의 이의가 연방참의원의 과반수투표로 의결되면 연방의회는 재적 과반수의 의결로 그것을 각하할 수 있다. 연방참의원이 최소한 그 투표의 3분의 2의 다수로 이의를 의결한 경우에는 연방의회에 의한 그 각하는 최소한 연방의회의원의 재적과반수를 포함한 3분의 2의

다수를 필요로 한다.

제78조 【법률의 성립】

연방의회에 의해 의결된 법률은 연방참의원이 동의할 때, 제77조 제2항에 따른 요구를 하지 아니할 때, 77조 제3항의 기한내에 이의를 제기하지 아니하거나 이의를 철회할 때 또는 이의가 연방의회에 의해 각하될 때에 성립한다.

제79조 【기본법의 개정】

① 기본법은 기본법의 문구를 명시적으로 변경 또는 보충하는 법률에 의해서만 개정될 수 있다. 강화조약, 강화조약의 준비 또는 점령법적 법질서의 폐지를 그 대상으로 하거나 연방공화국의 방위에 도움이 될 국제법적 조약인 경우에는 기본법의 조항들이 그러한 조약의 체결과 발효에 저촉되지 아니함을 해명하기 위해서는 이 해명에 국한되는 기본법의 문구의 보충으로써 족하다.

② 이러한 법률은 연방의회의원의 3분의 2의 찬성과 연방참의원의 표수의 3분의2의 찬성을 필요로 한다.

③ 연방을 각 州로 편성하는 입법에 있어서 州의 원칙적인 협력 또는 제1조와 제20조에 규정된 원칙들에 저촉되는 기본법개정은 허용되지 아니한다.

제80조 【법규명령의 제정】

① 연방정부, 연방장관 또는 州정부는 법률에 의해서 법규명령을 제정할 권한을 위임받을 수 있다. 이 경우 위임된 권한의 내용, 목적 및 범위는 법률에 확정되어야 한다. 법규명령에는 그 법적 근거가 명시되

어야 한다. 위임받은 권한을 다시 위임할 수 있음을 법률이 규정하고 있는 때에는 위임받은 권한의 위임을 위해 법규명령이 필요하다.

② 우편제도 및 장거리 통신의 시설이용에 관한 원칙과 자금 그리고 연방철도건설이용에 대한 요금의 징수원칙, 철도의 건설과 운영에 관한 연방정부 또는 연방장관의 법규명령 및 연방참의원의 동의를 필요로 하는 연방법률에 근거한 법규명령 또는 연방의 위임에 의하거나 고유사무로서 州에 의해 수행되는 연방법률을 근거로 하는 법규명령은 연방법률의 다른 규정이 있는 경우를 제외하고는 연방참의원의 동의를 필요로 한다.

③ 연방참의원은 자기의 동의를 요하는 법규명령을 제정할 것을 요구하는 제안을 연방정부에 제출할 수 있다.

④ 州정부가 연방법률에 의해서 또는 연방법률에 근거하여 법규명령 제정권을 가지는 경우 그 범위에서 州는 법률에 의해서도 규율할 수 있다.

제80a조 【긴장사태】

① 기본법 또는 민간인의 보호를 포함한 방위에 관한 연방법률이 본조에 따라서만 법조항이 적용될 수 있다고 규정한 때에는 그 적용은 방위사태의 경우를 제외하고는 연방의회가 긴장사태의 발생을 확인한 경우 또는 그 적용에 특별히 동의한 경우에만 허용된다. 긴장사태의 확인과 제12a조 제5항 1문 및 제6항 2문의 경우의 특별동의는 투표된 표의 3분의 2의 다수를 필요로 한다.

② 제1항에 따라 법조항에 의거한 조치는 연방의회의 요구가 있으면 폐지되어야 한다.

③ 이러한 법조항의 적용은 제1항에 상관없이 국제기구가 연방정부의

동의를 얻어 동맹조약의 테두리 내에서 행하는 의결에 따라 그리고 그에 근거하여서도 허용된다. 본 항에 따른 조치는 연방의회가 재적 과반수로 요구하는 때에는 폐지되어야 한다.

제81조 【입법긴급사태】

① 제68조의 경우에 연방의회가 해산되지 않으면 연방대통령은 연방정부가 법률안을 긴급한 것이라고 표시했음에도 불구하고 연방의회가 그 법률안을 거부했을 때에는 연방정부의 제의로 연방참의원의 동의를 얻어 법률안에 관한 입법 긴급사태를 선포 할 수 있다. 연방수상이 어떤 법률안을 제68조의 제의와 결부시켰음에도 불구하고 그 법률안이 부결된 때에도 마찬가지이다.

② 입법긴급사태의 선포 후 연방의회가 동법률안을 재차 부결하거나 동법률안을 연방정부가 수락할 수 없는 안으로 통과시킬 때에는 동법률은 연방참의원이 동의하는 한 성립된 것으로 효력을 발생한다. 위 법률안이 재의에 붙여진 후 4주내에 연방의회에 의해 의결되지 않은 때에도 또한 같다.

③ 한 연방수상의 임기중 연방의회가 부결한 그 밖의 모든 법률안도 제1항 및 제2항에 의한 입법긴급사태의 최초의 선포 후 6개월의 기간 내에 의결될 수 있다. 동기간의 경과 후에는 동일한 연방수상의 임기중에는 재차의 입법긴급사태의 선포는 허용되지 아니한다.

④ 기본법은 제2항에 따라 성립되는 법률에 의해서 개정될 수도 없고 전부 또는 일부가 실효되거나 또한 정지될 수도 없다.

제82조 【법률의 공고와 발효】

① 기본법의 조항에 따라 성립한 법률은 부서 후 연방대통령이 서명하

고 연방법률공보에 공고된다. 법규명령은 그것을 제정하는 관청이 서명하고 법률에 다른 규정이 없는 한 연방법률공보에 공고된다.

② 모든 법률과 법규명령은 효력발생일을 규정해야 한다. 그러한 규정이 없을 때에는 연방법률공보가 발행된 일의 경과 후 14일째에 효력을 발생한다.

제8장 연방법률의 집행과 연방행정

제83조 【州행정의 원칙】

州는 기본법이 달리 규정하거나 허용하지 않는 한 연방법률은 그 고유사무로서 집행한다.

제84조 【州행정과 연방감독】

① 州가 연방법률을 고유사무로서 집행하는 경우 연방참의원의 동의를 필요로 하는 연방법률에 달리 규정하지 않는 한 州는 관청설치와 행정절차를 규정한다.

② 연방정부는 연방참의원의 동의를 얻어 일반행정규칙을 제정할 수 있다.

③ 연방정부는 州가 연방법률을 현행법에 맞게 집행하는가를 감독한다. 연방정부는 이 목적을 위하여 州최고관청에 수임자를 파견할 수 있다. 그리고 州최고관청의 동의를 얻거나 이 동의가 거절되면 연방참의원의 동의를 얻어 州의 하급관청에도 수임자를 파견할 수 있다.

④ 연방정부가 州에서의 연방법률의 집행에서 확인한 결함이 제거되지 아니할 때에는 연방참의원은 연방정부나 州의 제의로 州가 법을 침해 하였는가의 여부를 결정한다. 연방참의원의 결정에 대하여는 연방헌법재판소에 제소할 수 있다.

⑤ 연방정부에게 연방참의원의 동의를 필요로 하는 연방법률에 의해서

연방법률를 집행하기 위해 구체적인 경우 개별적 제시를 할 권한이 부여될 수 있다. 그 제시는 연방정부가 긴급한 경우라고 인정하는 때 이외에는 州최고관청에 대하여 행해져야 한다.

제85조 【연방에 의해 위임된 州행정】

① 州가 연방의 위임에 따라 연방법률을 집행할 때에는 연방참의원의 동의를 필요로 하는 연방법률에 다른 규정이 없는 한 관청의 설치는 州의 사항이다.

② 연방정부는 연방참의원의 동의를 얻어 일반행정규칙을 제정할 수 있다. 연방정부는 공무원과 사무직원의 획일적 연수를 규정할 수 있다. 중급관청의 장은 연방정부의 동의를 얻어 임명되어야 한다.

③ 州관청은 관할연방최고관청의 지시에 따른다. 그 지시는 연방정부가 긴급한 경우라고 인정하는 경우 외에는 州 최고관청에 대해 행해져야 한다. 지시의 집행은 州 최고관청에 의해 확보되어야 한다.

④ 연방감독은 집행의 합법성과 합목적성에 미친다. 연방정부는 이 목적을 위하여 보고와 서류의 제출을 요구할 수 있고 모든 관청에 수임자를 파견 할 수 있다.

제86조 【연방고유의 행정】

연방이 연방고유의 행정 또는 연방직속의 단체 또는 공법상의 시설을 통해 법률을 집행할 때에는 법률에 특별한 규정이 없는 한 연방정부는 일반행정규칙을 제정한다. 연방정부는 법률이 달리 규정하지 않는 한 관청의 설치를 정한다.

제87조 【연방고유행정의 대상】

① 외교사무, 연방재무행정 및 제89조에 따른 연방수로 및 선박항해행정

은 연방 자신의 하급행정조직을 갖춘 연방고유행정으로 수행된다. 연방국경수비관청과 경찰상의 정보와 통신제도를 위한 중앙관청 및 헌법수호와 폭력행사나 폭력행위를 목적으로 하는 준비행위로서 독일연방공화국의 외교상의 이익을 위태롭게 하는 기도의 방지를 목적으로 필요한 자료수집을 위한 중앙관청은 연방법률에 의해서 설치될 수 있다.

② 관할구역이 한 州의 영역을 넘어서는 사회보험자는 공법상의 연방직할단체로서 운영된다. 그 관할구역이 하나의 州를 넘지만 3개의 州에 미치지 아니하는 사회보험자는 1문에도 불구하고 관계 각 州에 의해 감독州가 결정되는 경우에는 州 직속 공법단체로 한다.

③ 그 밖에 연방에 입법권이 부여되는 사무를 위하여 독립된 연방상급관청과 새로운 연방직할단체 및 공법상의 시설들이 연방법률로 설치될 수 있다. 연방에 입법권이 부여되어 있는 영역에서 연방에 새로운 임무가 발생하면 긴급한 필요가 있는 경우 연방참의원과 연방의회의 재적과반수의 동의를 얻어 연방고유의 중급 및 하급관청이 설치 될 수 있다.

제87a조【군대】

① 연방은 방위를 위한 군대를 편성한다. 군대의 병력수와 조직의 대강은 예산안에 나타나야 한다.

② 방위를 위한 경우외에는 기본법이 명문으로 허용하는 경우에만 군대가 투입될 수 있다.

③ 군대는 방위사태와 긴장사태의 경우에 그 방위임무의 수행을 위해 필요한 한 민간인과 그 재산을 보호하고 교통정리의 임무를 수행할 권한을 갖는다. 또한 방위사태와 긴장사태의 경우에는 경찰상의 조치

를 지원하기 위하여서도 민간재산의 보호를 군대가 대행할 수 있다. 이 경우 군대는 직할관청과 협력한다.

④ 연방과 州의 존립 또는 자유민주적 기본질서를 위협하는 위험의 방지를 위해 연방정부는 제91조 제2항의 요건이 존재하고 경찰력과 연방국경수비대만으로는 불충분한 경우에는 민간인·민간재산을 보호하고 조직되고 군사적으로 무장된 폭도들과 투쟁하는 경찰과 연방국경수비대를 지원하기 위해서 군대를 투입할 수 있다. 군대의 투입은 연방의회나 연방참의원의 요구가 있으면 중지되어야 한다.

제87b조 【연방국방행정】

① 연방국방행정은 자신의 하급행정조직을 갖춘 연방고유행정으로 수행한다. 연방국방행정은 군대의 인사와 그 물적수요의 직접적인 충당의 과제에 기여한다. 상이군인의 원호와 건축의 사무는 연방참의원의 동의를 필요를 하는 연방법률에 의해서만 연방국방행정에 위임될 수 있다. 또한 법률이 연방국방행정에 제3자의 권리를 침해할 권한을 위임하는 때에는 이 법률도 연방참의원의 동의를 필요로 한다. 인사영역에 관한 법률에는 해당되지 않는다.

② 그 밖의 징병사무와 민간인보호를 포함한 국방에 관한 연방법률은 연방참의원의 동의를 얻어 그 전부 또는 일부가 그 자신의 하급행정조직을 갖춘 연방고유행정으로 수행되거나 또는 연방의 위임을 받아 州에 의해 수행된다는 것을 규정할 수 있다. 이런 법률이 연방의 위임에 따라 州에 의해 수행될 때에는 연방참의원의 동의를 얻어 제85조를 연방정부와 직할연방최고관청이 갖는 권한들의 전부 또는 일부가 연방상급관청에 이관되도록 규정할 수 있다. 이때 이들 관청은 제85조 제2항 1문에 의한 일반행정규칙을 제정함에 있어서 연방참의

원의 동의를 필요로 하지 않는다고 규정할 수 있다.

第87c條 【핵에너지의 생산과 이용에 관한 규정】

第74조 11a호에 근거하여 제정되는 법률은 연방참의원의 동의를 얻어 그 법률이 연방의 위임에 따라 州에 의해 수행된다는 것을 규정할 수 있다.

第87d條 【항공교통행정】

① 항공교통행정은 연방고유행정으로 수행된다. 그 조직이 공법적 형태를 할 것인가 사법적인 형태로 할 것인가에 관하여는 연방법률로 정한다.

② 연방참의원의 동의를 필요로 하는 연방법률에 의해서 항공교통행정 임무를 위임행정으로서 州에 위탁할 수 있다.

第87e條 【철도교통행정】

① 연방철도에 대한 철도교통행정은 연방고유행정으로 운영된다. 연방법률에 의해서 州의 고유사무로 철도행정사항을 위탁할 수 있다.

② 연방은 연방철도영역을 넘는 연방법률에 의해서 연방에 위탁된 철도교통행정사무를 인수한다.

③ 연방의 철도는 사법적 형태의 경제적 기업으로 경영된다. 이들 철도는 그 경영활동이 철도의 경영과 건설 유지를 포괄하는 범위에서 연방소유에 속한다. 2문에서 기업에 대한 연방지분의 처분은 법률의 근거가 있어야 한다. 이에 대한 지분의 과반수는 연방이 소유한다. 상세한 내용은 연방의 법률로 정한다.

④ 연방은 연방철도의 노선망을 보강하거나 유지하는 경우와 근거리철

도여객교통과 관계없는 범위에서 연방철도를 이 노선에 공급하는 경우에는 공공복리 특히 교통수요를 고려한다. 자세한 것은 연방법률로 정한다.

⑤ 제1항부터 제4항까지의 근거에 관한 법률은 연방참의원의 동의를 필요로 한다. 연방철도기업의 해산·합병·분할 그리고 연방철도노선의 제3자에 대한 양도와 연방철도노선의 폐지를 규율하거나 근거리철도여객교통에 영향을 미치는 법률은 연방참의원의 동의를 요한다.

제87f조 【연방우편, 통신】

① 연방은 연방참의원의 동의를 요하는 연방법률의 기준에 따라 우편제도와 장거리 통신분야에서 전국토에 보편적으로 제공되는 적절하고 충분한 서비를 보장한다.

② 제1항의 서비스는 사경제적 활동으로서 독일연방우편에 유래하는 기업 및 사적 제공자를 통하여 수행하며, 우편제도와 장거리 통신분야에서 고권적 임무는 연방고유의 행정으로 수행한다.

③ 제2항 2문에도 불구하고 연방은 연방직속의 공법상 운영물의 법형성으로 특별재산인 독일연방우편에 유래하는 기업에 관한 임무를 연방법률의 기준에 따라 수행한다.

제88조 【연방은행】

연방은 연방은행으로서 통화 및 발권은행을 설립한다. 그 임무와 권한은 유럽연합의 범위내에서 유럽중앙은행에 이양할 수 있으며, 유럽중앙은행은 가격안정의 확보라는 우선적 목적에 따라야 한다.

제89조 【연방수로】

① 연방은 종래의 제국수로의 소유자가 된다.

② 연방은 자신의 관청을 통해 연방수로를 관리한다. 연방은 한 州의 영역을 넘어서는 내수항행의 국가적 임무와 법률로 연방에 이양되는 해양항행의 임무를 수행한다. 연방은 한 州의 영역 내에 위치한 한 연방수로의 행정을 위임행정으로서 신청에 따라 2 州에 이양할 수 있다. 수로가 여러 州에 걸쳐 있으면 연방은 관련된 州의 신청에 따라 州에 위임할 수 있다.
③ 수로의 행정, 확장 또는 신설에 있어서 토지경작과 영리의 수요가 州들과 협의해서 보존되어야 한다.

제90조 【연방도로】
① 연방은 종래의 제국고속도로와 제국도로의 소유자가 된다.
② 州 또는 州法에 의해 관할권을 가진 자치행정단체가 연방의 위임에 따라 연방고속도로와 그 밖의 장거리교통용을 위한 연방도로를 관리한다.
③ 연방은 州의 신청에 따라 연방고속도로와 그 밖의 장거리교통용연방도로를 그 도로들이 그 州의 영역내에 있는 때에는 연방고유행정으로 맡을 수 있다.

제91조 【연방의 존립에 대한 위험의 방지】
① 연방 또는 州의 존립이나 자유민주적 기본질서를 위협하는 위험의 방지를 위하여 州는 다른 州의 경찰력과 다른 행정청 및 연방국경수비대의 힘과 시설을 요청할 수 있다.
② 위험에 처한 州가 스스로 그 위험을 극복할 준비가 되어 있지 않거나 능력이 없을 때에는 연방정부가 그 州의 경찰과 다른 州의 경찰력을 자신의 지시하에 둘 수 있고 연방국경수비대의 부대들을 투입할 수 있다. 명령은 위험이 제거된 후 연방참의원의 요구가 있으면

언제라도 폐지되어야 한다. 위험이 한 州이상의 영역에 미칠 때에는 연방정부는 효과적인 극복을 위해 필요하다면 州정부에 지시를 내릴 수 있다. 1문과 2문에는 해당되지 않는다.

제8a장 공동업무(Gemeinschaftsaufgaben)

제91a조 【연방의 州에의 협력권】

① 州의 과제가 전체를 위해 중대한 것이고 생활관계의 개선을 위해 연방의 협력이 필요한 경우(공동임무)에는 연방은 다음의 분야에서 州의 업무수행에 협력한다.

1. 대학병원을 포함한 대학의 확장과 신축
2. 지역 경제구조의 개선

② 공동업무는 연방참의원의 동의를 요하는 연방법률로 상세히 정한다. 동법률에는 공동과제의 수행에 관한 일반원칙이 포함되어야 한다.

③ 동법률은 공동의 대강계획을 위한 절차와 시설에 관해 규정한다. 대강계획에 사업계획이 포함될 때에는 그 사업계획이 실행될 州의 동의를 요한다.

④ 연방은 제1항 1호와 2호의 경우에는 모든 州에서 비용의 반을 부담한다. 제1항 3호의 경우에는 연방은 최소한 반액을 부담한다. 비용담당비율은 모든 州에 대해 획일적으로 정해야 한다. 상세한 내용은 법률로 정한다. 자금준비는 연방과 각 州의 예산안의 확정에 유보된다.

⑤ 연방정부와 연방참의원은 자신의 요구로 공동업무수행에 관한 보고를 받을 수 있다.

제91b조 【연방과 州의 협력】

연방과 州는 협정에 근거하여 교육계획과 소지역적 중대성을 지닌 학술적 연구의 시설과 계획의 촉진에 협력할 수 있다. 비용부담은 협정에서 정한다.

제9장 사법

제92조 【법원의 조직】

사법권은 법관에게 맡겨진다. 사법권은 연방헌법재판소, 기본법에 규정된 연방법원 그리고 州법원에 의해 행사된다.

제93조 【연방헌법재판소 권한】

① 연방헌법재판소는 다음 사항을 결정한다.

1. 연방최고기관의 권리와 의무의 범위 또는 기본법이나 연방최고기관의 업무규칙에 의해서 고유의 권리를 갖는 그 밖의 관계자의 권리와 의무의 범위에 관한 분쟁을 동기로 하는 기본법의 해석
2. 연방정부, 州정부 또는 연방의회재적의원 3분의 1의 신청에 따라 기본법과 연방법, 州法과의 형식적·실질적 부합성에 관한 또는 그 밖의 연방법과 州법의 양립성에 관한 의견차이나 의문

2a. 연방참의원, 州정부 또는 州의회의 신청에 의해서 법률이 제72조 제2항의 요건을 충족하고 있는지의 여부에 관한 의견대립이 있는 경우

3. 연방과 州의 권리와 의무에 관한 특히 州에 의한 연방법의 집행과 연방감독의 행사에 있어서 의견차이
4. 다른 쟁송수단이 없는 경우 연방과 州간의 그리고 州상호간의 또는 州내부에서의 다른 공법상의 쟁의

4a. 누구나 공권력에 의해서 기본권 또는 제20조 제4항, 제33조, 제38조, 제101조, 제103조 및 제104조에 규정된 권리가 침해되었다

는 것을 제기할 수 있는 헌법소원

4b. 제28조의 자치행정권이 법률에 의해 침해되었거나 州헌법법원에 소원이 제기될 수 없는 경우로서 州에 의해 침해되었음을 이유로 지방자치단체와 지방자치단체조합이 제기하는 헌법소원

5. 기타 기본법이 규정한 경우

② 나아가 연방헌법재판소는 그 밖에 연방법률에 의해 그에게 배정된 사건에 관하여 활동한다.

제94조【연방헌법재판소 구성】

① 연방헌법재판소는 연방법관과 그 밖의 구성원으로 조직한다. 연방헌법재판소의 구성원은 연방의회와 연방참의원에 의해 각각 반수씩 선출된다. 연방헌법재판소의 구성원은 연방의회, 연방참의원, 연방정부, 그에 대응하는 州의 기관에 소속할 수 없다.

② 연방헌법은 연방헌법재판소의 조직과 절차를 규정하고 어떤 경우에 그 판결이 법률상의 효력을 갖는지를 규정한다. 연방법률은 헌법소원에 대하여 소송수단이 소원제기 이전에 남김없이 취해졌어야 한다는 것을 요건으로 할 수 있고 특별한 수리절차를 규정할 수 있다.

제95조【연방최고법원】

① 연방은 일반·행정·재정·노동 재판 및 사회재판의 영역에 최고법원으로서 연방법원, 연방행정법원, 연방재정법원 연방노동법원 및 연방사회법원을 설치한다.

② 위의 각 법원의 법관의 임명은 각각 해당 분야를 관할하는 연방장관이 각각 해당분야를 관할하는 州장관 들과 연방의회에 의해 선출되는 동수의 의원으로 구성되는 법관선출위원회와 공동으로 결정한다.

③ 판결의 통일성을 유지하기 위해 제1항에 열거된 법원의 합동부가 구성 되어야 한다. 상세한 내용은 연방법률로 정한다.

제96조 【연방법원】

① 연방은 영업상의 권리보호에 관한 사안을 위하여 연방법원을 설치할 수 있다.
② 연방은 연방법원으로 군대를 위한 군사법원을 설치할 수 있다. 군사법원은 방위사태의 경우와 외국에 파견되거나 군함에 승선한 군대의 소속원에 대하여만 형사재판권을 행사할 수 있다. 상세한 내용은 연방법률로 정한다. 이 법원들은 연방법무장관의 소관분야에 속한다. 그 전임법관은 법관직의 자격을 가져야 한다.
③ 제1항 제2항에 열거된 법원의 최상급법원은 연방법원이다.
④ 연방은 연방에 대해 공법상의 근무관계에 있는 자들에 대한 징계절차와 소원절차를 결정하기 위한 연방법원을 설치할 수 있다.
⑤ 제26조 제1항과 국가보호의 영역에서의 형사절차를 위해 연방법률은 연방참의원의 동의를 얻어 州법원이 연방의 재판권을 행사하도록 규정할 수 있다.

제97조 【법관의 독립】

① 법관은 독립이며 법률에만 따른다.
② 전임으로 그리고 계획에 따라 종국적으로 임용된 법관은 법원의 판결에 의해서 법률에 규정된 이유와 방식에 의해서만 그 의사에 반하여 임기전에 면직되거나 계속적 또는 일시적으로 정직되거나 전보 혹은 퇴직시킬 수 있다. 법률로 정년을 정할 수 있고 정년에 달한 종신법관을 퇴직시킬 수 있다. 법원의 조직이나 구역이 변경될 경우에

는 법관은 다른 법원에 전속되거나 퇴직될 수 있지만 봉급의 전액이 지급되어야 한다.

제98조 【법관의 법적 지위】

① 연방법관의 법적 지위는 특별한 연방법률로 정해야 한다.

② 연방법관이 직무상 또는 직무외에서 기본법의 원칙이나 州의 헌법적 질서에 위반한 때에는 연방헌법재판소는 연방의회의 신청에 따라 3분의 2의 다수로 그 법관의 전직이나 퇴직을 명할 수 있다. 그 위반이 고의적인 경우에는 파면시킬 수 있다.

③ 州법관의 법적 지위는 특별한 州법률로 정해야 한다. 제74a조 제4항이 달리 규정하지 않는 한 연방은 대강규정을 정할 수 있다.

④ 州는 州법무장관이 법관선출위원회와 공동으로 州법관의 임명을 결정하도록 규정할 수 있다.

⑤ 州는 제2항에 준하는 규정을 둘 수 있다. 현행 州헌법에는 해당되지 않는다. 법관탄핵에 관한 결정권은 연방헌법재판소에 속한다.

제99조 【한 州내부에서의 헌법분쟁】

州법률로 한 州내부에서의 헌법쟁송에 관한 결정은 연방헌법재판소에서 州法의 적용이 문제되는 사항에 관한 최종심판결은 제95조 제1항에 열거된 최고법원에 배정될 수 있다.

제100조 【법률의 위헌성】

① 법원이 재판에서 그 효력이 문제되는 법률이 위헌이라 생각할 때에는 그 절차를 중지해야 하며 또한 州헌법의 침해가 문제될 때에는 그 州의 헌법쟁송에 관해 관할권을 갖는 법원의 판결을 구해야 하고

이 기본법의 침해가 문제될 때에는 연방헌법재판소의 결정을 구해야 한다. 이는 州법에 의한 이 기본법의 침해가 문제되거나 연방법률과 州법률의 불합치성이 문제되는 경우에도 적용된다.

② 어떤 소송에서 국제법의 규정이 연방법의 구성부분이 되는지의 여부와 그것이 개인에 대하여 직접적인 권리·의무를 발행케 하는지(제25조)의 여부가 의심스러울 때에는 법원은 연방헌법재판소의 결정을 구해야 한다.

③ 州의 헌법법원이 기본법의 해석시에 연방헌법재판소 또는 다른 州의 헌법법원의 결정과 달리하고자 할 때에는 동 헌법법원은 연방헌법재판소의 결정을 구해야 한다.

제101조 【특별법원】

① 특별법원은 허용되지 아니한다. 누구든지 법률로 정한 법관에 의한 재판을 받을 권리를 박탈당하지 아니한다.

② 특별사항분야를 위한 법원은 법률에 의해서만 설치될 수 있다.

제102조 【사형의 폐지】

① 사형은 폐지된다.

제103조 【피고인의 기본권】

① 누구든지 법정에서 법률상의 청문을 요구할 수 있다.

② 어떤 행위는 그것이 행해지기 이전에 그 가벌성이 법률로 규정된 경우에만 처벌될 수 있다.

③ 누구도 동일한 행위를 이유로 일반형법에 근거하여 거듭 처벌되지 아니한다.

제104조 【자유박탈의 경우의 권리보장】

① 신체의 자유는 형식적 법률에 근거해서만 그리고 거기에 규정된 방식에 따라서만 제한될 수 있다. 구금된 자는 정신적으로나 육체적으로 학대되어서는 안 된다.

② 자유포기의 허용과 계속은 법관만이 결정한다. 법관의 지시에 의하지 않은 모든 자유포기는 지체없이 법관의 결정을 받아야 한다. 경찰은 자기의 절대적 권력으로 누구도 체포익일이 종료한 후까지 구금할 수 없다. 상세한 내용은 법률로 정한다.

③ 누구든지 범죄행위의 혐의 때문에 일시적으로 체포된 자는 늦어도 체포 익일에 법관에게 인치되어야 하며 법관은 체포된 자에게 체포이유를 알려야 하며 그를 신문하고 그에게 이의를 제기할 기회를 주어야 한다. 법관은 지체없이 이유를 첨부한 체포영장을 발부하거나 석방을 명하여야 한다.

④ 자유박탈의 명령이나 계속에 대한 법관의 모든 결정은 지체없이 피구금자의 가족 또는 그가 신임하는 자에게 통지되어야 한다.

제10장 재정제도

제104a조 【비용분담, 재정지원】

① 연방과 州는 이 기본법에 다른 규정이 없는 한 그 업무수행에 오는 필요한 비용을 부담한다.

② 州가 연방의 위임을 받아 행동할 때에는 거기에서 오는 비용은 연방이 부담한다.

③ 금전급부를 포함하고 州에 의해서 집행되는 연방법률은 금전급부의 전부 또는 일부를 연방이 부담하도록 규정할 수 있다. 동법률이 비용의 절반 또는 그 이상을 연방이 부담한다고 규정할 때에는 그 법률

은 위임을 받아 집행된다. 동법률이 비용의 4분의 1 또는 그 이상을 州가 부담하도록 규정할 때에는 그 법률은 연방참의원의 동의를 필요로 한다.

④ 연방은 경제전체의 균형의 교란을 방지하기 위해 또는 연방영역에서의 상이한 경제력의 조정을 위해 또는 경제성장의 촉진을 위하여 필요한 州와 지방자치단체(지방자치단체연합체)의 특별한 투자를 위해서 각 州에 재정지원을 해줄 수 있다. 상세한 내용 특히 촉진될 투자의 종류는 연방참의원의 동의를 요하는 연방법률이나 연방예산법에 근거한 행정협정으로 정한다.

⑤ 연방과 州는 그 관청에 소요되는 행정비용을 부담하고 그 상호간의 관계에 있어서 질서있는 행정을 보증한다. 상세한 내용은 연방참의원의 동의를 요하는 연방법률로 한다.

제105조 【입법권】

① 연방은 관세와 재정전매에 관한 전속적 입법권을 갖는다.

② 연방은 그 밖의 조세수입의 전부 또는 일부가 그에 귀속하든가 제72조 제2항의 요건이 존재하는 때에는 그 밖의 조세에 관한 경합적 입법권을 갖는다.

② a 州는 연방법률로 규정되는 조세와 동일한 것이 아닌 한 지역적인 소비세와 사치세에 관한 입법권을 갖는다.

③ 州가 지방자치단체(지방자치단체연합체)에 전부 또는 일부의 수입이 귀속하는 조세에 관한 연방법률은 연방참의원의 동의를 요한다.

제106조 【조세수입의 분배와 재정전속수익】

① 재정전매수익과 다음의 조세수입은 연방에 귀속한다.

1. 관세
2. 제2항에 따라 州에 귀속하지 않고 제3항에 따라 연방과 州에 공동으로 귀속하거나 제6항에 따라 지방자치단체에 귀속하는 소비세
3. 도로운송세
4. 자본거래세 보험세 및 어음세
5. 일회에 한한 재산세 및 부담의 조정을 위한 조정세
6. 소득세와 법인세에 대한 부가세
7. 유럽공동체 범위내에서 과하는 공과금

② 다음의 조세수입은 州에 귀속한다.

1. 재산세
2. 상속세
3. 자동차세
4. 제1항에 따라 연방에 귀속되지 않거나 제3항에 따라 연방과 州에 공동으로 귀속되는 거래세
5. 맥주세
6. 박람장의 공과금

③ 제5항에 따라 소득세의 수입이 지방자치단체에 속하지 않는 한 소득세 법인세 및 판매세는 연방과 州에 공동으로 귀속한다. 소득세와 법인세의 수입에 관하여는 연방과 州가 반분한다. 판매세에 관한 연방과 州의 몫은 연방참의원의 동의를 요하는 연방법률로 확정된다. 이 몫을 정함에 있어서는 다음의 원칙을 따른다.

1. 연방과 州는 통상수입의 범위내에서 각기 필요한 지출을 충당할 동등한 청구권을 갖는다. 이때 지출의 범위는 수년에 걸친 재정계획을 참작해서 정한다.
2. 연방과 州의 충당요구는 공정한 조정이 이루어지고 납세의무자의

과중한 부담이 회피되고 또한 연방영역에서 생활수준의 균형이 보장되게끔 상호 조정되어야 한다. 판매세에 관하여 연방과 州의 몫을 정함에 있어서 1966년 1월 1일부터 어린 위하여 발생하게 되는 州의 조세수입을 부족은 추가된다.

④ 판매세에 대한 연방과 州의 몫은 연방과 州의 수입·지출의 비율이 근본적으로 변경될 때에는 새로 정해져야 한다. 제3항 5문에 따른 판매세의 몫의 확정에 추가로 포함되는 조세수입 부족은 이때 계정하지 않는다. 연방법률에 의해서 州에 추가지출을 과하거나 수입을 삭감할 때에는 추가부담은 단기간에 한한다면 연방참의원의 동의를 필요로 하는 연방법률에 의해서 연방의 재정보조로 조정될 수 있다. 이러한 재정보조의 산정과 州에 의한 분배에 관한 원칙은 법률에서 규정되어야 한다.

⑤ 지방자치단체는 각 州가 주민의 소득세납부를 근거로 지방자치단체에 교부해야 할 소득세의 수입에서 몫을 받는다. 상세한 내용은 연방참의원의 동의를 요하는 연방법률로 정한다. 동법률은 지방자치단체가 그의 몫에 관한 징수율을 결정하는 것을 규정할 수 있다.

⑥ 실물세의 수입은 지방자치단체에 귀속되고 지역적 소비세 및 사치세의 수입은 지방자치단체 또는 州立法에 따라서 지방자치단체연합체에 귀속된다. 지방자치단체에는 법률의 범위내에서 실물세의 징수율을 정할 권한이 부여된다. 어떤 州에 지방자치단체가 없는 때에는 실물세수입과 소비세 및 사치세의 수입은 州에 귀속한다. 연방과 州는 할당액에 따라 영업세의 수입에 참여할 수 있다. 할당액에 관해 상세한 내용은 연방참의원의 동의를 필요하는 연방법률로 정한다. 州입법에 따라서 실물세와 지방자치단체의 소득세수입 몫이 징세율의 산정 근거가 될 수 있다.

⑦ 공동조세의 수입전체에 대한 각 州의 몫 중에서 州입법에 의해서 확정되는 백분율에 따라 지방자치단체와 지방자치단체연합체에 총체적으로 배정된다. 또한 州입법은 州세의 수입이 지방자치단체에 귀속될지의 여부 및 어느 정도로 배정될 것인가를 정한다.

⑧ 연방이 州 또는 지방자치단체(지방자치단체연합체)에게 동 州 또는 지방자치단체(지방자치단체연합체)의 직접적인 가중지출이나 수입감소의 원인이 되는(특별부담) 특별한 시설을 하게 할 때에는 연방은 한 州나 지방자치단체(지방자치단체연합체)가 그 특별부담을 하리라고 기대될 수 없을 때에는 필요한 조정을 한다. 제3자의 보상급부와 동州나 지방자치단체(지방자치단체연합체)가 시설의 결과로서 얻게 되는 재정적 이익을 조정의 경우에 참작된다.

⑨ 지방자치단체(지방자치단체연합체) 외 수입과 지출도 본조에서 말하는 州의 수입과 지출에 해당한다.

제106a조 【근거리여객교통에서의 재정평등】

1996년 1월 1일부터 공공여객교통에 대한 연방의 조세수입의 총액의 일정가액은 州에 속한다. 상세한 내용은 연방참의원의 동의를 필요로 하는 법률로 규정한다. 1문에 따른 가액은 제107조 제2항에 따른 재정능력의 조정에 있어서 고려하지 않는다.

제107조 【재정조정과 보조금할당】

① 州세수입과 소득세·법인세수입에 대한 州의 몫은 그 조세가 州영역내의 재정관청에 의해 징수(지역적 수입)되는 때에는 각 州에 귀속한다. 법인세와 근로소득세에 관한 지역적 수입의 한계와 종류 및 그 배분범위에 관한 상세한 규정은 연방참의원의 동의를 필요로 하는

연방법률로 정한다. 동법률은 그 밖의 지역적 세수입의 한계와 배분에 관하여도 규정할 수 있다. 판매세 수입에 관한 州의 몫은 주민수에 비례하여 각 州에 귀속된다. 이 州몫의 일부 최고 4분의 1까지는 연방참의원의 동의를 필요로 하는 연방법률에 의해서 州세와 소득세 및 법인세로부터의 그 주민당 수입이 州의 평균수입이하인 州에 대하여는 추가몫으로 규정 될 수 있다.

② 각 州의 상이한 재정력의 적절한 조정이 법률에 의해서 확보되어야 한다. 이 경우 지방자치단체(지방자치단체연합체)의 재정력과 재정수요를 고려하여야 한다. 조정을 요구할 수 있는 州의 조정청구권과 조정에 응해야 할 州의 조정의무에 관한 요건과 조정급부액의 기준은 법률에서 정해야 한다. 동법률은 연방은 급부능력이 약한 州에 대하여는 일반적인 재정수요를 충당시켜주기 위해 연방의 재원으로부터 교부금을 지급한다는 것(보조금 할당)도 규정할 수 있다.

제108조 【재정행정】

① 관세, 재정전속 그리고 수입판매세를 포함한 연방법률상의 소비세와 유럽공동체의 범위에서 과하는 공과는 연방재정관청이 관리한다. 이 관청들의 조직은 연방법률로 정한다. 그 중급관청의 장은 州정부와 협의해서 임명된다.

② 그 밖의 조세는 州재정관청이 관리한다. 이 관청들의 조직과 공무원들의 획일적 연수는 연방참의원의 양해를 얻어 임명되어야 한다.

③ 州재정관청이 그 전부 또는 일부가 연방에 귀속하는 조세를 관리할 때에는 연방의 위임에 따라 활동한다. 제85조 제3항과 제4항은 연방재무장관이 연방정부를 대리하는 정도에 비례하여 적용한다.

④ 조세행정에 있어서 조세법의 집행이 그 때문에 현저히 개선되거나 수

월해 질 때에는 그러한 한도내에서 연방참의원의 동의를 필요로 하는 연방법률에 의해서 연방재정관청과 州재정관청의 협력이 규정될 수 있고 제1항에 해당하는 조세에 관하여는 州재정관청에 의한 관리가, 그 밖의 조세에 관하여는 연방재정관청에 의한 관리가 규정될 수 있다. 오로지 지방자치단체(지방자치단체연합체)에 귀속되는 조세에 관하여는 州재정관청의 권한에 속하는 州에 의한 관리의 전부 또는 그 일부가 지방자치단체(지방자치단체연합체)에 이양될 수 있다.

⑤ 연방재정관청에 의해 적용될 절차는 연방법률로 정한다. 州재정관청과 제4항 2문의 경우에 지방자치단체(지방자치단체연합체)에 의해 적용될 절차는 연방참의원의 동의를 얻어 연방법률로 정할 수 있다.

⑥ 재정재판은 연방법률이 통일적으로 규정한다.

⑦ 연방정부는 일반행정규칙을 제정할 수 있고 조세행정이 州재정관청이나 지방자치단체(지방자치단체연합체)의 의무일 때에는 연방참의원의 동의를 얻어야 한다.

제109조 【연방과 州의 예산운용】

① 연방과 州는 각자의 예산운용에 있어 자주적이고 상호독립적이다.

② 연방과 州는 그 예산운용에 있어 경제전체의 균형의 요청을 고려해야 한다.

③ 예산법과 경기에 상응한 예산비용 그리고 여러 해에 걸친 재정운용 그리고 여러 해에 걸친 재정계획에 관하여 연방과 州에 공동으로 적용되는 원칙은 연방참의원의 동의를 필요로 하는 연방법률로 제시할 수 있다.

④ 경제 전체의 균형의 교란을 방지하기 위해 연방참의원의 동의를 필요로 하는 연방법률로

1. 영역단체와 목적단체에 의한 신용대금의 최고액, 조건 및 기한
2. 독일연방은행에서의 무이자예금을 유지할 연방과 州의 의무(경기조정준비예치금)에 관한 규정을 제정할 수 있다. 법규명령을 제정할 권한은 연방정부에게만 위임될 수 있다. 법규명령은 연방참의원의 동의를 필요로 한다. 연방의회의 요구가 있으면 그 법규명령은 폐지되어야 한다. 상세한 내용은 연방법률로 정한다.

제110조 【연방의 예산안】

① 연방의 모든 수입과 지출은 예산안으로 편성되어야 한다. 연방기업체와 특별재산에 관하여는 전출금 또는 전입금만을 포함시키면 된다. 예산의 수입과 지출은 균형이 유지되어야 한다.

② 예산안은 일회계연도 또는 다회계연도가 개시되기 전에 예산법으로 확정된다. 예산안의 각 부분에 관해 기한이 상이한 것은 회계연도별로 분리되어 적용되는 것이 규정될 수 있다.

③ 제2항 1문에 의한 예산안과 예산법률 및 예산안의 변경에 관한 제안은 연방참의원에 이송함과 동시에 연방의회에 제출된다. 연방참의원은 6주내에 수정제안의 경우에는 3주내에 그 제안에 관한 태도를 표명할 수 있다.

④ 예산법률에는 연방의 수입・지출과 예산법률에 의해 의결된 기한에 관한 조항만이 규정되어야 한다. 예산법률은 그 법조항이 차기 예산법률의 공포와 더불어 비로소 효력을 상실하거나 제115조에 의한 수권의 경우에는 그보다 늦게 효력을 상실한다고 규정할 수 있다.

제111조 【예산승인전의 지출】

① 회계연도의 종료시 차년도의 예산안이 법률에 의해서 확정되지 아니

하면 연방정부는 그 법률의 시행시까지 다음 각항에 필요한 일체의 지출을 할 수 있는 권한을 갖는다.

ⓐ 법률로 설치된 시설을 유지하고 법률로 의결된 조치를 수행하기 위하여

ⓑ 법적 근거가 있는 연방의 직무를 수행하기 위하여

ⓒ 전연도의 예산안에 의해 그 액수가 이미 승인된 경우의 건축 조달 및 그 밖의 급부를 계속하기 위하여 또는 이들 목적을 위한 원조를 지속하기 위하여 필요한 모든 경비를 지출할 권한을 갖는다.

② 특별법에 근거를 갖는 조세·공과 및 그 밖의 재원 또는 사업용 적립금으로부터의 수입이 제1항의 지출을 충당하지 못할 때에는 연방정부는 그 경비운용을 위해 필요한 자금을 전년도 예산안의 최종총액 4분의 1의 액까지 차입하여 자금화 할 수 있다.

제112조 【예산초과지출 및 예산외 지출】

예산외 지출과 예산초과지출은 연방재무장관의 동의를 필요로 한다. 그러한 동의는 오직 예견할 수 없었던 그리고 불가피한 필요가 있는 경우에만 행해질 수 있다. 상세한 내용은 연방법률로 정할 수 있다.

제113조 【지출의 증액, 수입의 감소】

① 연방정부가 제안한 예산안상의 지출을 증액하거나, 새로운 지출을 포함하거나, 장차 새로운 지출을 초래할 법률은 연방정부의 동의를 필요로 한다. 수입감소를 포함하거나 장차 수입감소를 초래할 법률에 관하여도 마찬가지이다. 연방정부는 연방의회가 그러한 법률의 의결을 연기하도록 요구할 수 있다. 이 경우에는 연방정부는 6주내에 연방의회에 대한 태도를 표명해야 한다.

② 연방의회가 동법률을 의결한 후에는 연방정부는 4주내에 연방의회가 재의결을 하도록 요구할 수 있다.

③ 법률이 제78조에 따라 성립되면 연방정부는 6주내에 한해서만 그리고 연방정부가 제1항 3문과 4문이나 제2항에 따른 절차를 개시했을 때만 그 동의를 거부할 수 있다. 이 기간의 경과후에는 동의가 있는 것으로 간주된다.

제114조 【회계보고, 연방회계검사원】

① 연방재무장관은 모든 수입과 지출에 관해 그리고 과년도의 자산과 채무에 관하여 연방정부의 책임면제를 위하여 차회계년도중에 연방의회와 연방참의원에 결산보고를 해야 한다.

② 그 구성원이 장관과 같은 독립성을 갖는 연방회계검사를 결산과 더불어 예산집행 및 경제운용의 경제성과 적정성을 심사한다. 회계검사원은 매년 연방정부 외에 연방의회와 연방참의원에 직접 보고해야 한다. 그 밖에도 연방회계검사원의 권한은 연방법률로 정한다.

제115조 【신용제공】

① 장래의 회계년도에 있어서 지출이 될 수 있는 신용차금, 담보제공 또는 그 밖의 보장들은 그 최고액이 결정되어 있거나 결정될 수 있는 연방법률에 의한 수권을 필요로 한다. 신용차금으로부터의 수입은 예산안 중의 계상된 투자지출 총액을 넘을 수 없다. 경제전체의 균형의 장해를 방지하기 위해서만 예외가 허용된다. 상세한 내용은 연방법률로 정한다.

② 연방의 특별재산에 관하여는 연방법률로 제1항에 대한 예외가 허용될 수 있다.

第10a장 방위사태(Verteidigungsfall)

제115a조 【방위사태의 확인】

① 연방의회는 연방참의원의 동의를 얻어 연방영역이 무력으로 공격받거나 이러한 공격이 직접적으로 위협되고 있다는 것(방위사태)을 확인한다. 이 확인은 연방정부의 신청에 따라 행해지며 투표수의 3분의 2의 다수 적어도 연방의회재적의원의 과반수를 필요로 한다.

② 상황이 즉각적인 행동을 불가피하게 요구하고 극복할 수 없는 장애 때문에 연방의회의 적시의 집회가 어렵거나 연방의회가 결의불능인 때에는 합동위원회가 투표수의 3분의 2의 다수 적어도 그 구성원의 과반수로 확인한다.

③ 이 확인은 제82조에 따라 연방대통령에 의해 연방법률공보에 공포된다. 이것을 적시에 할 수 없는 때에는 다른 방법으로 공포한다. 사정이 허락하면 즉시 연방법률공보에 추록해야 한다.

④ 연방영역이 무력으로 공격받고 권한을 가진 연방기관이 즉각 제1항 1문에 의한 확인을 할 수 없는 때에는 확인은 행해진 것으로 간주되고 공격이 개시된 시점에 공포된 것으로 간주한다. 연방대통령은 사정이 허락하면 즉시 이 시점을 공포해야 한다.

⑤ 방위사태의 확인이 공포되고 연방영역이 무력으로 공격받게 되면 연방대통령은 연방참의원의 동의를 얻어 방위사태의 성립에 관한 국제법상의 선언을 할 수 있다. 제2항의 전제하에서는 합동위원회가 연방의회를 대신한다.

제115b조 【방위사태에 있어서 자위권】

방위사태의 공포와 더불어 군에 대한 명령권 및 지휘권은 연방수상에게 위임된다.

제115c조 【방위사태하에서 연방의 입법권의 경합】

① 연방은 방위사태를 위하여 州의 입법권에 속하는 사항분야에 대하여도 경합적 입법권을 갖는다. 이 법률은 연방참의원의 동의를 필요로 한다.

② 방위사태기간중 상황이 요구하면 방위사태에 있어서 연방법률로

1. 공용수용의 경우 제14조 제3항 2문과는 달리 보상이 잠정적으로 규정될 수 있고
2. 법관이 정상시에 적용되는 기한내에 활동할 수 없는 때에 자유박탈의 경우 제104조 제2항 2문과 제3항 1문과는 달리 기한을 정할 수 있으나 최고 4일을 넘을 수 없다.

③ 현재의 또는 직접적으로 위협되고 있는 공격의 방지를 위해 필요한 때에는 방위사태에 있어 연방참의원의 동의를 얻어 연방법률로 연방과 州의 행정 및 재정제도가 제8장, 제8a장, 제10장과는 달리 규정될 수 있으며 그 경우 州 지방자치단체 및 지방자치단체연합체의 존속능력 특히 재정적인 면에서의 존속능력은 유지되어야 한다.

④ 제1항과 제2항 1호에 의한 연방법률은 그 집행준비를 위하여 방위사태발생 이전에 이미 적용될 수 있다.

제115d조 【연방입법의 단축된 절차】

① 방위사태의 경우에는 연방의 입법에 관해 제76조 제2항, 제77조 제1항 2문과 제2항에서 제4항까지 제78조와 제82조 제1항과는 달리 제2항과 제3항의 규정이 적용된다.

② 긴급한 것으로 표시된 연방정부의 법률안의 연방의회에 제출됨과 동시에 연방참의원에 이송된다. 연방의회와 연방참의원은 이 법률안을 지체없이 합동으로 심의한다. 이 법률에 대해 연방참의원의 동의가

필요하면 법률의 성립을 위하여 연방참의원 과반수 동의가 있어야 한다. 상세한 내용은 연방의회가 의결하고 연방참의원의 동의를 필요로 하는 의사규칙으로 정한다.

③ 법률의 공포에는 제115a조 제3항 2문이 준용된다.

제115e조 【연방의회와 연방참의원의 권한 수행】

① 방위사태의 경우에 합동위원회가 투표수의 3분의 2의 다수 적어도 그 구성원의 과반수로 연방의회의 적시의 집회를 방해하는 극복할 수 없는 장애가 있거나 연방의회의 의결불능을 확인하면 합동위원회는 연방의회와 연방참의원의 지위를 가지며 그들의 권한을 통일적으로 수행한다.

② 기본법은 합동위원회의 법률에 의해서 개정될 수도 없고 그 전부 또는 일부가 효력을 상실하거나 적용이 배제될 수도 없다. 합동위원회는 제23조 제1항 2문, 제24조 제1항과 제29조에 의한 법률을 제정할 권한을 합동위원회는 갖지 아니한다.

제115f조 【방위사태하에서 연방정부의 특별권능】

① 방위사태의 경우에 연방정부는 상황이 요구하는 한

1. 연방국경수비대를 연방전역에 투입할 수 있고
2. 연방행정청외에 州정부에 대하여도 긴급하다고 인정할 때에는 州관청에 대하여 제시를 할 수 있고 또한 이 권한을 그가 정하는 州정부의 구성원에게 이양할 수 있다.

② 연방의회 연방참의원 및 합동위원회는 제1항에 의해서 행해진 조치에 관하여 지체없이 보고를 받는다.

제115g조 【방위사태발생후의 연방헌법재판소】

연방헌법재판소와 그 판사들의 헌법상의 지위와 헌법상의 임무의 수행은 침해될 수 없다. 연방헌법재판소법은 연방헌법재판소의 견해에 의해서도 동 재판소의 기능유지를 위해 필요한 한에서만 합동위원회의 법률로 개정될 수 있다. 그러한 법률이 제정되기까지는 연방헌법재판소는 동 재판소의 활동능력의 유지를 위하여 필요한 조치를 취할 수 있다. 연방헌법재판소는 2문과 3문에 의한 결정을 재석판사의 과반수로 행한다.

제115h조 【방위사태의 발생중의 새로운 선출】

① 방위사태기간 중에 종료한 연방회의 또는 州의회의 의회기는 방위사태의 종료된 때로부터 6개월 후에 끝난다. 방위사태기간 중에 종료한 연방대통령의 임기와 그 임기전의 직위종료로 인한 연방참의원의장에 의한 대통령권한의 대행은 방위사태종료된 때로부터 9개월 후에 끝난다. 방위사태기간 중에 종료한 연방헌법재판소 구성원의 임기는 방위 사태종료된 때로부터 6개월 후에 끝난다.

② 합동위원회에 의한 연방수상의 새로운 선출이 필요한 때에는 동 위원회는 그 구성원과반수로 새 연방수상을 선출한다. 연방대통령은 합동위원회에 추천을 한다. 합동위원회는 그 구성원 3분의 2의 다수로 후임자를 선출함으로써만 연방수상에 대해 불신임을 표명할 수 있다.

③ 방위사태의 계속 중에는 연방의회의 해산은 배제된다.

제115i조 【州정부와 州관청의 권한】

① 연방의 소관기관이 위험의 방지를 위한 필요한 조치를 할 수 없고 상황이 연방의 각 영역에서 즉각적·독자적인 행동을 불가피하게 요구할 때에는 州정부 또는 그것에 의해 지정된 관청이나 수임자가 그

권한내에서 제115f조 제1항에서 말하는 조치를 취할 수 있다.

② 제1항에 의한 조치는 연방정부에 의해서 그리고 州관청과 연방하급관청에 대한 관계에서는 州수상에 의해서도 언제든지 폐지될 수 있다.

제115j조 【법률과 법규명령의 효력】

① 제115c조, 제115e조 및 제115g조에 의한 법률과 이 법률에 근거하여 제정된 법규명령은 그 적용기간 중 그것들에 저촉되는 법의 적용을 배제한다. 제115c조, 제115e조 및 제115g조에 의거하여 제정된 구법에 대하여는 그렇지 아니하다.

② 합동위원회가 의결한 법률과 그러한 법률에 의거하여 제정된 법규명령은 늦어도 방위사태종료 후 6개월에는 효력을 상실 한다.

③ 제91a조, 제91b조, 제104a조, 제106조 및 제107조와 상이한 규정을 내용으로 하는 법률은 길어도 방위사태종료 후의 두 번째 회계연도말까지 적용된다. 동법률은 방위사태종료 후 제8a장과 제10장에 의한 규율을 받도록 연방참의원의 동의를 얻어 연방법률로 개정될 수 있다.

제115k조 【합동위원회의 법률의 폐지, 강화조약】

① 연방의회는 연방참의원의 동의를 얻어 언제라도 합동위원회의 법률을 폐지할 수 있다. 연방참의원은 연방의회가 이에 관한 의결을 하도록 요구할 수 있다. 위험의 방지를 위해 취해진 합동위원회 또는 연방정부의 그 밖의 조치는 연방의회와 연방참의원의 의결이 있으면 폐지되어야 한다.

② 연방의회는 연방참의원의 동의를 얻어 언제라도 연방대통령에 의해 공포될 의결로써 방위사태가 종료하였음을 선언할 수 있다. 연방참의원은 연방의회가 이에 관한 의결을 하도록 요구할 수 있다. 방위사태

의 확인에 관한 요건이 더 이상 존재하지 않게 된 때에는 방위사태는 지체없이 종료된 것으로 선언되어야 한다.

③ 강화조약은 연방법률로 결정된다.

제11장 경과 및 종결규정

제116조 【독일국적】

① 이 기본법에서 말하는 독일인이란 법률에 달리 규정이 없는 한 독일국적을 가진 자이거나 1937년 12월 31일 현재 독일국영역내의 독일혈통을 가진 망명자 또는 피추방자 또는 그 배우자나 비속으로 인정되었던 자이다.

② 1933년 1월 30일에서 1945년 5월 8일까지의 기간중 정치적·종족적 또는 종교적 이유로 국적을 박탈당한 구독일국적 보유자와 그 비속은 신청에 따라 다시 귀화된다. 1945년 5월 8일 이후 독일 안에 주소를 가져왔고 반대의사를 표명하지 않는 한 이들은 국적을 상실하지 않는 것으로 본다.

제117조 【제3조 제2항과 제11조에 관한 경과규정】

① 제3조 제2항에 저촉되는 법은 그것이 이 기본법규정에 적응하기까지 효력을 가지나 1953년 3월 31일 이후부터는 효력을 갖지 아니한다.

② 현재의 주택난을 고려하여 이전의 자유의 권리를 제한하는 법률은 연방법률에 의해서 폐지될 때까지 효력을 갖는다.

제118조 【바덴과 뷔르템베르크의 양州의 재편성】

바덴, 뷔르템베르크-바덴 및 뷔르템베르크-호헨촐레른 州를 포함하는 영역에서의 재편성은 제29조의 규정과는 달리 관계州의 협정으로 행해질 수 있다. 협정이 성립되지 않을 때에는 재편성은 주민문의를 규정해야 하는 연방법률로 규정한다.

제118a조 【베를린과 브란덴부르크의 양州의 재편성】

베를린과 브란덴부르크의 양州를 포함하는 영역의 새로운 구성은 제29조의 규정에도 불구하고 양州의 유권자의 참가하에 양州의 합의로써 결정할 수 있다.

제119조 【망명자와 피추방자】

망명자와 피추방자의 특히 그들을 각州에 할당하기 위한 업무에 관하여는 연방정부가 연방참의원의 동의를 얻어 법률의 효력을 가진 명령을 제정할 수 있다. 이때 특별한 경우에는 연방정부에게 개별적 지시를 할 권한이 위임될 수 있다. 지시는 지체될 위험이 있는 경우를 제외하고는 州최고관청에 대해 행해진다.

제120조 【전쟁결과의 부담】

① 연방은 점령비용으로 소요되는 경비와 그 밖의 내·외 전쟁결과부담을 연방법률의 상세한 규정에 따른다. 이 전쟁결과부담이 1969년 10월 1일까지 연방법률로 정해지는 경우에는 연방과 州는 그러한 연방법률의 기준에 따라 경비를 둘 사이에서 나누어 분담한다. 연방법에 규정되지도 않았고 규정되지도 않을 전쟁를 둘 사이에서 나누어 분담한다. 연방법에 규정되지도 않았고 규정되지도 않을 전쟁결과부담에 소요되는 경비가 1965년 10월 1일까지 州, 지방자치단체(지방자치단체연합체) 또는 州 혹은 지방자치단체의 과제를 수행하는 그 밖의 업무부담자에 의해 지출된 이상 연방은 이 시기 이후에도 이같은 경

비를 인수할 의무가 없다. 연방은 실업보험과 실업자구제를 포함한 사회보험부담을 위한 보조금을 부담한다. 본항에 의해 규정되는 전쟁부채의 연방과 州에의 할당은 전쟁결과에 관한 보상청구권의 법적 규정과는 관계가 없다

② 수입은 연방이 지출을 인수한 때에 연방에 이전한다.

제120a조 【부담조정】

① 부담조정을 위한 법률은 연방참의원의 동의를 얻어 동법률이 조정작업의 영역에서 일부는 연방에 의해 일부는 연방의 위임으로 州에 의해 집행된다는 것을 규정할 수 있고 또한 그러한 이상 제85조에 의거하여 연방정부와 관계연방최고관청에 귀속되는 권한의 전부 또는 일부를 연방조정청은 이 권한을 행사함에 있어서 연방참의원의 동의를 필요로 하지 않는다. 그 지시는 긴급한 경우 외에는 州최고관청(州조정청)에 대하여 행해져야 한다.

② 제87조 제3항 2문에는 해당되지 않는다.

제121조 【다수의 개념】

이 기본법에서 말하는 연방의회와 연방회의의 구성원의 다수란 그 법적 구성원수의 다수를 말한다.

제122조 【지금까지의 입법의 관할권】

① 연방의회의 집회 후부터는 법률은 오로지 이 기본법에서 인정된 입법권에 의해서만 의결된다.

② 제1항에 따라 그 관할권이 소멸하는 입법기관과 입법에의 심의·참여기관은 이 시점으로부터 해산된다.

제123조 【구법의 효력】

① 연방의회의 집회 이전부터 있던 법은 그것이 기본법에 반하지 않는 한 계속 효력을 갖는다.

② 이 기본법상 州입법권의 관할에 속하는 사항과 관련하는 것으로서 독일제국에 의해 체결된 조약은 그것이 일반적인 법원리에 따라 유효하고 계속 효력을 갖는 것일 때에는 관계자의 모든 권리와 이의의 유보하에 계속 효력을 가지나 이 기본법에 따라 관할권을 갖는 기관에 의한 새로운 조약이 체결되거나 그 중에 포함된 규정을 근거로 하여 그 종결이 따로 행해질 때까지이다.

제124조 【전속적 입법의 영역에서의 구법】

연방의 전속적 입법사항에 해당하는 법은 그 적용범위 내에서 연방법이 된다.

제125조 【경합적 입법의 영역에서의 구법】

연방의 경합적 입법권의 대상에 해당하는 법은

1. 그것이 하나 또는 그 이상의 점령지역내에서 통일적으로 적용되는 한
2. 그것이 1945년 5월 8일 이후에 구제국법을 개정한 법에 관한 것인 한 그 적용범위 내에서 연방법이 된다.

제125a조 【연방법의 효력지속】

연방법으로 제정되어서 이 기본법의 사후적 변경으로 이미 연방법으로서 제정될 수 없는 법도 계속 연방법으로서 효력을 갖는다. 그러한 법은 주로 州법으로 폐기 또는 보충할 수 있다.

제126조 【구법의 효력존속에 관한 분쟁】

법이 연방법으로 계속 효력을 갖는가에 관한 의견의 대립은 연방헌법재판소가 결정한다.

제127조 【경합경제지역의 법】

연방정부는 관계州정부의 동의를 얻어 경합경제지역의 행정에 관한 법을 그것이 제124조 또는 제125조에 따라 연방법으로서 계속 효력을 갖는 한 이 기본법의 공포 후 1년 이내에 바덴, 大베를린, 라인란트-팔츠 및 뷔르템베르크-호헨쫄레른의 각 州에서 시행할 수 있다.

제128조 【지시권의 존속】

계속 효력을 가지는 법이 제84조 제5항에서 말하는 지시권을 규정하고 있는 때에는 지시권은 다른 법률적 규정이 있을 때까지 존속한다.

제129조 【법규명령을 제정할 수권의 효력의 계속】

① 연방법으로서 계속 효력을 갖는 법규중에 법규명령이나 일반행정규칙을 제정할 수권과 행정행위를 할 수권이 포함되고 있는 때에는 그 수권은 이제부터 실제로 관할권을 가진 기관에 이행한다. 의문이 있을 때에는 연방정부가 연방참의원과 협의해서 결정한다. 그 결정은 공개되어야 한다.

② 州法으로 계속 효력을 갖는 법규 중에 그러한 수권이 포함되고 있는 때에는 그 수권은 州法상 관할권을 가진 기관에 의해 행사된다.

③ 제1항과 제2항에서 말하는 법규가 그 법규의 개정이나 보충을 위한 권한 또는 법률을 대신하는 법규를 제정할 권한을 위임하고 있는 때에는 이 권한위임은 소멸된다.

④ 법규 중에 더 이상 효력이 없는 규정이나 더 이상 존재하지 않는 제도가 규정되고 있는 때에는 제1항과 제2항의 규정이 준용된다.

제130조 【공법상의 단체】

① 州法이나 州간의 협약을 근거로 하지 않는 행정기관과 그 밖의 공행정이나 사법을 위한 제도 그리고 서남독일철도의 경영협의체와 프랑스점령지역에서의 우편·통신에 관한 행정위원회는 연방정부에 속한다. 연방정부는 연방참의원의 동의를 얻어 그 이관, 해산 또는 청산을 규정한다.

② 이런 관리체와 제도들의 소속원의 복무상 최고관청은 연방주무관청이다.

③ 州직속이 아닌 그리고 州간의 협약을 근거로 하지 않는 공법상의 단체와 공공시설은 관할최고연방관청의 감독을 받는다.

제131조 【舊공직종사자】

망명자와 피추방자를 포함하여 1945년 5월 8일에 공직에 있었던 자로서 공무원법상 또는 임금법상에 존재하는 이유 이외의 이유로 퇴직하여 이제까지 임용되지 않았다든가 그들의 이전의 지위에 상응하게 임용되지 아니한 사람들의 법률관계는 연방법률로 정한다. 망명자와 피추방자를 포함하여 1945년 5월 8일에 연금을 받을 권리를 가지며 공무원법상에 존재하는 이유 이외의 이유로 전혀 또는 적당한 연금을 받지 못하는 사람들에 대하여도 동일한 것이 준용된다. 州法에 다른 규정이 없는 한 연방법률의 시행시까지는 법적 청구권은 행사할 수 없다.

제132조 【공무원의 연금부 퇴직】

① 이 기본법의 발효시에 종신직으로 임명되었던 공무원과 법관은 그들

이 그들의 직을 위한 인적 또는 전문적 자격을 갖추고 있지 아니하다면 연방의회의 최초의 집회로부터 6개월내에 퇴직, 대기 또는 낮은 봉급의 직에 전직될 수 있다. 통지에 의해 해직될 수 없는 사무직원에 대하여도 이 규정이 준용된다. 통지에 의해 해직될 수 있는 사무직원의 경우에는 임금법상의 규정을 초과하는 해직통지기간은 위와 동일한 기한내에 폐지될 수 있다.

② 전항의 규정은 그 중대한 이유가 개인에게 있지 않는 한 "국가사회주의와 군국주의로부터의 해산"에 관한 규정에 해당되지 않거나 국가사회주의의 박해를 받았다고 인정되는 공직종사자에게는 적용되지 아니한다.

③ 전항의 해당자에게는 제19조 제4항에 따라 제소의 길이 열려 있다.

④ 상세한 내용은 연방의원의 동의를 필요로 하는 연방정부의 명령으로 규정한다.

제133조 【권리승계, 통합경제지역】

연방은 통합경제지역의 행정상의 권리와 의무를 승계한다.

제134조 【제국재산에 관한 권리승계】

① 제국재산은 원칙적으로 연방재산이 된다.

② 제국재산은 당초의 목적규정에 따를 때 이 기본법상 연방의 행정업무가 아닌 행정업무를 위하여 주로 사용될 것으로 규정되었던 것이면 이제부터 관할권을 가지는 업무의 담당자에게 무상으로 이전되며 일시적이 아닌 현재의 사용에 따를 때 이 기본법상 이제 州가 수행해야 할 행정업무에 봉사하는 것이면 州에 이전할 수 있다.

③ 州와 지방자치단체(지방자치단체연합체)가 무상으로 제국의 처분에 맡

겼던 재산은 연방이 그것을 고유의 행정업무를 위해 필요로 하지 않는 한 다시 州와 지방자치단체(지방자치단체연합체)의 재산이 된다.

④ 상세한 내용은 연방참의원의 동의를 필요로 하는 연방법률로 정한다.

제135조 【지역변경시의 재산】

① 1945년 5월 8일 이후 이 기본법 발효시까지에 어떤 지역의 州소속이 변경된 때에는 그 지역이 당시 소속하고 있던 州의 재산은 현재 그 지역이 소속하는 州에 귀속된다.

② 당초의 목적규정에 따를 때 주로 행정업무를 위하여 사용할 것이라고 규정되었던가 또는 일시적이 아닌 현재의 사용에 따를 때 주로 행정업무에 봉사하고 있는 것인 한 이미 존재하지 아니하는 州와 그 밖의 공법상의 단체 및 공공시설의 재산은 현재 위의 과제를 수행하는 州 또는 공법상의 단체 또는 공공시설에 이전된다.

③ 이미 존재하지 아니하는 州의 재산종물을 포함하는 부동산은 그것이 제1항에서 말하는 재산에 속하지 아니하는 한 그 재산소유지인 州에 이전된다.

④ 연방의 주요이익이나 한 지역의 특별한 이익을 필요로 하는 때에는 제1항에서 제3항까지와는 다른 규정이 연방법률로 규정될 수 있다.

⑤ 그 밖의 권리승계와 청산은 1952년 1월 1일까지 관계州, 공법상의 단체나 공공시설 등의 협정에 의해서 행해지지 않는 한 연방참의원의 동의를 요하는 연방법률로 정한다.

⑥ 사법상의 기업에의 구프로이센 州의 출자는 연방에 이전된다. 상세한 내용은 예외도 또한 규정할 수 있는 연방법률로 정한다.

⑦ 제1항에서부터 제3항까지에 따라 州 혹은 공법상의 단체 또는 공공시설에 귀속하게 될 재산에 관하여 그것이 기본법의 발효시에 州法

律에 의해서 州法律에 근거하여 또는 다른 방법으로 권리자가 처분한 때에는 그 재산이전은 그 처분 이전에 행해진 것으로 간주한다.

제135a조 【제국과 그 밖의 단체의 의무】

① 제134조 제4항과 제135조 제5항에서 유보된 연방의 입법에 의해서
  1. 제국의 의무와 더불어 舊프로이센州와 이미 존재하지 않는 그 밖의 공법상의 단체 및 공공시설의 의무
  2. 제89조, 제90조, 제134조 및 제135조에 따라 재산적 가치의 이전과 관계가 있는 연방 또는 그 밖의 공법상의 단체와 공공시설의 의무 그리고 제1호에 규정된 권리주체의 처분에 근거를 가지는 의무
  3. 동권리주체가 1945년 8월 1일 이전에 점령당국의 명령의 집행을 위하여 또는 제국에 의해서 이관된 행정임무의 테두리 안에서 전쟁상황에 의해서 야기된 긴급사태의 배제를 위하여 취해진 조치로부터 발생하는 州와 지방자치단체(지방자치단체연합체)의 의무를 전혀 또는 완전한 정도로 이행할 수 없음을 또한 규정할 수 있다.

② 제1항은 독일 민주공화국의 재산이 연방, 州 및 군에 양도되면서 발생하는 독일민주공화국 또는 그 법인의 책임 연방 또는 공법상의 법인 및 기타 기관의 책임 그리고 독일민주공화국과 그 법인이 취한 조치로 인한 책임에 대해 준용한다.

제136조 【연방의원 최초의 집회】

① 연방참의원은 연방의회의 최초의 집회일에 처음으로 집회한다.

② 최초의 연방대통령의 선출시까지 연방대통령의 권한은 연방참의원 의장에 의해서 행사된다. 연방의회의 해산권은 그의 권한에 속하지 아니한다.

제137조 【공무원등의 피선자격】

① 연방, 州 및 지방자치단체의 공무원 공직근무사무직원, 직업군인, 일시지원병 그리고 법관의 피선자격은 법률로 제한될 수 있다.

② 연방공화국의 초대연방의회 및 초대연방대통령의 선거에 관하여는 헌법제정회의에 의해서 의결될 선거법이 적용된다.

③ 제41조 제2항에 따라 연방헌법재판소에 부여되는 권한은 그것이 설치되기까지는 통합경제지역을 위한 독일상급법원은 그 절차규정에 따라 판결한다.

제138조 【공증인】

바덴, 바이에른, 뷔르템베르크-바덴 및 뷔르템베르크-호헨쫄레른 州의 현재 공증인제도의 변경은 이들 州정부의 동의를 요한다.

제139조 【해방법률】

국가사회주의와 군국주의로부터 독일국민의 해방을 위하여 제정된 법규는 이 기본법의 규정에 의해서 침해받지 않는다.

제140조 【바이마르 헌법조항의 적용】

1919년 8월 11일 독일헌법 제136조, 제138조, 제139조 및 제141조의 규정은 이 기본법의 구성부분이다.

제141조 【브레멘 조항】

제7조 제3항 1문은 1949년 1월 1일에 별단의 州法의 규정이 있는 州에는 적용되지 아니한다.

제142조 【州헌법에서의 기본법】

제31조의 규정에도 불구하고 州헌법의 규정은 그것이 이 기본법 제1조에서 제18조까지 조항과 일치하여 기본법을 보장해 주는 한 역시 효력을 갖는다.

제142a조 (폐지)

제143조 【경과법으로서의 기본법 규정】

① 통일조약 제3조에 열거한 영역에서의 법이 상이한 여건으로 인하여 기본법질서를 기준으로 한 완전한 조정이 성립하지 않을 경우 늦어도 1992년 12월 31일까지 기본법의 효력을 유예할 수 있다. 그러나 제19조 제2항에 위반될 수 없으며 또한 제79조 제3항에 명시된 기본원칙에 합치하여야 한다.

② 제2장, 제8장, 제8a장, 제9장, 제10장과 제11장은 1995년 12월 31일까지 그 효력을 유예한다.

③ 제1항과 제2항에도 불구하고 통일조약 제3조에 명시된 영역에서의 재산권침해에 대한 원상회복의 가능성을 배제하는 동조약 제41조와 그 시행규정은 유효하다.

제143a조 【연방철도의 독점적 입법】

① 연방고유행정으로 수행된 연방철도를 경제적 기업으로 변경의 결과로 초래하는 모든 사무에 대한 독점적인 입법권은 연방이 갖는다. 제87e조 제5항은 준용된다. 연방철도공무원은 법률로써 그의 법적 지위를 유지하고, 고용당국의 책임하에 복무수행을 위하여 사법적으로 조직된 연방철도복무에 배치할 수 있다.

② 제1항에 따른 법률은 연방이 실시한다.

③ 궤도여객근거리수송의 영역에서 종래의 연방철도의 임무의 실천은 1995년 12월 31일까지 연방의 사무이다. 이것은 또한 철도교통행정의 적절한 임무에 대하여도 적용된다. 상세한 내용은 연방참의원의 동의를 요하는 연방법률로 정한다.

제143b조 【특별재산인 독일연방우편의 사적기업형태로 변경】

① 특별재산인 독일연방우편은 연방법률의 기준에 따라 私法 형식의 기업으로 변경한다. 연방은 이 기업으로부터 발생하는 모든 사무에 대한 전속적 입법권을 갖는다.

② 이 변경이전에 존재한 연방의 전속적 권리는 연방법률로 과도적으로 독일연방우편인 장거리통신사업에 유래하는 기업에게 부여할 수 있다. 독일연방우편인 우편사업의 승계사업에 있어서 자본의 과반수는 연방이 5년후에 포기하는 것을 허용한다. 이것은 연방참의원의 동의를 요하는 연방법률로 정한다.

③ 독일연방에 근무하는 연방공무원은 그 법적 지위를 유지하면서 고용당국의 책임하에 사기업에 근무한다. 그 기업은 고용당국의 권한을 행사한다. 상세한 내용은 연방법률로 정한다.

제144조 【기본법의 비준】

① 이 기본법은 우선 적용될 독일 各邦의 3분의 2에서 의회에 의한 수락을 필요로 한다.

② 이 기본법의 적용이 제23조에 열거된 州의 일부에서 제한될 때에는 당해 州 또는 州의 일부는 제38조에 따라 연방의회에 그리고 제50조에 따라 연방참의원에 대표를 파견할 권리를 갖는다.

제145조 【기본법의 공포】

① 헌법제정회의는 大베를린 대표의 참여하에 공개회의에서 이 기본법을 확정하고 작성하여 공포한다.

② 이 기본법은 공포일의 경과와 동시에 효력을 발생한다.

③ 이 기본법은 연방법률공보에 공고된다.

제146조 【기본법은 유효기한】

이 기본법은 독일통일과 자유가 달성된 후 전체 독일국민에게 적용하며, 독일국민의 자유로운 결정으로 신헌법이 효력을 발생하는 날에 그 효력을 상실한다.

1) 독일의 基本法은 1949년 5월 8일 制定되고 같은달 23일에 施行되었다.

일본 헌법

1946년 11월 3일 공포

일본 국민은, 정당하게 선거된 국회에 있어서의 대표자를 통해 행동하고, 우리들과 우리들의 자손을 위해서, 만국의 국민과의 협동 화해와 우리나라 전 국토에서 자유가 가져오는 혜택을 확보하고, 정부의 행위에 다시는 전쟁의 참화가 일어나는 일이 없을 것을 결의하고, 여기에 주권이 국민에게 있음을 선언하고, 이 헌법을 확정한다. 국정은, 국민의 엄숙한 신탁에 의한 것으로서, 그 권위는 국민에 유래하고, 그 권력은 국민의 대표자가 행사하고, 그 복리는 국민이 향유한다. 이것은 인류 보편의 원리이고, 이 헌법은 이러한 원리에 기초한다. 우리들은, 이것에 반하는 일체의 헌법, 법령 및 조칙을 배제한다.

일본 국민은, 영원한 평화를 염원하고, 인간 상호의 관계를 지배하는 숭고한 이상을 깊게 자각하고, 평화를 사랑하는 여러 국민의 공정과 신의를 지키고 우리들의 안전과 생존을 유지할 것을 결의한다. 우리들은, 평화를 유지하고, 전제와 예종, 압박과 편협을 지상에서 영원하게 제거하려고 노력함으로써, 국제 사회에서, 명예로운 지위를 차지할 수 있다고 생각한다. 우리들은, 전세계의 국민이, 공포와 결핍을 면하고, 평화롭게 생존할 권리를 가지는 것을 확인한다.

우리들은, 어떠한 국가도 자국의 이익에만 전념하여 타국을 무시해서는 안되며, 정치 도덕의 법칙은 보편적인 것으로, 이 법칙에 따라서 자국의 주권을 유지하고, 타국과 대등 관계에 서는 것이 각국의 책무라고 믿는다. 일본 국민은, 국가의 명예에 걸고, 전력을 다해 이 숭고한 이상과 목적을 달성할 것을 맹세한다.

제1장 천황

제1조

천황은, 일본국의 상징이고, 일본 국민 통합의 상징으로서, 그 지위는, 주권을 갖는 일본 국민의 총의에 기초한다.

제2조

황위는 세습되며, 국회가 의결한 황실전범이 규정한대로 계승된다.

제3조

천황의 국사에 관한 모든 행위에는, 내각의 조언과 승인을 필요로 하고, 내각은 그 책임을 진다.

제4조

① 천황은, 이 헌법이 정한 국사에 관한 행위만을 하며, 국정에 관한 권능은 갖지 않는다.
② 천황은, 법률이 정하는 것에 따라, 그 국사에 관한 행위를 위임할 수 있다.

제5조

황실전범이 정하는 바에 따라, 섭정을 둘 때는, 섭정은, 천황의 이름으로 국사에 관한 행위를 한다. 이 경우 전조 제1항의 규정을 준용한다.

제6조

① 천황은 국회의 지명에 기초하여 내각 총리대신을 임명한다.

② 천황은 내각의 지명에 기초하여 최고 재판소의 장을 임명한다.

제7조

천황은, 내각의 조언과 승인에 의해, 국민을 위한 아래 국사에 관한 행위를 한다.

1. 헌법개정, 법률, 정령 및 조약을 공포하는 것.
2. 국회를 소집하는 것.
3. 중의원을 해산하는 것.
4. 국회의원의 총선거 시행을 공시하는 것.
5. 국무대신 및 법률이 정하는 기타 관리 임면 및 전권위임장 및 대사 및 공사의 신임장을 인증하는 것.
6. 대사, 특사, 감형, 형의 집행의 면제 및 복권을 인증하는 것.
7. 영전을 수여하는 것.
8. 비준서 및 법률이 정하는 기타의 외교 문서를 인증하는 것.
9. 외국의 대사 및 공사를 접수하는 것.
10. 의식을 행하는 것.

제8조

황실에 재산을 양도하거나 또는 황실이 재산을 양수할 때는 국회의 의결에 기초하지 않으면 안 된다.

제2장 전쟁의 포기

제9조

① 일본 국민은, 정의와 질서를 기조로 하는 국제 평화를 성실하게 희구하고, 국권의 발동 내지는 전쟁과 무력에 의한 위협 또는 무력의 행사는, 국제 분쟁을 해결하는 수단으로서는, 영구하게 이를 포기한다.

② 전항의 목적을 달성하기 위해 육, 해, 공군 기타의 전력은 보유하지 않는다. 국가의 교전권은 인정되지 않는다.

제3장 국민의 권리 및 의무

제10조

일본 국민이 되는 요건은, 법률로 정한다.

제11조

국민은, 모든 기본적 인권의 향유를 방해받지 않는다. 이 헌법이 국민에게 보장하는 기본적 인권은, 침범할 수 없는 영구의 권리로서, 현재 및 장래의 국민에게 부여된다.

제12조

이 헌법이 국민에게 보장하는 자유 및 권리는 국민의 부단한 노력에 의하여 보유하지 않으면 안 된다. 또한 국민은 이것을 남용해서는 안되며, 항상 공공의 복지를 위해서 이것을 이용하는 책임을 갖는다.

제13조

모든 국민은, 개인으로서 존중된다. 생명, 자유 및 행복 추구에 대한 국민의 권리에 관해서는, 공공의 복지에 반하지 않는 한, 입법 기타의 국정의 위에서, 최대한 존중된다.

제14조

① 모든 국민은 법 아래 평등하며, 인종, 신조, 성별, 사회적 신분 내지는 문벌에 의해, 정치적, 경제적 또는 사회적 관계에 있어서 차별되지 않는다.
② 화족 기타 귀족의 제도는, 이것을 인정하지 않다.
③ 영예, 훈장 기타의 영전의 수여는, 어떠한 특권도 수반되지 않는다. 영전의 수여는, 현재 이것을 가지고 있거나, 또는 장래 이것을 받는 자 일대에 한하여 그 효력을 갖는다.

제15조

① 공무원을 선정하고, 파면하는 것은 국민 고유의 권리다.
② 모든 공무원은 전체의 봉사자이지, 일부의 봉사자가 아니다.
③ 공무원의 선거에 대해서는, 성년자에 의한 보통 선거를 보장한다.
④ 모든 선거에 있어서 투표의 비밀은 침범돼서는 안 된다. 선거인은, 그 선택에 관한 공적 사적 책임을 지지 않는다.

제16조

누구도 손해의 구제, 공무원의 파면, 법률, 명령 또는 규칙의 제정, 폐지 또는 개정 기타의 사항에 관계되고, 평온하게 청원할 권리를 갖는다. 누구도 이러한 청원을 함에 있어 차별 대우를 받지 않는다.

제17조

누구도, 공무원의 불법 행위에 의해 손해를 받았을 때는, 법률의 정한 바에 따라 국가 또는 공공단체에 그 배상을 요구할 수 있다.

제18조

누구도 어떠한 노예적 구속을 받지 않는다. 또 범죄로 인한 처벌의 경우를 제외하고는, 그 뜻에 반한 고역에 종사하지 않는다.

제19조

사상 및 양심의 자유를 침범해서는 안 된다.

제20조

① 신앙의 자유는, 누구나 이것을 보장한다. 어떠한 종교 단체도, 국가로부터 특권을 받거나, 정치상의 권력을 행사해서는 안 된다.
② 누구도, 종교상의 행위, 축전, 의식 또는 행사에 참가하는 것을 강제받지 않는다.
③ 국가 및 어떤 국가 기관도, 종교 교육 기타 어떠한 종교적 활동도 할 수 없다.

제21조

① 집회, 결사 및 언론, 출판 기타 일체의 표현의 자유는 이것을 보장한다.
② 검열을 해서는 안 된다. 통신의 비밀을 침범해서는 안 된다.

제22조

① 누구도, 공공의 복지에 반하지 않는 한, 거주, 이전 및 직업 선택의

자유를 갖는다.

② 누구도, 외국에 이주하고, 또는 국적을 이탈하는 자유를 침범받지 않는다.

제23조

학문의 자유는 보장한다.

제24조

① 혼인은, 양성의 합의에 기초하여 성립하고, 부부가 동등의 권리를 갖는 것을 기본으로 하여 상호 협력에 의해 유지되지 않으면 안 된다.

② 배우자의 선택, 재산권, 상속, 주거의 선정, 이혼 및 혼인 및 가족에 관한 기타 사항에 관해서, 법률은 개인의 존엄과 양성의 본질적 평등에 입각해 제정되지 않으면 안 된다.

제25조

① 모든 국민은, 건강하고 문화적인 최저한도의 생활을 영위할 권리를 갖는다.

② 국가는, 모든 생활 국면에 대해서, 사회 복지, 사회 보장 및 공중위생의 향상 및 증진에 노력하지 않으면 안 된다.

제26조

① 모든 국민은, 법률의 정하는 바에 따라 능력에 응해, 교육을 받을 권리를 가진다.

② 모든 국민은, 법률의 정하는 바에 따라 보호하는 자녀에게 보통 교육을 받게 할 의무를 갖는다. 의무 교육은, 이것을 무상으로 한다.

제27조

① 모든 국민은 근로의 권리를 가지며 의무를 진다.

② 임금, 취업 시간, 휴식 기타의 근로 조건에 관한 기준은, 법률로 정한다.

③ 아동은 혹사당하지 않는다.

제28조

근로자가 단결하는 권리 및 단체 교섭 기타의 단체 행동을 할 권리는, 이것을 보장한다.

제29조

① 재산권을 침범해서는 안 된다.

② 재산권의 내용은, 공공의 복지에 적합하게 법률로 정한다.

③ 사유 재산은, 정당한 보상 아래, 공공을 위해서 이용할 수 있다.

제30조

국민은 법률이 정하는 바에 따라 납세의 의무를 갖는다.

제31조

누구도 법률이 정하는 절차에 의하지 않고는 그 생명 내지는 자유를 침해받지 않으며 또한 기타의 형벌을 부과받지 않는다.

제32조

누구도 재판소에서 재판을 받을 권리를 빼앗기지 않는다.

제33조
누구도, 현행범으로서 체포되는 경우를 없애고는, 권한을 가진 사법 관헌이 발행하고, 이유와 범죄를 명시한 영장에 의하지 않으면 체포되지 않는다.

제34조
누구도 이유를 직접 통고받지 않고, 직접 변호인에게 의뢰할 권리를 갖지 않는 한, 억류 또는 구금되지 않는다. 또, 누구도 정당한 이유가 없이 구금되지 않으며, 이유가 있으면, 그 이유를 즉시 본인 또는 그 변호인이 출석하는 공개의 법정에서 제시하지 않으면 안 된다.

제35조
① 누구도, 그의 주거, 서류 및 소지품에 대해서 침입, 수색 및 압수를 받지 않을 권리는, 제33조의 경우를 제외하고는, 정당한 이유에 기초하여 발행되고 동시에 수색하는 장소 및 압수하는 물건을 명시한 영장이 없으면 침범받지 않는다.
② 수색 또는 압수는, 권한을 가지는 사법 관헌이 발행하는 별도의 영장에 의해 집행한다.

제36조
공무원에 의한 고문 및 잔학한 형벌은 절대로 금지한다.

제37조
① 모든 형사 사건에 있어서 피고인은 공평한 재판소의 신속하고 공개 재판을 받을 권리를 갖는다.

② 형사 피고인은 모든 증인에 대해 심문할 충분한 기회를 갖고, 또한 공비로 자기를 위해 강제적 방법으로라도 증인을 구할 수 있는 권리를 갖는다.

③ 형사 피고인은 여하한 경우에도 자격을 갖춘 변호사를 의뢰할 수 있다. 피고인 스스로 의뢰할 수 없을 경우에는 국가에서 의뢰한다.

제38조

① 누구도 자신에게 불리한 공술을 강요받지 않는다.

② 강제, 고문 또는 협박에 의한 자백 내지는 부당하게 장기 억류 또는 구금에 의한 자백은 그것을 증거로 채택할 수 없다.

③ 누구도, 자기에게 불이익인 유일한 증거가 본인의 자백일 경우에는, 유죄를 받거나 형벌을 부과받지 않는다.

제39조

누구도, 행위시 적법한 행위 또는 이미 무죄로 여겨진 행위에 대해서는, 형사상의 책임을 지지 않는다. 동일의 범죄에 대해서, 거듭 형사상 책임을 지지 않는다.

제40조

누구도 억류 또는 구금된 뒤, 무죄의 판결을 받았을 때는, 법률이 정하는 바에 따라 국가에 그 보상을 요구할 수 있다.

제4장 국회

제41조

국회는 국권의 최고 기관이고, 국가 유일의 입법 기관이다.

제42조

국회는 중의원 및 참의원의 양 의원으로 구성한다.

제43조

① 양 의원은, 전국민을 대표하여 선출된 의원으로 조직한다.

② 양 의원의 의원 정수는, 법률로 정한다.

제44조

양 의원의 의원 및 그 선거인의 자격은, 법률로 정한다. 단 인종, 신조, 성별, 사회적 신분, 문벌, 교육, 재산 또는 수입에 의한 차별을 해서는 안 된다.

제45조

중의원의 의원 임기는 4년으로 한다. 단, 중의원 해산의 경우에는 그 기간 만료 전에 종료한다.

제46조

참의원의 의원 임기는, 6년으로 하고, 3년마다 의원의 반수를 개선한다.

제47조

선거구, 투표의 방법 기타 양 의원의 의원 선거에 관한 사항은 법률로 정한다.

제48조

누구도 동시에 양 의원의 의원이 될 수는 없다.

제49조

양 의원의 의원은, 법률의 정하는 바에 따라 국고에서 상당액의 세비를 받는다.

제50조

양 의원의 의원은, 법률의 정하는 경우를 제외하고는 국회의 회기 중 체포되지 않고, 회기 전에 체포된 의원은, 그 소속원의 요구가 있으면, 회기 중 석방하지 않으면 안 된다.

제51조

양 의원의 의원은, 의원에서 행한 연설, 토론 또는 표결에 대해서, 원 밖에서 책임을 지지 않는다.

제52조

국회의 상회는, 매년 1회 소집한다.

제53조

내각은 국회의 임시회의 소집을 결정할 수 있다. 어떠한 의원도 총 의원의 사분의 일 이상의 요구가 있으면, 내각은 그 소집을 결정하지 않으면 안 된다.

제54조

① 중의원이 해산되었을 때는, 해산일로부터 사십일 이내에, 중의원의 총선거를 행하고, 그 선거일로부터 30일 이내에 국회를 소집하지 않으면 안 된다.

② 중의원이 해산되었을 때는, 참의원은 동시에 폐회된다. 단, 내각은, 국가에 긴급한 필요가 있을 때는 참의원의 긴급 집회를 요구할 수 있다.
③ 전항 단서의 긴급 집회에 있어서 채택된 조치는, 임시의 것으로, 다음의 국회 개회 후 십일 이내에, 중의원의 동의가 없는 경우에는, 그 효력을 상실한다.

제55조

양 의원은 각각 의원의 자격에 관한 쟁송을 재판한다. 단, 의원의 의석을 상실하게 할 경우에는 출석 의원의 삼분의 이 이상의 다수에 의한 의결을 필요로 한다.

제56조

① 양 의원은 각각 그 총 의원의 삼분의 일 이상의 출석이 없으면, 회의를 하여 의결할 수 없다.
② 양 의원의 의사는, 이 헌법이 특별히 정한 경우를 제외하고는 출석 의원 과반수로 의결하고 가부 동수 시는 의장의 결정에 따른다.

제57조

① 양 의원의 회의는 공개로 한다. 단, 출석 의원의 삼분의 이 이상의 다수로 의결했을 때는 비밀회의를 열 수 있다.
② 양 의원은 각각 그 회의의 기록을 보존하고, 비밀회의 기록 중에서 특히 비밀을 요구하지 않는 경우에는 이것을 공표하고 일반에 반포하지 않으면 안 된다.
③ 출석 의원의 오분의 일 이상의 요구가 있으면, 각 의원의 표결은 이

것을 회의록에 기재하지 않으면 안 된다.

제58조

① 양 의원은 각각 그 의장 기타의 임원을 선임한다.

② 양 의원은 각각 그 회의 기타의 수속 및 내부의 규율에 관한 규칙을 정하고, 또 원내의 질서를 위반한 의원을 징벌할 수 있다. 단, 의원을 제명할 때에는 출석 의원의 삼분의 이 이상의 다수에 의한 의결을 필요로 한다.

제59조

① 법률안은 이 헌법에 특별히 정한 경우를 제외하고는 양 의원에서 가결한 법률이 된다.

② 중의원에서 가결하고, 참의원에서 이것과 다른 의결을 한 법률안은, 중의원에서 출석 의원의 삼분의 이 이상의 다수로 다시 가결했을 때는 법률이 된다.

③ 전항의 규정은, 법률이 정하는 것에 따라, 중의원이 양 의원의 협의회를 여는 것을 방해하지 않는다.

④ 참의원이, 중의원의 가결한 법률안을 접수한 후, 국회 휴회 중의 기간을 제외하고 60일 이내에 의결하지 않을 때는, 중의원은 참의원이 그 법률안을 부결하지 않은 것으로 볼 수 있다.

제60조

① 예산은, 제 때 중의원에 제출하지 않으면 안 된다.

② 예산에 대해 참의원이 중의원과 다른 의결을 한 경우에는, 법률의 정한 바에 따라 양 의원의 협의회를 열어도 의견이 일치되지 않을 때,

또는 참의원이 중의원의 가결한 예산을 접수한 뒤, 국회 휴회 중의 기간을 제외한 30일 이내에, 의결하지 않을 때는, 중의원의 의결을 국회의 의결로 한다.

제61조

조약의 체결에 필요한 국회의 승인에 대해서는 전조 제2항의 규정을 준용한다.

제62조

양 의원은 각각 국정에 관한 조사를 행하고, 이것에 관해서 증인의 출두 및 증언 및 기록의 제출을 요구할 수 있다.

제63조

내각 총리대신 이나 국무대신은, 양 의원 중 한 곳에 의석을 가지고 있든지 없든지 언제라도 의안에 대해서 발언하기 위해 의원에 출석할 수 있다. 답변 또는 설명 때문에 출석이 요구되었을 때는 출석하지 않으면 안 된다.

제64조

① 국회는 파면의 소추를 받은 재판관을 재판하기 위해 양 의원의 의원으로 조직하는 탄핵 재판소를 마련한다.
② 탄핵에 관한 사항은 법률로 정한다.

제5장 내각

제66조

행정권은 내각에 속한다.

① 내각은 법률의 정하는 바에 따라, 그 수장인 내각 총리대신 내지는 기타 국무대신으로 이것을 조직한다.

② 내각 총리대신, 기타 국무대신은 문민으로 하지 않으면 안 된다.

③ 내각은 행정권의 행사에 대해서 국회에 대해 연대하여 책임을 진다.

제67조

① 내각 총리대신은 국회의원 중에서 국회의 의결로 지명한다. 이 지명은 다른 모든 안건에 우선하여 시행한다.

② 중의원과 참의원이 다른 지명을 한 경우, 법률의 정한 바에 따라 양의원의 협의회를 열어도 의견이 일치되지 않을 때, 또는 중의원이 지명 의결을 한 뒤, 국회 휴회중의 기간을 제외하고 십일 이내에 참의원이 지명의 의결을 하지 않을 때는, 중의원의 의결을 국회의 의결로 한다.

제68조

① 내각 총리대신은, 국무대신을 임명한다. 단, 그 과반수는 국회의원 중에서 선택하지 않으면 안 된다.

② 내각 총리대신은 임의로 국무대신을 파면할 수 있다.

제69조

내각은 중의원에서 불신임 결의안을 가결하거나 신임의 결의안을 부결했을 때는, 십일 이내에 중의원이 해산되지 않는 한, 총사직을 하지 않으면 안 된다.

제70조
내각 총리대신이 없을 때, 또는 중의원 의원 총선거 뒤 처음으로 국회의 소집이 있을 때는, 내각은 총사직하지 않으면 안 된다.

제71조
전 이조의 경우에 내각은 새롭게 내각 총리대신이 임명될 때까지는 계속 그 직무를 수행한다.

제72조
내각 총리대신은 내각을 대표해 의안을 국회에 제출하고, 일반 국무 및 외교 관계에 대해서 국회에 보고하고, 또 행정 각부를 지휘 감독한다.

제73조
내각은 다른 일반 행정 사무 외에 다음과 같은 일을 한다.

1. 법률을 성실하게 집행하고, 국무를 총리하는 것.
2. 외교 관계를 처리하는 것.
3. 조약을 체결하는 것. 단, 사전에 시의에 따르고 사후에 국회의 승인을 받는 것이 필요하다.
4. 법률의 정하는 기준에 따라 관리에 관한 사무를 장리하는 것.
5. 예산을 작성해 국회에 제출하는 것.
6. 이 헌법 및 법률의 규정을 실시하기 위해 정령을 제정하는 것. 단, 정령에는, 특히 그 법률의 위임이 있는 경우를 제외하고는 벌칙을 둘 수 없다.

7. 대사, 특사, 감형, 형의 집행의 면제 및 복권을 결정하는 것.

제74조

법률 및 정령에는, 모두 주임 국무대신이 서명하고, 내각 총리대신이 연서하는 것을 필요로 한다.

제75조

국무대신은 재임 중 내각 총리대신의 동의가 없으면, 소추되지 않는다. 단, 이것이, 소추의 권리를 방해할 수는 없다.

제6장 사법

제76조

① 모든 사법권은 최고 재판소 및 법률의 정하는 바에 따라 설치된 하는 하급 재판소에 속한다.

② 특별 재판소는 설치할 수 없다. 행정 기관은 최후 심리로서 재판을 할 수 없다.

③ 모든 재판관은 그 양심에 따라 독립하여 그 직권을 행사하고, 이 헌법 및 법률에만 구속된다.

제77조

① 최고 재판소는, 소송에 관한 수속, 변호사, 재판소의 내부 규율 및 사법 사무 처리에 관한 사항에 대해서 규칙을 정하는 권한을 가진다.

② 검찰관은 최고 재판소가 정하는 규칙에 따르지 않으면 안 된다.

③ 최고 재판소는 하급 재판소에 관한 규칙을 정하는 권한을 하급 재판소에 위임할 수 있다.

제78조

재판관은 재판에 의해 심신의 고장 때문에 직무를 맡는 것이 불가능하다고 결정된 경우를 제외하고는 공식의 탄핵에 의하지 않으면 파면되지 않는다. 재판관의 징계처분은 행정 기관이 행할 수 없다.

제79조

① 최고 재판소는, 그 장인 재판관 및 법률이 정하는 원수의 기타 재판관으로 구성하고, 그 장인 재판관 이외의 재판관은 내각에서 임명한다.
② 최고 재판소 재판관의 임명은, 그 임명 뒤 처음으로 행해지는 중의원 의원 총선거 때 국민의 심사에 붙이고, 그 후 10년을 경과한 뒤 처음으로 행해지는 중의원 의원총선거 때 심사에 붙이고, 그 후도 같은 식으로 한다.
③ 전항의 경우에 있어서, 투표자의 다수가 재판관의 파면을 원할 때 그 재판관은 파면된다.
④ 심사에 관한 사항은 법률로 정한다.
⑤ 최고 재판소의 재판관은 법률의 정하는 연령에 달했을 때에 퇴관한다.
⑥ 최고 재판소의 재판관은, 모든 정해진 시기에 상당액의 보수를 받는다. 이 보수는 재임 중 감액할 수 없다.

제80조

① 하급 재판소의 재판관은, 최고 재판소가 지명한 사람의 명부에 의해서, 내각에서 임명한다. 그 재판관은, 임기를 10년으로 하고, 재임할 수 있다. 단, 법률의 정하는 연령에 달했을 때에는 퇴관한다.
② 하급 재판소의 재판관은, 모든 정해진 시기에 상당액의 보수를 받는다. 이 보수는, 재임 중, 이것을 감액할 수 없다.

제81조

최고 재판소는 일체의 법률, 명령, 규칙 또는 처분이 헌법에 적합한지 아닌지를 결정하는 권한을 가지는 최후심리 재판소이다.

제82조

① 재판의 심리 및 판결은 공개 법정에서 한다.
② 재판소가, 재판관 전원 일치로, 공공질서 내지는 선량한 풍속을 해칠 우려가 있다고 결정한 경우에는, 심리는 공개하지 않을 수 있다. 단, 정치범죄, 출판에 관한 범죄 또는 이 헌법 제3장에서 보장하는 국민의 권리가 문제가 된 사건의 심리는 항상 이것을 공개하지 않으면 안 된다.

제7장 재정

제83조

국가의 재정을 처리하는 권한은 국회의 의결에 기초하여 이것을 행사하지 않으면 안 된다.

제84조

조세를 부과하고, 현행의 조세를 변경할 때에는, 법률 또는 법률이 정하는 조건에 따를 필요가 있다.

제85조

국비를 지출하고, 또는 나라가 채무를 부담할 때에는 국회의 의결에 기초할 것을 필요로 한다.

제86조

내각은 매 회계년도 예산을 작성하고, 국회에 제출해, 그 심의를 받아 의결을 받지 않으면 안 된다.

제87조

① 예견하기 어려운 예산이 부족할 때를 위해 국회의 의결에 기초해 예비비를 마련하고, 내각의 책임으로 이것을 지출할 수 있다.
② 모든 예비비의 지출에 대해서는, 내각은 사후에 국회의 승낙을 받지 않으면 안 된다.

제88조

모든 황실 재산은, 국가에 속한다. 모든 황실의 비용은, 예산에 편성하여 국회의 의결을 받지 않으면 안 된다.

제89조

공금 기타 공공의 재산은, 종교상의 조직 내지는 단체의 사용, 편익 내지는 유지를 위해, 또는 공공의 지배에 속하지 않는 자선, 교육 내지는 박애의 사업에 대해서, 이것을 지출하거나 그 이용에 제공해서는 안 된다.

제90조

① 국가의 수입 지출의 결산은, 모두 매년 회계검사원이 이것을 검사하고, 내각은, 다음 년도에, 그 검사 보고와 함께, 이것을 국회에 제출하지 않으면 안 된다.
② 회계 검사원의 조직 및 권한은, 법률로 정한다.

제91조

내각은 국회 및 국민에 대해서 정기적으로 적어도 매년 일 회 국가의 재정 상황에 대해서 보고 하지 않으면 안 된다.

제8장 지방자치

제92조

지방공공단체의 조직 및 운영에 관한 사항은, 지방자치의 본지에 기초하여 법률로 정한다.

제93조

① 지방공공단체에는, 법률이 정하는 바에 따라, 그 의사 기관으로 의회를 설치한다.

② 지방공공단체의 장, 그 의회의 의원 및 법률이 정하는 기타의 관리는, 그 지방공공단체의 주민이 직접 선출한다.

제94조

지방공공단체는, 그 재산을 관리하고, 사무를 처리하고, 행정을 집행하는 권능을 가지고, 법률의 범위 내에서 조례를 제정할 수 있다.

제95조

하나의 지방공공단체에만 적용되는 특별법은, 법률이 정하는 바에 따라 그 지방공공단체의 주민의 투표에 있어서 그 과반수의 동의를 얻지 못하면 국회는 이것을 제정할 수 없다.

제9장 개정

제96조

① 이 헌법의 개정은, 각 의원의 총 의원의 삼분의 이 이상의 찬성으로, 국회가 이것을 발의하고, 국민에게 제안해 그 승인을 받지 않으면 안 된다. 이 승인에는, 특별의 국민투표 내지는 국회가 정하는 선거 때 있어서 투표자 과반수의 찬성을 필요로 한다.

② 헌법개정에 대해서 전항의 승인을 받았을 때에는, 천황은 국민의 이름으로 이 헌법과 일체를 이루는 것으로서, 즉시 이것을 공포한다.

제10장 최고 법규

제97조

이 헌법이 일본 국민에게 보장하는 기본적 인권은, 인류의 다년에 걸친 자유 획득의 노력의 성과로서, 이러한 권리는, 과거 무수한 시련에 받고, 현재 및 장래의 국민에 대해서 침범할 수 없는 영구의 권리로서 신탁된 것이다.

제98조

① 이 헌법은, 국가의 최고 법규로서 그 조규에 반하는 법률, 명령, 조칙 및 국무에 관한 기타의 행위의 전부 또는 일부는, 그 효력을 가지지 못한다.

② 일본국이 체결한 조약 및 확립된 국제 법규는 이것을 성실하게 준수하는 것을 필요로 한다.

제99조

천황 또는 섭정 및 국무대신, 국회의원, 재판관 기타의 공무원은, 이 헌법을 존중하고 옹호할 의무를 갖는다.

제11장 보칙

제100조

① 이 헌법은, 공포한 날로부터 헤아려 6개월을 경과한 날부터 시행한다.
② 이 헌법을 시행하기 위해서 필요한 법률의 제정, 참의원 의원의 선거 및 국회 소집의 수속 및 이 헌법을 시행하기 위해서 필요한 준비 수속은, 전항의 기일 전에, 할 수 있다.

제101조

이 헌법 시행 때, 참의원이 아직 성립되지 않을 때는, 그 성립할 때까지 중의원이 국회로서의 권한을 대행한다.

제102조

이 헌법에 의한 제1기 참의원 의원 중, 그 반수의 임기는 3년으로 한다. 그 의원은 법률이 정하는 바에 따라 정한다.

제103조

이 헌법 시행 때 실제로 재직하는 국무대신, 중의원 의원 및 재판관 또는 기타의 공무원으로, 그 지위에 상응하는 지위가 이 헌법에서 인정되는 사람은, 법률이 특별히 정한 경우를 제외하고는, 이 헌법 시행 때문에 당연하게 그 지위를 상실하지는 않는다. 단, 이 헌법에 의해 후임자가 선출 또는 임명되었을 때는, 당연히 그 지위를 상실한다.

의원내각제의 비교 헌법적 연구

인 쇄 / 2010년 9월 2일
발 행 / 2010년 9월 10일

지은이 / 강 주 훈
발행인 / 김 창 석
발행처 / 홍익출판사

대구광역시 중구 삼덕 3가 245-2
(053) 421-6700, 427-3627
등록 1987년 11월 26일 제1-107호

정가 20,000원

ISBN 978-89-7826-209-5 93360

◈ 파본은 구입처에서 교환해 드립니다.